MW01361099

SELECCIÓN POR COMPETENCIAS

Director de la colección
Ernesto Gore

Coordinación editorial
Débora Feely

Diseño de tapa
MVZ Argentina

MARTHA ALICIA ALLES

SELECCIÓN POR COMPETENCIAS

GRANICA

BUENOS AIRES - MÉXICO - SANTIAGO - MONTEVIDEO

ARGENTINA
Ediciones Granica S.A.
Lavalle 1634 3° G / C1048AAN Buenos Aires, Argentina
Tel.: +54 (11) 4374-1456 Fax: +54 (11) 4373-0669
granica.ar@granicaeditor.com
atencionaempresas@granicaeditor.com

MÉXICO
Ediciones Granica México S.A. de C.V.
Valle de Bravo N° 21 El Mirador Naucalpan Edo. de Méx.
(53050) Estado de México - México
Tel.: +52 (55) 5360-1010 Fax: +52 (55) 5360-1100
granica.mx@granicaeditor.com

URUGUAY
Ediciones Granica S.A.
Scoseria 2639 Bis
11300 Montevideo, Uruguay
Tel: +59 (82) 712 4857 / +59 (82) 712 4858
granica.uy@granicaeditor.com

CHILE
granica.cl@granicaeditor.com
Tel.: +56 2 8107455

ESPAÑA
granica.es@granicaeditor.com
Tel.: +34 (93) 635 4120

www.granicaeditor.com

ISBN 978-950-641-474-0

Hecho el depósito que marca la ley 11.723

Impreso en Argentina. *Printed in Argentina*

Alles, Martha Alicia
Selección por competencias. - 1a ed. 5a reimp. - Buenos Aires : Granica, 2012.
432 p. ; 23x17 cm.

ISBN 978-950-641-474-0

1. Administración de Personal. 2. Recursos Humanos. I. Título
CDD 658.3

AGRADECIMIENTO

A mi esposo Juan Carlos Cincotta,
por la revisión de originales.

Índice

PRESENTACIÓN 13

Capítulo 1
¿POR QUÉ SELECCIÓN POR COMPETENCIAS? 19

- Talento y competencias 20
- El rol de la motivación 29
- De las competencias al talento 36
- ¿Qué es un comportamiento? 37
- Relación entre comportamientos y competencias 38
- Apertura del talento en competencias 41

Capítulo 2
LA SELECCIÓN DE PERSONAS EN CONTEXTOS
DE ALTO DESEMPLEO 49

- Dificultades en la selección de personas 49
- El desempleo visto desde todos los ángulos 52
- A pesar del desempleo ¿qué pasa en el mercado laboral? 59
- Análisis de algunos términos: empleo, empleabilidad, desempleo 66
- Los marginados 69
- El desempleo de larga duración 73
- Empleabilidad 81
- ¿El área de Recursos Humanos debe asumir un rol social? 89
- Selección por competencias en el siglo XXI 92

Capítulo 3
INICIO DE UN PROCESO DE SELECCIÓN 99

- Reclutamiento y selección. Diferencias 101
- Inicio de una selección 103
- Reclutamiento externo *versus* reclutamiento interno 104
- Vínculo legal: diferentes tipos 107
- Concepto de cliente interno 108

- Los aspectos económicos (remuneración) como un elemento más del perfil 110
- Selecciones internacionales y globalización 113
- Quién puede ser un buen selector 118
- La importancia de realizar una buena selección en las organizaciones 123

Capítulo 4
DEFINICIÓN DEL PERFIL 129

- El antiperfil 130
- El especialista en Recursos Humanos o selector, y la definición del perfil 132
- Cómo recolectar información sobre el perfil 136
- Requisitos excluyentes y no excluyentes 144
- Gestión por competencias y selección 145
- Perfil del puesto por competencias 154

Capítulo 5
PLANIFICACIÓN DE UNA SELECCIÓN 167

- Planificación en selección 170
- 20 pasos para un proceso de selección 174
- Elección de métodos y canales de búsqueda según el nivel de la selección a realizar 178
- Las consultoras en Recursos Humanos 190
- Pasos del proceso de selección a cargo del área de Recursos Humanos 194
- El anuncio 196
- Cómo planificar 201
- Ejemplos de cómo encarar la planificación de un proceso de selección 203

Capítulo 6
PRESELECCIÓN Y SELECCIÓN 211

- Preselección o primera selección 214
- Primera revisión de antecedentes 217
- El proceso de citación 227
- Selección 229
- La entrevista 231
- El rol del entrevistador 243

- Los postulantes con problemas: cómo manejar la entrevista 246
- Comparación de candidatos 248
- Armado de la carpeta de finalistas 256
- El cliente interno en un proceso de selección 258
- Gestión por competencias y selección 261
- La entrevista por competencias 262
- La motivación del postulante en relación con el proceso de selección 273

Capítulo 7
LAS EVALUACIONES ESPECÍFICAS 281

- La entrevista BEI (*Behavioral Event Interview*) o por incidentes críticos 285
- Evaluaciones psicológicas 299
- *Assessment Center Method* (ACM) 307
- Pruebas de conocimientos técnicos o habilidades específicas en relación con el conocimiento 325

Capítulo 8
NEGOCIACIÓN, OFERTA E INCORPORACIÓN 333

- La negociación en un proceso de selección 334
- La importancia de tener una alternativa 339
- ¿Quién negocia? 340
- La oferta por escrito 345
- Las referencias laborales 347
- Los trámites de admisión 352
- La inducción 353
- La entrevista de salida 355

Capítulo 9
COMUNICACIÓN Y ÉTICA
DURANTE UN PROCESO DE SELECCIÓN 361

- Situación de un postulante en un proceso de selección. Cómo tratar al desempleado 362
- Relación con consultoras: quién comunica en cada caso 366
- Relación con los postulantes que no ingresaron: cartas y otros medios alternativos 367

- La ética en la selección de personas 368
- Anexo I. Carta deontológica de la Confederación Francesa de Consultores en Reclutamiento y Selección 381
- Anexo II. Preguntas personales reñidas con el buen gusto 382
- Anexo III. Ejemplos sobre cómo comunicar 384

Capítulo 10
APLICACIÓN DE ÍNDICES DE CONTROL DE GESTIÓN EN UN PROCESO DE SELECCIÓN 391

- El rol del especialista en Empleos o Selección en relación con el enfoque estratégico 392
- Qué lugar debe ocupar el área de Selección o Empleos en la estructura del sector de Recursos Humanos 395
- Un enfoque de costos 398
- Por qué y para qué los indicadores de gestión 400
- Índices de control de gestión aplicables al área de Selección o Empleos 402
- Una reflexión final sobre indicadores 410
- Anexo. Indicadores utilizados en el ámbito de las organizaciones en relación con los procesos de selección 411

Bibliografía 417

Cómo utilizar los diccionarios en gestión de recursos humanos por competencias 423

Guía de lectura 435

Unas palabras sobre la autora 436

Última página 437

Presentación

Selección por competencias no es mi primera obra destinada al proceso de selección de personas; a su vez, de todas las actividades de la especialidad de Recursos Humanos, la selección es la que más aprecio, ya que me inicié en el área, allá por los finales de los años setenta, haciendo selección de profesionales, algo a lo que me he dedicado desde entonces. Y en los últimos veinte años, he conducido empresas consultoras que, entre otras actividades, hacen selección. El horizonte se ha ampliado, hace casi diez años que trabajo para toda América Latina y he liderado la temática de Competencias, con obras que tratan el tema desde todos sus ángulos, con herramentales prácticos y comprensibles, tanto para los especialistas del área como para sus clientes internos, y para todos aquellos interesados en saber más con respecto a la dirección de personas.

Las obras publicadas hasta ahora, en materia de competencias, abarcan todos los temas relacionados, desde cómo armar el modelo hasta los subsistemas de Selección, Desempeño y Desarrollo. Sobre el final de esta obra se podrá ver un esquema simplificado al respecto.

En cuanto a Selección, he publicado con Editorial Macchi, una obra en dos tomos, bajo los títulos *Empleo. El proceso de selección* y *Empleo* (1998 y nueva edición 2001) *y Discriminación, teletrabajo y otras temáticas* (1999). Con esta editorial, Granica, hemos publicado, también acerca del tema, *Elija al mejor. Cómo entrevistar por competencias* (1999 y nueva edición en 2003) y *Diccionario de preguntas. Gestión por competencias* (2003).

La presente obra no reemplaza a ninguna de las dos últimas ya que estas tienen un enfoque diferente, casi "herramental"; han sido concebidas para la tarea diaria, el armado de cuestionarios, formularios y casos prácticos, tanto para especialistas como para quienes no siéndolo tienen que realizar entrevistas y "elegir al mejor" candidato.

Selección por competencias es una obra conceptual y práctica a la vez, está pensada como libro de texto para aquellos que deban cursar la materia *Selección* tanto en carreras de grado como de posgrado, y al mismo tiempo para ser un instrumento de ayuda y consulta para un director, ejecutivo o propietario de empresa que desee conocer el mejor camino para seleccionar personas o cualquier gerente o supervisor de área preocupado en la temática. Igualmente esperamos que sea una obra de consulta para los especialistas en Recursos Humanos que deseen conocer las últimas tendencias en la selección de personas basada en competencias.

La obra se ha estructurado en diez capítulos, a lo largo de los cuales se verán todos los temas relacionados con la selección de personas:

- Por qué la selección basada en competencias.
- La selección de personas en contextos de alto desempleo.
- Inicio de un proceso de selección y definición del perfil requerido.
- Planificación de una selección.
- Preselección y selección; las evaluaciones.
- Negociación, oferta e incorporación.
- Comunicación y ética durante un proceso de selección.
- Los índices de gestión en un proceso de selección.

Quienes han cursado conmigo la materia en años pasados y/o han leído los dos tomos de *Empleo* (ya citados), podrán ver que ésta es una obra diferente, para la cual la anterior me ha servido de antecedente e inspiración. Encontrarán cambios sustanciales y, a su vez, otros temas constantes, que no han variado. Los cambios se relacionan por un lado, con algunas reelaboraciones respecto de los métodos de trabajo, producto de las modificaciones ocurridas en el contexto, en especial las nuevas realidades socioeconómicas de América Latina, y, por otro, de haber tomado contacto con nuevos autores y experiencias y reflexionado como consecuencia de realizar el Doctorado en la Universidad de Buenos Aires, que me ha permitido conectarme con nuevos temas y disciplinas. De todo lo antedicho ha surgido esta nueva obra, con teoría y práctica renovada.

Desde hace tiempo me he preocupado por transferir a los alumnos una filosofía de manejo del proceso de selección que va más allá de una mera aplicación de técnicas, incluyendo el concepto de servicio al cliente interno y la incorporación de enfoques multidisciplinarios a la tarea, con una permanente preocupación por los intereses de las partes involucradas.

En un contexto donde es difícil encontrar a la o las personas que se buscan, se hace imprescindible contar con una metodología de selección profesional y actualizada.

Los profesores que decidan valerse de este texto deben tener en cuenta que nos hemos esforzado en todos los casos por dar un enfoque global a los temas, sin circunscribirnos a un país, a una experiencia o a un tipo de industria.

En cuanto a los alumnos, he tratado de dejarles una obra de consulta para la gestión futura, con una extensa bibliografía de un tema poco desarrollado –o muy superficialmente– por los autores en general. Se desempeñen o no en la vida laboral futura en relación con Selección, con frecuencia deberán, casi sin excepción, estar involucrados en algún momento en la incorporación de personal.

Para los profesionales y empresarios interesados en el tema, ésta puede ser una guía completa de cómo contratar personal, ya que no usamos jerga técnica; en todos los casos hemos intentado ser claros en nuestras exposiciones y no realizar un libro sólo para especialistas.

Por último, con esta obra espero ser de utilidad a aquellos que deseen iniciarse en la temática de selección, en cuyo caso deberán saber que la experiencia práctica es necesaria y que este libro será sólo un punto de partida. Espero, también, que sea de utilidad para aquellos que contando con experiencia deseen revisar sus métodos de trabajo con el propósito de asegurarse acerca de cómo lo están realizando, o bien incorporar algún nuevo concepto.

A lo largo de la obra usaré como sinónimos los términos *Recursos Humanos* y *Capital Humano.* En idioma español, muchos especialistas sienten que *Capital Humano* representa mejor la idea que se tiene –en la actualidad– sobre las funciones del área, opinión que comparto. De todos modos, la obra escrita continúa utilizando el término *Recursos Humanos*, ya que la literatura en inglés así lo hace *(Human Resources)*, al igual que otras lenguas (en francés, *Resources Humaines*; en italiano, *Risorse Umane;* en portugués, *Recurso Humano*).

La presente obra asume otro desafío: plantear un proceso de selección para diferentes niveles o tipos de búsqueda. Hubiese sido mucho más simple de escribir, y más sencillo de presentar al lector, un proceso de selección de niveles gerenciales, mandos medios o jóvenes profesionales, dado que la estructura del proceso es diferente en cada caso y la secuencia de los pasos a seguir no es la misma en todos. Sin embargo, tratar los distintos niveles y tipos de selección en una sola obra acarrea alguna dificultad. Por ello, en cada caso, se sugerirán diferentes secuencias o pasos a realizar y las evaluaciones más apropiadas. Los caminos a seguir son diversos.

He identificado veinte pasos necesarios para que un proceso de selección sea exitoso. Esta secuencia permitirá al experto o a cualquier persona interesada en la incorporación de personas llevar a cabo el proceso de manera ordenada y de acuerdo con las más modernas prácticas en la materia.

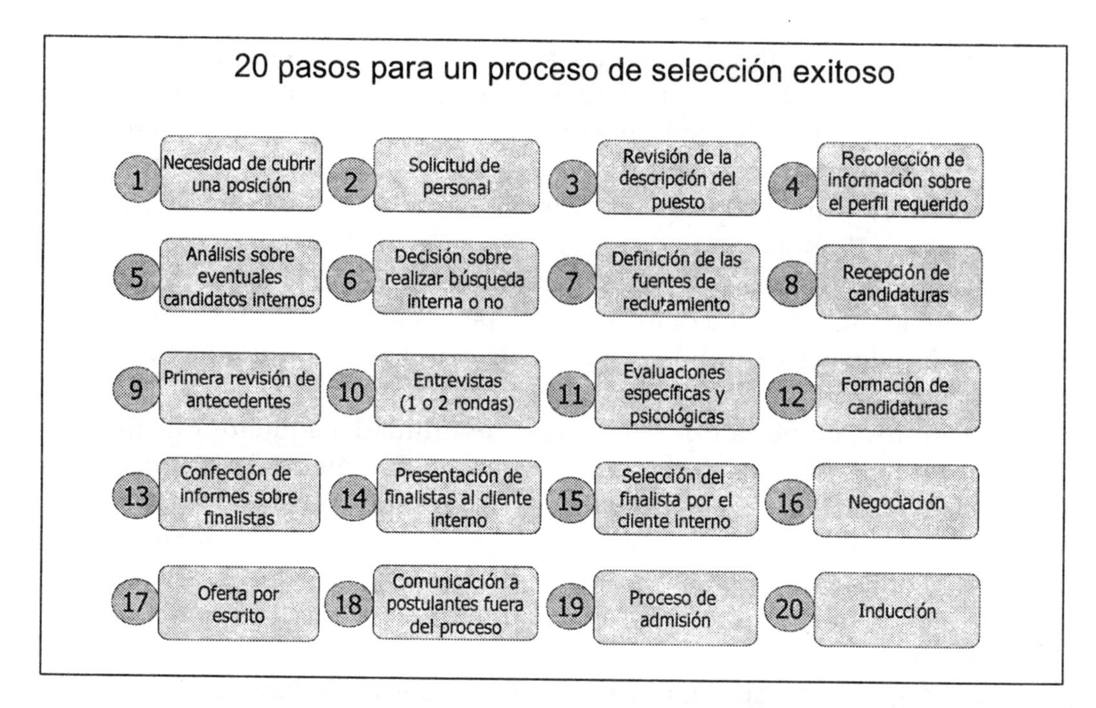

La estructura de esta obra es la siguiente. En el libro en sí, el lector encontrará –a lo largo de diez capítulos– conocimientos teóricos, análisis de diversa bibliografía, gráficos explicativos, algunos formularios o esquemas de trabajo, sugerencias, análisis del rol que debe asumir el especialista de Recursos Humanos en las distintas situaciones posibles en un proceso de selección y, al final de cada capítulo, un resumen. La obra posee además otras dos relacionadas, disponibles solamente en formato digital:

- *Selección por competencias. CASOS.* Para cada uno de los diez capítulos se presentan ejercicios y casos prácticos o de discusión para el dictado de clases.
  www.marthaalles.com/seleccioncasos
  <http://www.marthaalles.com/seleccioncasos>

- *Selección por competencias. CLASES.* Para cada uno de los diez capítulos se ha diseñado material de apoyo para el dictado de clases.
  www.marthaalles.com/seleccionclases
  <http://www.marthaalles.com/seleccionclases>

Selección por competencias
1
Selección por
competencias

Capítulo 1

¿POR QUÉ SELECCIÓN POR COMPETENCIAS?

En este capítulo usted verá los siguientes temas:

- Talento y competencias
- El rol de la motivación
- De las competencias al talento
- ¿Qué es un comportamiento?
- Relación entre comportamientos y competencias
- Apertura del talento en competencias

La selección de personas, cualquiera sea su nivel dentro de la organización, no está regida por leyes o normas de tipo legal. Las buenas costumbres y las buenas prácticas sugieren utilizar medios profesionales para realizarla. Por otra parte, el sentido común indica que es conveniente seleccionar a la mejor persona para cada puesto. Y aquí comienza a entreverse un aspecto interesante a tener en cuenta. La frase "seleccionar a la mejor persona para cada puesto" nos está dando una clave. No se trata de seleccionar a la mejor persona posible o disponible o que la organización pueda incorporar (léase pagar), sino a la mejor persona "en relación con el puesto a ocupar".

Otra expresión casi "popular" es "incorporar talentos", en la mayoría de los casos sin saber muy bien por qué y para qué hacerlo, y casi siempre sin saber definir qué se quiere decir con "talento". En una ocasión le pregunté a un empresario qué entendía por "talento", ya que lo había escuchado repetir con entusiasmo: "Nosotros sólo incorporamos talentos"; ante mi sorpresa, me miró y –sorprendido a su vez– me dijo: "Usted sabe...".

Mirando los anuncios de empleo que se publican los días domingo, podemos observar que muchas empresas utilizan la palabra talento como "título" en el *e-mail* donde reciben las postulaciones; por ejemplo: *talento@cualquierempresa.com.* No importa cuál sea la búsqueda a realizar, parece que utilizar la palabra "talento" es una moda casi *snob*... Ante este uso indiscriminado, nos pareció importante comenzar por definir a qué se refiere este término.

Para referirnos al tema de talento y competencias tomaremos algunos conceptos de *Desarrollo del talento humano. Basado en competencias.* Si ha leído esta obra, de todos modos le sugerimos la lectura de este capítulo, ya que aquí relacionaremos esos conceptos con el objetivo de esta publicación, la selección por competencias.

Talento y competencias

Como se dijo en la obra mencionada, hemos relacionado estos dos conceptos, talento y competencias, y serán usados *casi* como sinónimos, aunque no lo son.

Si el lector nos lo permite, nos tomaremos la libertad de crear una ficción donde el talento necesario para tener éxito en determinados puestos de trabajo se puede desdoblar en *competencias*; por ejemplo, el talento necesario para desempeñarse en cualquier posición se puede "abrir" en las diversas competencias que son necesarias para ser exitoso en esa posición. En ese caso, "talentoso" sería sinónimo de "competente". Aceptada por el lector esta "licencia" que nos hemos tomado, el concepto de "talento" perderá su halo de mágico o divino para transformarse en algo que puede ser medido y, no sin dificultad, también desarrollado.

En trabajos anteriores hemos dado nuestra propia definición del término *competencia,* el cual hace referencia a las características de personalidad, devenidas comportamientos, que generan un desempeño exitoso en un puesto de trabajo. Cada puesto de trabajo puede tener diferentes características en empresas y/o mercados distintos.

Antes de continuar, definamos con precisión cuál es el significado de la palabra talento. Según el diccionario de la Real Academia Española[1], en su segunda acepción talento es un "*conjunto de dones naturales o sobrenaturales con que Dios enriquece a los hombres*", y en la acepción tercera: "*dotes intelectuales, como ingenio, capacidad, prudencia, etc., que resplandecen en una persona*". En esta última definición podríamos encontrar casi un sinónimo de la palabra *competencia*, con igual sentido con el que la utilizamos en nuestro trabajo. Por lo tanto, si partimos de esta similitud en el uso de los términos, cuando se dice "Gestión del talento" se hace referencia a "Gestión de las competencias".

Si partimos de la definición de talento que ofrece el *Diccionario del español actual*[2] ("*conjunto de dotes intelectuales de una persona*"), el paso siguiente será discernir cuáles son o cómo está conformado *el conjunto de dotes intelectuales*. En la perspectiva de la Gestión de Recursos Humanos por Competencias, ese conjunto de "dotes intelectuales" se conforma por la sumatoria de dos subconjuntos: los conocimientos y las competencias; sin embargo, serán estas últimas las que determinarán un desempeño superior. El verdadero talento en relación con una posición o puesto de trabajo estará dado por la intersección de ambos subconjuntos en la parte que es requerida para esa posición. Las personas tenemos diferentes tipos de conocimientos y diferentes competencias; sólo un grupo de ambos se ponen en acción cuando hacemos algo, ya sea trabajar, practicar un deporte o llevar a cabo una tarea doméstica. Cuando se hace referencia al talento de un colaborador, sólo se piensa en el talento en relación con la tarea a realizar; lo mismo sucede si la posición analizada es, por ejemplo, la de un deportista, el cual puede tener talento para el tenis, sin que ello signifique que tenga talento para otra cosa.

El significado de la palabra *talento* me trae a la memoria una anécdota muy apreciada por mí. A mediados de los años noventa, presentaba a un grupo de mis ex socios de Ernst & Young en la Argentina el tema de competencias. Aún no había desarrollado mi propia metodología; simplemente presentaba el tema con el desarrollo que este tenía hasta ese momento. Luego de una detallada explicación, un socio mayor o *senior partner* de la firma, hoy ya retirado, me dijo: *En síntesis, tú nos quieres decir que una persona es "competente"*. Él tenía razón, hablábamos del verbo *competer*, que deriva de

1. *Diccionario de la lengua española.* Real Academia Española. Madrid, 1970.
2. Seco Reymundo, Manuel; Andrés Puente, Olimpia; Ramos González, Gabino. *Diccionario del español actual.* Aguilar, Grupo Santillana de Ediciones. Madrid, 1999.

la palabra latina *competĕre*[3]. En español existen dos verbos, *competer* y *competir*, que se diferencian entre sí[4] a pesar de provenir del mismo verbo latino, *competĕre*.

Para Corominas[5], abocado al análisis etimológico del término, *competencia* es una palabra tomada del latín *competĕre*, que significa "*ir una cosa al encuentro de otra, encontrarse, coincidir*", "*ser adecuado, pertenecer*", y que a su vez deriva de *petĕre*, *"dirigirse a, pedir"* y tiene el mismo origen que *competer*, "*pertenecer, incumbir*". Estos significados se remontan al siglo XV.

Corominas incluye como derivados de competir las palabras *competente* (*"adecuado, apto"*) y *competencia*, originadas hacia fines del siglo XVI.

Mi ex socio decía lo mismo, ni más ni menos, que Corominas; en aquel momento nos estábamos refiriendo a una persona "adecuada y apta" para realizar un determinado trabajo o desempeñarse en un determinado puesto. Sin embargo, la metodología de Gestión de Recursos Humanos por Competencias tiene un enfoque más ambicioso, siendo que, en definitiva, se busca que cada persona que ocupa una posición sea "adecuada y apta". Si, como decía aquel ex socio, nos quedamos sólo con que "una persona debe ser competente", o en términos actuales, que una persona puede o no tener "talento", a lo sumo podremos medir esto subjetivamente, pero no mucho más. Si, como proponemos tanto en esta obra como en otras, desarrollamos la apertura de una conducta "competente" en diferentes comportamientos que se relacionan, a su vez, con diferentes competencias, este "modelo" así definido permitirá no sólo determinar de una manera objetiva si alguien es competente o no, si tiene talento o no, sino también seleccionar, planificar y desarrollar en las organizaciones un recurso tan importante como es el capital humano.

En una obra titulada *Gestión del talento*[6], en el capítulo "Del profesional con talento al talento organizativo", la autora dice que *una de las leyes naturales del talento es que este obtiene los mayores resultados a través de la interacción.*

---

3. *Competĕre: competo, is, ĕre:* encontrarse en un punto, coincidir. En la segunda acepción *competĕre* es responder, corresponder, estar de acuerdo. *Diccionario latino-español*, Sopena, Editorial Ramón Sopena. Barcelona, 1999.
4. Competencia-competente en relación con competer. Competer: distíngase de competir. Competer es "pertenecer, tocar o incumbir". En cambio competir es "contender, rivalizar". Seco, Manuel. *Diccionario de dudas de la Real Academia Española.* Espasa Plus, Editorial Espasa. Madrid, 1998.
5. Corominas, Joan. *Breve diccionario etimológico de la lengua castellana.* Editorial Gredos. Madrid, 1998.
6. Jericó, Pilar. *Gestión del talento.* Prentice Hall, Pearson Educación. Madrid, 2001. Págs. 67-68.

Si la organización facilita la interacción, actuará como un efecto multiplicador. Si, por el contrario, en vez de facilitar, lo limita, no sólo la compañía no innovará, sino que además correrá el peligro de que sus profesionales con talento no encuentren alicientes en su trabajo, y disminuyan su compromiso.

Continúa más adelante preguntándose cómo lograr crear el talento organizativo, y sugiere dos caminos:

1. Seleccionando profesionales con capacidades (competencias) acordes a lo que la empresa necesita.
2. Generando un entorno organizativo que cree valor profesional y que motive a los empleados a aportar y a continuar en la organización. Para ello se deberá trabajar en políticas de retención.

Cuando las organizaciones se ocupan de la gente cuentan con un área de Recursos Humanos o Capital Humano en lugar de una "Oficina de Personal". Aplican, además, buenas prácticas en la materia; parte de los objetivos a lograr radican tanto en la buena selección de las personas como en las políticas de retención y –un aspecto muy importante– el desarrollo del personal.

A partir de la definición de talento, y vinculando este concepto con el mundo de las organizaciones, podemos relacionarlo con las descripciones de puestos y otras buenas prácticas de Recursos Humanos. Utilizando un lenguaje común, podemos decir que para tener talento hacen falta conocimientos y ciertas características de personalidad que, de acuerdo con una definición que dimos al inicio de este capítulo, llamaremos *competencias.*

Una persona que trabaja posee, aun sin proponérselo, un conjunto de conocimientos que podemos denominar A y una serie de competencias que podemos denominar B. Entre los conocimientos se pueden mencionar desde aquellos específicos que tengan que ver con los estudios de la persona (por ejemplo, leyes si es abogado), hasta otros que no necesariamente usará en su tarea cotidiana (por ejemplo, una persona puede conocer acerca de las calles de su ciudad o de vinos, y en alguna ocasión estos conocimientos podrán ser aplicados a su trabajo, o no). Lo mismo sucede con las competencias: cada persona posee un conjunto de competencias, algunas de las cuales usará para su trabajo y otras no le serán necesarias.

Por lo tanto, una persona (E) en el momento de trabajar utiliza los subconjuntos A y B. Cuando esta persona ocupa un puesto de trabajo pone en uso, aplica, una parte de A y una parte de B: las requeridas para el puesto de trabajo. En ese caso estaríamos refiriéndonos a la intersección de estos subconjuntos.

Tomando la misma nomenclatura que los autores Lazzari, Machado y Pérez[7]:

$A \cap B$ (la fórmula representa la intersección de los conjuntos A y B)

Donde

$A = \{ a_1, a_2, a_3, ...an\}$

$B = \{b_1, b_2, b_3, ...bn\}$

Gráficamente, la intersección de los subconjuntos A y B, ambos de E, sería la siguiente.

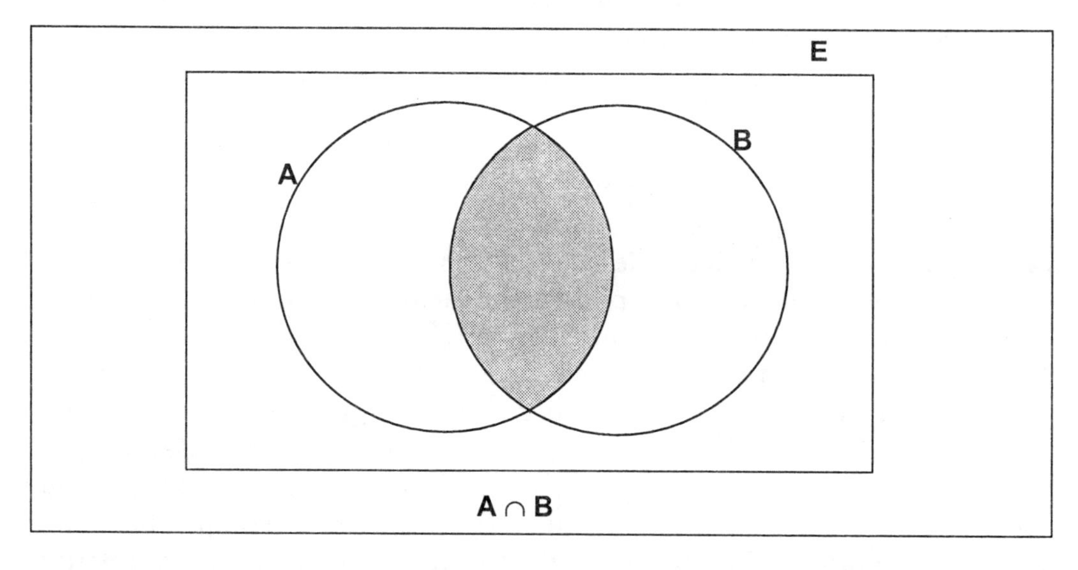

Utilizaremos "1" para indicar presencia del elemento y "0" para indicar su ausencia[8].

7. Lazzari, Luisa L.; Machado, Emilio A. M. y Pérez, Rodolfo H. *Teoría de la Decisión Fuzzy*. Ediciones Macchi. Buenos Aires, 1998.

8. La terminología aquí utilizada se corresponde con los conjuntos nítidos o *crisp*. Sin embargo, los conocimientos y las competencias encuentran una mejor representación dentro de los conjuntos *fuzzy*, ya que existe la *posibilidad* de que una persona los posea pero no la certeza al respecto. No se desarrolla este punto en profundidad porque no hace al foco del trabajo, pero sí queremos dejar constancia, para el lector interesado en profundizar sobre el tema, que podrá consultar los *papers* de la autora en *www.marthaalles.com*.

De esta manera:

$A \cap B = \{ (a_1/1), (a_2/1), (a_3/0), (b_1/1), (b_2/1), (b_3/0) \}$

En la intersección de los dos subconjuntos A y B se encuentran los elementos a_1, a_2, b_1, b_2, y están ausentes los restantes. En una descripción de puestos se requieren ciertos conocimientos y competencias; en este ejemplo, serían aquellos donde se ha indicado presencia (como en $(a_1/1)$, $(a_2/1)$, etc.).

Como surge de la misma definición de *competencias*, éstas se conforman por las características de personalidad que vehiculizan el éxito; no representan cualquier característica de personalidad sino sólo aquellas que llevarán a una persona a tener una *performance* superior o de éxito.

Volviendo a la representación gráfica de los dos subconjuntos de conocimientos y competencias pertenecientes a una persona, y pensando en una descripción de puestos, observamos que para que el desempeño sea exitoso deberá producirse la intersección de una serie de elementos, como se desprende del gráfico siguiente.

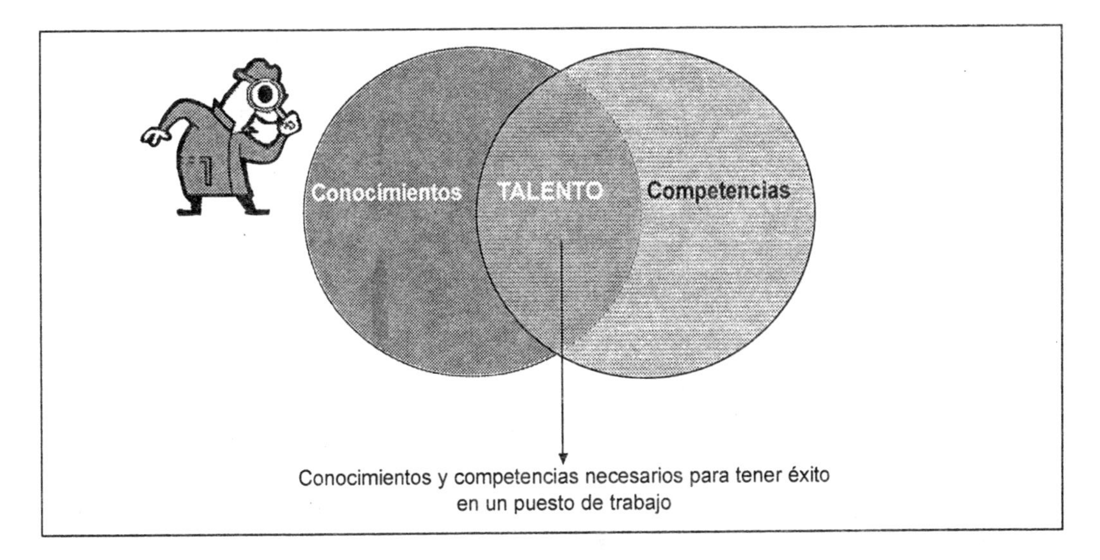

Como esta obra sólo aborda el tema del talento en el ámbito de las organizaciones, la mención de otras esferas de actuación, como las artísticas, deportivas o familiares, sólo tendrá el fin de proporcionar ejemplos que permitan ilustrar mejor las ideas que se desea desarrollar.

Para ocupar cualquier posición se requiere algún tipo de mezcla, de proporción entre conocimientos y competencias. El tipo de conocimientos y competencias requeridos variará de posición en posición, de organización en organización.

A la hora de analizar las capacidades de una persona, tres son los planos a tener en cuenta: los conocimientos, las destrezas y las competencias.

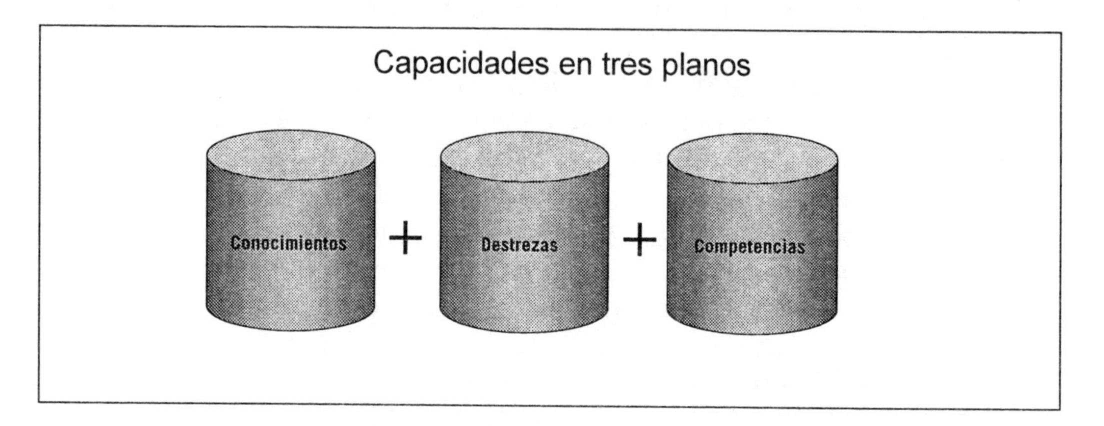

Los tres grupos de capacidades son importantes, veamos ejemplos de cada uno de ellos.

Conocimientos
Matemáticas aplicadas
Estadísticas
Contabilidad general
Costos
Normas de calidad (ISO)
Normas contables según el ámbito de los negocios
Softwares específicos
Manejo de utilitarios
Idiomas
Conocimiento de mercados específicos
Economía macro
Economía micro
Mantenimiento preventivo
Medicina asistencial

Como se puede apreciar, algunos de los conocimientos mencionados requieren más tiempo que otros para su desarrollo; por ejemplo, los idiomas.

Destrezas
Manejo de vehículos
Manejo de ordenadores (PC)
Escritura o manejo de textos
Comunicación oral (buena voz y dicción)
Resistencia al cansancio
Preparación de comidas
Reparación de objetos
Trabajo con objetos pequeños
Resolución de problemas complejos
Buen trato con animales

Las destrezas o habilidades son, en general, fácilmente evaluables y no tan fácilmente desarrollables. Puede decirse que cada destreza tiene un origen y una forma de desarrollo particular con respecto a las demás. A modo de ejemplo, en el manejo de vehículos o de ordenadores la habilidad o destreza se desarrolla, básicamente, a partir de "muchas horas de práctica"; en cambio, la habilidad para trabajar con objetos pequeños puede conectarse con alguna condición de tipo motriz en relación con el físico de la persona.

Dada la conexión que establecemos, en nuestro trabajo, entre las destrezas y la menor dificultad para su evaluación, nos permitimos hacer la siguiente agrupación de conceptos para su tratamiento en esta obra: tomar como un conjunto la combinación entre los conocimientos y las destrezas, siendo estas últimas, en muchos casos, necesarias para la puesta en práctica de los primeros. Aquellas destrezas que tengan una relación directa con características de personalidad serán tratadas como competencias.

De las competencias mencionaremos sólo algunas:

Competencias
Adaptabilidad al cambio
Alta adaptabilidad – Flexibilidad
Aprendizaje continuo
Autocontrol
Autodirección basada en el valor
Autonomía

A partir de lo expuesto, en esta obra los conceptos mencionados serán tratados según se puede visualizar en el siguiente gráfico.

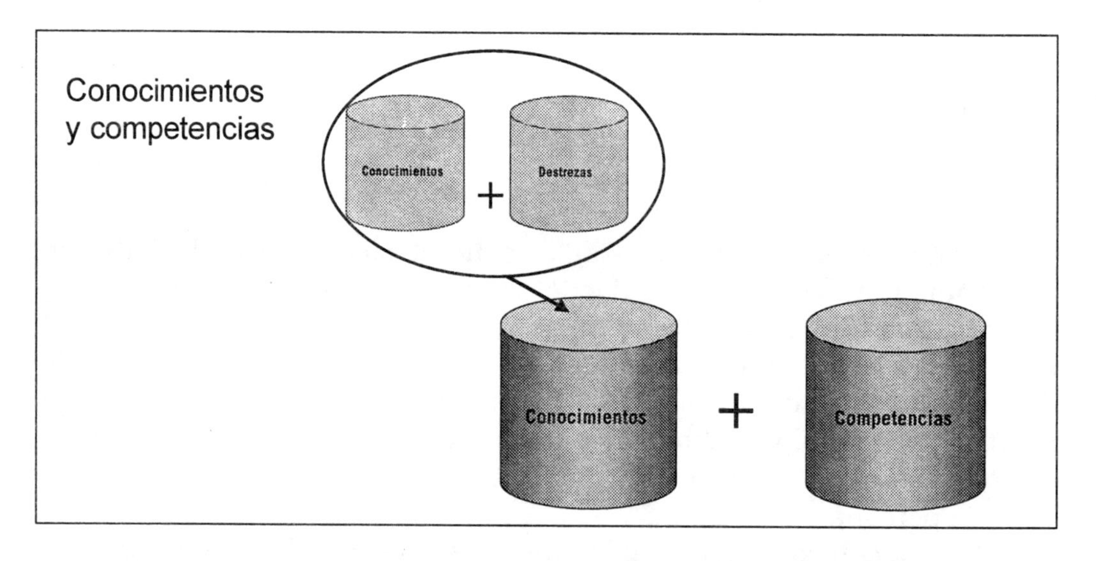

Los conocimientos son muy importantes, y si en una persona no se verifican lo más factible será que no podrá realizar su tarea. Sin embargo, ¿qué marca "la diferencia"? Aquellas cosas que nos hacen decir que una persona tiene talento en lo suyo, que se desempeña exitosamente o que tiene una *performance* o desempeño superior, se relacionan con aspectos que, en todos los casos, no se vinculan con los conocimientos sino con lo que se denomina "*soft*", la personalidad; para nuestro trabajo, las competencias. Podremos decir que alguien sabe mucho de un tema en particular, pero no será ese elemento aislado el que determinará que sea un profesional destacado; los conocimientos van "acompañados" de una serie de características personales que "marcan la diferencia".

El rol de la motivación

Los que tenemos muchos años de experiencia sabemos que, en ocasiones, la intersección de los dos subconjuntos (conocimientos y competencias) no es suficiente y falta algo más: la motivación. En los modelos de competencias se suele trabajar una que denominamos "Compromiso", la cual incluye, en general, la motivación y otras tales como "Motivar a otros". Pero con este sentido que le damos a la motivación queremos ir un poco más allá, incluyendo, además del compromiso de la persona con lo que hace, su propia motivación; es decir, cuando la tarea a realizar coincide con las motivaciones personales, ya sea por sus propios intereses, por coincidir con sus preferencias o por cualquier otro motivo.

La motivación en los procesos de selección se estudia desde otra perspectiva: la que la persona posee en relación con la nueva posición. En una obra previa, *Diccionario de preguntas. Gestión por competencias*, al presentar las preguntas para indagar sobre competencias se incluyó una sección especial con relación a la motivación, con la siguiente apertura: *motivación para el puesto* (expectativas de desarrollo profesional) y *motivación para el cambio* (de trabajo). Y a esta indagación sobre la motivación se le dio un tratamiento similar al que corresponde para evaluar competencias. Este aspecto, marcado como muy fuerte en el proceso de selección de personas, tiene su paralelo en otras instancias de la relación entre la organización y sus empleados de todos los niveles. En nuestros largos años de trayectoria hemos conocido casos en los que una empresa ofrece a un colaborador una posición que a los ojos de todos es muy atractiva, ya que mejora el nivel y la retribución, pero, provocando una sorpresa generalizada, la persona en cuestión no se siente motivada con el ofrecimiento, y prefiere su actual situación. La motivación de las personas transita muchas, veces por carriles desconocidos, y es algo sobre lo cual corresponde indagar. Veremos este tema con mayor detalle en el Capítulo 6.

El talento, cuando se presenta (muchas veces, interpretado como algo "casi mágico"), simplemente está, se observa, y se puede representar como la conjunción de los tres elementos mencionados: conocimientos, competencias y motivación.

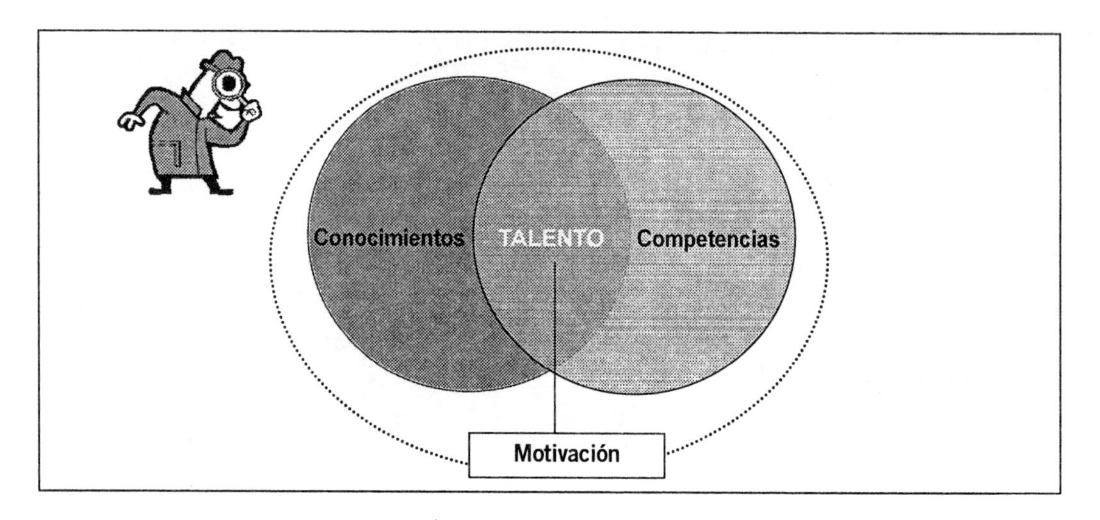

Las personas tienen motivación para diferentes cosas, unas en relación con el trabajo y otras en relación con otras actividades; también podremos encontrar personas con motivaciones compartidas que, si bien tienen motivaciones por temas extralaborales, poseen un adecuado caudal de motivación en su trabajo. En una obra previa, *Cómo manejar su carrera*, apoyada en una investigación sobre las razones del éxito de 30 ejecutivos, surgió que uno de los elementos definitorios para ser exitoso es tener pasión por lo que se hace.

El tema de la motivación ha sido tratado por muchos autores. Para este trabajo haremos una especial mención a David McClelland[9], quien define el concepto *motivo* como "el interés recurrente para el logro de un objetivo basado en un incentivo natural; un interés que energiza, orienta y selecciona comportamientos".

La explicación de los términos clave de esta definición debería ayudarnos a clarificar y resumir lo que los psicólogos han aprendido acerca de la motivación humana. Básicamente, un motivo puede darse cuando se piensa acerca de un objetivo con frecuencia; es decir, se trata de un interés recurrente y no de pensamientos ocasionales. Una persona que acaba de comer puede a veces pensar acerca de estar sin alimento, pero una persona que piensa continuamente acerca de verse privada de alimentos aun cuando no está hambrienta, es alguien a quien podríamos caracterizar como fuertemente motivada por la comida.

9. McClelland, David C. *Human Motivation*. Cambridge University Press. Cambridge, 1999. Obra original de 1987.

Los tres sistemas importantes de motivación humana según David McClelland

Los logros en el conocimiento acerca de qué son los motivos y cómo pueden ser medidos han llevado a un progreso sustancial en la compresión de tres importantes sistemas motivacionales que gobiernan el comportamiento humano.

- *Los logros como motivación*

El primer elemento que se investigó intensamente fue la motivación por el logro o *"n achievement"*. A medida que se progresó en esta investigación fue resultando evidente que una mejor denominación de esta motivación hubiera sido la de *eficiencia,* porque representa un interés recurrente por hacer algo mejor. *Hacer algo mejor* implica algún estándar de comparación interno o externo, y quizás se concibe mejor en términos de eficiencia o de un ratio *imput/output*: mejorar significa obtener el mismo *output* con menos trabajo, obtener un mayor *output* por el mismo trabajo o, preferiblemente, obtener un mayor *output* con menos trabajo.

De esta manera, la gente con alto *"n achievement"* prefiere actuar en situaciones donde hay alguna posibilidad de mejoras de esta clase. Estas personas no son atraídas por situaciones donde no hay posibilidades de lograr mejoras –esto es, trabajos muy fáciles o muy difíciles–, y por lo tanto no trabajan más duro en esos casos. Las personas con alta orientación al logro prefieren tener responsabilidad personal por el resultado. Si este es bueno, les da información de cuán bien lo están haciendo. Los *entrepreneurs* exitosos tienen alto *"n achievement"*.

- *El poder como motivación*

Las necesidades de poder como clave en el pensamiento asociativo representan una preocupación recurrente que impacta sobre la gente y quizá también sobre las cosas. Se ha demostrado, con experiencias que involucran sentimientos de fortaleza física o psicológica, que los más altos resultados han sido provistos por individuos con alto *"n power"*.

Altos niveles de *"n power"* están asociados con muchas actividades competitivas y asertivas, con un interés en obtener y preservar prestigio y reputación.

Sin embargo, desde que la competencia y, en particular, las actividades agresivas son altamente controladas por la sociedad debido a sus efectos potencialmente destructivos, la válvula de escape para esta motivación del poder varía en forma considerable de acuerdo con las normas que las personas han internalizado como comportamientos aceptables.

- *La pertenencia como motivación*

Se sabe menos de esta motivación que sobre las dos anteriores. Estaría derivada de la necesidad de estar con otros, pero no hay certeza respecto de cuál es la causa natural del amor o el deseo de estar con otras personas como motivación.

Estas motivaciones se combinan con otras características para determinar acción.

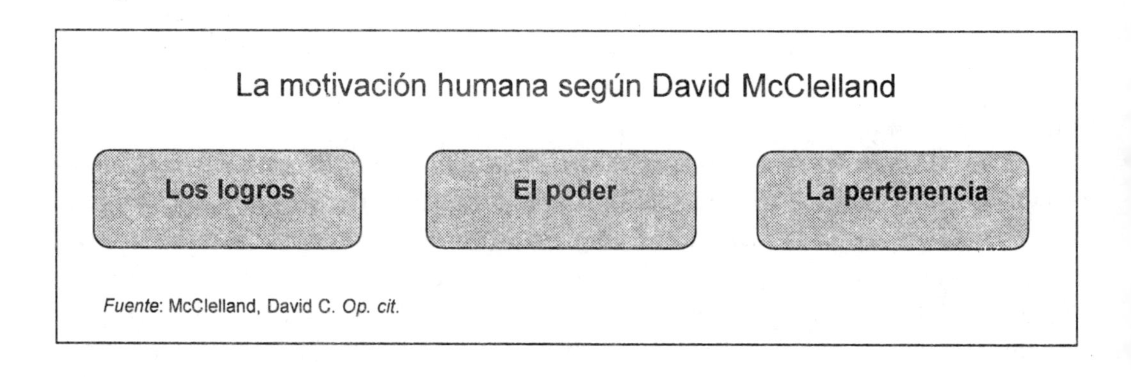

Fuente: McClelland, David C. *Op. cit.*

El desarrollo y movilidad de los empleados y los nuevos métodos de selección constituyen el encuadre necesario de un esquema de dirección del empleo y de las competencias.

Para los autores Carretta, Dalziel y Mitrani[10] los complejos escenarios del cambio de siglo, en especial dentro del mundo laboral, requieren:

- Identificar las características y las capacidades personales necesarias para enfrentar adecuadamente el actual contexto, cada vez más complejo y desafiante.

10. Carretta, Antonio; Dalziel, Murray M. y Mitrani, Alain. *Dalle Risorse Umane alle Competenze.* Franco Angeli Azienda Moderna. Milán, 1992.

- Planificar las organizaciones y los recursos humanos para satisfacer la necesidad de la empresa y de los individuos que en ella trabajan.
- Adoptar sistemas de gestión y evaluación que contemplen valorar y premiar de un modo coherente a las personas.

Partiendo de estos conceptos, se podrían introducir otros relacionados con la motivación. Los empleados y las organizaciones inician una relación laboral con un grado de entusiasmo que muchas veces se va diluyendo; por muchas razones, la mayoría de las veces porque no se cumplen las expectativas, reales o imaginarias, que cada uno se había planteado. La comunicación juega un rol fundamental, pero también la fantasía de que a partir de determinados hechos se producirán otros automáticamente; y este comentario vale para el análisis de la situación a partir de la posición del empleado o del empleador. Para ello, y sobre la base de lo extraído de la obra mencionada de Carretta, Dalziel y Mitrani, proponemos el siguiente esquema que puede ser tomado como un curso de acción a seguir o como un esquema base para la reflexión.

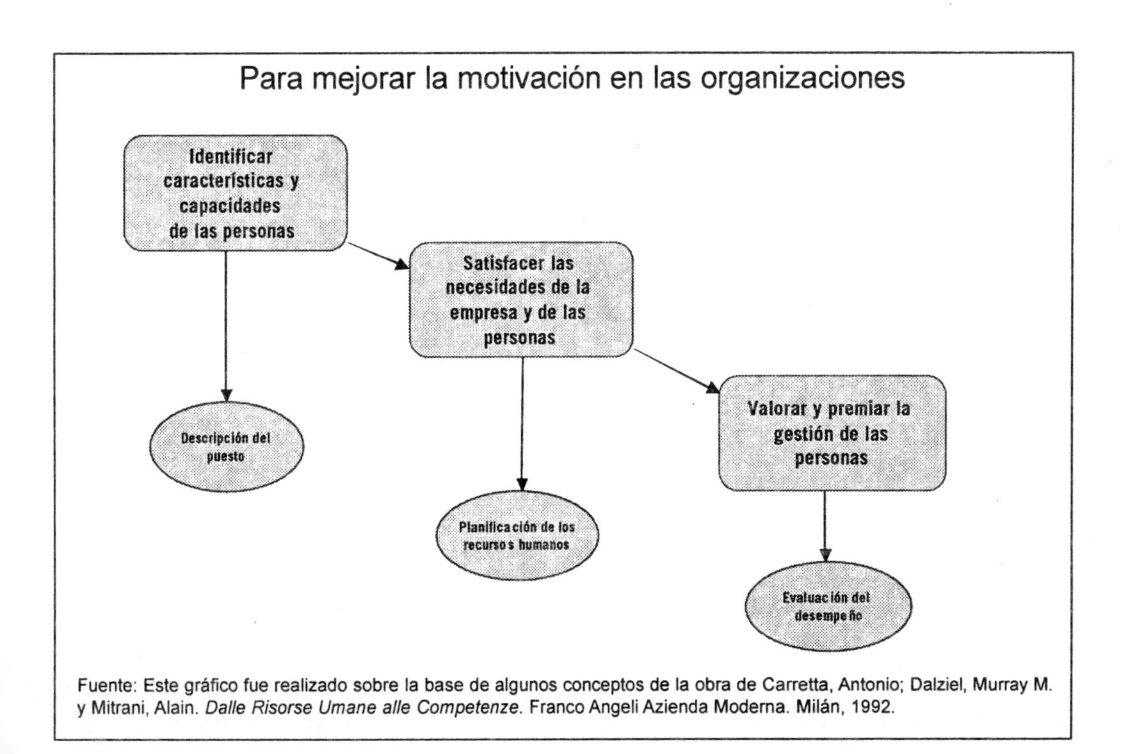

Fuente: Este gráfico fue realizado sobre la base de algunos conceptos de la obra de Carretta, Antonio; Dalziel, Murray M. y Mitrani, Alain. *Dalle Risorse Umane alle Competenze*. Franco Angeli Azienda Moderna. Milán, 1992.

Para mejorar la motivación humana se debe tener en cuenta la importancia de:

- Identificar características y capacidades de las personas. Este aspecto se relaciona con el puesto que la persona ocupa. ¿Es el más adecuado de acuerdo con sus capacidades (tanto conocimientos como competencias)? La mejor situación para ambas partes se produce cuando una persona ocupa el puesto para el cual tiene las capacidades más adecuadas. Esto es bueno para el empleado y para el empleador. Parece un comentario obvio, pero lamentablemente no se verifica en la práctica, no al menos en la proporción que sería deseable.
- Tener en cuenta las necesidades tanto de la organización como de las personas, de modo de lograr satisfacerlas. Para ello se deberá tener un *sistema de descripción de puestos* y un *modelo de competencias* actualizado y acorde con las necesidades de la organización, y realizar una correcta evaluación de las capacidades de las personas que ocupan esos puestos. Si esa "adecuación persona/puesto" no es correcta, será responsabilidad de la organización rectificar la planificación de sus recursos humanos de modo de lograrla. Si la adecuación persona/puesto es correcta, los empleados verán sus necesidades satisfechas, y la organización también.
- Por último, pero no por ello de menor importancia, implementar premios y castigos sobre la base de un adecuado sistema de evaluación del desempeño que permita valorar la gestión de las personas.

Este sencillo esquema, que puede ser fácilmente implementado desde las políticas de recursos humanos, se relaciona con dos de las motivaciones descriptas por McClelland, que tienen que ver con todas las personas que integran una organización.

La ubicación de una persona en un puesto de trabajo y su relación con la motivación

La ubicación de una persona en el puesto más adecuado respecto de sus capacidades tiene una relación directa con su motivación. Por lo tanto, los estudios que realizan las organizaciones para lograr una mejor adecuación persona/puesto no constituyen un mero trabajo administrativo sino que, cuando esta tarea se lleva a cabo con el nivel profesional adecuado, se puede calificar como de *ganar-ganar*; es decir, ubicar en cada puesto a la persona que tiene las mejores capacidades para llevar adelante las tareas respectivas es bueno para la organización, y –es importante destacarlo, aunque parezca "casi obvio"– también lo es para la persona que ocupa el puesto, además de que aumenta su motivación.

La postura ideal para una organización será que las personas ocupen los puestos de acuerdo con sus competencias y conocimientos. Sin embargo, una persona y una organización deben saber cómo actuar cuando, por algún motivo, es necesario que una posición sea ocupada por alguien que no tiene el perfil esperado, al menos no en su totalidad. Todos los que trabajamos en organizaciones desde hace años sabemos que esto ocurre. Una situación muy frecuente que se presenta en las organizaciones está dada por los gerentes u otros niveles de empleados que, con vasta actuación en una organización, no califican en el presente para el nuevo perfil requerido, ya sea por cambios tecnológicos, de estrategia empresarial o simplemente del mercado. La empresa se encuentra frente a personas que han desempeñado exitosamente la posición en el pasado, pero que en el presente no cubren los requerimientos del puesto y no tienen aún edad para la jubilación. ¿Qué hacer con ellos? Muchas veces pueden desarrollar las nuevas capacidades. Otras, no. Y no siempre es posible su reubicación en otras funciones o la adopción de una medida extrema como es el despido...

De acuerdo con todo lo expuesto hasta aquí, y como se verá más adelante en el Capítulo 6, esta división conceptual en conocimientos, competencias y motivación será tratada de manera especial en cada una de las grandes etapas en las que puede dividirse un proceso de selección: *atracción*, *primera selección* o *preselección*, *selección* y *decisión*.

En la etapa de *atracción*, como su nombre lo indica, se publicita la oferta de modo de lograr postulaciones relacionadas con el perfil buscado.

En la *primera selección* el foco de la tarea está en dejar fuera del proceso las postulaciones no adecuadas al perfil; por ello se enfatiza en la evaluación de conocimientos, primero en la lectura de currículum u hojas de vida o aplicación de filtros y, luego, en las entrevistas o prácticas, que se verán más detalladamente en el Capítulo 6.

La *selección* será la etapa donde ya con un número menor de postulaciones, el especialista en Recursos Humanos o Capital Humano se abocará a detectar a aquellos que tendrán un desempeño exitoso, a través de la evaluación de competencias, y a indagar sobre sus motivaciones.

Por último se toma la *decisión* de elegir a quien ocupará la posición entre los finalistas obtenidos de las etapas anteriores.

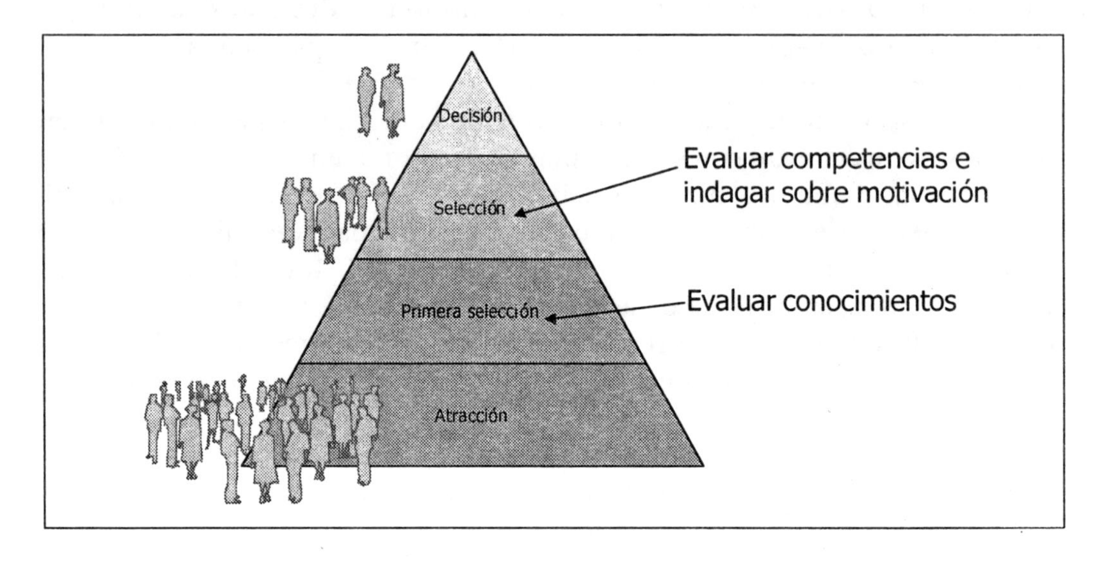

De las competencias al talento

Partiendo de nuestra propuesta de dividir de algún modo el concepto de talento y relacionarlo con competencias –y basados en que son las competencias las que producen o permiten el desempeño superior de una persona–, debemos tratar de desglosar el talento en pequeños componentes.

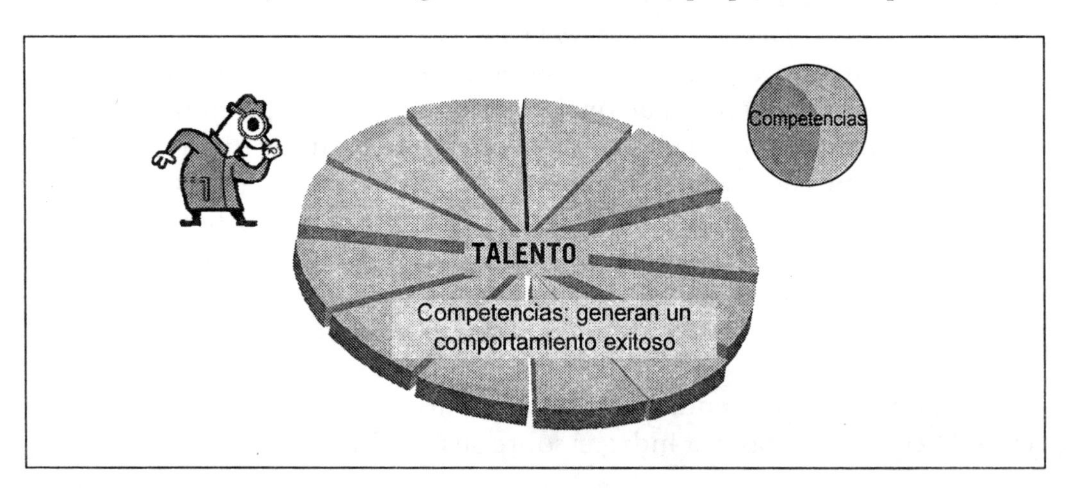

¿Cómo describir el talento? Usualmente se dice: "Tal persona tiene talento"; o por la negativa: "Aquel no tiene talento". Simplemente, *lo tiene o no lo tiene.* Si se pide una explicación mayor, no es posible lograrla a partir de este tipo de frases, como se comentó al inicio de este capítulo. Cuando se dice, de manera positiva, que alguien tiene talento, se está diciendo que esa persona tiene un desempeño superior al estándar.

Como vimos anteriormente, para lograr este tipo de desempeño se requieren conocimientos, competencias y motivación. Explicada esta última a partir de McClelland y asumiendo por dados los conocimientos requeridos, el análisis se focalizará en tratar de desentrañar qué hace que una persona tenga o no un desempeño superior, y se observará que esa *performance* superior se basa en sus comportamientos. Los comportamientos son la parte visible de la competencia, la que nos informa sobre cómo es una persona en realidad.

¿Qué es un comportamiento?

Un primer comentario: los términos *conducta* y *comportamiento* son sinónimos. En Gestión por Competencias se utilizan ambos conceptos por igual. Según el diccionario de la lengua española, éstos son sus significados:

- *Conducta: manera o forma de conducirse o comportarse.*

- *Comportamiento: conducta, manera de comportarse, conjunto de reacciones particulares de un individuo frente a una situación dada.*

¿Por qué hemos preferido utilizar *comportamientos* y no *conductas*? Como todo, tiene una explicación. Si bien en la jerga técnica es utilizado el término *conductas*, tenemos la pretensión de dirigirnos a través de este trabajo a un público más amplio que el de los especialistas –un público que puede estar conformado, por ejemplo, por los clientes internos en su rol de observadores, lo que explicaremos más adelante–. Entre las personas ajenas al área específica de Recursos Humanos, muchas veces la palabra *conducta* se relaciona con la "mala o buena conducta" como calificación escolar. Para evitar esta connotación y manejarnos con términos más organizacionales, y ante la confirmación de que ambas palabras poseen el mismo significado, entendimos que *comportamiento* se asocia más a una conducta adulta en el ámbito de las organizaciones.

Podemos decir que:

- Un comportamiento es aquello que una persona hace (acción física) o dice (discurso).
- Un comportamiento NO es aquello que una persona desea hacer o decir, o piensa que debería hacer o decir.
- Los comportamientos son observables en una acción que puede ser vista o una frase que puede ser escuchada.
- Ciertos comportamientos como los de "Pensamiento conceptual" pueden ser inferidos a partir de un informe verbal o escrito.

Relación entre comportamientos y competencias

Una vez más nos valdremos de un gráfico para brindar al lector una mejor visión del tema, a través de la figura del árbol. La parte visible del árbol representa lo que vemos en las personas –o sea, sus comportamientos– y la raíz del árbol, lo no visible –las competencias–. Es decir, la parte visible de las competencias son los comportamientos.

Como se vio en páginas precedentes, cuando cada persona actúa, en todo momento pone en juego, en uso, sus diferentes capacidades, por lo cual el observador puede "ver" sus comportamientos.

Por lo tanto podemos decir que los comportamientos hacen "visibles" las competencias (capacidades) y el concepto que cada uno tiene de sí mismo (cómo usa sus capacidades). De ese modo –reiteramos–, son la parte visible de la competencia.

Si bien todo proceso "visto" por otra persona es sujeto a una cierta interpretación, y no hay una mirada totalmente neutra u objetiva, la técnica de observar comportamientos es una manera de objetivar, hasta donde es posible, el proceso de evaluación.

La "llave" de esta herramienta de trabajo es observar la conducta de las personas sobre la base de una serie de comportamientos dados previamente como ejemplos.

El gráfico de la página siguiente será de mucha utilidad, en especial cuando se deba explicar a un cliente interno cómo realizar una evaluación de competencias y llegar a alguna conclusión "medianamente objetiva". Las competencias, como su definición lo expresa, son características profundas

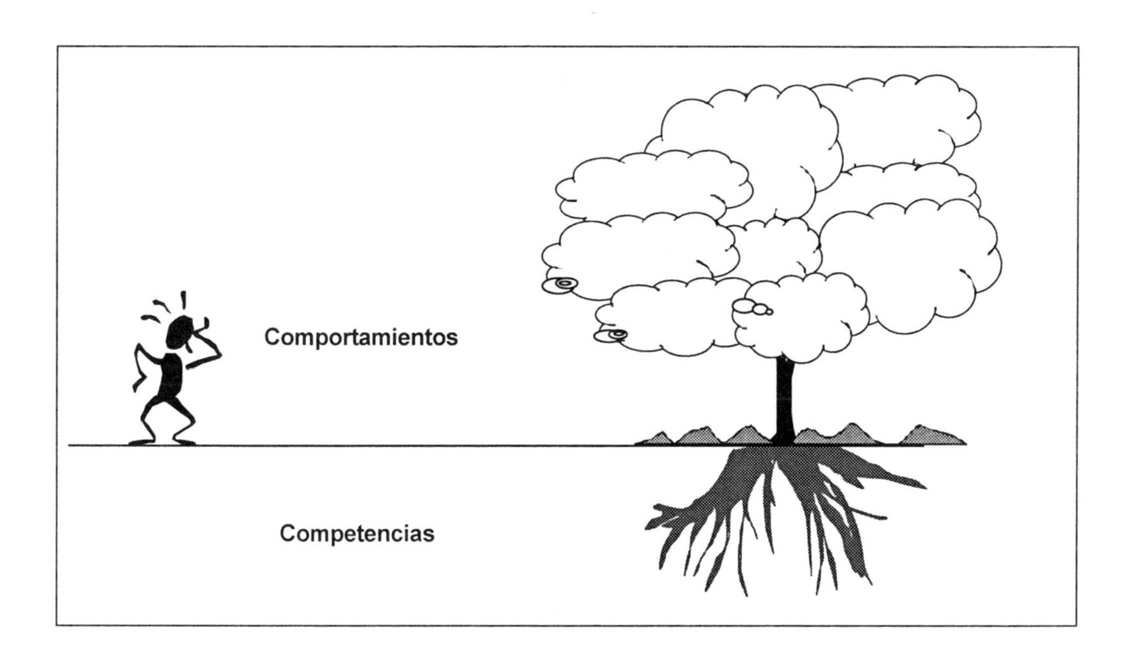

de la personalidad; pero esto no debe desvelar a su cliente interno, ya que él sólo deberá observar lo que es visible, los comportamientos de la persona, que luego de haber sido identificados tendrán que ser contrastados con los "comportamientos tipo" que identifican las competencias y sus grados. De este modo, y a través de una explicación gráfica y simple, se le podrá quitar dramatismo a la situación.

Este esquema también será de utilidad para aquellos que no tengan práctica profesional previa en la metodología de Gestión de Recursos Humanos por Competencias, con el mismo propósito ya expresado: diferenciar entre competencias y comportamientos, ya que sólo podremos observar estos últimos.

En síntesis, los comportamientos permiten llegar a la determinación de las competencias y su nivel o grado.

Como se verá más adelante, para el desempeño exitoso en un puesto de trabajo se requiere una combinación de elementos, combinación que muchos llaman simplemente "talento". En nuestra concepción, hablar de *talento para desempeñarse en un puesto de trabajo* implica que se posean los conocimientos y las competencias que dicho puesto requiere. Si sólo nos referimos a las competencias, podemos graficarlo de la forma siguiente.

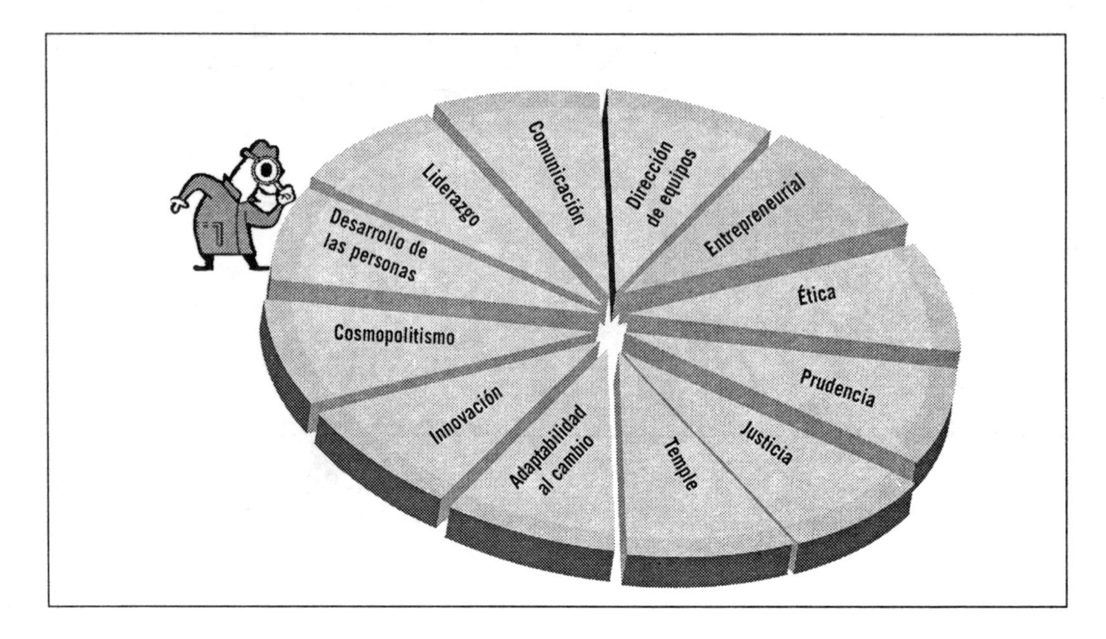

En el ejemplo del gráfico precedente, que corresponde a una posición de alto liderazgo, el desempeño exitoso estaría dado por las siguientes competencias:

- Adaptabilidad al cambio
- Innovación
- Cosmopolitismo
- Desarrollo de personas
- Liderazgo
- Comunicación
- Dirección de equipos
- *Entrepreneurial*
- Ética
- Prudencia
- Justicia
- Temple

Una persona con "talento", para ser un alto ejecutivo, deberá tener un alto desarrollo de las mencionadas competencias –o de otras, si así lo requiriera un negocio en particular–. Sólo hemos tomado doce competencias relevantes a modo de ejemplo, que son, además, las que representan el perfil de un alto ejecutivo.

De acuerdo con lo expuesto hasta aquí, podemos decir que para tener éxito en un puesto de trabajo se requieren ciertas competencias que marcarán la diferencia entre el necesario desempeño superior, y uno malo o estándar; pero al mismo tiempo serán necesarios ciertos conocimientos. Según nuestra experiencia profesional, la proporción entre ambos elementos es tal como se muestra en el gráfico siguiente, donde se revela que tiene mayor peso o significado la parte "blanda" o "*soft*", que técnicamente se denomina como competencias.

Analizando el gráfico precedente, y aceptando que las doce competencias mencionadas tienen relación con un puesto ejecutivo de alto nivel, será necesario que quien asuma este puesto conozca, además, acerca de los mercados o finanzas o algún otro tema importante según la organización de la que se trate. Sin embargo, sin las competencias mencionadas (aun contando con los conocimientos requeridos) esa persona no podrá llevar adelante su función. En cambio, si posee un alto desarrollo de las competencias y carece de algunos de los conocimientos necesarios, podrá adquirirlos o pedir soporte a algún colaborador que los posea.

Apertura del talento en competencias

Los esfuerzos que hacen las organizaciones para el desarrollo del talento humano suelen ser importantes, o al menos existe una fuerte preocupación al respecto. Pero muchos directivos, preocupados por el tema, no encuentran cómo encararlo. En materia de selección es importante tener en cuenta este aspecto antes de incorporar a una persona. Se deberían hacer todos los esfuerzos posibles para incorporar a personas que satisfagan totalmente el perfil requerido para el puesto, o al menos en la mayor medida, en todos sus aspectos: conocimientos, experiencia y competencias. En relación con este último aspecto, frecuentemente se cae en el error de pensar que luego la persona cambiará o se "hará a la cultura de la empresa", y la experiencia indica que esto no siempre ocurre.

Admitiendo esta realidad, y considerando además que si el desarrollo es posible este demandará cierto tiempo, nuestra propuesta consiste en, primero, determinar qué significa el talento para una determinada posición laboral, y expresarlo en términos de competencias.

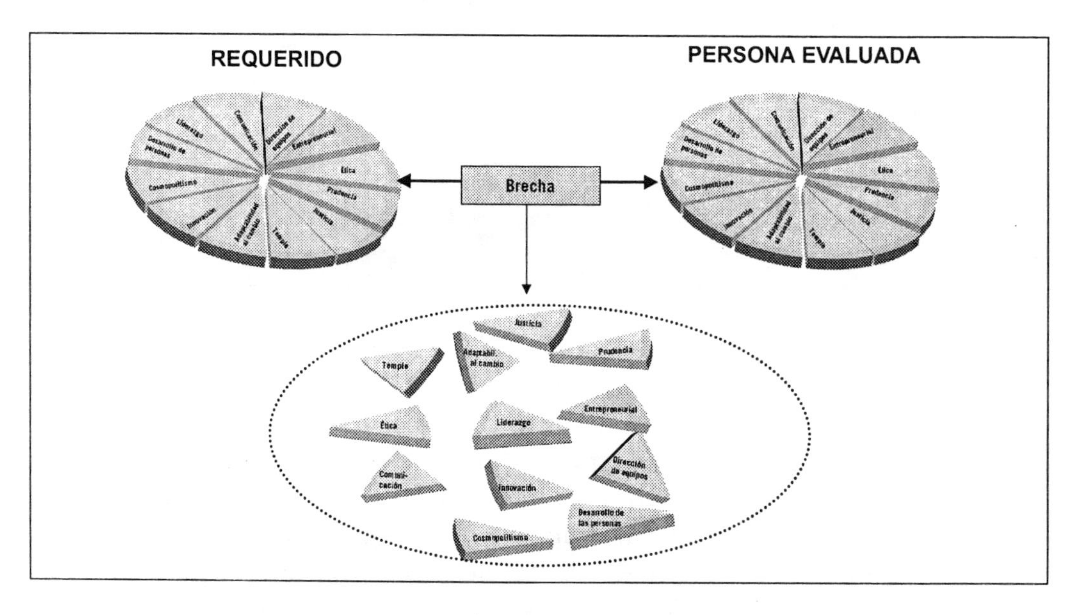

Tener talento para una determinada posición quiere decir poseer un cierto número de competencias, en un grado o nivel determinado, según lo requiera el puesto de trabajo. Como se desprende del gráfico precedente, la comparación de las competencias requeridas *versus* las competencias que la persona evaluada posee permite, a su vez, determinar la brecha existente competencia por competencia.

En la selección de personas, trabajar bajo la metodología de competencias permite analizar el grado que cada persona posee de cada competencia y determinar de ese modo las brechas que puedan existir entre el nivel requerido por el perfil y el de los postulantes a ocupar la posición. Será muy importante tener en cuenta la dificultad que el desarrollo de competencias implica y el tiempo que usualmente lleva reducir brechas. Si bien es cierto que es posible reducirlas, será preferible seleccionar a personas que respondan al perfil requerido.

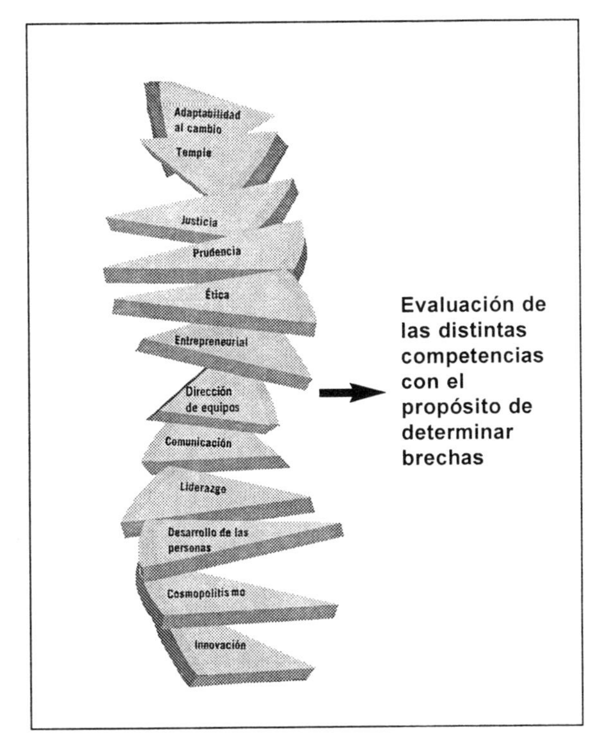

Nuestra propuesta es simple, al menos en lo que respecta a su comprensión: dividir el *talento requerido* en partes, es decir, en competencias. En el contexto de la presente obra, se tendrán en cuenta las competencias en el momento de definir el perfil requerido (Capítulo 4), y para su posterior evaluación (capítulos 6 y 7).

Para los que no estén familiarizados con la metodología de Gestión de Recursos Humanos por Competencias, es oportuno recordar que las competencias se expresan a través de una definición y se abren, a su vez, en grados.

En nuestra metodología de trabajo, hemos desagregado aún más las competencias, llevándolas al nivel de *comportamientos*, lo cual es pertinente para eliminar el halo de misterio o magia que puede, y suele, darse a toda esta temática.

En el ejemplo presentado en el gráfico, para un alto ejecutivo se requieren una serie de competencias que a su vez se pueden abrir en grados, y estos en comportamientos o conductas observables. A partir de esta apertura se pueden evaluar competencias, detectar brechas y, de ese modo, tomar la mejor decisión a la hora de seleccionar a una persona, cualquiera sea su nivel.

En un proceso de selección se deben tener en cuenta los conocimientos requeridos por la posición que ocupará la persona en una primera instancia o cualquier otro puesto que eventualmente podría asumir en el futuro. De manera análoga se procede con las competencias: la persona a ingresar deberá poseer las competencias definidas para el puesto a ocupar en lo inmediato (tipo de competencia y grado), y si la selección se realiza con la perspectiva de que luego ocupe otra posición, las competencias requeridas por esta también deberán ser evaluadas.

¿Por qué hablar de talento en relación con selección por competencias? Porque el talento, abierto en competencias –como se propone en la obra *Desarrollo del talento humano. Basado en competencias*, que se ha mencionado en este capítulo–, será el factor diferenciador entre un profesional exitoso y otro que no lo es, entendiendo por profesional no sólo a aquél con estudios de un determinado rango sino a cualquier persona que sea capaz en su puesto de trabajo.

Si nos quedamos con la idea de que una persona es *"competente o no"*, que el talento es un "*conjunto de dones naturales o sobrenaturales con que Dios enriquece a los hombres*", estos conceptos tendrán un efecto paralizante, que no nos permitirá accionar sobre el talento de modo alguno.

Los diferentes temas en relación con la selección por competencias serán tratados siguiendo el esquema que se muestra en este gráfico.

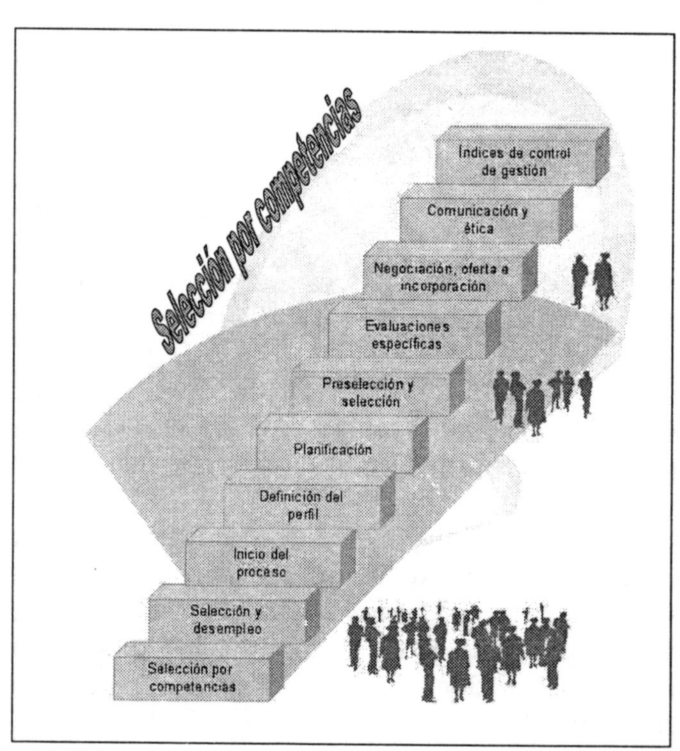

SUMARIO. ¿POR QUÉ SELECCIÓN POR COMPETENCIAS?

- La selección de personas, cualquiera sea su nivel dentro de la organización, no está regida por leyes o normas de tipo legal. Las buenas costumbres y las buenas prácticas sugieren utilizar medios profesionales para realizarla. Por otra parte, será conveniente seleccionar a la mejor persona para cada puesto. No se trata de seleccionar a la mejor persona posible o disponible o que la organización pueda incorporar (léase pagar), sino a la mejor persona "en relación con el puesto a ocupar".
- Definición de *talento*: según el diccionario de la lengua española, talento es el "*conjunto de dotes intelectuales de una persona*". A partir de esta definición será necesario discernir cómo está conformado el conjunto de dotes intelectuales.
- Definición de *competencia*: el término *competencia* hace referencia a las características de personalidad, devenidas comportamientos, que contribuyen a un desempeño exitoso en un puesto de trabajo. Cada puesto de trabajo puede tener diferentes características en empresas y/o mercados distintos.
- Para el desempeño en un puesto de trabajo se requerirá una cierta cantidad de conocimientos y competencias. De la intersección de estos dos subconjuntos se logrará el talento requerido para un desempeño superior. Para ocupar cualquier clase de posición se requiere algún tipo de mezcla, de proporción entre conocimientos y competencias. El tipo de conocimientos y competencias variará de posición en posición, de organización en organización.
- La intersección de los dos subconjuntos (conocimientos y competencias) no es suficiente para definir el desempeño; falta algo más: la motivación. El talento para un desempeño superior se verifica en muchas ocasiones en conjunción con la motivación; es decir, cuando además del compromiso con lo que hace, la persona tiene su propia motivación –por ejemplo, porque la tarea a realizar coincide con sus intereses personales, por coincidir con sus preferencias, o por cualquier otro motivo–. En esos casos la suma es de conocimientos, competencias y motivación.
- La motivación en los procesos de selección se estudia desde otra perspectiva: la que la persona posee en relación con la nueva posición.
- La motivación ha sido estudiada por muchos autores, entre ellos David McClelland, quien ha definido los tres sistemas importantes de la motivación

humana: 1) los logros como motivación; 2) el poder como motivación, y 3) la pertenencia como motivación.

- Comportamiento es aquello que una persona hace (acción física) o dice (discurso). Un comportamiento no es aquello que una persona desea hacer o decir o que piensa que debería hacer o decir.
- La selección por competencias, a través de describir lo requerido para un desempeño exitoso en un determinado puesto de trabajo, *abriéndolo* en una serie de ítems (competencias), permite una mejor evaluación de los posibles candidatos.

PARA PROFESORES

Para cada uno de los capítulos de esta obra hemos preparado:

- Casos prácticos y/o ejercicios para una mejor comprensión de los temas tratados en cada uno de ellos.
- Material de apoyo para el dictado de clases.

Los profesores que hayan adoptado esta obra para sus cursos tanto de grado como de posgrado pueden solicitar de manera gratuita las obras:

Selección por competencias. CASOS
(link: www.marthaalles.com/seleccioncasos)
Selección por competencias. CLASES
(link: www.marthaalles.com/seleccionclases)

Únicamente disponibles en formato digital, en nuestro sitio: www.marthaalles.com, o bien escribiendo a: profesores@marthaalles.com.

Selección por competencias
2
Selección y desempleo

Capítulo 2

LA SELECCIÓN DE PERSONAS EN CONTEXTOS DE ALTO DESEMPLEO

En este capítulo usted verá los siguientes temas:

- Dificultades en la selección de personas
- El desempleo visto desde todos los ángulos
- A pesar del desempleo, ¿qué pasa en el mercado laboral?
- Análisis de algunos términos: empleo, empleabilidad, desempleo
- Los marginados
- El desempleo de larga duración
- Empleabilidad
- ¿El área de Recursos Humanos debe asumir un rol social?
- Selección por competencias en el siglo XXI

Dificultades en la selección de personas

Varios años ya han transcurrido desde el inicio del siglo XXI y la selección de personas continúa siendo un tema de preocupación para las organizaciones de todo tamaño. El contexto actual fija las nuevas reglas de juego, que son más complejas. La sociedad ha cambiado y en el mercado laboral no siempre las personas y las organizaciones se encuentran en condiciones de realizar y firmar un acuerdo fructífero para ambos. Esta obra no tiene un propósito sociológico ni económico, pero toda persona que lleve adelante un proceso de selección, ya sea porque lo hace habitualmente o de manera eventual, debe conocer un poco acerca del marco en el que deberá efectuar su tarea.

Los contextos de alto desempleo, globalización y otros fenómenos actuales han dificultado la selección de personas, en especial cuando se requieren ciertas calificaciones específicas.

Quienes trabajan en selección, cualquiera sea su nivel, a diario reciben comentarios de empresarios que dicen: "No encuentro a las personas que necesito", y, en sentido opuesto, se reciben comentarios de personas que dicen: "No encuentro trabajo". ¿Qué pasa entre un extremo y otro del mercado, organizaciones que ofrecen empleos y personas que buscan insertarse en el mercado laboral? Trataremos de responder a esta pregunta y analizar la situación actual, en especial de países de Hispanoamérica.

Aquello que en verdad acontece en el mercado laboral es ciertamente desconocido en muchos sectores de la sociedad donde, a partir de indicadores económicos, se presume una realidad distinta o bien se construyen generalizaciones a partir de alguna situación particular.

El desempleo, desde la óptica del individuo, es siempre doloroso, ya que afecta al individuo en sí y a su entorno familiar. Como veremos más adelante, esto perjudica la empleabilidad de las personas, agravando aún más el problema.

Los perfiles requeridos, en todos los niveles, tienen el foco muy cerrado, y, usualmente, no es sencillo encontrar a las personas deseadas, tanto si se trata de profesionales como de otras con menor preparación académica. ¿Por qué razón? Las organizaciones solicitan no sólo conocimientos sino también otras capacidades. A modo de ejemplo, para muchas posiciones de base, que no requieren estudios previos significativos, como puede ser una posición de cajero en un supermercado, se requerirán una serie de capacidades, que en lenguaje técnico se denominan *competencias*, que no serán tan fáciles de encontrar. Sólo por mencionar algunas, se requerirá capacidad de aprendizaje, ya que usualmente no es necesario tener experiencia previa, junto con orientación al cliente y buena comunicación, entre otras, así como motivación para trabajar, compromiso y, por qué no, ética e integridad. Conformado de este modo un perfil, la selección no sólo será compleja sino que dejará muchas personas fuera. Cuando nos referimos en el título de esta obra a selección por competencias, pensamos, y seguramente pensarán nuestros lectores, en la selección de personas destacadas para la organización que ocuparán posiciones gerenciales. Trataremos, ciertamente, estos casos. Pero a través del ejemplo de una posición de base queremos remarcar que se requieren competencias en todos los niveles, es decir, capacidades o competencias especiales en todas las posiciones. De este modo se concibe el mercado laboral en el siglo XXI.

Con alrededor de 20 años de experiencia dirigiendo consultoras que, entre otras áreas, tienen una dedicada a la selección, puedo afirmar que no es cierto que las organizaciones soliciten "jóvenes de 25 años con diez años de experiencia y dos masters", como puede estar instalado en la imaginería popular. Los perfiles requeridos se han tornado más exigentes, pero no se solicitan imposibles, sí quizá perfiles escasos en el mercado.

En economías castigadas, como puede ser la de mi país, Argentina, aunque no es el único caso, un segundo aspecto que dificulta la selección de personas es el nivel de las remuneraciones ofrecidas. Un cierto desfase entre lo ofrecido y lo que el mercado solicita, en especial en lo que a personas calificadas se refiere, hace una ecuación difícil de resolver.

En una obra de hace unos años[1], los autores Enrique del Río y otros mencionan *que la formación aparece como un instrumento facilitador para tener un puesto de trabajo, y no todos los que reciban formación tendrán empleo, sino aquellos que estén mejor formados: Hay ofertas de empleo que todos los años quedan sin cubrir, por falta de coincidencia entre la especialización exigida y la capacitación de los parados. Es decir que hay puestos de trabajo sin ocupar, por falta de especialistas preparados en el momento preciso.*

Otro autor, francés[2], asegura que ...*un desfase ha aparecido en los países occidentales entre las necesidades de formación por parte de las empresas y de la formación de recursos de mano de obra. Por ejemplo, en 1989, el 50% de las empresas encuestadas declararon tener problemas de reclutamiento.*

Como puede verse, el problema no es nuevo, y lamentablemente, no siempre es analizado de manera correcta por los responsables de fijar acciones o políticas de Estado para resolverlo.

1. Del Río, Enrique; Jover, Daniel y Riesco, Lola. *Formación y empleo. Estrategias posibles.* Paidós. Barcelona, 1991.
2. Gautié, Jérôme. *Les politiques de l'emploi. Les marges étroites de la lutte contre le chômage.* Librairie Vuibert. París, 1993.

El desempleo visto desde todos los ángulos

El desempleo es casi un fantasma que de un modo u otro ronda por la mente de todos; sin embargo, aun con miedo frente a él, no todos toman actitudes realmente protectoras para que la tan temida situación (la pérdida del empleo) no se produzca. El error más frecuente es poner el problema del desempleo fuera de los planos de acción. Es decir, pensar que al desempleo se llega sólo por acción de agentes externos: los empleadores, la globalización, medidas del gobierno, las crisis de los países y otros factores similares, tales como la edad o el nivel alcanzado en los estudios. Muchos de estos son factores de desempleo, pero desde el plano individual hay otros factores que influyen en la empleabilidad, como veremos más adelante.

Analizando las conductas de las personas podemos dividirlas, sólo para su análisis, en los siguientes grupos y subgrupos.

Las personas que tienen empleo

Dentro de las personas que tienen empleo, hay subgrupos:

- los que tienen empleo y no deberían tenerlo;
- los que tienen empleo y cumplen con "lo justo";
- los sobreocupados.

Cada uno de estos subgrupos es, a su vez, consecuencia y origen del problema. Víctimas y victimarios. Veremos a continuación qué entendemos por cada uno de estos subgrupos.

- *Los que tienen empleo y no deberían tenerlo*
  El lector, seguramente, conoce a muchos de estos individuos y *los sufre* a diario. Imagine la siguiente situación: *usted va a un negocio y el vendedor le hace "el favor" de atenderlo, y le dice que lo que busca no existe, que "se acabó". Cuando usted, con timidez y con su mejor sonrisa, le pregunta si ese producto no estaría, quizá, disponible en otra sucursal, le dice que puede ser, que usted pregunte, sin tomar la iniciativa de llamar él a otras sucursales y "conseguirle" el producto que supuestamente "se acabó"*... Estas y tantas otras situaciones describen a personas sin motivación ni ganas de trabajar, que actúan como si su trabajo fuese una penuria que deben soportar para pagar no sé qué pecado que, por supuesto, no conocemos y con el cual no tenemos nada que ver.

Estas personas, que teniendo empleo actúan de este modo, son las que denominamos "personas que no deberían tener empleo". Los ejemplos son muchos, desde personas que se aburren por todo, que piensan que los clientes "molestan" cuando preguntan algo, o que los turistas que visitan el país "se aprovechan" comprando cuando el cambio es favorable, y cosas similares. Se incluye igualmente a todos aquellos que no cumplen con sus tareas por cualquier motivo, que no se comprometen con las organizaciones a las que pertenecen, etcétera.

- *Los que tienen empleo y cumplen con "lo justo"*
  Son personas que, sin llegar al extremo de las anteriores, cumplen con su trabajo sin dar nada más que lo estrictamente necesario. En el mayor número de los casos, el trabajo no ocupa un lugar importante en sus vidas y lo toman como una mera fuente de ingresos para subsistir. En general, son personas que también asumen de este modo otros aspectos de su vida. Sobre finales del pasado siglo XX y en el presente, se ha visto proliferar personas sin compromiso aparente por cosa alguna. Este fenómeno puede ser explicado desde diferentes perspectivas y no será analizado en este texto, simplemente exponemos una realidad empírica.
- *Los sobreocupados*
  Como una contracara del fenómeno descrito en el párrafo precedente, sobre el final del siglo XX surge otro: las personas con actividades múltiples. Los sobreocupados se dividen, a su vez, en dos grupos:
  1. Los sobreocupados como consecuencia de la extrema necesidad; personas que tienen más de un trabajo, o que teniendo uno solo hacen con frecuencia horas extra, pero con el único fin de generar más ingresos. Su salario normal no les alcanza para cubrir sus gastos.
  2. Los sobreocupados por propia decisión, generalmente personas exitosas en lo suyo, a quienes *les va bien en lo que hacen,* que por razones individuales trabajan largas jornadas diarias y muchas veces seis días a la semana. Entre estos se pueden ubicar los denominados *workaholic* (adictos al trabajo); sin llegar a este extremo, muchos parecen serlo para posicionarse mejor frente a la fuerte competencia profesional o, simplemente, porque disfrutan con lo que hacen.

La problemática descrita no sólo afecta a países de América Latina, puede verse también en otros.

Personas que no tienen empleo o desempleados

Las personas que no tienen empleo pueden, también, agruparse en diferentes categorías según su situación particular, su mayor o menor empleabilidad.

Didier Demazière[3] define el desempleo de larga duración (que trataremos más adelante), del cual es muy difícil salir cuando se ha caído en él. Entiende por "desempleo de larga duración" el de doce meses o más: *El desempleo de larga duración es la traducción de las dificultades encontradas por ciertos individuos para salir del desempleo. Las capacidades para obtener un empleo* –otro modo de decir empleabilidad– *ocupan asimismo un lugar central en los debates recurrentes que proliferan sobre las especificidades de los desocupados de larga duración.*

¿Por qué se dificulta encontrar un nuevo empleo cuando el tiempo de desempleo es extenso? Por el círculo vicioso de la falta de empleo; es decir (citaremos otra vez a Demazière): *pérdida de las competencias profesionales por falta de práctica, pérdida de confianza en sus capacidades, pérdida de lazos de comunicación importantes en los accesos a los empleos, etcétera.*

Por lo tanto, es necesario diferenciar entre un tipo de desempleado y otro. No es lo mismo un joven que demora un tiempo razonable hasta encontrar su primer trabajo que otro que no ha finalizado su escolaridad primaria y difícilmente ingresará en el mercado laboral. Estos últimos son marginados por el sistema y conforman un segmento de alto riesgo. Desde un punto de vista individual, por ellos mismos, como seres humanos; y, desde un punto de vista global, porque pueden transformarse rápidamente en un peligro para la sociedad (delincuencia, drogadicción, prostitución, etc.).

- *El desempleado circunstancial*
  El desempleado circunstancial es una persona que tiene todas las posibilidades de encontrar un nuevo empleo, en un tiempo razonable, y él, por sí mismo, es capaz de actuar sobre su propia empleabilidad. En síntesis: se trata de personas que están un cierto tiempo sin empleo –el necesario hasta encontrar una nueva ocupación– y que reingresan en el mercado laboral con sus capacidades intactas. Son personas con una empleabilidad alta.

3. Demazière, Didier. *Le chômage de longue durée.* Presses Universitaires de France. París, 1995.

- *El desempleado estructural*
  Se trata de personas que por algún motivo quedaron fuera del sistema y que difícilmente podrán reinsertarse por sí mismas. Es decir, sus conocimientos y competencias, por alguna razón, no son las que se requieren. En muchos casos se deben considerar como causas del desempleo estructural la falta de motivación y algunos otros problemas de tipo psicológico-laborales, como estrés, *burnout*[4], acoso moral[5], *mobbing*[6], etc. Estos problemas deben ser motivo de preocupación.
  En síntesis, los desempleados estructurales son personas que han entrado en la clasificación de desocupados de larga duración o que, si no lo han hecho aún, seguramente ingresarán en esa categoría; si no media alguna acción externa que modifique su empleabilidad, tienen muy poca chance de reingresar en el mercado laboral. Son personas con empleabilidad baja.

Sin considerar esta situación como un fantasma, los desempleados circunstanciales deberán actuar sobre su propia empleabilidad para no pasar a esta segunda categoría.

Las causas de todos los fenómenos descritos son numerosas, y no es propósito de este trabajo hacer un análisis exhaustivo al respecto. Sólo hacemos una breve mención ya que consideramos que un especialista en Recursos Humanos debe tener un panorama global sobre todos los aspectos tratados en este capítulo, con el fin de realizar su tarea de manera profesional.

El desempleo y los autores franceses

Los franceses, así como otros pueblos, entre ellos el argentino, han sufrido durante muchos años la problemática del desempleo y, en consecuencia, han estudiado y escrito sobre el tema; por ello se citarán, entre otros,

4. *Burnout:* deriva del término *burn,* quemado. Según el diccionario, *burnout* tendría dos acepciones: 1) parar de quemarse porque no hay nada más para quemar, y 2) de manera figurada parar de trabajar porque la persona está demasiado cansada. (*Oxford Advanced Learner' Dictionary.* Nueva York, 2000. Página 158.)
5. Hirigoyen, Marie-France. *El acoso moral en el trabajo.* Editorial Paidós. Buenos Aires, 2001.
6. *Mobbing*: deriva del término *mob,* turba. Según el diccionario, *mob* es: *turba que puede transformarse en violenta y causar problemas.* La idea se refuerza con un ejemplo en el que *mob* podría ser un grupo que se reúne alrededor de otro y lo ataca. (*Oxford Advanced Learner' Dictionary.* Nueva York, 2000. Página 818.)

muchos autores franceses. La razón para exponer textos que no son actuales (1989 y años posteriores) responde al propósito expreso de subrayar que estos problemas no son nuevos y que contradicen la creencia, muy arraigada por cierto, de que son de reciente aparición y obedecen a causas y responsables diversos.

Jérôme Gautié[7], en su libro *Las políticas del empleo. Los márgenes estrechos de la lucha contra el desempleo,* comenta sobre las políticas de formación e inserción en el mercado laboral de Francia. El enfoque es absolutamente aplicable a esta problemática.

- *Formación e inserción.* De confección puramente estadística, la estimación del desempleo resulta de confrontar el *stock* de empleos con el *stock* de personas activas, en niveles, pero también en estructura: el problema se halla también en la adecuación cualitativa y no sólo en la oferta y la demanda de trabajo. Los desocupados deben poseer ciertas características, especialmente en términos de calificación, que responden a las necesidades de las empresas. El desempleo es un fenómeno selectivo.
- *Las políticas globales de formación.* Para comprender mejor cuáles pueden ser los objetivos y la modalidad de intervención de los poderes públicos, se debe previamente analizar todas las dimensiones del problema de la formación:
  - *Las mutaciones económicas y las necesidades de formación.* El nivel de formación de sus recursos de mano de obra es una variable determinante para la *performance* económica de un país.
  - *Las mutaciones estructurales y los nuevos fundamentos de la competitividad.* Con la apertura creciente de las economías y la mayor participación de Japón y de nuevos países industriales, los sistemas productivos occidentales han conocido mutaciones estructurales profundas. La calidad de la mano de obra se ha convertido en el factor fundamental de la competitividad.

Gautié menciona una problemática de hace unos años (1989), que hoy vivimos en forma similar en la Argentina. Este autor hace referencia a una encuesta, realizada en Francia, que en nuestro país daría en la actualidad –imagino– el mismo resultado. Quizá, también en Francia. Un desfase ha aparecido

7. Gautié, Jérôme. *Les politiques de l'emploi... Op. cit.*, cap. 4.

en los países occidentales entre las necesidades de formación por parte de las empresas y la real formación de los recursos de mano de obra. Por ejemplo, en 1989, el 50% de las empresas encuestadas declararon tener problemas de reclutamiento. Una encuesta[8] realizada en Argentina (1997) dio como resultado que el 75% de las empresas entrevistadas manifestaron tener "algún grado de dificultad" para conseguir el personal deseado.

Según Gautié, en Europa hay tres modelos principales de relación entre el Estado y la formación del pueblo:

- *El modelo francés.* Reposa sobre la prioridad acordada al sistema de formación general, destinado a una élite. Este sistema no fue exitoso; según este autor, para cubrir los puestos las empresas solicitan personas sobrecalificadas que luego se sienten frustradas en sus empleos.
- *El modelo británico.* Se caracteriza, en los últimos años, por la ausencia de toda intervención del Estado en el sistema de formación profesional. La enseñanza está a cargo de las empresas, y éstas reciben ayuda financiera del Estado. Según Gautié, el sistema no funciona bien porque las empresas no capacitan adecuadamente y sólo utilizan el sistema para abastecerse de mano de obra barata.
- *El modelo alemán.* Es generalmente alabado por su *performance*; reposa sobre un sistema dual, donde el sistema profesional tiene una gran autonomía en relación con el sistema de formación general; la separación entre los dos en los cursos escolares se opera muy pronto. Se basa en una colaboración muy estrecha entre el Estado y las ramas industriales. La formación se realiza en parte en una escuela profesional, y el resto en las empresas. La delicada evaluación de las necesidades de formación implica un análisis global de los requerimientos reales, en una relación de interdependencia entre la oferta y la demanda, considerando aspectos cualitativos y cuantitativos de ambas.

Una vez que las necesidades de formación son determinadas, es factible preguntarse sobre la intervención de los poderes públicos: la política de formación en relación con la política de empleo y en relación también, en cier-

8. En una encuesta que la autora realizó entre 60 empresas en noviembre de 1997, sobre la dificultad que tienen al seleccionar personal, el 75% respondió que observan algún grado de dificultad al reclutar personal; esto puede deberse a dos razones básicas: falta de competencias o salario ofrecido insuficiente en relación con las competencias requeridas.

tos aspectos, con la política educativa y la política industrial.

Se pueden ensayar dos niveles de intervención.

- La acción sobre los sistemas de formación.
- La acción sobre las empresas.

El sistema educativo debe promover más y más una muy buena formación básica en todos los niveles educacionales, primario, secundario y universitario. La especialización profesional se efectuará ulteriormente, en la empresa.

El autor insiste sobre la importancia de unión entre el sistema de formación y el sistema productivo. Los poderes públicos pueden intervenir en dos aspectos complementarios:

- Avalando las prácticas de formación de las empresas, que se dirigen fundamentalmente a los jóvenes que ingresan en el mercado de trabajo.
- Por sobre las empresas, actuando en los sistemas de empleo.

Las desiguales caras del desempleo

El desempleo, según los distintos países, ataca de modo desigual a las diferentes categorías de personas activas. Si comparamos los diversos tipos de desempleo en función de las dispares características individuales, en Francia, particularmente los menos calificados, los jóvenes, las mujeres y los trabajadores de más edad presentan los índices de desempleo más elevados. Este fenómeno se replica, con características similares, en muchos otros países.

En síntesis, Gautié dice que la formación aparece como un objetivo esencial de la política de empleo. Para este autor, el término *formación* es ambiguo y mueve a varios niveles de análisis:

- Las políticas globales de formación son necesarias en ciertos países que sufren la penuria de mano de obra calificada y desempleo estructural. No puede olvidarse que las calificaciones no se comprenden en relación con el empleo: oferta y demanda no son independientes.
- Las políticas específicas de inserción en favor de individuos con mayores dificultades en el mercado de trabajo deben ser desarrolladas. En ese nivel, la formación no debe ser un fin en sí, pero se inscribe en un recorrido que debe estar lo más adaptado posible a las características del desempleado. También la acción de sensibilizar a las

empresas es primordial: la política de empleo no busca solamente atacar la oferta, sino, además, actuar sobre la demanda de trabajo.

Las políticas de inserción no apuntan tanto a actuar sobre el nivel de desempleo como a intentar luchar contra la selectividad, a fin de mejorar la fluidez del mercado de trabajo.

Según un informe sobre el desarrollo mundial –*El mundo del trabajo en una economía integrada. Indicadores del desarrollo mundial*[9]–, las perspectivas de los trabajadores para el siglo XXI son las que se analizan a continuación.

¿Qué pueden hacer los trabajadores para acercar su perfil, sus capacidades, a los requisitos buscados? Lo que técnicamente se denomina *mejorar su empleabilidad*. Para ello hay que tener en cuenta que las empresas evalúan la calificación desde dos ángulos: lo estrictamente mensurable, como el manejo de un idioma o un título universitario, y lo actitudinal. En nuestro esquema de trabajo la palabra *actitudinal* debiéramos reemplazarla por *competencias*.

Es importante tenerlo en cuenta. Cada uno puede hacer algo para mejorar ambos aspectos, como se verá sobre el final de este mismo capítulo.

A pesar del desempleo, ¿qué pasa en el mercado laboral?

El mercado laboral constituye un tema indescifrable para muchos. Por un lado, existe información sobre el mercado que llega a través de los medios de comunicación y, por otro, observamos la propia realidad del mercado, que parece correr por un carril diferente. Que existan altos índices de desempleo no significa que sea sencillo ni fácil encontrar a las personas con el perfil requerido por el mercado para cubrir las posiciones en oferta. Los selectores de personal deben enfrentarse a creencias arraigadas, tanto en empresarios como en buscadores de empleo. Los primeros suponen que la tarea será sencilla, los segundos equivocan los caminos a seguir para insertarse en el mercado laboral. A continuación se hará referencia al mercado laboral de la Argentina, aunque esta misma problemática se verifica en otros países de Latinoamérica y en España.

9. Banco Mundial. *El mundo del trabajo en una economía integrada. Indicadores del desarrollo mundial*. Washington, 1995.

Perfiles sumamente profesionalizados

Es interesante analizar esta frase que constituye el subtítulo, en sus distintos términos. En muchos ámbitos, y hasta no hace mucho tiempo, cuando una empresa u organización de cualquier tipo necesitaba cubrir un nuevo puesto o reemplazar a un empleado que se había retirado, sus directivos pensaban qué persona conocida podía estar interesada en la posición y le ofrecían el empleo, o bien preguntaban entre sus allegados.

Vemos entonces que el primer concepto que ha cambiado –desde hace ya varios años– es la forma de encarar un proceso de selección: ahora, primero se define un perfil y luego se busca a la persona capaz de cubrirlo, o sea, lo que se necesita, y no sólo entre los conocidos, sino en el mercado. Si coincidiera que la persona que mejor cubre el perfil es además conocida, elegirla podría ser una buena idea, o no, lo cual dependerá de cada caso.

La segunda palabra que deseo destacar es *profesionalizado* o *profesional*. ¿Qué queremos decir con esto? Para todas las posiciones se requieren conocimientos específicos, y estos son cada vez más complejos. Si tenemos en cuenta que un camión o un tractor tienen 14 o 16 cambios diferentes y se requiere una mínima noción para poder conducirlos, o que las diferentes máquinas en una fábrica se manejan a través de comandos computarizados, fácilmente se comprende por qué los perfiles se complejizan cada día.

Si bien muchos países de Latinoamérica aún no han alcanzado el nivel de tecnología de países más desarrollados, esto cambia día a día y, desde ya, ésa es la tendencia.

Los procesos de selección profesionalizados han incluido, como se verá en los capítulos 4 (*Definición del perfil*) y 6 (*Preselección y selección*), las competencias, tanto en los perfiles como en los procesos de selección. No alcanza con tener los conocimientos: además se evalúan las competencias. Para acceder a cualquier posición, aun las de tipo inicial, se evalúan competencias.

Perfiles cada día más exigentes

En resumen, los perfiles son cada vez más exigentes. La dura competencia que deben afrontar las empresas deriva en que esta mayor competitividad se refleje en mayores exigencias para los colaboradores.

En algunos casos, estas mayores exigencias pueden originar abusos y, en otros, simplemente un cambio. Esquemas de calidad y excelencia deben aplicarse aun en empresas que antes no pensaban en ello. Es una cuestión de supervivencia.

Oferta no acorde con la demanda, lo que deriva en demanda insatisfecha

Por un sinnúmero de razones que nos alejarían de la temática que queremos tratar en este libro, la realidad nos enfrenta a una situación paradójica, donde, por un lado, tenemos un alto índice de desempleo y, por otro, la demanda queda insatisfecha con los perfiles que el mercado ofrece.

El mercado laboral en el siglo XXI

- Mercado totalmente profesionalizado
- Perfiles requeridos más exigentes
- Mayor exigencia de educación formal
- Actualización posuniversitaria
- Personas que sepan hacer
- Selección por competencias
- Nuevas competencias
- Se requiere motivación por el trabajo
- Se requiere motivación frente a la vida
- Se requiere personas comprometidas
- No más "trabajo de cualquier cosa"

} Demanda insatisfecha

Esta realidad –que se observa en todas las edades y demás segmentos de población– es un tema preocupante que debe ser conocido por la sociedad. Frecuentemente el tema del desempleo es tratado por economistas y políticos con un enfoque macroeconómico, y no es abordado por especialistas en Recursos Humanos. Por ello, y desde este papel (el de una persona dedicada a trabajar y a estudiar sobre asuntos relacionados con el *empleo*), deseamos darle al tema un enfoque diferente.

La problemática del desfase entre la oferta y la demanda laboral afecta también a los jóvenes, y ellos no saben cómo "salir" de esta situación.

A modo de ejemplo, voy a relatar dos anécdotas personales que nos ilustran acerca de cómo son manejados estos temas por las clases dirigentes (enfatizo: *todas*, no sólo las pertenecientes al gobierno de turno).

A mediados de los 90, con una amiga que en ese momento regresaba de vivir unos años en los Estados Unidos –donde el trabajo comunitario está desarrollado y "bien visto" –, se nos ocurrió conectarnos con escuelas secundarias para brindar charlas a los alumnos: ella hablaría de lo que significa la experiencia de obtener un máster y trabajar en el extranjero, y yo aportaría el enfoque del mercado, describiéndoles la demanda y sus tendencias. No logramos dar una sola de estas charlas, porque no fue de interés de aquellos que en ese momento conducían algunos de los principales colegios de Buenos Aires.

Años después, en marzo de 1997, en ocasión de publicar dos libros, envié más de diez cartas a diferentes universidades, privadas y públicas –en realidad, era mayor el número de las privadas–, ofreciendo dar una conferencia a los alumnos, en forma gratuita, para ayudarlos en su primera búsqueda laboral. Mi propuesta era dar una charla y luego dialogar con los jóvenes. Esto lo he realizado muchas veces, y mi experiencia es que los jóvenes de todas las edades tienen una infinita cantidad de dudas, inseguridades e información errónea respecto del tema, y estas charlas les son muy útiles.

Con sorpresa observé que la reacción fue muy extraña. Hubo casos en los que simplemente no obtuvimos respuesta. Otros contestaron que no tenían interés. Otros pidieron que lleváramos afiches para hacer nosotros la invitación. Otros nos tomaban "examen" sobre lo que diríamos. ¡Ofrecíamos orientar gratis a los jóvenes! Si yo dirigiese una casa de estudios superiores, no sólo recibiría con alborozo una propuesta de este tipo, sino que, además, y como se hace en los países desarrollados, les daría a los jóvenes de los últimos años una capacitación especial sobre el tema. En la Argentina, la mayoría de los conductores de instituciones educativas no suelen tomar en cuenta la variable *mercado* entre los temas a considerar.

Esa es, luego, la diferencia que se observa entre la empleabilidad de unos jóvenes y la de otros.

A más de diez años de las anécdotas relatadas, hoy pienso que es en la escuela primaria donde los jóvenes debieran recibir la primera noción sobre la problemática laboral. Obviamente, no porque piense que los niños deben trabajar; pero conocer sobre los diferentes aspectos de un tema –el laboral– que marcará la diferencia entre un tipo de existencia y otro, no es algo de poca importancia. Los maestros a cargo de la primera educación de los niños deberían recibir alguna preparación *actualizada* sobre el tema. Remarco la palabra actualizada porque estoy pensando en una correcta comprensión del mercado laboral dejando de lado la impronta política que muchas veces se introduce en esta temática, dificultando la posibilidad de entender cómo funciona algo tan complejo, con diferentes actores y realidades, como es el mercado laboral.

Si dentro del concepto de educación se desea incorporar la formación, ésta debe preparar a las personas para la vida, y el trabajo es parte de ella.

El problema de los jóvenes no es sólo argentino. Marcel Pochard[10], en un trabajo sobre su país, Francia, comenta que una triple coacción actúa sobre la inserción profesional de los jóvenes:

- cuantitativa: un desequilibrio entre los recursos de mano de obra y de las perspectivas de creación de mano de obra;
- cualitativa: una preparación profesional de los jóvenes defectuosa e inadecuada;
- un contexto económico y social rígido y con una creciente complejidad en los procesos de creación de empleos dentro de las economías modernas.

Más allá de las causas cuantitativas, son las causas cualitativas las que pueden explicar los problemas que tienen los jóvenes en Francia para acceder al empleo.

No existe más el "trabajo de cualquier cosa"

Esta frase la tomé prestada de un conductor televisivo, y me parece muy gráfica. Muchas veces se escucha en las entrevistas: "*Yo acepto cualquier trabajo, no tengo problemas...*". Es posible que la persona lo diga para demostrar buena voluntad, y eso está bien, pero el mercado demanda otra cosa. Quiere a personas que sepan hacer algo, y que aquello que hagan, lo hagan bien.

Por lo tanto, no basta con tener buena voluntad. Ayuda, pero no es suficiente.

10. Pochard, Marcel. *L'emploi et ses problèmes*. Presses Universitaires de France. París, 1996.

Bajo el concepto de "trabajo de cualquier cosa", quizá los buscadores de empleo quieran demostrar flexibilidad. La flexibilidad es una muy buena competencia de personalidad, pero no significa que la persona hará cualquier cosa sino que estará receptiva a recibir ofertas dentro de un cierto campo de actuación.

La industria demanda cada vez más perfiles muy técnicos

La industria, como ya lo mencionamos, demanda casi en exclusividad perfiles muy técnicos; está en vías de extinción el operario no especializado. Es cierto, además, que la nueva industria, al requerir sólo puestos para alta tecnología, demanda, a su vez, menos puestos. Es decir, el avance tecnológico ha disminuido los puestos que se ofrecen y éstos han incrementado el nivel de exigencia. Por lo tanto, esta nueva concepción de la industria origina necesariamente desempleo.

Hay mayor necesidad en el área de servicios

En la actualidad, y no sólo en la Argentina, las áreas de servicios requieren cada vez más mano de obra. En general los servicios no se pueden importar (pueden existir excepciones, como los centros de telemarketing), por lo cual demandan mano de obra del propio país, y constituyen el área de mayor generación de empleos de los últimos años.

Si bien muchas veces en los sectores de servicios los perfiles parecen menos exigentes en cuanto a calificaciones previas, a su vez es cierto que requieren a personas con ciertas competencias que, en ocasiones, también se torna difícil encontrar; por ejemplo, la denominada "Orientación al cliente", sólo por mencionar una muy frecuente.

En síntesis, y con relación a los primeros párrafos de este capítulo, el mercado de trabajo en el siglo XXI se caracteriza por dos corrientes que no siempre confluyen: las personas que no encuentran trabajo o les cuesta encontrarlo, y las organizaciones que no encuentran los perfiles requeridos –o al menos no les resulta sencillo lograrlo–. El tema no será tratado nuevamente en esta obra, pero es un asunto que debería abordarse desde muy diferentes perspectivas, ya que su solución es muy compleja.

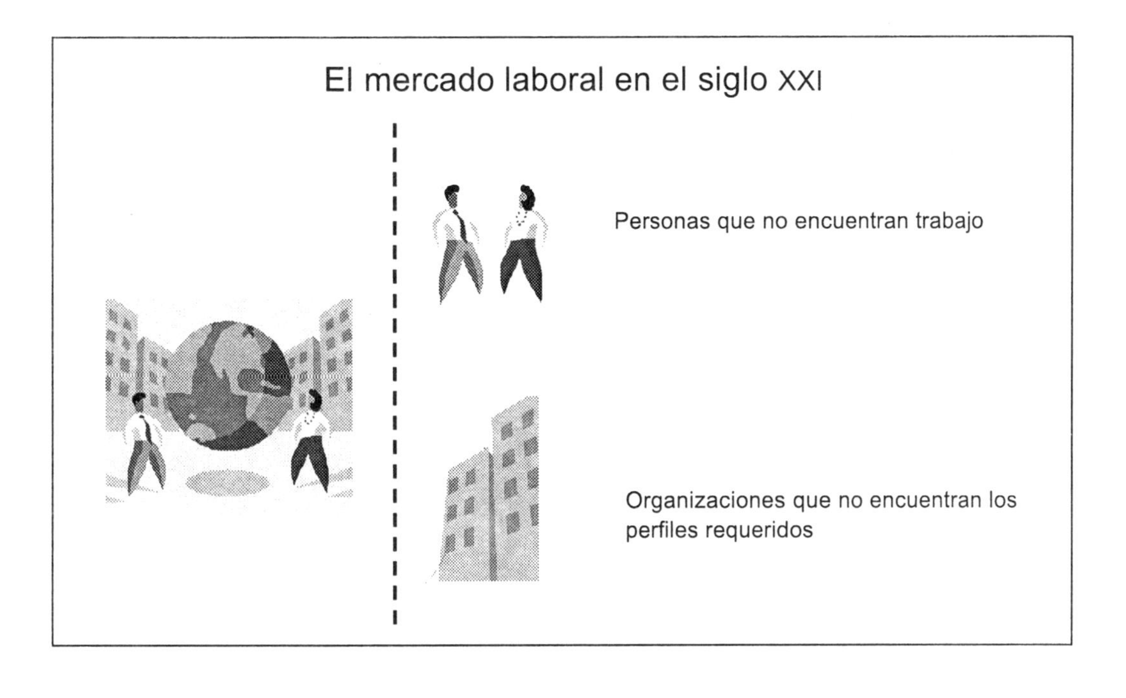

El desempleo desde otra perspectiva

Desempleo es un término que está en boca de todos, y se lo enfoca desde muy distintos ángulos. Desde los medios de comunicación es frecuente que el tema sea tratado con poca información, y los dirigentes –de cualquier índole– o bien abordan el tema a través de la ideología a la cual pertenecen o bien lo hacen con muy poco conocimiento al respecto.

Para comenzar, es interesante destacar que se puede enfocar desde dos perspectivas: macro y micro.

- *Perspectiva macro*: se refiere al análisis de los indicadores económicos.
- *Perspectiva micro*: analiza qué pasa con el desempleo desde el individuo.

En esta obra, como especialistas de Recursos Humanos o Capital Humano, se tratará de presentar el enfoque que aborda el tema del desempleo desde la óptica del individuo.

Desde el individuo, se pueden plantear, a su vez, dos enfoques: qué pasa con una persona en particular –el individuo que tenemos enfrente en ese momento–, y qué se puede hacer por los individuos para ayudarlos a salir de una situación de desempleo.

Análisis de algunos términos: empleo, empleabilidad, desempleo

El análisis de ciertos términos ayuda a comprender mejor la realidad; en este caso en particular, las palabras sobre las que trabajamos (*empleo, desempleo* y *empleabilidad*) tienen un profundo significado, pero a diario, en diferentes medios, se mencionan con desconocimiento técnico.

Según la Real Academia Española, estos términos significan:

Empleo:

1. Acción y efecto de emplear. Emplear deriva del francés *employer*, y este, del latín *implicare*, ocupar: ocupar a uno, encargándole un negocio, comisión o puesto.
2. Destino, ocupación, oficio.
3. (militar) Jerarquía o categoría personal.

Desempleo:

Carencia de trabajo por causa ajena a la voluntad del trabajador.

Empleabilidad:

No figura en los distintos diccionarios consultados, incluso en sus equivalentes en inglés y francés. Aunque sí debemos reconocer que el término se usa profusamente en diversos ámbitos, entre ellos el científico, avalando su existencia y significado. De todos modos, no deja de ser curioso que una palabra de semejante importancia no haya sido incorporada aún a los diccionarios.

¿Por qué habitualmente se mencionan estas palabras con tanta desaprensión? Por un sinnúmero de razones: ignorancia, en la mayoría de los casos, y mala fe, en otros.

En muchas ocasiones, las personas opinan sin conocer los fundamentos técnicos sobre un tema, sino sólo sobre la base de sus propias sensaciones. A continuación presentaré una situación típica, que me sucede con frecuencia y recreo aquí con un diálogo supuesto.

****

Me llama una persona conocida. No me lo dice directamente, pero yo sé o infiero que está sin trabajo o con problemas de ese tipo. Luego del saludo pregunta:

–¿Cómo está el mercado laboral? Supongo que mal como todo... Está todo parado...

Yo le traduzco al lector: esta persona no está interesada en el mercado laboral, sólo quiere saber sobre sus propias posibilidades. Pero pregunta, habla y opina sobre el mercado laboral en general.

–Bueno, en realidad, nosotros en la oficina tenemos mucho trabajo...

–Ah, claro, recibirán muchos currículum.

–Sí, es cierto, recibimos muchos currículum, pero tenemos muchos pedidos de nuestros clientes. Cuando digo que tenemos mucho trabajo es porque tenemos muchas búsquedas, como lo puedes ver en nuestro sitio, en la sección respectiva...

–¡Pero no puede ser! A mí me dijeron que está todo parado...

–Bueno, no sé qué le habrán dicho...

– ¿Y cómo está el mercado de...?

...Y aquí menciona el tipo de mercado en el cual supone que él (o ella) podría participar. E introduce su propia problemática individual. A lo cual hay que responderle tratando de relacionar la situación macro con la de su área de actividad en general y, luego, con la suya personal.

–Cuando hablo del mercado lo hago en un nivel macro, dentro del segmento en que nos movemos en la consultora; después hay que tener en cuenta los casos individuales...

****

La sensación que queda, después del diálogo, es que la persona no cree que en la consultora tengamos muchas búsquedas, sólo porque él (o ella) no tiene muchos ofrecimientos. Deseo aclararles que esto se reitera con suma frecuencia, más de una vez por semana, y aun con personas que conocen la consultora, con más de veinticinco años de experiencia.

Es factible escuchar comentarios tales como que las consultoras publican anuncios en los diarios para "armar sus bases de datos". Quien sostiene algo así, no sólo no conoce el negocio sino que desconoce, además, el costo de los anuncios.

La imaginería popular en esta temática es extensa y nutrida.

¿Qué indica un diálogo como el narrado más arriba? Muchas personas, la mayoría de ellas, no pueden pensar en la problemática del empleo/

desempleo a nivel macroeconómico sin incluir su propia problemática. Si la Bolsa sube y yo invertí mal, debo reconocer que la Bolsa, en general, subió, no así el título en el cual decidí invertir; pero no manifestar que todas las acciones han bajado, si eso no es cierto.

No es muy *feliz* el paralelo con la Bolsa, porque en la problemática del empleo y el desempleo están en juego *personas*. No obstante, lo utilizo sólo para enfatizar el comentario.

No pretendo transmitir con este comentario insensibilidad ante las dificultades laborales de las personas. Cuando a alguien le toca vivir una situación de desempleo que no puede solucionar, se torna un tema de absoluta gravedad para él, para su familia, para sus amigos. El enfoque de ese tema debe dejar de lado la situación de una persona en particular, aunque se trate de un ser querido o de la persona misma.

Como especialistas en Recursos Humanos, debemos entender técnicamente estos temas y, a partir de allí, realizar las interpretaciones que queramos, aun las políticas. Cada uno puede pensar y sentir de una manera diferente respecto de estos temas; lo importante es entenderlos desapasionadamente.

Empleo, desempleo y *empleabilidad* conforman un conjunto de palabras que se relacionan entre sí y que se analizarán a la luz de diferentes autores.

¿Cuándo una persona tiene empleo?

La respuesta a esta pregunta (¿cuándo se tiene un empleo?) parece muy simple, pero muchas personas no lo entienden así. Una persona tiene empleo cuando su tarea en una organización contribuye, de algún modo y eficientemente, al objetivo de esa organización; en caso contrario, se está disfrazando, con un empleo, un seguro de desempleo. Y esto lo han hecho por décadas los gobernantes de este país y de otros.

Es así en todos los casos: en empresas privadas, con fines de lucro o sin ellos; en gobiernos, organizaciones o instituciones de cualquier clase. Por lo tanto, no tiene empleo la persona que no es útil a la organización, que no participa con su tarea en el logro de los objetivos de esta. Es preciso destacar que las tareas que contribuyen al cumplimiento de los objetivos son todas las que resultan necesarias, y abarcan desde las de máxima responsabilidad hasta las denominadas menores, como entregar un sobre o atender un teléfono.

En la Argentina se ha acuñado un término para denominar los casos en que una persona cobra un salario sin hacer un aporte de utilidad a la organización que se lo paga: se trata de la palabra *ñoquis*[11]. En general, con este término se hace referencia a personas que ocupan puestos en instituciones que tienen alguna vinculación con los gobiernos, pero estos individuos pueden encontrarse en otros tipos de organizaciones: en empresas privadas, por ejemplo, donde obtienen "un puestito"[12] para el cual no están calificados, por medio de la ayuda de un familiar influyente.

Los marginados

La palabra (*marginados*) sugiere un concepto muy duro, y con ese sentido es usada en el lenguaje corriente. *Marginado* viene de la palabra *marginar*, que en la segunda acepción del *Diccionario de la lengua española*, de la Real Academia, significa: *hacer o dejar márgenes*. Y *marginal*, también en su segunda acepción, es: *que está al margen*.

La primera pregunta es: *¿al margen de qué?* Y la segunda: *¿quién los deja al margen?* Como este trabajo sólo tiene la modesta pretensión de relacionar los distintos temas del mercado laboral –y no indagar en otros aspectos más profundos de la vida del ser humano–, intentaremos contestar estas preguntas únicamente desde esa perspectiva.

Cuando hablemos de *marginados*, serán los del mercado laboral, y cuando hablemos de *quién los dejó al margen*, veremos qué la respuesta podrá ser: desde ellos mismos, hasta el propio mercado laboral.

Los marginados del mercado laboral

Muchas personas no encuentran empleo. ¿Por qué? La respuesta puede pasar por diversos aspectos que, en ocasiones, se encuentran concomitantemente relacionados.

11. En la Argentina se llama *ñoqui* a una persona que no cumple con sus funciones y sólo pasa a cobrar el sueldo. La figura proviene de la costumbre de comer ñoquis los días 29 de cada mes, fecha que coincide con el día del mes en que usualmente se pagan los sueldos en la administración pública.
12. Expresión popular que significa una posición no relevante, que no afecta el resultado de la actividad ni trae problemas si no se hace bien.

1. Falta de educación (escolaridad primaria incompleta, analfabetismo).
2. Medio en el cual viven: barrios marginales con alta delincuencia.
3. Falta de motivación.
4. Obsolescencia de conocimientos (competencias).
5. Desempleo prolongado.

Hay otros casos de personas que no encuentran empleo y que no se las puede considerar marginadas: mujeres que desean reincorporarse en el mercado laboral después de un período de no empleo por propia decisión, jóvenes de zonas rurales que desean pasar a trabajar en la ciudad, jóvenes que buscan un empleo durante sus estudios y conviven con sus padres, etcétera.

1. **Falta de educación (escolaridad primaria incompleta, analfabetismo)**
   Uno de los más claros motivos por los cuales muchos individuos quedan fuera del mercado laboral es la falta de educación. Educación en el más amplio concepto de la palabra: instrucción básica y formación humana. El origen del problema es, a su vez, múltiple: desde los hogares hasta la educación que reciben, la pobreza lleva inevitablemente a estas situaciones. Cuando no cubren sus necesidades mínimas (lo que técnicamente se denomina "*por debajo del nivel de subsistencia*"), estos grupos sociales mal pueden educar a sus hijos, ya que ni siquiera pueden darles de comer. En muchos casos, envían a los niños al colegio para que reciban algún alimento, pero no se preocupan por su verdadera educación. La situación se torna difícil. ¿Qué puede hacer el maestro con estos chicos? ¿Hasta dónde llega su responsabilidad?
   Enrique Charles, un maestro rural de Esquina, provincia de Corrientes, que tiene a su cargo una pequeña escuela muy alejada de toda civilización, me comentaba que en clase de lengua les enseña a los niños cómo hacer ravioles con verdura para que, a su vez, no depreden la fauna. Todo muy difícil de entender desde la perspectiva de la vida en las grandes ciudades. ¿Por qué? ¿Es mejor la vida urbana? Realmente, no; las miserias de las grandes ciudades son mucho más terribles.
   Resumiendo este punto, decimos que la falta de educación es el principal factor de marginación del mercado laboral. Es necesario,

además, tener en cuenta que la educación tiene una directa relación con el punto siguiente.

2. **Medio en el cual viven: barrios marginales con alta delincuencia**
¿Cuál es el destino de un niño que nace en una familia que vive en un barrio marginal, lo que en la Argentina llamamos "*villas miseria*" y que en cada país tiene su propio nombre? ¿Cuánto dolor produce ver a un niño de pocos años en la calle? Él es ajeno a todo y, a su vez, protagonista de un destino que no eligió. Por lo tanto, si bien la educación es el principal elemento, este está directamente relacionado con el hogar al cual cada persona tiene la suerte de pertenecer.
Cuántas veces conocemos casos de niños adoptados que en sus nuevos hogares tienen acceso a otra educación, y nace casi irreflexivamente el comentario: "*¡Qué suerte tuvo con la casa que le tocó!*". Y, sin palabras, imaginamos que "se salvó" de un triste destino.

3. **Falta de motivación**
La falta de motivación, cuando no deriva de situaciones límite, cuando no es fruto de la pobreza y la marginación de cierto segmento de la población, es más triste aun. Nos referimos a otro tipo de marginados, no necesariamente pobres, que están fuera del mercado laboral por falta de impulso, de interés. En muchos casos son jóvenes de familias acomodadas, que no necesitan "ganarse el pan", cuyos padres los proveen de todo y que, por esa misma abundancia, se encuentran carentes de motivación. Algunos estudian y otros no completan la educación secundaria, aunque no por falta de medios. Sus padres *les piden por favor que estudien*, y ellos optan por otra vida, supuestamente más cómoda y sin sentido de la realidad, sin futuro y sin rumbo.
Marginados unos y otros. Marginados por igual. Unos, desde la pobreza; otros, desde la comodidad de tener una cama caliente y poca necesidad de ganarse las cosas por sí mismos.

4. **Obsolescencia de conocimientos y su relación con competencias**
Este punto tiene una relación directa con la empleabilidad. Cada uno tiene que velar por mantener actualizadas sus capacidades. Quizá esto no siempre es posible, pero hay muchos casos en que sí lo es. Cada persona puede hacer algo al respecto; mucho o poco, pero siempre algo.

Es importante tener en cuenta un concepto más amplio: los conocimientos y las competencias.
Cada persona debe primero mantener actualizados sus conocimientos técnicos, y, en segundo lugar –pero no menos importante–, también sus competencias. Las organizaciones requieren actitud positiva, orientación al cliente, trabajo en equipo y otras características que se necesitan en todos los niveles y edades, desde el joven que busca su primer trabajo hasta el máximo gerente de una empresa.
Cada uno puede hacer algo para mantener sus respectivas capacidades actualizadas.

5. **Desempleo prolongado**
Una persona que no tiene empleo por un largo período pierde en forma paulatina sus capacidades laborales. No importa si esto es real o no: así lo ve el mercado. ¿Por qué? En ciertos casos, puede relacionarse con causas reales: la persona no actualiza sus competencias, o pierde su autoestima. En algunos otros esto puede no ser real, aunque lo cierto es que el desempleo prolongado dificulta la consecución de un nuevo trabajo.
Y en un plazo más o menos largo, la persona inevitablemente se aleja de su nivel laboral.

Hemos hecho una breve descripción de los marginados del mercado laboral. Habrá algunos que podrán ser incluidos, y otros que, hoy con empleo, pasarán a una situación de exclusión.

La marginación no es un tema menor y debe preocuparnos a todos por igual. A los altos índices de marginalidad les siguen, como consecuencias, los altos índices de criminalidad, delincuencia juvenil, prostitución y otros problemas sociales, todos igualmente graves.

En nuestra opinión, no hay un "responsable" de la situación, y tampoco lo hay de la solución.

No podemos "culpar" al avance tecnológico como responsable de la marginalidad, aunque sea cierto que la tecnología ha dejado a muchos fuera; ya que el mismo avance de la ciencia nos permite vivir mejor y más tiempo que hace un siglo. Es cierto también que este avance en la calidad de vida no llega a todos por igual.

Por causa de...

No es fácil pensar desde un cierto lugar en la sociedad por qué causa una persona entra en el grupo de los marginados. La mayoría de ellos no tiene opción, por el lugar donde les tocó nacer, pero muchos sí podrán hacer algo desde sí mismos para modificar esta situación.

En el punto siguiente nos referiremos especialmente al desempleo de larga duración. En libros anteriores hemos puesto el énfasis en la importancia de tomar trabajos temporarios durante un período de desempleo, como un modo de mantener al día las capacidades y la autoestima. Hemos ya planteado, también en publicaciones anteriores, la necesidad de salir al mercado *ubicadamente*, es decir, a buscar un empleo que sea factible encontrar, dejando de lado las búsquedas imposibles, tendientes al fracaso. ¿Por qué repetimos esto nuevamente aquí? Porque, en ciertos casos, las personas pueden ayudarse a sí mismas a no entrar en períodos de largo desempleo, evitando así las nocivas consecuencias que ello acarrea. Hemos definido, en un libro publicado en 1998, un fenómeno que dimos en llamar el *síndrome de la Gerencia General*, donde se describen situaciones en las que personas que no fueron antes Gerente General y no tienen empleo, se postulan para ocupar este tipo de puestos. Ocho años después, este tipo de actitudes siguen vigentes.

No todos son responsables de pertenecer al grupo de los marginados, en el sentido que la sociedad le da a este término. Muchos, en el nivel individual, pueden hacer "algo" para no quedar al margen del mercado laboral.

El desempleo de larga duración

En páginas anteriores citamos a Didier Demazière[13], quien define el concepto de *desempleo de larga duración* desde la visión de un país con una larga problemática en materia de desempleo y con muchos estudios realizados sobre el tema. El desempleo de larga duración es aquel que sufren las personas que no han tenido trabajo durante un lapso extenso, el cual arbitrariamente se ha definido de doce meses o más. Se incluye en esta categoría a los desempleados ubicados dentro de la fuerza activa de la población, dejando fuera a los desempleados ancianos o minusválidos o a aquellos que por propia decisión deciden no trabajar.

13. Demazière, Didier. *Le chômage de longue durée. Op. cit.*

Componentes del desempleo de larga duración:

- Extrínsecos: la degradación del mercado laboral.
- Intrínsecos: pérdida de competencias profesionales por falta de práctica, pérdida de confianza en sus capacidades, pérdida de lazos importantes para el acceso a los empleos, etcétera.

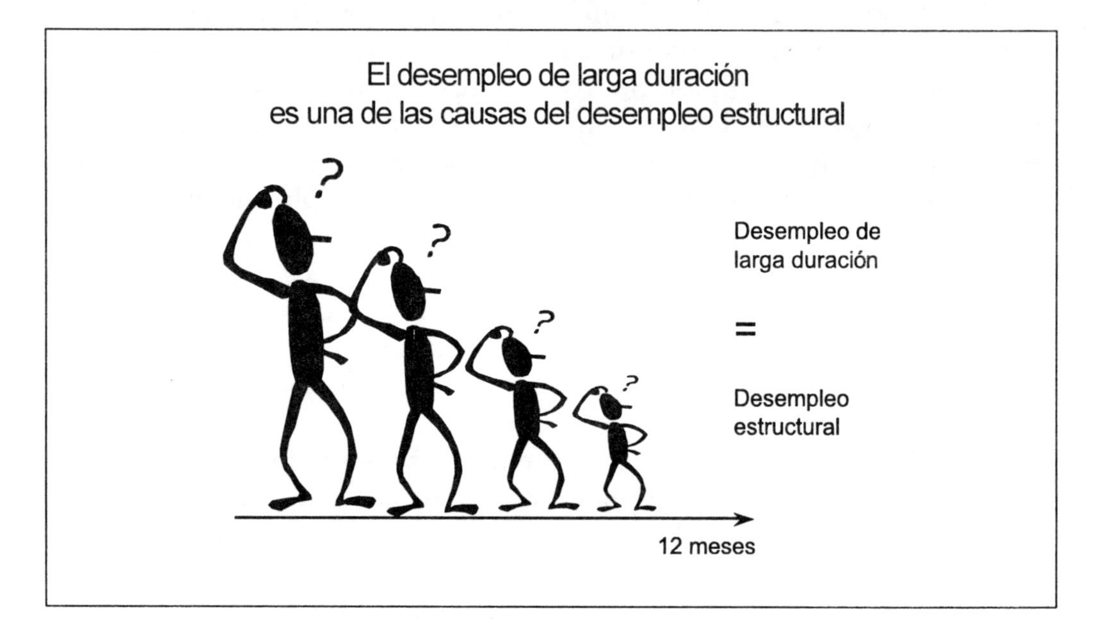

El desempleo de larga duración es una de las causas del desempleo estructural, y no obstante todo lo que se ha estudiado sobre el particular, no es fácil su solución.

Los desocupados de larga duración han pasado de representar un fenómeno marginal a constituir uno de los principales componentes del desempleo. Los desocupados de larga duración se han transformado en una categoría autónoma, distinta de la de otros desocupados. Describir sus manifestaciones, analizar sus particularidades, desemboca en la cuestión central: cuál es la empleabilidad de los desocupados de larga duración.

Los desocupados de larga duración, ¿son los desocupados poco empleables?

El desempleo de larga duración es la traducción de las dificultades encontradas por ciertos individuos para salir de la situación de desempleo. Las capacidades para obtener un empleo (otro modo de decir *empleabilidad*) ocupan asimismo un lugar central en los debates recurrentes que proliferan sobre las especificidades de los desocupados de larga duración. Demazière introduce dos conceptos que denomina *las empleabilidades diferenciales* y *la empleabilidad y la fila de espera*. Consideramos interesante su mención.

- *Las empleabilidades diferenciales*. Si el término *empleable* es considerado raro, se transforma en familiar para todos los actores intervinientes en el campo del empleo y del desempleo, quienes lo utilizan frecuentemente para calificar a los desempleados y producir las diversas jerarquías al respecto: *empleables, poco empleables, inempleables, reempleables*, etc. Los usos de ese término y de sus derivados son cambiantes y diversos, pero, en Francia, designan la estimación de la posibilidad –*chance*– de obtener un empleo.
- *La empleabilidad y la fila de espera*. Los trabajos basados en la selectividad del desempleo condujeron, en los años sesenta, a codificar el concepto de *empleabilidad*, y su simétrico, la *vulnerabilidad*. La vulnerabilidad del empleo puede ser definida como la probabilidad de entrar en desempleo en el seno de una población determinada en un período dado. La empleabilidad designa la posibilidad de acceder a un empleo: *la esperanza objetiva y la probabilidad más o menos elevada que puede tener una persona de buscar un empleo y encontrarlo.*

Esta celeridad o probabilidad de salir del desempleo es generalmente medida, en términos estadísticos, por indicadores como, por ejemplo, la antigüedad media de desempleo o el porcentaje de desempleados de más de un año en un grupo de desocupados. El uso probabilístico de este concepto permite calcular, asimismo, empleabilidades diferenciales, ligadas a diversas características de los individuos (edad, sexo, categoría socioprofesional, calificación, etc.). Por definición, la empleabilidad está directamente ligada a la antigüedad del desempleo: es una variable en razón inversa de ella misma.

El funcionamiento del mercado de trabajo en períodos de alto desempleo explica este fenómeno, relativizando la idea, largamente admitida, según la cual el crecimiento del desempleo de larga duración resultaría de un desfase creciente entre las exigencias requeridas para ocupar los empleos y las capacidades efectivas de los desocupados.

Este fenómeno, a pesar de haber sido descrito para una realidad diferente que la de la argentina, igualmente es aplicable en nuestro medio. La antigüedad en el desempleo es un factor negativo con relación a la posibilidad de conseguir un nuevo empleo. La imaginaria fila de espera a la cual se hace referencia está compuesta, en su primer tramo, por los desempleados que desde hace menos tiempo se hallan en esa condición; ellos son los primeros en la fila y los que consiguen trabajo primero; detrás se ubican los que han entrado en el desempleo de larga duración. Mientras más larga es la fila, más difícil es conseguir un nuevo empleo.

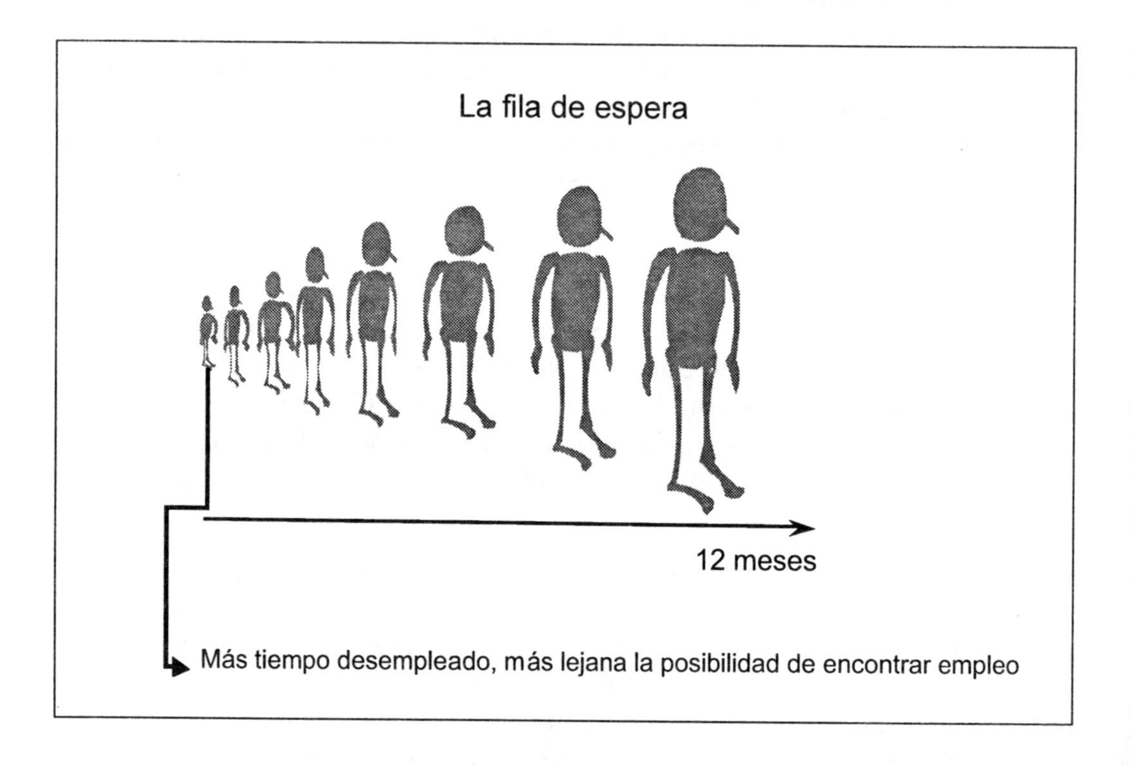

La figura de *la fila de espera* explica que el desempleo de larga duración no afecta a las mismas categorías de personas económicamente activas en los períodos de pleno empleo y en los períodos de desempleo elevado: en el primer caso, se concentra en salarios poco competitivos; en el segundo, golpea de manera muy difusa en todas las categorías.

- El desempleo de larga duración afecta en forma desigual.
- El desempleo de larga duración no afecta en forma proporcional a todas las categorías de desempleados.

Las dos dimensiones de la empleabilidad

Es muy difícil explicar qué factores diferencian a los desocupados de larga duración de los otros desempleados. Algunos elementos que los distintos autores consideran son: la edad, el *handicap* psíquico, la enfermedad y la ausencia de calificación. Estos factores sólo nos permiten explicar algunos casos, no todos.

Se incluye conceptualmente dentro de la categoría de desempleados –en ciertos cálculos– a los ancianos, los ineptos, los enfermos, los desprovistos de toda calificación que, desde su propia situación, son sumergidos en el desempleo, y las personas que, con cualquier otro tipo de características individuales, seas llevadas a no volver a contar con su propia empleabilidad.

La empleabilidad, por otra parte, no es sólo un atributo propio de los individuos. Depende también estrechamente del medio económico. Si cierra una gran empresa, localmente dominante, buena parte de sus asalariados devienen brutalmente en desempleados, si en esa plaza no existen empleos de reemplazo. A la inversa, si un establecimiento se instala dentro de un entorno cerrado de empleo, creando numerosos puestos de trabajo, una fracción importante de los desocupados del lugar se transformará en empleable. La empleabilidad de un trabajador o de un desocupado no está ligada exclusivamente a las cualidades inherentes a su persona y su currículum; tiene relación también con los eventos que afectan al mercado laboral local.

Es necesario distinguir dos componentes heterogéneos: los *extrínsecos* y los *intrínsecos.* Y disociar dos procesos correspondientes de degradación de la empleabilidad de los desocupados.

La pérdida de la *empleabilidad extrínseca* es directamente imputable a la degradación del mercado laboral. Es la consecuencia de la incapacidad del sistema económico de suministrar empleos al conjunto de la población activa en un espacio determinado.

La pérdida de la *empleabilidad intrínseca* resulta de los efectos de la privación prolongada del empleo: pérdida de las competencias profesionales por falta de práctica, pérdida de confianza en sus capacidades, pérdida de lazos importantes para el acceso a los empleos, etcétera.

El significado del término *empleabilidad* es polémico y ambiguo. Es, a su vez, problemático hablar de la supuesta débil empleabilidad de los desocupados de larga duración, como designando de este modo una degradación de las competencias profesionales y de comportamiento.

La empleabilidad se puede clasificar según los elementos que considera el mercado laboral para la contratación de personas: el diploma, las calificaciones, la experiencia profesional y la empleabilidad, en función de las competencias requeridas para el trabajo.

Para muchos, el concepto de empleabilidad está en crisis y es una forma de justificar la no creación de suficientes puestos de trabajo. Es necesario señalar la realidad –por cierto, no agradable– de que el mercado de trabajo excluye de sus filas a los desempleados de larga duración. Estos grupos, a su vez, corresponden a sectores sociales determinados que parecieran no interesar al mercado de trabajo.

Una recomposición del desempleo de larga duración

El desempleo alcanza nuevos nichos de la población, a tal punto que su significación ha cambiado radicalmente. Si bien el desempleo de larga duración en un inicio se concentraba sólo en algunos segmentos de la población, el fenómeno se está extendiendo y evoluciona muy rápidamente, abarcando desde jóvenes menores de 25 años hasta gente de edad adulta, de 25 a 49 años.

La figura clásica del desempleo de exclusión

Después de la Segunda Guerra Mundial el desempleo se mantuvo en un bajo nivel. Dos tipos de desempleados eran entonces distinguidos con claridad. De un lado, el desempleado *friccional*[14], el cual representa una situación parcialmente inevitable, hasta comprensible, que se mantiene durante el tiempo (relativamente breve) que resulta necesario para encontrar un empleo. En el contexto de la época, marcado por cambios tecnológicos y transformaciones rápidas de empleos, el desempleo tiende a aumentar, pero continúa su escasa duración. El segundo componente del desempleo son ciertos grupos, no significativos en un inicio, de desempleados de larga duración, con grandes dificultades para obtener un nuevo empleo. (En 1975, más del 50 por ciento de los desocupados de más de doce meses en esa situación eran personas mayores de 50 años.)

14. Desempleo friccional es el que engloba a aquellos trabajadores que abandonan sus puestos de trabajo antiguos para buscar uno mejor, a los que son despedidos y están buscando uno nuevo, y a los nuevos miembros de la fuerza laboral mientras buscan su primer trabajo. (Cfr. Mochon, Francisco y Beker, Victor A. *Economía. Principios y aplicaciones.* McGraw-Hill. Madrid, 1995.)

Desde una perspectiva argentina

Gabriel Kessler[15] manifiesta haber realizado una investigación y haber encontrado entre los desempleados dos posturas: los que atribuían su desempleo a causas fuera de su control, como las ya mencionadas, con frases tales como que "los empresarios toman la decisión de *dar o quitar trabajo*", y otros que reconocían entre las causas las inherentes al individuo mismo y a las leyes de la oferta y la demanda.

Continuando con el artículo de Kessler, observamos que este hace referencia al desempleado transitorio en correlación a lo que Didier Demazière denomina "desempleado circunstancial". Personas que están un cierto tiempo sin empleo –el necesario hasta encontrar una nueva ocupación– y que reingresan en el mercado laboral con sus capacidades intactas. Son personas con una empleabilidad alta.

En la obra citada *Sin trabajo,* se incluye un artículo titulado "Desocupación, identidad y salud", de Vicente Galli y Ricardo Malfe[16]. En él los autores analizan las distintas implicancias en materia de salud, tanto física como mental, que el desempleo acarrea, y los diferentes modos en que afecta a distintos grupos de personas (por ejemplo, no se ven afectados del mismo modo mujeres y varones). Un aspecto a destacar, en relación con el presente trabajo, es que las distintas situaciones planteadas afectan la empleabilidad de las personas, tanto de aquellas desocupadas como también de quienes tienen empleo. Las distintas "dolencias" que sufren los desempleados son temidas por aquellos que tienen empleo, y esto afecta su empleabilidad. En las "observaciones finales" de este artículo, dicen los autores Galli y Malfe que *será necesario discernir las heterogéneas constelaciones de actitudes frente al trabajo (y la desocupación) prevalecientes en diferentes sectores de la población, las que determinarán en buena medida la forma en que ellos serán afectados y reaccionarán frente al problema.*

Luis Beccaría[17], en una obra donde relaciona el desempleo con la integración social, dice que *en las sociedades modernas el trabajo constituye la princi-*

15. Kessler, Gabriel. "Algunas implicancias de la experiencia de desocupación para el individuo y su familia". Artículo publicado en la obra compilada por Beccaría, Luis y López, Néstor: *Sin trabajo. Las características del desempleo y sus efectos en la sociedad argentina,* UNICEF/Losada, Buenos Aires, 1997. Páginas 114 y siguientes.
16. Galli, Vicente y Malfe, Ricardo. "Desocupación, identidad y salud". Artículo publicado en la obra compilada por Beccaría, Luis y López, Néstor, ya citada. Página 184.
17. Beccaría, Luis. *Empleo e integración social.* Fondo de Cultura Económica. Buenos Aires, 2001. Página 10 y siguientes.

pal –y en casi todos los casos, única– fuente de recursos para la inmensa mayoría de los hogares.

Continúa más adelante: *La imposibilidad de conseguir un empleo, especialmente después de haber sido despedido, constituye un hecho de suma gravedad ya que afecta la capacidad de satisfacer las necesidades básicas de hogares...*

La obra de Beccaría hace un minucioso análisis de la evolución del empleo y del desempleo durante los últimos treinta años en la Argentina, desde una perspectiva macroeconómica. En ningún momento se hace una referencia directa a *la calidad de la mano de obra requerida y ofrecida en el mercado laboral.* El análisis se realiza desde la oferta (aumento o disminución) de empleo y el comportamiento del desempleo.

Más adelante[18] Beccaría hace una mención al respecto, luego de observar que, según estima, la desocupación continuará en un nivel alto: *El otro atributo destacable del comportamiento reciente del mercado laboral es el sesgo que muestra la demanda laboral hacia personas con altos niveles de escolarización. Ello sería, en parte, resultado de la introducción de capital y, en general, del proceso de cambio técnico a que fue sometido buena parte del proceso productivo, ya que existe un grado importante de complementariedad entre el capital y el trabajo calificado.*

Continuando con la opinión de Beccaría: *...la situación de alto desempleo generalizada también debió haber jugado un papel significativo al facilitar el incremento de los requerimientos educacionales que efectúan los empleadores para cubrir vacantes. Esto significa que parte del sesgo en la demanda laboral reflejaría un crecimiento del fenómeno de devaluación educativa, el cual, por otro lado, ya habría estado presente en décadas anteriores.*

Al describir el panorama laboral argentino al inicio del tercer milenio, Beccaría dice que *las limitaciones de los recursos con los que cuentan los hogares pueden llevar también a promover ciertos comportamientos como el de abandonar la escuela ante la presión que se genera para que la mayor cantidad posible de sus miembros pasen a trabajar.* Para continuar más adelante: *La desocupación y/o el constante tránsito entre empleos de corta duración –que provoca una elevada incertidumbre acerca de cómo se desarrollará la vida laboral en el futuro inmediato– tienen la potencialidad de influir sobre aspectos tales como la autoestima y la salud mental.*

En síntesis, podríamos citar más autores de Francia, Argentina o cualquier otro país con problemas de desempleo, y veríamos que las opiniones y resultados de sus estudios e investigaciones son similares y concordantes. A todos les resulta difícil indicar un camino de solución.

18. Ídem. Página 73 y siguientes.

Empleabilidad

En nuestra labor diaria, los especialistas en Recursos Humanos nos encontramos con personas que han perdido su trabajo por una u otra razón, y casi por instinto pensamos: "Es cuestión de tiempo, pero esta persona se ubicará..." o "Lamentablemente, esta persona está fuera del sistema...". ¿Qué criterio hace pensar de un modo o de otro? Uno solo: la mayor o la menor empleabilidad del individuo.

La empleabilidad, que es la posibilidad que tiene una persona de conseguir un trabajo, es, de algún modo, responsabilidad de cada uno e implica esfuerzo, compromiso y disponibilidad para el trabajo. Mantener actualizadas las competencias del personal de la empresa es una manera de mantener la empleabilidad del personal. Las empresas que cuidan la empleabilidad de su personal son las más deseadas por los buscadores de empleo y –a su vez– las que mantienen un mejor vínculo con sus empleados. Cuando en las revistas especializadas se publican *rankings* referidos a las empresas que son más deseadas para trabajar en ellas, en base a encuestas realizadas tanto entre sus empleados como entre los buscadores de empleo, podemos observar que las de mejor imagen en esa temática son aquellas que se ocupan del desarrollo de sus recursos humanos.

¿Cómo medir la empleabilidad? Hemos dicho que se trata de la mayor o menor posibilidad (*chance*) de encontrar otro empleo, y esto depende, fundamentalmente, de las capacidades técnicas y las competencias que cada uno ofrezca al mercado laboral.

Pero, dando un paso más allá, Demazière[19] sostiene: *La empleabilidad no es sólo un atributo propio de los individuos. Depende también estrechamente del medio económico. Si una gran empresa localmente dominante cierra, una gran parte de sus asalariados devienen brutalmente en desempleados,* si no existen en esa misma plaza otros empleos de reemplazo.

En una oportunidad comentaba el desempleo con una persona, socia de una importante agencia de publicidad, que decía en referencia a este tema: "Hay tanta gente buena sin empleo...". Es interesante determinar qué se entiende por "bueno". No pongo en cuestión el comentario de esta persona, pero considero que algo es "bueno" si se corresponde con las necesidades actuales y no con lo que fue bueno en otro momento. Y esta es la única for-

19. Demazière, Didier. *Le chômage de longue durée. Op. cit.*

ma de ver las capacidades laborales; porque cuando se contrata a una persona se lo hace *para el futuro.* No se contrata fuerza laboral *hacia atrás*, por lo que la gente hizo en el pasado, sino por lo que será capaz de hacer *de aquí hacia adelante.* En un proceso de selección se evalúa la historia de una persona porque, en general, es el mejor elemento del cual se dispone para pronosticar el futuro laboral. Como veremos más adelante (Capítulo 6, "Preselección y selección"), la metodología de análisis de postulaciones se hace estudiando el desempeño anterior de la persona, el cual se compara con los requisitos del puesto a cubrir. Pasado *versus* futuro. No pasado *versus* pasado.

Las personas deben poseer la capacidad adecuada para la función que desempeñan, cualquiera que sea. Un taxista debe conducir un auto *más o menos bien*, conocer las calles de la ciudad y brindar un servicio adecuado. Si tomamos sólo estos tres elementos –para hacer sencillo el ejemplo–, vemos a diario que no se cumple ninguno de ellos, ni siquiera en un nivel básico: muchos no conocen las principales avenidas del centro.

Días pasados tomé un taxi en la puerta de mi oficina y le di una dirección. El chofer no conocía la avenida Alvear[20]. Me dijo que *había visto una calle Marcelo Alvear...*[21] Tengo varias anécdotas similares, sólo comento una de ellas. Estos señores que manejan taxis o diferentes servicios de autos con chofer no poseen las capacidades necesarias para desempeñar esa tarea, porque no tienen ni siquiera la perspicacia de, por ejemplo, mirar el plano de la ciudad antes de recoger a un pasajero que debe ser transportado a una dirección que se le informó con anterioridad.

Estas personas no están en condiciones de mantener su empleabilidad aunque hoy tengan trabajo.

Este problema lo hemos situado en la Argentina, pero ocurre en otras partes del mundo; tomo taxis en diferentes lugares y lo que se observa no es muy distinto. Del mismo modo, situaciones equivalentes pueden referirse

20. Nota de la autora: las calles y avenidas que se mencionan son muy conocidas en la ciudad de Buenos Aires, por lo cual es "impensable" que un conductor de taxi no las conozca. Más allá de la práctica profesional los conductores de taxis u otros servicios públicos deben rendir, en la ciudad de Buenos Aires, un examen sobre calles y otros temas antes de obtener la licencia para trabajar en esa jurisdicción.

21. La calle no se denomina "Marcelo Alvear", sino "Marcelo T. de Alvear", y así es conocida por casi todos los que habitan la ciudad de Buenos Aires. Imagino que el taxista de la anécdota era oriundo de otra ciudad y no había estudiado acerca de las calles como se exige para obtener la licencia para manejar taxis. Como mínimo, debía conocer las calles y avenidas más importantes, y para ubicar las menos conocidas debía contar con un plano disponible para su consulta.

con relación a empleados de banco o cualquier otro servicio que las personas utilizamos con regularidad.

La problemática descrita se puede subdividir de diferentes formas. Una de ellas, según mi criterio, sería:

- la población que aún está transitando etapas educativas: primaria, secundaria, terciaria y universitaria;
- el resto de la población.

En una primera instancia debería difundirse la idea planteada. La primera etapa en la resolución de un problema es conocerlo.

En segundo término, las personas deberían asumir su propia cuota de responsabilidad en la empleabilidad. Porque, si bien podemos no ser totalmente responsables, sí lo somos en alguna medida. Desde lo actitudinal hasta la capacitación.

Para el primer grupo, debería concientizarse muy fuertemente a la dirección y a los educadores (profesores y maestros).

Para el segundo grupo –además de la concientización general– podrían estudiarse programas gubernamentales o de otro tipo de instituciones (gremios, fundaciones, etc.) para actualizar las capacidades de las personas de modo de mejorar su empleabilidad.

Empleabilidad: factores que la componen

El nivel de empleabilidad de una persona en particular se basa en cuatro pilares o factores:

1. *Conocimientos técnicos, destrezas o un oficio adquiridos a través del estudio, ya sea formal o no.* Ejemplos: conocimientos de matemática financiera o de un procesador de textos.
2. *Competencias (conductuales).* Se ha dado la definición de *competencias* en el Capítulo 1. Las competencias representan capacidades que no se adquieren directamente a través del estudio pero que pueden ser desarrolladas: la capacidad de liderazgo, trabajo en equipo, orientación al cliente, entre otras. Si bien muchos especialistas sostienen que las competencias "se tienen o no", esto no es totalmente cierto porque son desarrollables; se ha dedicado una obra específica a ese aspecto de la metodología de Gestión por Competencias, titulada *Desarrollo del talento humano. Basado en competencias.* Sin embargo, es cierto que

cuando se manifiesta ausencia de una competencia su desarrollo es difícil y requiere tiempo. Es igualmente cierto que cuando una persona tiene algún grado de desarrollo de una competencia éste se puede estimular con cierta facilidad si la persona lo desea y sigue ciertas guías de desarrollo.

3. *La actitud de búsqueda con que se sale al mercado.* Esto implica entrenamiento en la búsqueda de trabajo sumado a una búsqueda centrada en las reales posibilidades de encontrar aquello que se busca. Implica, de algún modo, poseer las competencias para "saber buscar trabajo" de manera inteligente; una mezcla de la competencia "Búsqueda de información" con la capacidad de postularse a búsquedas en las cuales se tiene chance de ser seleccionado.
4. *El mercado.* Es decir, que los conocimientos y las competencias que un individuo en particular posee sean los requeridos por el mercado de trabajo. Este punto se relaciona también con las ofertas disponibles. Si una persona vive en una pequeña localidad quizá no haya ofertas adecuadas a su perfil y deba mudarse a una diferente donde existan este tipo de posibilidades.

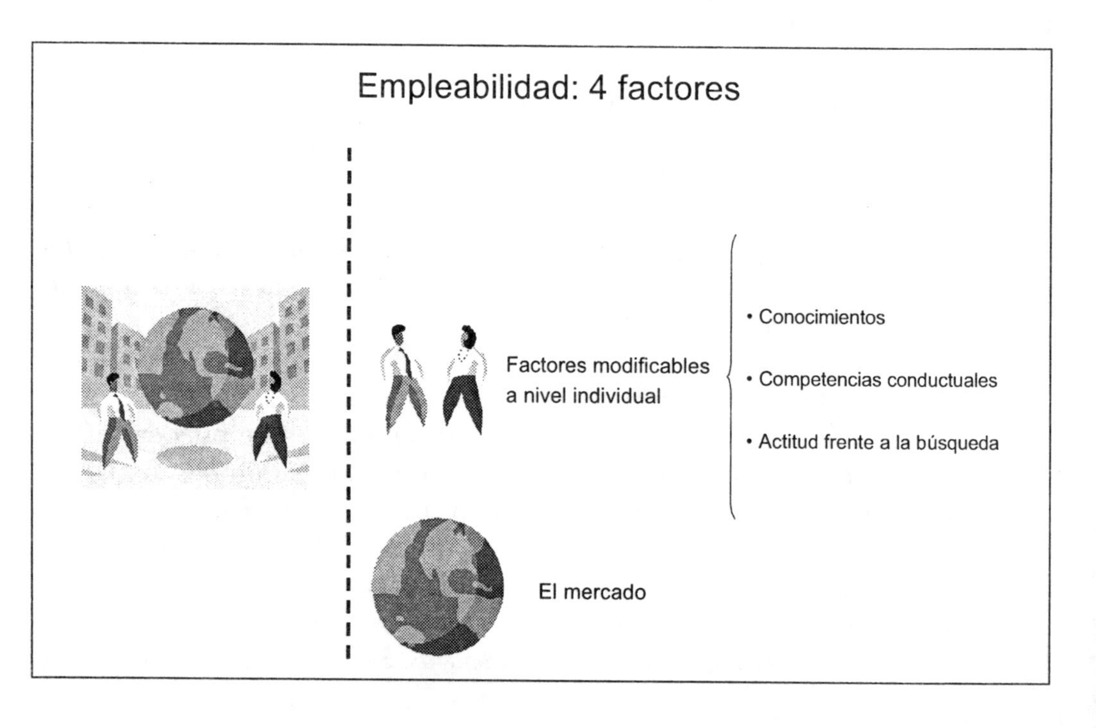

Todos los lectores habrán deducido, aun los más alejados de la temática que nos ocupa, que sobre los tres primeros factores, en mayor o menor medida, cada persona puede actuar para mejorar su propia empleabilidad, algo que no se aplica en el cuarto factor, determinado por causas tanto nacionales como internacionales muy difíciles de manejar por una persona en particular. Aun así, en la última parte del punto 4 se manifiesta que "algo" se puede hacer para mejorar la empleabilidad en este aspecto: por ejemplo, mudarse a otra localidad.

Como un ejemplo de cómo y quiénes pueden influir sobre el mercado, es interesante relatar una anécdota[22] referida a un hecho acontecido en un pequeño pueblo de la Argentina, denominado Barker, en la provincia de Buenos Aires. Su intendente propuso a la población, como una forma de crear nuevas fuentes de trabajo, establecer una cárcel. En otras épocas allí funcionaba una fábrica. Los pobladores hubiesen preferido otra fábrica, pero la oportunidad era diferente. Mediante un plebiscito, 1.711 personas sobre 1.806 apoyaron la iniciativa del intendente.

Resumiendo, un habitante de esta pequeña ciudad sólo podía mejorar su empleabilidad trasladándose a otras ciudades con mayor número de fuentes de empleo; no obstante, sus dirigentes –en conjunto con los mismos habitantes, que decidieron como votantes– pudieron accionar sobre el mercado.

Enfocaremos este trabajo en relación con los factores que se pueden modificar para mejorar la empleabilidad.

Creemos que es equivocado enfocar la empleabilidad en un solo factor, ya que los cuatro son concurrentes. Cada persona puede –y debe– hacer algo para mejorar su empleabilidad, tanto la propia como la de aquellos sobre los que de un modo u otro podemos influenciar, por ejemplo: empleados a cargo, alumnos, hijos u otras personas sobre las que se tenga algún grado de ascendiente.

El trabajo provee al hombre de recursos para su mantenimiento y el de su familia. En ese sentido, es uno de los aspectos fundamentales de la existencia del ser humano y, por lo tanto, es responsabilidad de cada uno mantener su estado de *empleabilidad*, ya que de él dependerá su subsistencia.

¿Cómo mantendrá en un futuro el hombre su empleabilidad? La respuesta es muy amplia, pero, en síntesis, podríamos decir que será ejercitan-

22. Diario *La Nación*, página 11, Buenos Aires, 17 de abril de 2000.

do sus capacidades intelectuales de modo tal que no queden desfasadas respecto de los futuros requisitos que plantearán los empleos.

Ciertos conceptos inevitablemente integrarán los perfiles futuros, y todos se relacionan más con aspectos intelectuales que físicos: las comunicaciones, los idiomas, diferentes formas de hacer negocios en función de nuevas tecnologías, mercados cada vez más sofisticados.

La empleabilidad de la población debe ser un tema a resolver en dos direcciones. Por un lado, desde las autoridades, como temática para incluir en los presupuestos nacionales y provinciales; y por el otro, desde la propia realidad personal, como una preocupación individual por cada uno de aquellos que dependen de nosotros: hijos, sobre todo, y otros en escala descendente sobre los que podamos influir o estén, eventualmente, a nuestro cargo.

En otras épocas, cuando las empresas eran las únicas responsables del desarrollo de la carrera de sus funcionarios, también eran ellas las responsables de mantener su empleabilidad. En pleno siglo XXI, en el que una persona generalmente cambia de empresa varias veces en el transcurso de su vida laboral, será ella misma la responsable por las decisiones de cambio que asuma y, desde esa óptica, también será responsable de su carrera. En este cuadro de situación será responsable, además, por su empleabilidad.

Edgar Schein[23] dice: *...que la gente trabaje eficientemente, genere compromiso, lealtad y entusiasmo por la organización y sus objetivos y se sienta satisfecha de su trabajo depende en gran parte de dos condiciones:*

1. La medida en que se compaginen las expectativas del individuo con relación a lo que la organización le puede dar y lo que él le puede dar a la organización a cambio, y las expectativas que la organización tiene de lo que puede dar y de lo que puede recibir a cambio.
2. La naturaleza de lo que en realidad se intercambia: dinero a cambio de tiempo laboral extra, satisfacción de necesidades sociales y de seguridad a cambio de más trabajo y más lealtad, oportunidades de alcanzar autoactualización y encontrar un empleo interesante a cambio de más productividad, alta calidad de trabajo y esfuerzo creativo puesto al servicio de los objetivos de la organización, o muchas otras combinaciones.

23. Schein, Edgar. *Psicología de la organización.* Prentice-Hall Hispanoamericana. México, 1982.

Desde un enfoque totalmente diferente, un tradicional libro de John Byrne[24] sobre los consultores que practican *head hunting*[25] dice que *estar en una compañía durante 30 años es casi un punto negativo, y a los ejecutivos con ese tipo de marcas se les hace muy difícil si se quedan sin trabajo...*

Según J. Gautié[26] la empleabilidad es un concepto ambiguo: desde un punto de vista estadístico, la empleabilidad se define, para los individuos de un grupo determinado, como la probabilidad de salir de la situación de desempleado para pasar a una situación de persona con empleo en un determinado período; ella varía, por consiguiente, en función inversa a la duración del desempleo. Es decir, la empleabilidad es más alta cuando la probabilidad de salir de la situación de desempleo es más alta y es inversa al tiempo que se tarda en salir de la situación de desempleo.

La empleabilidad se relaciona con factores psíquicos e intelectuales de los individuos. En las primeras definiciones de empleabilidad se le dio al tema sólo un enfoque médico, pero en la actualidad se reconocen estos dos grupos de factores como los que definen la mayor o menor empleabilidad de una persona.

Dos conceptos importantes parecen influir en la empleabilidad de las personas: los sociodemográficos y las propias características del trabajador. Entre los primeros, están la edad y otros, tales como el desempleo de larga duración. De todos modos, la empleabilidad, según Gautié, no es un problema sólo de los trabajadores: es también un problema de los empleadores, ya que los criterios de selección de las empresas no son ajenos a esta situación, porque excluyen a ciertos grupos sociales del mercado de trabajo.

En síntesis, la empleabilidad es un elemento para ser tenido en cuenta por todas las personas. Dentro de la órbita empresarial, existe algún grado de responsabilidad: como mínimo, la de mantener empleables a sus propios empleados; pero creo oportuno ampliar estos conceptos a otras áreas bien

---

24. Byrne, John. *La búsqueda de grandes ejecutivos. Un negocio muy lucrativo.* Planeta. Barcelona, 1988.
25. *Head hunting*: método de selección de personas para un puesto determinado, basado en la realización de una investigación de mercado enfocada en los mejores profesionales que ocupan puestos similares en otras empresas, usualmente del mismo estilo de organización que la demandante y, a continuación, el posterior llamado a los candidatos así detectados para ofrecerles participar en un proceso de selección. No se convoca a personas que buscan trabajo sino que se le ofrece una posición a una persona que tiene trabajo y que, en principio, no desea cambiar. En la Argentina se usa el término *head hunting* para referirse a esta metodología. En ocasiones, el mismo término es utilizado para mencionar otras prácticas, distorsionando su verdadero significado.
26. Gautié, Jérôme. *Les politiques de l'emploi... Op. cit.*

diferentes, desde el arte o la ciencia hasta abarcar todas las actividades que desarrolle el ser humano, tengan que ver o no con su sustento económico. El fenómeno de la empleabilidad tiene que ver con todas las áreas de actividad, aun las de tipo independiente.

Otro autor francés, Claude Vimont[27], estudió la relación entre los "diplomados" (aquellos que han completado sus estudios) y el mercado de trabajo; Vimont analiza el hipotético futuro de una Francia con más jóvenes diplomados: *La dinámica actual del sistema educativo es peligrosa. Ella conduce a la institución de una «sociedad de diplomados». Un nuevo modo de estructuración social será creador de nuevos conflictos sociales. Pero esta nueva norma, basada en el predominio de los diplomas, tendrá su efecto contrario: los individuos que no pertenezcan a la clase dominante serán excluidos y tratados como tales. El lugar que les tendrá reservado la sociedad será, en consecuencia, muy limitado.*

El autor cita también la realidad estadounidense como ejemplo de este problema: *Aquellos que no están diplomados, al menos un diploma de escolaridad secundaria, devienen en marginados.*

La tendencia argentina va en la misma dirección. La necesidad de poseer estudios secundarios es cada vez mayor, y también aumenta la necesidad de adecuar la educación a los requerimientos del mercado de trabajo.

Debería integrarse a todos los sectores de la sociedad para el análisis de este problema de la educación tanto primaria como secundaria: políticos, sindicales, empresariales, fuerzas vivas en general; porque el patrimonio cultural, científico y artístico debe ser propiedad de todos, de más y más personas cada día, en un mundo que avanza vertiginosamente en tecnología, en nuevos métodos de trabajo, donde las novedades llegan al instante por medio de las comunicaciones.

Los mercados cambiantes derivan en estructuras cambiantes y –desde ya– en perfiles cambiantes. Si de algo podemos estar seguros, es de que las etapas que se avecinan serán de cambio constante, y ese cambio lo determina el mercado. Por ello, el nuevo "tirano" es el mercado.

La ausencia de fronteras, en la fijación de la ubicación geográfica de las posiciones, es una de las principales novedades, y la podemos relacionar con la globalización.

---

27. Vimont, Claude. *Le diplôme et l'emploi. Enjeu économique, Ambition culturelle, Défi social.* Editorial Económica. París, 1995.

¿El área de Recursos Humanos debe asumir un rol social?

No voy a plantear una visión romántica de la función del área de Recursos Humanos; todos lo que trabajamos en organizaciones, ya sea en esta área o en cualquier otra, sabemos y comprendemos que las empresas tienen fines de lucro y está bien que así sea; y aun las que no los tienen deben cumplir objetivos.

Sin embargo, dentro de un enfoque empresario es posible asumir la tarea desde un rol social, con la comprensión acerca del ser humano que da la especialidad. ¿En qué puede materializarse esta idea? No en darle un empleo a aquella persona que no cubre el perfil requerido, por el solo hecho de que sea un desempleado. No, ésa no es una solución; como responsables y profesionales del área debemos intentar cubrir los requerimientos del cliente interno o externo, y crear conciencia en pro de un enfoque social en muchos casos. Por ejemplo, despejar los prejuicios de los clientes (internos o externos si se trabaja en consultoría) transformando sus necesidades en requisitos objetivos; aplicar criterios que destierren de las organizaciones la discriminación; entrenar al personal para que atienda con especial cuidado y sin demostrar lástima a las personas que están sin empleo; así como otras tantas ideas que cada uno puede aportar a su propio ámbito de trabajo en esta línea de temas.

Tener conciencia social no significa hacer beneficencia, ni "comprarse" el problema del otro, ni destinar horas a ninguna tarea extra. Simplemente –aunque no es sencillo–, hacer la tarea para la cual se lo ha contratado y por la cual percibe un salario, comprendiendo estos temas y no con indiferencia.

Hablamos de las personas que tienen empleo y "que no deberían tenerlo" porque hacen su trabajo de mala gana, sin convicción. En las oficinas de Recursos Humanos, donde se atiende a mucha gente a diario, es frecuente encontrar personas como estas; por lo tanto, se deberá entrenar a todos los integrantes del área, implementar pequeñas rutinas tales como enviar una carta o correo electrónico a un desempleado que presentó su currículum vitae y para el cual en este momento no existe una búsqueda o al que no se puede ayudar de otra forma: un pequeño detalle como éste lo ayudará.

Finalmente, hay que tener en cuenta que muchos pensarán que la tarea es muy sencilla, que "como hay un alto índice de desempleo, cubrir un puesto vacante requiere hacer sólo unos llamados...", cuando en realidad el selector está "haciendo magia" para encontrar en alguien el perfil requerido, el cual finalmente se halla en una persona que no está desempleada y que tiene la pretensión de ganar más de lo que la organización que quiere contratarla puede ofrecer en esa oportunidad. Este es el escenario de trabajo.

Como se vio en este capítulo, la existencia de altos índices de desempleo no significa que por ello es "fácil" la tarea de búsqueda y selección de personal. Los perfiles requeridos son complicados, y es complicado encontrar personas que los cubran.

Por otro lado, el responsable de Recursos Humanos recibe numerosas postulaciones de personas que no cubren el perfil. En el presente, con la facilidad y bajo costo que implica el envío de información a través del correo electrónico se han multiplicado las postulaciones de personas que remiten sus antecedentes a posiciones para las cuales éstos no aplican. ¡La tarea no es fácil!

Por último –y lo más difícil de lograr–: la despersonalización que debe lograr el profesional de Recursos Humanos frente a las distintas situaciones que se le plantean. No es posible actuar o responder sobre la base de las propias vivencias y sentimientos. Se deberá ser objetivos, profesionales: eso se espera del especialista en Recursos Humanos.

El área de Recursos Humanos y su relación con las personas en proceso de desvinculación

En el Capítulo 9 se tratará el tema de la comunicación y el especial cuidado que hay que tener en todo el proceso de reclutamiento y selección cuando participen de los mismos postulantes que en ese momento se encuentren sin trabajo.

En cuanto al fin de la relación laboral de personas que han pertenecido a la organización hay que tener en cuenta que las separaciones de empleados siempre son difíciles, tanto para el propio involucrado como para otros empleados.

- La mayoría de los directivos de Recursos Humanos o Capital Humano coincide en que las separaciones de empleados acarrean siempre un resultado negativo.
- Las separaciones afectan a los que se van y a los que se quedan. Se denominan "abandono".
- Abandono porque los empleados renuncian, son despedidos o se jubilan.

Todos los libros consultados tratan de un modo u otro la temática del fin de la relación laboral. George Milkovich y John Boudreau[28] lo enfocan a partir de distintos aspectos: desde la retención del que se va hasta la necesidad de reducir personal, y analizan cómo afectan estos procesos a la fuerza laboral y las metas de la organización. *Cuando los empleados dejan de pertenecer a la organización, a menudo esto significa pérdidas monetarias; no obstante que en ocasiones son las mismas organizaciones las que propician esa situación. Cuando una empresa debe reducir su personal, retener a los mejores aumenta su valor como empresa, al igual que cuando realiza buenas incorporaciones. Si no se reconoce de qué manera afectan las separaciones de empleados a la eficiencia de la organización, puede ser que la dirección sea deficiente.*

La separación de empleados afecta la seguridad y la autoestima de los individuos; perder el trabajo puede ser una de las experiencias más angustiosas. Desde el rol del especialista en Recursos Humanos, aunque se hayan implementado todas las herramientas de contención de las personas desvinculadas, se deberá estar muy atento a las reacciones tanto de estas personas como de los restantes integrantes de la organización.

Dicen Milkovich y Boudreau: *«Está despedido»; pocas personas desean escuchar estas palabras, ya que significan la acción más extrema de la organización. Los despidos ocurren cuando los empresarios terminan la relación de empleo debido a que los comportamientos del empleado son perjudiciales.* Por esta razón los despidos no deben ser tomados a la ligera, y generalmente se llega a esa instancia después de haber intentado otras opciones; pero existen también despidos por reducción de personal. Estos despidos son aún más difíciles, porque las personas son desvinculadas sin que hayan cometido ninguna falta.

En síntesis, el especialista en Recursos Humanos deberá vivir, a lo largo del desempeño de sus funciones, distintas situaciones, algunas satisfactorias y otras que no son agradables. Las felices se producen cuando, por ejemplo, se decide una contratación; en ese momento se sienten igualmente entusiasmados el futuro jefe y el nuevo empleado, se inicia algo nuevo, es "casi" un nacimiento. En los momentos felices, todos quieren participar, todos quieren comunicar.

Como hemos dicho, también habrá que afrontar momentos no felices, que implican decirles a aquellos candidatos que quedaron fuera de una búsqueda que no fueron seleccionados, aunque quizás habrá una nueva

28. Milkovich, George y Boudreau, John. *Dirección y administración de recursos humanos. Un enfoque de estrategia.* Addison-Wesley Iberoamericana. México, 1994, cap. 8.

oportunidad si se abre otra posición similar. Y el más duro de todos: cuando hay que despedir a alguien y muchas veces desde el área de Recursos Humanos se asume esta tarea.

Si bien no es mi estilo hacer reflexiones personales, creo que para cerrar vale una excepción. Considero que los momentos laborales más felices se producen cuando el individuo finalmente seleccionado luego de una búsqueda es una persona desempleada. Recuerdo el caso de Jorge; me llamó muy contento, hacía pocos meses que estaba sin trabajo y era un claro desempleado circunstancial, según la clasificación que vimos en párrafos anteriores. Tenía dos niños pequeños, una hipoteca sobre su casa, y estaba muy preocupado; había sido finalista dos veces en sendos procesos de selección y no lo habían elegido; por lo tanto, estaba convencido de que algo malo pasaba con él. La oferta por fin había llegado. Como les decía, llamó y me contó, feliz y con la voz entrecortada, que les había contado la novedad a sus hijos cuando llegaron del colegio y luego había salido a cenar con su esposa. Después de unos años, escribo esta anécdota y me emociono otra vez.

Selección por competencias en el siglo XXI

Como ya se explicó en el Capítulo 1 y se verá en los siguientes que componen esta obra, la selección por competencias se basa en una serie de factores, y los conceptos a utilizar se aplican a personas de diferente profesión y nivel. Selección por competencias no se refiere a selección de jóvenes con potencial, ni profesionales universitarios, ni personas con alto promedio. Selección por competencias significa selección de personas con talento –léase *competencias*– para tener un desempeño superior en su posición o nivel, cualquiera que sea.

Para seleccionar personas con las competencias o el talento necesarios se debe, primero, entender qué se requiere en cada caso; no es igual si se selecciona un médico, un repositor de góndolas o un *senior* de auditoría, aunque en todos los casos se deberá definir cuáles son las competencias o capacidades necesarias para cubrir exitosamente la posición en la actualidad y lo que en un futuro se espere de esa posición o de otra, si se planea que la persona ocupe, más adelante, otro puesto o función.

Por otra parte, si bien el talento está conformado por competencias (competencias conductuales), los conocimientos son necesarios e imprescindibles, en todos los casos y de acuerdo con la posición a cubrir. Por último, y quizá sea un requisito de primer orden, en un proceso de selección por competencias es necesario evaluar la motivación de las personas, ya que quienes tienen las competencias necesarias alcanzan el éxito sólo si están motivados. En apretada síntesis: hay dos tipos de motivación, la que cada persona genera por sí misma y la derivada del entorno donde esa persona se desempeña.

La selección por competencias se relaciona con identificar personas que al mismo tiempo posean los conocimientos y las competencias requeridos; de la mezcla de ambos elementos surgirá el talento; pero esto aún no alcanza, se debe considerar la motivación.

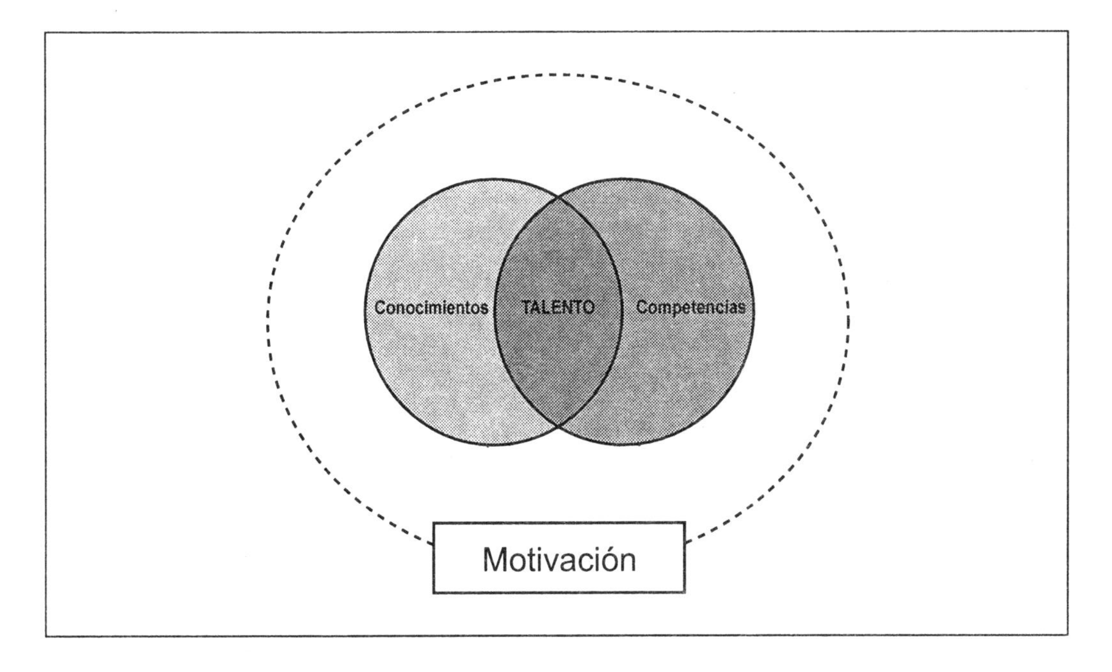

Personas con talento pero no motivadas podrán hacer su tarea, pero no tendrán la *performance* o desempeño deseado. Nos ocuparemos de este punto en particular en el Capítulo 6.

Si, como se desprende del gráfico, el talento que se requiere en el siglo XXI está conformado por los tres elementos mencionados: conocimientos, competencias y motivación, la dificultad de la selección queda expuesta por sí misma. Un proceso de selección deberá poner en práctica métodos para evaluar:

1. Conocimientos
2. Competencias
3. Motivación

Para una correcta medición de estos tres elementos, primero se deberá definir con precisión cada uno de ellos en el perfil a buscar (Capítulo 4). Si este perfil está definido correctamente, el paso siguiente será evaluar esos elementos en las personas que se postulan o que son invitadas a participar del proceso de selección.

Por último, muchas personas dicen "hacemos selección por competencias" porque consideran este concepto al momento de entrevistar postulantes y, quizá, utilizan las preguntas adecuadas para evaluarlas. En este caso, estas personas realizan de manera adecuada sus procesos de selección. Sin embargo, para hacer selección por competencias se requiere trabajar dentro de un *modelo de competencias.* Si el profesional de Recursos Humanos integra una organización, ésta deberá haber definido un modelo de competencias propio, de acuerdo con su Misión y Visión. Si el selector es un consultor independiente, para hacer selección por competencias su cliente deberá proporcionarle las competencias requeridas (sus definiciones junto con su apertura en grados o niveles), para planear el proceso de selección en función del modelo de su cliente.

De no trabajar de esta forma, no puede decirse que se realice selección por competencias. De todos modos, es igualmente cierto que todo selector que utilice las preguntas para evaluar competencias, como se verá en el Capítulo 6, podrá realizar una entrevista más precisa al obtener de su entrevistado comportamientos y, de ese modo, realizar una evaluación más adecuada de las características y capacidades del postulante.

SUMARIO. LA SELECCIÓN DE PERSONAS EN CONTEXTOS DE ALTO DESEMPLEO

- Los contextos de alto desempleo, globalización y otros fenómenos actuales han dificultado la selección de personas, en especial cuando se requieren ciertas calificaciones específicas.
- El desempleado circunstancial es una persona que tiene todas las posibi-

lidades de encontrar un nuevo empleo, en un tiempo razonable, y él, por sí mismo, es capaz de actuar sobre su propia empleabilidad.

- Los desempleados estructurales son personas que por algún motivo quedaron fuera del sistema y que difícilmente podrán reinsertarse por sí mismas. Es decir, sus conocimientos y competencias, por alguna causa, no son las que se requieren.
- En síntesis, dos son las características fundamentales del mercado laboral actual: 1) se demandan perfiles cada vez más exigentes; 2) la realidad nos enfrenta a una situación paradójica, donde, por un lado, tenemos un alto índice de desempleo y, por otro, la demanda queda insatisfecha con los perfiles que el mercado ofrece.
- El desempleo de larga duración es aquel que sufren las personas que no han tenido trabajo durante un lapso extenso, el cual arbitrariamente se ha definido de doce meses o más. Se incluye en esta categoría a los desempleados dentro de la fuerza activa de la población. El desempleo de larga duración es una de las causas del desempleo estructural.
- La empleabilidad es *la chance* de conseguir otro trabajo; es –de algún modo– responsabilidad de cada persona e implica esfuerzo, compromiso y disponibilidad para el trabajo. Mantener actualizadas las competencias del personal de la empresa es una manera de mantener la empleabilidad del personal. Las empresas que cuidan la empleabilidad de su personal son las más deseadas por los buscadores de empleo.
- El grado de empleabilidad de cada persona se basa en cuatro pilares o factores: 1) conocimientos técnicos, destrezas o un oficio adquirido a través del estudio; 2) competencias conductuales; 3) la actitud de búsqueda con que se sale al mercado; 4) el mercado, es decir, que los conocimientos y competencias que el individuo posea sean los requeridos por el mercado de trabajo; este punto se relaciona también con las ofertas disponibles.
- El especialista de Recursos Humanos de algún modo asume un rol social. Sin embargo, tener conciencia social no significa hacer beneficencia, ni "comprarse" el problema del otro, ni destinar horas a ninguna tarea extra. Simplemente –y no es sencillo–, se trata de hacer la tarea para la cual se lo ha contratado y por la cual recibe un salario, comprendiendo estos temas y no con indiferencia.
- La selección por competencias se relaciona con personas que posean tanto los conocimientos como las competencias requeridos; de la mezcla de ambos elementos surgirá el talento.

- La conjunción, la mezcla de conocimientos y competencias que componen el talento, requiere, además, motivación. Personas con talento pero no motivadas, podrán hacer su tarea, pero no tendrán la *performance* o desempeño deseado.
- Para hacer selección por competencias se requiere trabajar dentro de un *modelo de competencias*. Si el profesional de Recursos Humanos integra una organización, ésta deberá haber definido un modelo de competencias propio, de acuerdo con su Misión y Visión. Si el selector es un consultor independiente, para hacer selección por competencias su cliente deberá proporcionarle las competencias requeridas (sus definiciones junto con su apertura en grados o niveles), para planear el proceso de selección en función del modelo de su cliente.
- Si no se ha definido un modelo de competencias, todo selector que utilice las preguntas destinadas a evaluar competencias hará una entrevista más precisa al obtener –de su entrevistado– comportamientos, realizando de ese modo una evaluación más adecuada del postulante.

PARA PROFESORES

Para cada uno de los capítulos de esta obra hemos preparado:

- Casos prácticos y/o ejercicios para una mejor comprensión de los temas tratados en cada uno de ellos.
- Material de apoyo para el dictado de clases.

Los profesores que hayan adoptado esta obra para sus cursos tanto de grado como de posgrado pueden solicitar de manera gratuita las obras:

Selección por competencias. CASOS
(link: www.marthaalles.com/seleccioncasos)
Selección por competencias. CLASES
(link: www.marthaalles.com/seleccionclases)

Únicamente disponibles en formato digital, en nuestro sitio www.marthaalles.com o bien escribiendo a profesores@marthaalles.com.

Selección por competencias
3
Inicio del proceso

Capítulo 3

INICIO DE UN PROCESO DE SELECCIÓN

En este capítulo usted verá los siguientes temas:

- Reclutamiento y selección. Diferencias
- Inicio de una selección
- Reclutamiento externo *versus* reclutamiento interno
- Vínculo legal: diferentes tipos
- Concepto de cliente interno
- Los aspectos económicos (remuneración) como un elemento más del perfil
- Selecciones internacionales y globalización
- Quién puede ser un buen selector
- La importancia de realizar una buena selección en las organizaciones

A partir de este capítulo y en los subsiguientes se analizarán una serie de temas en relación con la selección de personas. Un buen proceso de selección no deviene de ley o exigencia de normativa legal alguna. En las grandes corporaciones, donde es usual acatar normas internas de aplicación general, existen rutinas para la realización de una selección. Sin embargo, rara vez estas rutinas son objeto de una auditoría por parte de la casa matriz, práctica que sí se utiliza para otras áreas de la organización.

Hacer bien una selección es de sentido común; por lo tanto, sin importar si existe una norma que rija el proceso de selección –la consultora que dirijo sugiere a sus clientes que implementen procedimientos al respecto–, las buenas prácticas indican que es conveniente para todos los involucrados llevar a cabo un procedimiento profesional en materia de selección de personas. Si –además– se pretende seleccionar por competencias, esto será imprescindible.

Para que un proceso de selección se realice de manera profesional deben cuidarse todos los pasos, y ese proceso comienza en el momento mismo en que la necesidad surge.

En el Capítulo 5 presentaremos en detalle los veinte pasos necesarios para la realización de un proceso de selección, desde el momento en que surge la necesidad de cubrir una posición, ya sea por la renuncia de un colaborador, por jubilación de su actual ocupante o por abrirse un puesto nuevo. En este capítulo sólo reflexionaremos sobre algunos puntos que deben tenerse muy en claro antes de comenzar un proceso de selección, todo aquello que es previo al inicio del proceso de selección propiamente dicho.

Un proceso de selección se inicia con la necesidad de un nuevo colaborador. Las organizaciones formalizan esa necesidad en algún tipo de documento que genéricamente hemos denominado "Solicitud de personal".

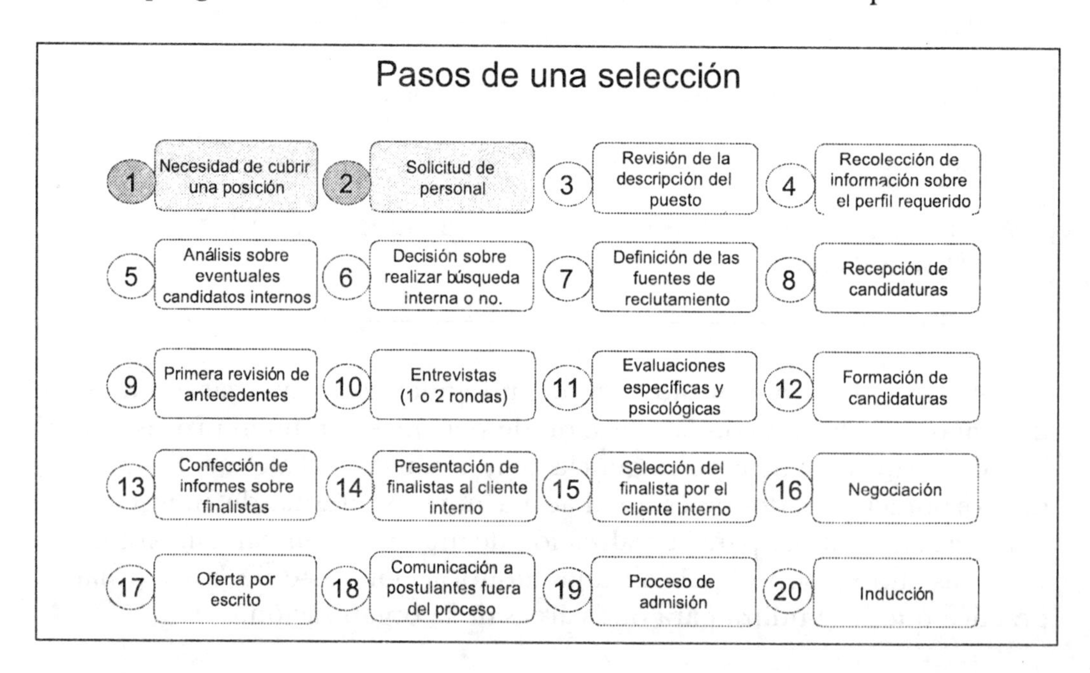

No nos dedicaremos en detalle a ninguno de los dos puntos. Estos sólo se mencionarán colateralmente al tratar diferentes aspectos, como ya se dijo, previos al inicio del proceso de selección.

El responsable de Recursos Humanos o de la función de Empleos, según las diferentes estructuras organizacionales, deberá tener información sobre una amplia serie de temas, no sólo saber manejar bien una entrevista. Si no sabe sobre todo lo necesario, deberá tener la humildad de reconocer aquello que no conoce y pedir ayuda, la cual podrá ser proporcionada por un superior, por el cliente interno o un consultor externo, según sea el caso.

En torno de la temática de selección existen una serie de términos que se usan como sinónimos y no lo son; iremos explicando sus diferencias cuando corresponda. Un aspecto que usualmente se confunde es el real alcance de las palabras *reclutamiento* y *selección.*

Reclutamiento y selección. Diferencias

> *Reclutamiento*: es el proceso de identificar y atraer a un grupo de candidatos, de los cuales más tarde se seleccionará a alguno que recibirá la oferta de empleo.

Muchas personas sienten/piensan que hacer una selección las coloca en una posición de preeminencia respecto de otras personas; algo así como que ellos están otorgando algo, en este caso, un trabajo. ¡Y no es así! Muchas veces hay quienes me preguntan *si puedo conseguirles un trabajo* (para ellos, para un hijo, etc.), y mi respuesta es que nosotros no tenemos ni ese rol ni esas atribuciones. Un consultor sólo realiza un trabajo profesional, que consiste en aplicar una serie de conocimientos y herramientas para que luego otro tome la mejor decisión a la hora de contratar a un colaborador.

Una organización primero define qué necesita (el perfil); en función del perfil se define el candidato o los candidatos ideales, los cuales serán *su objeto de deseo*; y luego deberá *conquistarlos,* atraerlos. En un proceso de selección no sólo elige la empresa, también lo hace el postulante. A su vez, para que la empresa pueda elegir antes debe identificar lo que desea, y luego atraer a varios posibles candidatos, no sólo a uno.

Por eso, en nuestra opinión, el subsistema que se ocupa de la selección de personas se denomina: *Atracción, Selección e Incorporación de Personas.*

Fuente: *Dirección estratégica de Recursos Humanos. Gestión por competencias.* Ediciones Granica. Nueva edición 2000.

En el gráfico precedente se muestran los clásicos subsistemas de Recursos Humanos, aquellos que los especialistas denominan la parte "*soft*" de la especialidad, que no están regidos por leyes específicas sino, por el contrario, por otras derivadas de las buenas prácticas y los métodos de trabajo profesionales.

> *Selección:* como su nombre lo indica, es el proceso de "selección" o elección de una persona en particular en función de criterios prestablecidos. Se inicia definiendo correctamente el perfil requerido, dejando en claro las expectativas del solicitante y las reales posibilidades de satisfacerlas.

Es muy importante una buena identificación de los individuos que a la organización le interesan en relación con el perfil buscado e, igualmente, su posterior atracción. Por ello es fundamental la correcta definición acerca de qué se está buscando, por un lado, y cuáles son las reales expectativas de los participantes, por el otro.

En síntesis: el *reclutamiento* es la convocatoria de candidatos. Es una actividad de divulgación cuyo objetivo es atraer de manera selectiva a los candidatos que cubren los requisitos mínimos para la posición requerida. Es la base para la etapa siguiente.

La *selección* es una actividad de clasificación donde se escoge a aquellos que presentan mayor posibilidad de adaptarse al cargo ofrecido para satisfacer las necesidades de la organización.

Los candidatos pueden ser personas desempleadas o, por el contrario, con empleo. Estos últimos pueden estar empleados en la misma organización o en otras empresas.

Entre los que pertenecen a la misma organización (se trata, en este caso, de reclutamiento interno), algunos pueden ser personas que ya cumplen con el perfil requerido o que potencialmente podrían hacerlo, luego de un período de adaptación o entrenamiento.

La misma clasificación de candidatos con el perfil real o potencial se puede realizar en relación con el reclutamiento externo.

Inicio de una selección

George Milkovich y John Boudreau[1] señalan que el reclutamiento no sólo es importante para la organización; es un proceso de comunicación de dos canales: *los aspirantes desean obtener una información precisa acerca de cómo sería trabajar en la organización; las organizaciones desean obtener información precisa acerca del tipo de empleado que sería el aspirante si fuera contratado.*

Para Edgar Schein[2], *...la organización es un plan de actividades humanas que no empieza a funcionar hasta que no se haya reclutado a las personas que van a desempeñar los diversos roles o a realizar las actividades previstas. Por consiguiente, el primero y posiblemente el mayor problema humano en cualquier organización es cómo reclutar empleados, seleccionarlos, entrenarlos, socializarlos y asignarlos al cargo para asegurar la mayor eficiencia.*

Una de las tesis centrales de Schein es que *...es posible mantener las dos perspectivas; la del individuo, que pretende satisfacer sus necesidades por medio de la organización, y la del administrador, que quiere utilizar el recurso humano para suplir las necesidades de esta. Estos dos problemas, aparentemente divergentes pero superpuestos en la realidad, se complican más a la luz de la perspectiva de desarrollo, ya que las necesidades de la organización y las de sus miembros cambian con el tiempo y*

---

1. Milkovich, George y Boudreau, John. *Dirección y administración de recursos humanos. Un enfoque de estrategia.* Addison-Wesley Iberoamericana. México, 1994, cap. 6.
2. Schein, Edgar. *Psicología de la organización.* Prentice-Hall Hispanoamericana. México, 1982, cap. 2.

con la experiencia. Así, por ejemplo, una solución que fue viable para la organización en un momento dado puede que no lo sea en otro.

El éxito de un proceso de selección depende absolutamente de cómo se realice el reclutamiento. Si éste se hace adecuadamente, será factible resolver exitosamente la selección. Si el reclutamiento es inadecuado, o bien la selección será más costosa porque se reiniciará el proceso para realizar un reclutamiento adecuado, o bien se corre el riesgo de tomar una decisión inadecuada.

Reclutamiento externo *versus* reclutamiento interno

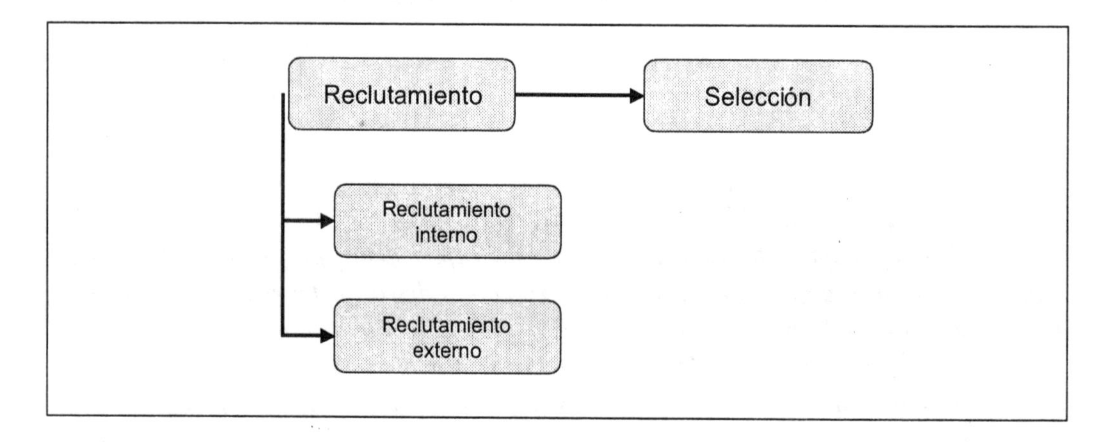

Se verán los pros y contras de cada tipo de reclutamiento en el Capítulo 5. De todos modos, es muy importante tener en cuenta que la primera fuente que debe explorarse es la propia organización; recién luego de haber agotado este análisis se debería salir al mercado.

Un sano enfoque de la función del área de Recursos Humanos o Capital Humano es –cuando surge la necesidad de cubrir una posición y la línea (cliente interno) solicita un perfil– *buscar* primero dentro de las propias filas de la organización. Algunas organizaciones tienen sistemas perfectamente establecidos de reclutamiento interno bajo nombres tales como *job posting* o *autopostulación*. Pero aun en aquellas organizaciones que no operan de esta forma, siempre el mejor consejo será comenzar la búsqueda entre los actuales colaboradores. Sólo luego de agotar exhaustivamente este camino será aconsejable salir al mercado.

En muchas organizaciones existe cierta tendencia a "desvalorizar" al propio personal; se piensa que es mejor lo que "hay afuera" y se recurre a buscar en el mercado sin analizar primero si algún colaborador puede cubrir la posición disponible. En otras organizaciones se observa el fenómeno opuesto: "lo mejor está dentro" y el mercado no dará los perfiles requeridos.

Como no es difícil de imaginar, el mejor criterio no está en ninguno de los dos puntos de vista señalados. El profesional de Recursos Humanos tiene el deber de velar por lo mejor para la organización y por ello –objetivamente– deberá analizar si hay o no un colaborador que se adapte a las necesidades de ese momento sin partir de juicio previo alguno, ni a favor ni en contra.

La promoción interna, ya sea dirigida desde el área de Recursos Humanos –por ejemplo, al llevar un adecuado inventario del personal– o a través de algún sistema de autopostulación, es la herramienta adecuada para llevar adelante esta tarea.

¿Por qué es tan importante la promoción interna? Si una vacante se cubre con una persona interna, esta situación será siempre una buena noticia para la organización. Cuando el área de Recursos Humanos o Capital Humano logra a través del desarrollo de personas que un integrante sea ascendido a una posición superior, cumple con dos propósitos básicos de su función: por un lado, solucionar una necesidad a menor costo, y por otro –quizá el más importante–, brindar una oportunidad de crecimiento a un colaborador.

Promoción interna. Como ya se dijo, la primera fuente de reclutamiento que se debe investigar es la propia organización. Ascender o trasladar empleados ofrece varias ventajas:

- Por lo general, crea una vacante a un nivel más bajo, que es más fácil de ocupar.
- La organización economiza tiempo y dinero al trasladar a una persona formada en la cultura organizacional, que conoce la estructura y las metodologías de trabajo.
- Se aprovechan los esfuerzos realizados en el desarrollo de colaboradores.
- Es motivador para los otros empleados.
- Permite descubrir talentos escondidos.

El proceso mediante el cual se realiza el reclutamiento dentro de la misma organización usualmente se denomina "promoción interna". También puede utilizarse la autopostulación, que es una práctica en franco crecimiento.

Hace unos años realizamos una investigación sobre autopostulación o *job posting* en la Argentina, donde es una práctica que, si bien se utiliza, no es aprovechada en toda su potencialidad.

Algunas organizaciones exigen que los empleados interesados obtengan primero permiso de sus supervisores antes de presentar su solicitud, en algún caso incluso por escrito. Otras respetan el carácter confidencial del proceso hasta que se haya tomado una decisión. Todas las empresas consultadas tienen como requisito que las personas tengan "x" tiempo en la posición actual para aspirar a un cambio; estos plazos oscilan entre doce y veinticuatro meses de antigüedad en el puesto. Algunas organizaciones limitan el número de autopostulaciones; por ejemplo, una misma persona no puede autopostularse más de dos veces al año (o la frecuencia que se determine).

Entre las opciones analizadas, es posible ofrecer bajo el procedimiento de autopostulación todas las vacantes de la organización o sólo algunas de ellas; por ejemplo, hasta un cierto nivel. Las organizaciones que no ofrecen públicamente ninguna vacante, aducen razones como las siguientes:

1. Los jefes y gerentes desean ascender a una persona a quien ellos mismos han preparado específicamente para la posición disponible. Por consiguiente, no desean tomar en consideración otras postulaciones.
2. Algunos integrantes de la organización "se molestan" cuando los empleados buscan puestos fuera de su departamento o sector, y "se resienten" como si fuese algo personal en contra de ellos.
3. La salida de un empleado por promoción interna puede significar que el jefe o área de donde "sale" la persona por autopostulación deba esperar la incorporación de un reemplazo, que tal vez no sea tan bueno en la tarea como quien deja la posición.
4. Algunas organizaciones creen que es mejor traer "sangre nueva" en lugar de promover a los empleados actuales.

El éxito de un sistema de promoción interna –o autopostulación– dependerá en gran parte del acierto con que se diseñe y se controle el procedimiento. Por ejemplo, una organización puede estipular que los empleados deben permanecer en su puesto actual por lo menos durante un año; o que el número de puestos que un individuo puede solicitar en un año también es restringido, generalmente a tres postulaciones. Además, puede establecerse que para hacer uso del sistema de promoción interna el empleado debe haber obtenido, en su más reciente evaluación de desempeño, la calificación de satisfactorio, o superior. Estas reglas o políticas internas, entre otras posibles, ayudan a evitar los problemas derivados de empleados que continuamente están buscando otras opciones. Al mismo tiempo, contribuyen a darle al proceso prestigio y seriedad, aumentando así su eficacia.

Vínculo legal: diferentes tipos

El vínculo legal laboral puede presentar diferencias de un país a otro, e incluso dentro de un mismo país pueden existir diferentes prácticas. No importa cuál régimen de contratación se desee utilizar; en esta obra no se analizarán las diferentes posibilidades existentes, pero sí es importante destacar que es vital conocer al respecto desde el primer momento del proceso. Durante la selección los participantes deben estar informados con claridad sobre el tipo de posición a la cual se están postulando y cómo serán las condiciones de contratación. No es conveniente que a último momento *se le diga a la persona que la posición es "por contrato o a término" si ella hasta entonces creyó que la posición a cubrir era en relación de dependencia,* es decir, una contratación sin plazo de finalización.

La claridad en la comunicación deberá ser una premisa a seguir durante todo el proceso. Una característica de la posición a cubrir que *a priori* sea no favorable, expuesta con claridad y honestidad, pierde en parte su connotación negativa, la cual, por el contrario, surgirá con toda su fuerza cuando la persona sienta que de alguna manera fue engañada, al no haber sido informada al respecto en una primera instancia. Este comentario es pertinente tanto en relación con temas económicos como con otras características de un puesto, por ejemplo, lugar de trabajo, horarios rotativos, necesidad de trabajar fines de semana, etc. Se dedicará el Capítulo 9 a la comunicación durante el proceso de selección.

Es importante destacar que, con frecuencia, se sostiene que la selección de personas para puestos de tipo temporario o por un plazo determinado, no requiere la misma rigurosidad que la selección de personas que serán estables en la organización. Esto es un grave error. La selección de personas debe ser cuidadosa en todos los casos. Un empleado que ha sido contratado por poco tiempo está dentro de la organización igual que otros, con acceso a muchos temas que, en ocasiones, son delicados. Este comentario apunta al cuidado del capital intelectual de la organización. Además, muchas veces una persona ingresa para cubrir una licencia, por ejemplo, y luego queda como personal efectivo. En cualquiera de las situaciones planteadas, siempre lo mejor será realizar un proceso de selección siguiendo los pasos previstos para cubrir una vacante del nivel de que se trata, sin tener en cuenta el tiempo que la persona estará en la organización.

Concepto de cliente interno

El área de Recursos Humanos deberá actuar como si fuese un consultor respecto de las otras áreas de la organización y éstas serán, de ese modo, sus clientes internos. Este concepto no sólo se aplica a Recursos Humanos: debe ser el enfoque de todas las áreas de servicio dentro de la empresa, por ejemplo, Sistemas e Informática, Mantenimiento de oficinas o cualquier otra destinada a brindar servicios internos.

Si cuando un sector de la organización llama al área de Recursos Humanos para solicitar sus servicios porque necesita cubrir una vacante, esto genera en esta última pensamientos tales como *...se está haciendo el favor de...* o *...se está autorizando a...*, el enfoque es equivocado. Lamentablemente, en pleno siglo XXI, muchas áreas *de Personal* siguen funcionando de esta manera.

Desde este rol de "consultor", Recursos Humanos deberá analizar la necesidad planteada, cuál será el mejor camino para resolverla y cómo esto se encuadra dentro de las normas de la organización, si existe la vacante o se deberá pedir autorización superior, etcétera.

Aun en el caso de que el pedido sea improcedente, la actitud debe ser la misma, explicándole al *cliente interno,* de la misma manera como se trata a un cliente, que no se puede responder a lo que solicita por... la razón que lo respalde. O simplemente: *está fuera de lo que nosotros podemos resolver,* si hay una razón que no es posible comunicar a la persona que plantea el tema.

En resumen, tratar al cliente interno como lo que es: un cliente al cual se brinda un servicio. Y utilizando una expresión de uso frecuente, el profesional de Recursos Humanos no deberá satisfacer a su cliente interno, deberá *deleitarlo,* sin olvidar que este –además– confía en que se le resolverá un problema.

El cliente interno solicita una búsqueda

En párrafos anteriores se mencionó que el área de Recursos Humanos deberá transformarse en un consultor para las otras áreas de la organización. Asumiendo el riesgo de reiterarnos, le recordaremos al lector, a lo largo de todo este trabajo, el concepto de *cliente interno* con el que debe tratarse cualquier área que solicite –en nuestro caso– un proceso de selección.

Es preciso señalar que el cliente interno puede tener distintas actitudes, desde aquel que presupone que su tema es tan específico y que, por lo tanto, *Recursos Humanos no va a entender la solicitud,* hasta aquel otro que está tan confundido que no sabe realmente lo que quiere y necesita. Sin soberbia y con gran vocación de servicio se debe enfrentar a ambos. En ocasiones parece que no saben lo que quieren o, quizá, sólo no pueden expresarlo en lenguaje apropiado; siempre se debe ayudar. En organizaciones donde se hayan implementado los distintos subsistemas de Recursos Humanos, los descriptivos de puestos se encontrarán por escrito y sólo se deberá revisar su contenido. Todo será más sencillo.

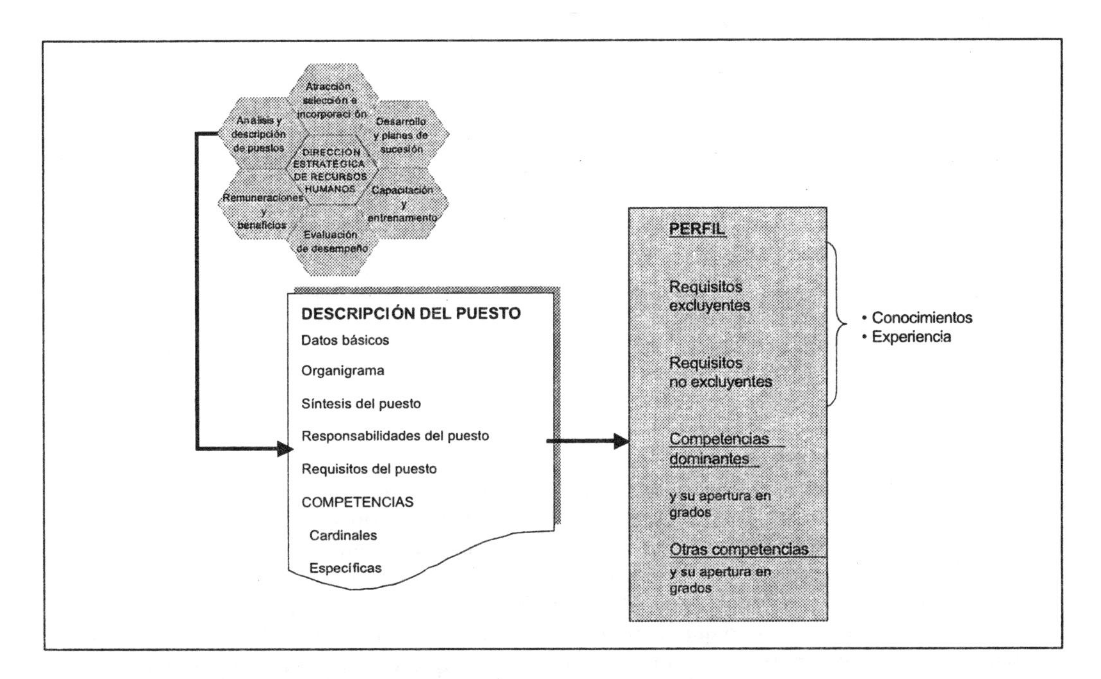

La *Descripción de puestos* consigna una serie de información que luego deberá ser confirmada en el momento de recolectar datos sobre el perfil del puesto (Capítulo 4). Es importante marcar en este momento que "descriptivo de puesto" y "perfil" no es lo mismo. Si la organización posee una descripción de puestos actualizada, aún así, no es suficiente; en todos los casos, se debe realizar la recolección de datos sobre el perfil a seleccionar.

Evaluación de las reales necesidades de la línea

Como su título lo indica, en el próximo capítulo –*Definición del perfil*– nos concentraremos especialmente en ese tema, es decir, cómo definir el perfil y cómo comprender cabalmente las necesidades del cliente interno. Es muy importante señalar la crucial importancia de descubrir las reales necesidades en relación con el puesto a cubrir. Ni *sobrevalorar* ni *subvaluar* lo que se requiere. De muy buena fe el cliente interno puede tener una idea equivocada de lo que necesita. Es fundamental despejar esta incógnita, ya que será clave en todo el proceso que se inicia.

Los aspectos económicos (remuneración) como un elemento más del perfil

Los aspectos en relación con la remuneración no integran la *descripción del puesto*; sin embargo, será un aspecto sumamente importante en el momento de realizar el proceso de selección e integra, como otra información más a tener en cuenta, el perfil de la búsqueda a realizar. Por lo tanto, éste será otro elemento clave a determinar antes del inicio del proceso de selección: la remuneración asignada a la posición a cubrir. En ocasiones, este factor hará imposible la resolución de la selección[3].

3. **Desde mi experiencia profesional**
En la Consultura se presentan pedidos de clientes con *dificultades* por este motivo. Es frecuente, por ejemplo, que las organizaciones multinacionales tengan mayores dificultades para comprender los mercados locales. Siempre existe algún grado de limitación en este aspecto. La función del especialista será, en estos casos, informar y –siempre– ofrecer ayuda. Un ejemplo de solución para un problema de desfase entre el perfil requerido y la remuneración asignada: el salario previsto corresponde a la mitad de lo que se paga en el mercado. Ante este caso, el consejo no debe ser intentar conseguir una persona circunstancialmente desempleada que acepte el puesto por la mitad del pago normal y que cuando encuentre algo de su nivel deje la posición, sino buscar un joven con potencial y motivación y desarrollarlo en el puesto. Es decir, ofrecer ideas de solución factibles de tener éxito sostenido en el tiempo, y no resolver el tema sólo en el corto plazo.

El rol de asesor/consultor del área de Recursos Humanos deberá incluir[4] un claro asesoramiento sobre si ese perfil requerido, con el salario o remuneración previsto para el mismo, será posible encontrarlo o no, en el mercado. Se ha analizado en el capítulo anterior la distorsión que un fenómeno como el alto desempleo introduce, como factor adicional de complejidad, con relación a este aspecto.

La retribución prevista en una selección se constituye, de este modo, en un dato más del perfil; no es posible definir un perfil sólo con los requisitos en materia de conocimientos, experiencia y competencias, como se verá en el capítulo siguiente. Reiteramos: la remuneración prevista será un elemento más a tener en cuenta y, como se ha dicho, puede llegar a ser determinante en el resultado de la búsqueda.

Cómo analizar un puesto nuevo en la organización

Cuando la selección a realizar se relacione con una nueva posición dentro de la organización, el rol de asesor o consultor por parte del área de Recursos Humanos será aún más importante; cuando la retribución no está definida y, adicionalmente, no se cuenta con un punto de comparación interna, se deberá buscar un punto de referencia externo.

Con frecuencia se encara en forma inadecuada la comparación interna, *se supone que el puesto nuevo es como tal o cual, y* luego el mercado indica otra cosa. Se puede iniciar un proceso iterativo[5] buscando en el mercado primero y definiendo el nivel de remuneración una vez que se cuenta con referencia externa al respecto. Es aconsejable, si es posible, realizar una encuesta salarial para conocer el valor de la posición en el mercado.

Si la organización no cuenta con presupuesto para realizar una encuesta de mercado con la profesionalidad que implica, de todos modos el responsable de Recursos Humanos podrá hacer alguna compulsa informal preguntando a sus colegas sobre el particular. No tendrá la misma rigurosidad técnica, pero igualmente será útil. No es aconsejable realizar un proceso de selección sin información de mercado. Como responsable de dicho proceso

4. Si no se conoce *a priori* el valor de mercado del puesto a cubrir, se sugiere realizar una pequeña investigación e informar al cliente interno.
5. Iterativo: reiterativo. Se llega por aproximaciones sucesivas. Primero se averigua en el mercado para luego, en base a esa información y las propias escalas salariales, definir el salario.

se tiene la obligación de asesorar al cliente interno o externo sobre las reales posibilidades de encontrar ese perfil en el mercado[6].

Relacionar los aspectos económicos con las reales posibilidades de encontrar el perfil buscado en el mercado

El responsable de un proceso de selección deberá asumir –además del rol de consultor ya mencionado– un compromiso ético, porque deberá llevar adelante una delicada tarea, que comprende desde enfrentarse a la necesidad de informar o decir a un alto ejecutivo –quizá con un rango jerárquico más alto que el propio– que *aquello que desea hacer no se puede por...* y explicar la causa o fundamento, hasta llegar a conocer información confidencial tanto de la organización para la cual trabaja como de los postulantes. Sobre el final de este capítulo se hará un mención acerca del nivel que el responsable de una selección (selector) debe tener para realizarla y las competencias necesarias para llevar a cabo esa delicada función.

En el Capítulo 5 se tratará el planeamiento de un proceso de selección. Determinar la posibilidad de encontrar lo requerido en el mercado es un elemento muy importante a tener en cuenta al trazar el plan de selección. Es decir, si la selección a encarar es razonablemente sencilla –referida a una posición que es factible encontrar en el mercado–, o si, por el contrario, se trata de una posición difícil –como cuando se desea encontrar una *perla negra* o *rara avis*–, ya sea porque es escasa en el mercado o porque la estructura de salarios dificultará la búsqueda.

Con frecuencia, el responsable de Recursos Humanos no sabe, en el momento en que le plantean la posición a cubrir, el grado de dificultad implícito en la búsqueda. En esos casos será aconsejable no asumir conocimientos que no se poseen, solicitar un plazo razonable de tiempo e informarse sobre

---

6. **Desde mi experiencia profesional**
Una vez más, es importante el rol de Recursos Humanos. En una ocasión, tuvimos un caso que devino en conflicto con un cliente que encargó un servicio de recolección de *valores salariales de mercado* y que a partir de allí utilizó este como *arma* para luchas internas con el único objetivo de obtener mejoras salariales para dos altos ejecutivos de esa organización (el gerente general y el número uno de administración y finanzas de la filial local). La información sobre el mercado –como todo lo realizado en la tarea diaria– debe ser utilizada profesionalmente y no para réditos personales de quien maneja la información. La ética es un valor que debe aplicarse en toda gestión; el área de Recursos Humanos maneja temas muy especiales, como, por ejemplo, las remuneraciones de los funcionarios de la organización.

el grado de dificultad de la selección a encarar. El cliente interno estará, de ese modo, más satisfecho que si se le dan respuestas que no están bien fundadas.

Cada nueva selección requiere un momento inicial de análisis y búsqueda de información. Éste será el momento de revisar los aspectos económicos inherentes a la posición a cubrir.

Selecciones internacionales y globalización

En el contexto del siglo XXI las búsquedas de personas suelen no tener una clara identificación geográfica, en especial las de nivel ejecutivo. Por consiguiente, esto debe ser considerado tanto en la definición del perfil (Capítulo 4) como en la planificación (Capítulo 5). En países con una geografía extensa, como la Argentina, los traslados de una provincia a otra pueden ser de una distancia similar a la que se recorre al trasladarse de un país a otro en otras regiones, y lo mismo sucede con relación a las diferencias culturales entre una plaza y otra. Todo esto debe ser considerado.

Las búsquedas de altos ejecutivos

La selección de altos ejecutivos se realiza –en ocasiones– sin considerar la nacionalidad del candidato. No obstante, siempre se considera algún marco de referencia geográfico. Aunque la organización esté dispuesta a pagar el mayor costo por una contratación ejecutiva, como por ejemplo repatriar a un candidato, es más difícil que esté dispuesta a asumir el costo de cooptar a una persona que, además, no conoce de modo alguno la cultura del país. Deberían existir razones poderosas para que una organización se disponga a pagar el costo adicional y a correr con los riesgos extraordinarios de reclutar a una persona de un país extranjero, en vez de contratar a un ciudadano de su propio país. Me refiero al tema de costos, no planteo fijar una política acerca de no contratar extranjeros como un modo de discriminar a las personas.

Posibles razones para realizar una búsqueda de ejecutivos a nivel internacional:

- Oferta y demanda
- Capacidad. Los ejecutivos que son capaces de "dar vuelta" una compañía y producir mejoras importantes en sus resultados pueden cruzar las

fronteras con mucha mayor facilidad que las personas de menor categoría.

- Equipos de nacionalidades mixtas.
- Conocimientos técnicos poco comunes.
- Altos ejecutivos de gran rendimiento.
- Personas con dominio de lenguas extranjeras.

Dificultades

El número de empresas de búsqueda de personal que actúan en el terreno internacional es notablemente inferior al número de las que actúan a un nivel exclusivamente local o doméstico. La coordinación de operaciones a nivel mundial exige recursos con los que usualmente sólo cuentan las grandes consultoras.

Las grandes firmas consultoras en selección de ejecutivos tienen otro problema: el control de calidad, tema que se agudiza en los países más alejados de sus casas matrices. Las búsquedas a través de las redes internacionales son más largas y cuestan más, y los peligros que representan son mayores. En ocasiones ofrecen posiciones inapropiadas a un candidato que luego fracasa en el puesto. La práctica de *head hunting* debe ser realizada bajo muy estrictos valores éticos. Cuando la actividad profesional enfrenta al consultor con un cliente con problemas económicos, climas laborales difíciles u otra situación con algún grado de problemática, se debe trabajar con el cliente, ayudarlo, pero no a costa de engañar a un posible candidato. Para ello, un comportamiento deseable por parte del consultor será informar acerca de la situación. Muchos candidatos estarán dispuestos a correr un riesgo, pero nunca deben ser engañados.

La metodología de *head hunting*

Para tratar este tema citaremos a algunos autores que explican este tipo de búsqueda. Ningún *head hunter* que se precie estará dispuesto a develar sus secretos, y todos tienen sus propios “trucos”.

Se hizo mención con anterioridad a la tarea de *head hunter, cazaejecutivos* o *cazadores de talentos*. Uno de ellos, Byrne[7], dice que *los cazadores de talen-*

---

7. Byrne, John. *La búsqueda de grandes ejecutivos. Un negocio muy lucrativo.* Planeta. Barcelona, 1988, introducción.

tos seleccionan a jóvenes y brillantes ejecutivos. El teléfono suena, un cazador de talentos está llamando. La llamada puede ser una intrusión, pero el ejecutivo que la recibe no cuelga el teléfono. Se levanta de la mesa de trabajo, cierra la puerta de su oficina y comienza a hablar.

Byrne comenta la historia de este tipo de consultoría que se inicia después de la Segunda Guerra Mundial, y hace un relato interesante de sus orígenes, que se relacionan con el presente de manera directa.

Perkins[8] relata la historia de los *head hunters,* ubicando su inicio en Nueva York en 1926 con un primer cazaejecutivos, aunque el negocio como lo conocemos hoy comienza en los años cuarenta, tal como lo describe el libro de Byrne.

Más adelante, Perkins plantea cómo se localiza a la gente; asegurando que para ello se toma en cuenta todo tipo de información:

- Datos sobre sectores determinados de la economía y sobre compañías concretas de esos sectores.
- Nombres de personas que pueden ser fuentes de información de candidatos o, más raramente, que pueden ser candidatas ellas mismas.
- Fuentes de referencias sobre candidatos que se están estudiando, relacionados con un encargo concreto.

Para desarrollar estas tareas, este tipo de consultoras cuentan con un departamento de investigación más todo lo que aporte el mismo consultor que realiza la búsqueda. Las empresas objetivo donde es posible encontrar al candidato y los referentes de candidatos interesantes son los dos pilares de este trabajo. El fuerte de un cazaejecutivos no es su base de datos ni las personas ya conocidas. Según Perkins, es muy baja la proporción de candidatos efectivamente incorporados en las empresas de sus clientes cuyos nombres ya estuviesen en las bases de datos de los cazaejecutivos: la estima en sólo un 5 por ciento. No obstante, no les resta valor a las bases de datos junto con la información de contactos o informadores. Los sistemas informáticos de las empresas de búsqueda pueden contener decenas de millares de nombres. Se habrán alimentado de fuentes diversas, entre ellas, según Perkins, las siguientes:

- Búsquedas anteriores realizada por la misma firma.
- Recortes de prensa, sobre todo los sueltos que anuncian los nuevos nombramientos o los nombres de ejecutivos que dejan una compañía para ocupar un cargo en otra.

8. Perkins, Graham. *Cómo seducir a los cazatalentos.* Paraninfo. Madrid, 1991, cap. 1.

- Candidatos que envían solicitudes de empleo a las empresas de búsqueda, aunque no es lo más corriente. (Esta referencia de Perkins tiene que ver con las firmas de *head hunting;* en las restantes firmas de consultoría en selección se da la situación inversa, es decir, las bases de datos se nutren –entre otras fuentes– de las presentaciones espontáneas.)
- Otros caminos posibles para enriquecer la base de datos son los directorios de empresas u otros contactos indirectos; por ejemplo, para buscar buenos gerentes de Ventas se debe preguntar a los gerentes de Compras.

¿Cómo llegar al candidato una vez que se tiene su nombre? Las secretarias suelen ser un obstáculo difícil de vencer. *Algunos cazaejecutivos superan el obstáculo de las secretarias diciéndoles que han recibido un mensaje en el cual se les pedía que llamasen. Esto suele dar resultado, si bien puede hacerle creer al candidato que le falla la memoria, hasta que se da cuenta de lo que se trata verdaderamente. La mayoría de los cazaejecutivos procuran ser discretos, pero existe alguna excepción.*

Si correlacionamos lo visto en el capítulo anterior sobre selección por competencias y el modo en que éstas se evalúan con la metodología del *head hunting*, veremos que se puede establecer un paralelo entre ambos temas:

- En un sistema y el otro se privilegia la capacidad para ser exitosos, ya que las competencias se definen en función de ese objetivo final.
- Los *head hunters* sólo convocan a personas con carreras exitosas, es decir, teniendo en cuenta la actuación realizada. La evaluación por competencias y en especial la entrevista por competencias se basa en evaluar/analizar los comportamientos en función de los hechos pasados.

Por lo tanto, si bien la metodología utilizada es diferente, el objetivo es muy similar.

Antes de continuar me parece importante relacionar este punto con el tema de la empleabilidad, que se trató en el Capítulo 2. Muchas veces los *head hunters* poco éticos inducen a las personas a tomar posiciones que no coinciden con su perfil; luego "el manual del *head hunter*" dice que una persona que se equivoca con su propia carrera no es un ejecutivo confiable, por lo cual a partir de un traspié en este sentido no vuelve a ser convocado para ninguna otra búsqueda. La empleabilidad es responsabilidad de cada uno, y cada quien será responsable, también, de aceptar o desestimar propuestas poco serias de *head hunters* no éticos. En la Argentina éste es un problema frecuente.

Candidatos cosmopolitas

Para una obra publicada por esta misma editorial (*Gestión por competencias. El Diccionario*) hemos acuñado competencias "nuevas" o "diferentes" en función de los tiempos actuales y por venir; una de ellas la hemos denominado "*Portability*/ Cosmopolitismo/ Adaptabilidad". De acuerdo con una definición que ensayamos en su oportunidad, definimos que esta competencia *implica la habilidad para adaptarse rápidamente y funcionar con eficacia en cualquier contexto extranjero.* La investigación realizada en ese momento nos indicó que esta competencia se relaciona con las de disfrutar de viajar y conocer, resistencia al estrés, comprensión de diferentes culturas y capacidad de establecer relaciones interpersonales[9].

Reforzando más estos conceptos, en nuevos productos elaborados por la consultora que presido, a partir de 2005 se ha comenzado a trabajar con la concepción de *cosmopolitismo interno.* Parece casi un contrasentido con relación a cosmopolitismo, pero no lo es. Las diferencias entre regiones de un mismo país pueden ser importantes, y cuando la organización lo requiere, las personas deben adaptarse con rapidez a los cambios entre una región y otra: deberán pensar "sin diferencias"; para ello se debe trabajar en una nueva cultura que hemos denominado de esta manera.

En la construcción del modelo de competencias de una organización que planteó en su visión a diez años un fuerte perfil exportador, hemos definido *cosmopolitismo* como una competencia cardinal (para toda la organización), tal es la magnitud que tiene este concepto en el contexto actual.

En el siglo XXI la actividad empresaria está globalizada, y dentro de esta, también la de Recursos Humanos. En el presente es posible brindar desde cualquier lugar del mundo servicios de diferente índole a países alejados, por medio de la tecnología.

La tarea a realizar por el selector puede implicar que algunas personas deban cambiar de ciudad, y también que otras, sin hacerlo, deban trabajar

9. Este tema se relaciona con las conclusiones que la autora presenta en su libro *Cómo manejar su carrera,* de esta misma editorial, para el cual se entrevistó a ejecutivos exitosos. De sus historias se deduce que para "soportar" viajes y traslados frecuentes se necesita –además– buena salud.

con culturas e idiomas diferentes al propio. La globalización afecta el trabajo del especialista en Recursos Humanos de diferente manera.

Quién puede ser un buen selector

La formación universitaria de los especialistas en Recursos Humanos es diversa y varía según los países y la edad de las personas. Si bien no se discute que la temática se encuentra dentro las Ciencias de la Administración, no es esta profesión la más frecuente, por ejemplo en mi país, la Argentina, donde abundan los profesionales de la psicología que deben aprender, para responder a la función de Recursos Humanos, todo lo relativo al mundo de las organizaciones, ya que la formación que ha recibido está enfocada a la clínica (como el propio Ministerio de Educación de la Argentina lo define, la profesión de psicólogo está diseñada como soporte de la medicina).

En cambio, en otros países, es frecuente encontrar que los especialistas en Recursos Humanos o Capital Humano son ingenieros o administradores. También es cierto que en los últimos años se han incorporado al mercado carreras universitarias específicas, con diversos nombres, en relación con la temática de Recursos Humanos.

En cuanto al proceso de selección, más allá de la carrera universitaria importará –además– la experiencia necesaria para manejarlo en todas sus etapas, desde la capacidad para hacer una buena recolección de información en el momento de definir el perfil, hasta la elección de las fuentes de reclutamiento más adecuadas y, desde ya, la entrevista.

La entrevista es uno de los métodos más difundidos en la selección de personas; casi no se verifican procesos de selección donde los participantes no pasen al menos por una entrevista. No obstante, no siempre los resultados son los esperados. La entrevista por competencias (Capítulo 6) tiene el propósito de mejorar los resultados de los procesos de selección y disminuir tanto la rotación como la inadecuada selección de personal, al incorporar empleados que no alcancen el desempeño deseado.

Un aspecto a tener en cuenta en las entrevistas en general, y en especial en las entrevistas por competencias, es la interrelación entre el entrevistado y el entrevistador. Debe existir algún tipo de correlación entre nivel y experiencia. No es imaginable que un joven con poca experiencia pueda entrevistar a un gerente general. Si bien puede tener una buena base teórica (que es imprescindible), esta debe ser acompañada por su propia experiencia gerencial y profesional.

Las entrevistas en general, y la entrevista por competencias en particular, requieren por parte del entrevistador no sólo capacidad de análisis sino también agilidad para identificar comportamientos a partir del relato de hechos o situaciones que deben ser extraídos de la conversación con el postulante. Un cierto conocimiento del sector de actividad donde el postulante se desempeña, de lo que el entrevistado hace, de los distintos niveles de las organizaciones, de los roles que se juegan dentro de la organización, son imprescindibles para el análisis y comprensión de lo que el entrevistado dice.

En muchas organizaciones los entrevistadores del área de Recursos Humanos cuentan para las entrevistas con cuestionarios prediseñados que son de mucha utilidad. Sin embargo, un entrevistador con poca experiencia, aunque disponga de esta ayuda, en principio no siempre sabrá cómo insertar en una entrevista las distintas preguntas y, en segundo lugar, no podrá luego relacionar o interpretar las respuestas y de qué modo se relacionan con los comportamientos[10].

La parte izquierda del gráfico de la página siguiente presenta los aspectos que usualmente son considerados respecto de un entrevistado, y en la parte derecha los aspectos en juego o necesarios respecto del entrevistador.

Como se desprende del gráfico, hay que tener en cuenta las competencias del entrevistador y en segundo término, pero en primer lugar de importancia, las referencias culturales y sociales. Deben tener algún tipo de correspondencia. Las referencias culturales y sociales no deben entenderse en relación con las clases sociales, sino como experiencia profesional. Para entrevistar a un alto ejecutivo será muy útil haberlo sido en algún momento,

10. **De mi experiencia profesional**

Durante una entrevista BEI (*Behavioral Event Interview* o Entrevista por incidentes críticos; ver Capítulo 7) a la cual asistí acompañada por una joven brillante de nuestra firma, para el análisis de la competencia "Innovación" se formuló la pregunta *¿Qué piensa de implementar en su organización "lo último"? (con relación a las últimas novedades). Bríndeme ejemplos en un sentido u otro.* El ejecutivo, titular de una firma de consultoría, nos respondió que había implementado CRM (*Customer Relationship Management*). Este comentario, en el transcurso de una entrevista de más de dos horas, pasó inadvertido por la joven consultora; no sabía qué era y, además, en el caso de saber qué significaba la sigla no podía comprender la magnitud de la innovación que esta persona estaba haciendo en su organización y en relación con las firmas de su mismo rubro. La relación entre el nivel profesional de la persona que realiza la entrevista y el de la persona entrevistada es vital para llegar a comprender en profundidad el relato que esta realiza, cualquiera sea el motivo de la entrevista.

Primera interrelación

El candidato	**El selector**
• La experiencia	• Sus comportamientos
• Los conocimientos	• Sus actitudes
• Sus competencias	• Sus competencias
• Sus comportamientos	• Su técnica para preguntar
• Sus actitudes	
• Sus referencias culturales y sociales	• Sus referencias culturales y sociales
• Sus proyectos	

además de saber entrevistar y otros conocimientos necesarios para llevar adelante un exitoso proceso de selección.

Una correcta interrelación entre ambos listados de características dará como resultado una buena entrevista.

Competencias de los profesionales de Recursos Humanos

Con este título comienza el Capítulo 7 del libro *El cuadro de mando de Recursos Humanos*[11], donde los autores manifiestan que se necesitan ciertas capacidades para conseguir ser un socio estratégico de la gestión general. Retomaremos este tema en el Capítulo 10 de nuestra obra, pero como un complemento de lo aquí expuesto se desea hacer una referencia al trabajo mencionado.

Becker, Huselid y Ulrich señalan como importantes los siguientes aspectos:

- Transformar la profesión: crear una conciencia acerca de que los Recursos Humanos constituyen una especialidad profesional. Para po-

11. Becker, Brian E.; Huselid, Mark A. y Ulrich, Dave. *El cuadro de mando de Recursos Humanos*. Gestión 2000. Barcelona, 2003. Páginas 193 y siguientes.

der ser valiosos socios empresariales, los profesionales de Recursos Humanos necesitan definir y medir sus competencias y conocimientos sistemáticamente.

- Conocimientos: se presentan algunos ejemplos (conocimientos informáticos, amplios conocimientos y visión en relación con Recursos Humanos).
- Competencias: se presentan algunos ejemplos (capacidad para anticipar los efectos de un cambio, capacidad para educar e influir sobre los directivos).

Los autores mencionados presentan los resultados de una investigación y sus conclusiones, que de manera muy sintética se podrían resumir de la siguiente manera:

- *Conocimiento empresarial* para crear valor a través de conocer el negocio. "Conocer" en este caso debe leerse como "entender", para poder comprender los problemas empresariales y estratégicos.
- *Puesta en marcha de las prácticas de Recursos Humanos.* Para ello los especialistas en Recursos Humanos deben ser expertos en la disciplina, lo cual les permite conocer y ser capaces de llevar a cabo prácticas innovadoras de Recursos Humanos, aumentando de esta manera la credibilidad de los especialistas del área y obteniendo el respeto del resto de la organización. Esto implica dominar la teoría y tener la capacidad para adaptarla a una situación concreta. No hay que olvidar que para adaptar la teoría primero se la debe dominar.
- *Gestión del cambio.* Es uno de los principales roles del profesional de Recursos Humanos para ser reconocido como socio empresarial. Los profesionales del área están en una buena posición para dirigir ese cambio si se encuentran bien preparados. Si éste se puede orquestar se demuestran las siguientes capacidades: para diagnosticar problemas, establecer relaciones con clientes, articular una visión, crear una agenda de liderazgo, solventar problemas e implementar objetivos. En síntesis, la función requiere conocimiento de los procesos de cambio, aptitudes como agente de cambio y capacidades para lograr el cambio, que son esenciales para "mover", hacer cambiar al personal de la organización.
- *Gestión de la política cultural.* Cultura en función de valores compartidos entre los directivos y los trabajadores. De este modo, las conductas o

comportamientos de los empleados se ven como una consecuencia de las acciones llevadas a cabo desde la gestión del área de Recursos Humanos.

- *Credibilidad personal.* Si se tienen en cuenta los cuatro puntos precedentes como pilares de las competencias de los profesionales de Recursos Humanos, la credibilidad personal podría describirse como la base donde sustentarse.

  Para lograr la credibilidad personal se deberá vivir como propios los valores de la empresa, que son el sostén que "mantiene la cultura"; los profesionales de Recursos Humanos deberán fomentar esta credibilidad mediante la relación con sus compañeros, generando su confianza; demostrar que se posee "visión de futuro" respecto de cómo mejorar el negocio, presentando ideas innovadoras y animando a otros a participar del debate.

No vamos a proponer desde esta obra un perfil por competencias para ser un buen selector; de todos modos, dejaremos constancia de algunos elementos básicos en concordancia con todo lo expuesto anteriormente.

Por un lado, y como es casi obvio, serán necesarios muy buenos conocimientos en selección y en técnicas de entrevista. Adicionalmente se deberá contar con una serie de competencias, entre otras:

- Búsqueda de información
- Visión de negocios
- Capacidad de comprender a los demás
- Calidad de trabajo
- Credibilidad técnica
- Flexibilidad
- Orientación al cliente interno y externo
- Orientación a resultados
- Integridad
- Ética
- Responsabilidad
- Autocontrol
- Conocimiento de la industria y el mercado
- Comprender el negocio del cliente

La enumeración realizada no responde a orden alguno.

Las definiciones de estos conceptos podrá encontrarlas en *Gestión por competencias. El Diccionario,* y las conductas relacionadas o comportamientos observables de estas competencias los podrá hallar en *Diccionario de comportamientos.*

La importancia de realizar una buena selección en las organizaciones

Como se dijo al principio de este capítulo, no es tema de debate la necesidad de hacer una buena selección. Es obvio. Pero el tema puede presentarse de manera diferente según el ángulo desde donde se lo mire. John Byrne[12] comenta que *...las corporaciones o sociedades multinacionales pueden a menudo sobrevivir a los errores. Pero no los ejecutivos, o al menos, no con tanta frecuencia. No obstante, los ejecutivos pueden mirar desesperanzadoramente cómo sus carreras se desintegran por culpa de un error.*

Byrne se "queja" de los clientes y relata una historia: *Le llevé un ejecutivo de alta calidad para que trabajara con él como vicepresidente ejecutivo de finanzas. Aquel ejecutivo volvió a verme 3 o 4 meses más tarde y me dijo que tenía que sacarlo de allí. Reconocí lo que había hecho porque a veces te dejas fascinar por esas figuras carismáticas* (se refiere a su cliente, que con una fuerte personalidad, de algún modo lo había *engañado*)*; a veces, las personas que nos contratan no dicen toda la verdad.*

El autor del libro, un conocido *head hunter,* reconoce sus errores, como el de haber influido negativamente en la carrera de esa persona y de otras. En la especialidad se ve esto con frecuencia.

Schein[13] introduce el concepto del contrato psicológico entre la persona y la organización: *Cuando ya la organización ha reclutado, seleccionado y entrenado a la gente, debe preocuparse entonces por crear condiciones que permitan mantener por bastante tiempo un alto nivel de eficiencia y que le permitan también a cada empleado, por el solo hecho de pertenecer a la organización y trabajar para ella, satisfacer sus necesidades más apremiantes.*

Todas las personas esperan que las organizaciones a las cuales pertenecen las traten como seres humanos, que se les brinde trabajo y facilidades que cubran sus necesidades, que se les brinde oportunidades de crecer y

---

12. Byrne, John. *La búsqueda de grandes ejecutivos... Op. cit.*
13. Schein, Edgar. *Psicología de la organización. Op. cit.*, cap. 6.

aprender más, que se les diga cómo están haciendo las cosas. La organización, por su parte, tiene también expectativas, más implícitas y sutiles; por ejemplo, que el empleado dé una buena imagen de la organización, que le sea leal, que guarde los secretos de la organización y que todo lo que haga sea por el bien de ella (es decir, que esté siempre bien motivado y listo para sacrificarse por la organización). Los desengaños más grandes que se llevan los administradores se presentan casi siempre cuando un buen empleado se desmotiva o "parece que ya no quiere hacer mucho por la compañía".

El contrato psicológico cambia con el tiempo a medida que cambian las necesidades de la organización y las del individuo. Lo que ese empleado espera de su trabajo a los 25 años de edad puede ser completamente diferente de lo que esperará a los 50. De la misma forma, lo que la organización espera de una persona durante ese período acelerado de crecimiento puede ser completamente diferente de lo que esa misma organización espera cuando alcanza cierta estabilidad o cuando está sufriendo un revés económico.

En síntesis, todas las etapas de un proceso de selección son vitales, especialmente el inicio. Definir con claridad los primeros pasos de modo correcto será la base, la piedra fundamental de una selección adecuada. Es importante recalcar una vez más el concepto de cliente interno y sugerir una buena "receta", que es "meterse" en la piel del otro, tratar de comprender qué hace y para qué sirve, cómo contribuye al negocio. Nuestra sugerencia para todo selector o responsable de Recursos Humanos es que todo lo que pueda aprender en esta etapa sobre la organización, el negocio, el puesto a cubrir, etc., le será de mucha utilidad luego.

En el Capítulo 9 haremos una referencia a los temas éticos en relación con la selección de personas. Quienes nos dedicamos a esta actividad desde hace muchos años tenemos miles de anécdotas acerca de comportamientos no éticos por parte de los diversos actores intervinientes en un proceso de selección. Se suele cargar las tintas sobre los selectores y sobre los empresarios, pero el comportamiento no ético no es privativo de ellos.

Un profesional de Recursos Humanos, un selector, debe tener una formación de especialista en Selección y de generalista en materia de Administración; creo que ésta es la mejor formación para ser un buen selector. Todo aquel que desee abrazar esta especialidad deberá complementar su formación académica. Toda persona que ya esté trabajando en el área y no tenga esta formación debería adquirirla mediante lecturas sobre administración de empresas.

Quienes trabajen en una organización deberán conocerla exhaustivamente, así como los negocios de cada una de las áreas.

Los que trabajen en consultoría deberán desarrollar una gran capacidad de *búsqueda de información* y para *conocer el negocio del cliente,* sólo por citar dos competencias.

SUMARIO. INICIO DE UN PROCESO DE SELECCIÓN

- Un buen proceso o sistema de selección de personas no deviene de ley o exigencia de normativa legal alguna.
- Reclutamiento: es el proceso de identificar y atraer a un grupo de candidatos, de los cuales más tarde se seleccionará a alguno para que reciba el ofrecimiento de empleo.
- Selección: es el proceso de elección de una persona en particular en función de criterios prestablecidos. Se inicia definiendo correctamente el perfil requerido, dejando en claro las expectativas del solicitante y las reales posibilidades de satisfacerlas.
- El éxito de un proceso de selección depende absolutamente de cómo se realice el reclutamiento. Si este último se hace de manera adecuada, será factible resolver exitosamente la selección. Si el reclutamiento es inadecuado, o bien la selección será más costosa porque se reiniciará el proceso para realizar un reclutamiento adecuado, o bien se corre el riesgo de tomar una decisión inadecuada.
- El reclutamiento interno se puede realizar a través de promociones dirigidas desde el área de Recursos Humanos o a través de algún sistema de autopostulación (*job posting*).
- Será importante conocer el vínculo legal del nuevo colaborador desde el primer momento del proceso de selección (según los diferentes tipos legales vigentes en cada país). La claridad en la comunicación deberá ser una premisa a seguir durante todo el proceso.
- Concepto de *cliente interno*: el área de Recursos Humanos deberá actuar como si fuese un consultor respecto de las otras áreas de la organización, y éstas serán, de ese modo, sus clientes.
- Será clave determinar desde el inicio de la selección cuál es la remuneración asignada al puesto a cubrir. Muchas veces este factor hará imposible la resolución de la selección.

- Cuando la selección a realizar se relacione con una nueva posición dentro de la organización, el rol de asesor o consultor por parte del área de Recursos Humanos será aún más importante; cuando la retribución no esté definida y, adicionalmente, no se cuente con un punto de comparación interna, se deberá buscar un punto de referencia externo.
- Determinar la posibilidad de encontrar lo requerido en el mercado es un elemento muy importante a tener en cuenta en la planificación de un proceso de selección.
- En el contexto del siglo XXI las búsquedas de personas suelen no tener una clara identificación geográfica, en especial las de nivel ejecutivo. La globalización también se relaciona con la selección de personas.
- Los *head hunters* o *cazaejecutivos* representan una de las variantes para la selección de altos ejecutivos. Este tipo de consultoría se inicia después de la Segunda Guerra Mundial en los Estados Unidos.
- La formación universitaria de los especialistas en Recursos Humanos es diversa y varía según los países y la edad de las personas. La disciplina de Recursos Humanos se encuadra dentro de las Ciencias de la Administración.
- Un aspecto a tener en cuenta en las entrevistas en general, y en especial en las entrevistas por competencias, es la interrelación entre el entrevistado y el entrevistador. Debe existir algún tipo de correlación entre el nivel y experiencia de cada uno.

PARA PROFESORES

Para cada uno de los capítulos de esta obra hemos preparado:

- Casos prácticos y/o ejercicios para una mejor comprensión de los temas tratados.
- Material de apoyo para el dictado de clases.

Los profesores que hayan adoptado esta obra para sus cursos tanto de grado como de posgrado pueden solicitar de manera gratuita las obras:

Selección por competencias. CASOS
(link: www.marthaalles.com/seleccioncasos)
Selección por competencias. CLASES
(link: www.marthaalles.com/seleccionclases)

Únicamente disponibles en formato digital, en nuestro sitio:
www.marthaalles.com, o bien escribiendo a: profesores@marthaalles.com.

Selección por competencias
4
Definición del perfil

Capítulo 4
DEFINICIÓN DEL PERFIL

En este capítulo usted verá los siguientes temas:

- ❖ El antiperfil
- ❖ El especialista en Recursos Humanos o selector y la definición del perfil
- ❖ Cómo recolectar información sobre el perfil
- ❖ Requisitos excluyentes y no excluyentes
- ❖ Gestión por competencias y selección
- ❖ Perfil del puesto por competencias

Una vez que se ha definido la necesidad de incorporar un nuevo empleado, el proceso de selección comienza con la recolección de información necesaria para su realización. A ese paso lo hemos denominado "Definición del perfil". Esta etapa incluye la revisión del *descriptivo de puesto* y una reunión con el cliente interno a los efectos de recolectar toda la información disponible para llevar a cabo el proceso de selección.

Muchos conceptos en relación con la selección y contratación de personas son muy conocidos, no sólo en el ámbito de las organizaciones. Todas las personas saben "algo" al respecto, tienen una idea sobre qué es un perfil, pero frente a una necesidad concreta no pueden plasmarlo sobre un papel. Comencemos por analizar el significado del término. La acepción número 7 de la palabra *perfil*, según el *Diccionario de la lengua española*[1], perteneciente a la Real Academia, es la que más se ajusta al sentido con que nosotros utilizaremos este término. En pintura, perfil es "contorno aparente de la figura, representado por líneas que determinan la forma de aquella", y en sentido figurado (la acepción novena), "miramientos en la conducta o en el trato social". También nos es útil la definición número 5, relacionada con la geometría: "Figura que representa un cuerpo cortado real o imaginariamente por un plano vertical"[1].

El antiperfil

Cuando un cliente interno o externo –según se trate del área de Recursos Humanos de una organización o de un consultor que brinda el servicio– define una necesidad diciendo que requiere "alguien como el Sr. X", usualmente, el especialista en Recursos Humanos se encontrará frente a un pro-

1. *Diccionario de la lengua española*, Real Academia Española, vigésima primera edición. Madrid, 1992.

blema. Cuando al cliente se le solicitan mayores precisiones suele expresar en palabras conceptos que describen a una persona y no un puesto de trabajo. A esto se denomina el *antiperfil*.

Como es casi obvio, no es posible encontrar a alguien como el Sr. X ya que cada persona es única, con sus virtudes y defectos, y –gracias a Dios– aún *no se hacen fotocopias de seres humanos*. En cualquier orden de cosas, en cualquier relación interpersonal no se puede reemplazar a una persona buscando su igual (ni su opuesto).

La cultura organizacional determina que, en ocasiones, un grupo de personas tenga competencias similares, y hasta podría decirse que tienen un mismo perfil; sin embargo, esto no indica que una persona sea igual a otra. Cuando en una organización se definen competencias cardinales se espera que todos sus ocupantes tengan estas competencias, en algún grado. De todos modos, cada uno tendrá sus particularidades. No son personas iguales, sólo poseen las mismas competencias en grados disímiles.

Éste es uno de los puntos clave del asesoramiento que debe brindar el área de Recursos Humanos o Capital Humano, en su rol de consultor, ya sea dentro de una empresa a su cliente interno o fuera de ella. Cuando se realiza una selección, los casos más difíciles de resolver son aquellos en los que se parte del antiperfil, y estos son, lamentablemente, frecuentes[2].

En el trabajo diario se verifica la existencia, por un lado, del perfil requerido por el cliente, y por otro, el que brinda el mercado a través de las diferentes postulaciones; será difícil que coincidan totalmente. Por lo tanto, se deberá definir con antelación cuál es la diferencia máxima aceptable (ver el gráfico siguiente).

Es decir, cuando se realiza la recolección de información para definir el perfil de la persona a seleccionar se deberá preguntar al cliente interno sobre cuál es el mínimo de requerimientos –conocimientos, experiencia y competencias– que considera aceptable en relación con los eventuales postulantes.

2. **Desde mi experiencia profesional**
Cuando se visita una empresa, y sobre todo en casos de clientes nuevos, uno de los problemas más difíciles que afronta el consultor consiste en dilucidar la realidad del perfil.
En ocasiones, un gerente quiere buscar a alguien "como él", y en otras aun más graves, "como él cree que es". A veces se sobrevalora o se sobredimensiona el puesto, y si se responde exactamente a lo solicitado, puede resultar que el postulante seleccionado no llegue luego a estar interesado en éste. Si, por el contrario, luego de ingresar la persona percibe que excede el puesto, se frustrará en un corto plazo y se irá.

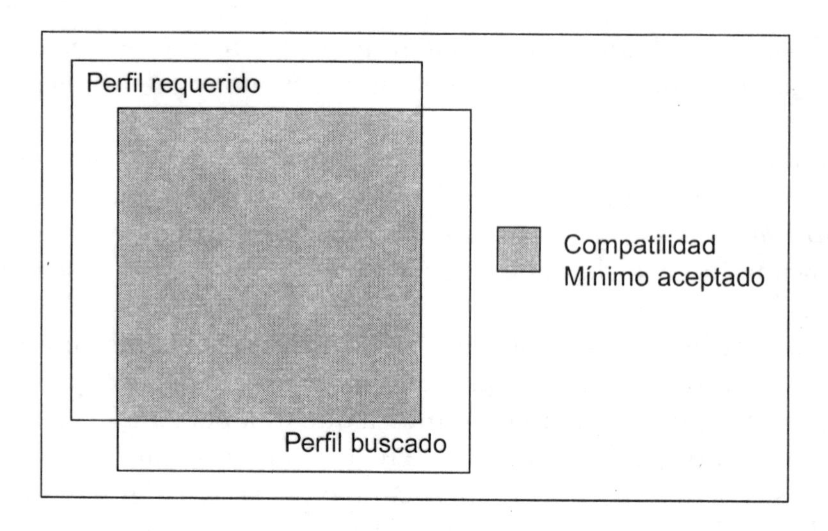

Como ya se dijo en el capítulo anterior, en las organizaciones donde se han implementado los distintos subsistemas de Recursos Humanos, los descriptivos de puestos se encuentran por escrito y sólo se deberá revisar su contenido.

El especialista en Recursos Humanos o selector, y la definición del perfil

El especialista de Recursos Humanos –usualmente– debe llevar a cabo un delicado papel al imponer un cierto equilibrio entre los requerimientos que la línea o cliente interno fija o determina como necesarios y las reales posibilidades de conseguirlo en el mercado. Además, el selector deberá manejar información de tipo confidencial tanto de la organización que inicia un proceso de selección para cubrir una vacante como de los diferentes candidatos que deciden participar en él. Estos y otros aspectos de un proceso de selección requieren un comportamiento ético por parte del responsable del proceso de selección, como de las demás personas que lo ayudarán en la tarea. Estos temas serán tratados en el Capítulo 9, "Comunicación y ética durante un proceso de selección".

¿Cuál es el límite de la función de Recursos Humanos? En la práctica se encuentran los dos extremos: desde aquel que de manera imperativa dice cómo se debe resolver cada cosa, qué se puede hacer o no, hasta aquel otro que dice a todo que sí. No se deberá caer en ninguno de estos extremos.

Se ha hecho varias veces referencia al concepto de cliente interno, y éste será el enfoque a seguir. El área de Recursos Humanos deberá ser, en todos los casos, un asesor de su cliente interno. Esto quiere decir que debe pensar en qué es mejor para la organización, en general, y para el sector requirente en segunda instancia. Deberá –dentro de sus posibilidades– prescindir de sus juicios personales. Como se dijo anteriormente, muchas organizaciones ya han definido un modelo de competencias; será parte del rol a cumplir por el especialista en Recursos Humanos cuidar que éste sea implementado en forma adecuada. Siempre, de todos modos, deberá hacerlo desde su rol de asesor, no como una figura coercitiva que impone un criterio.

En muchas organizaciones, por ejemplo las multinacionales, que tienen modelos de gestión por competencias definidos desde sus casas matrices, cuando se les pregunta a los responsables de Selección estos reconocen que no aplican la entrevista por competencias debidamente y, en otro número importante de casos, sí la aplica el área de Recursos Humanos pero no el cliente interno. En todos estos casos la carencia es la misma: falta de capacitación en el uso de la metodología de competencias, tanto del especialista en Selección como de los clientes internos.

La adecuada utilización de la metodología de competencias parte de la definición del perfil.

Cómo y cuánto influye conocer el negocio para definir el perfil a seleccionar

Una vez más, el especialista en Recursos Humanos deberá ser un asesor, y dentro de ese rol, será muy importante conocer el negocio y la actividad de cada una de las áreas de la organización. No siempre sucede así[3]. Conocer el negocio no significa ser un experto sino estar informado sobre éste en un

3. **Desde mi experiencia profesional**
Me ha pasado, atendiendo a bancos y entidades financieras, que, por ejemplo, el responsable de Empleos de esas entidades no conociera ciertos productos complejos en boga en ese momento y se sintiera aliviado al saber que el consultor que había elegido conocía ese tipo de productos. Este conocimiento del negocio por parte del consultor le da al cliente confianza y seguridad respecto de la selección a realizar. Si no se comprende qué hace la propia organización, cuál es su filosofía y cuáles son sus negocios, sus competidores y el mercado en el cual actúa, el especialista en Recursos Humanos no podrá asesorar adecuadamente a su cliente sobre una determinada búsqueda. Ejemplos: búsquedas muy técnicas en el ámbito de sistemas e informática o negocios financieros, entre otras.

nivel tal que le permita llevar adelante un proceso de selección. Ejemplos: 1) Si se debe seleccionar un especialista en un determinado *software*, conocer cuáles organizaciones en la ciudad o región lo utilizan. 2) Si se debe seleccionar un gerente de producción, conocer, aunque más no sea someramente, cómo es el proceso de fabricación, de aprovisionamiento de materias primas, etc. 3) Si se requiere seleccionar un gerente contable o un auditor, tener muy en claro qué tipo de conocimientos se requieren, qué normas de aplicación en su área debiera conocer y en qué grado y cuáles organizaciones de la localidad/región las están usando en este momento.

¿Es necesario conocer acerca de todos los negocios? Si se trata del responsable de Empleos o Recursos Humanos de una organización, será aconsejable que conozca y comprenda, como mínimo, el negocio de esa empresa en particular, aunque sea complejo. Si la empresa pertenece a un grupo empresario con negocios diversos se deberá conocer detalladamente cómo está compuesto el *holding* y sus diferentes actividades. Si se trata de un consultor, no podrá conocer todos los negocios de sus clientes, pero deberá esforzarse por manejar la mayor información posible y comprender los aspectos más relevantes de cada negocio antes de iniciar una búsqueda referida a ellos. En los tiempos que corren, con la facilidad que ofrece Internet, no existen excusas. Un consultor deberá poseer en todos los casos una gran capacidad para realizar búsquedas de información a fin de compensar, de manera rápida, su eventual desconocimiento acerca de un mercado en particular.

Las claves de la relación entre el área de Recursos Humanos y los gerentes de línea o clientes internos

Resumiendo lo visto en párrafos anteriores, me parece relevante enfatizar sobre el rol que debe asumir el especialista en Recursos Humanos en relación con la temática de esta obra: selección por competencias.

- *Rol asesor:* Asesorar permanentemente al cliente sobre la posibilidad de conseguir o no a la persona buscada, sobre los mejores caminos o vías para resolver la situación planteada, cuándo se debe reformular la búsqueda o el perfil requerido, etc. El cliente (interno o externo) debe sentir que tiene un apoyo en los especialistas en Recursos Humanos.
- *Concepto de cliente interno:* Se denomina "cliente interno" a las áreas de la organización a las cuales les brinda servicios el área de Recursos Humanos. Desde esta perspectiva, el especialista en Recursos Humanos de una

organización debe tratar a las otras áreas como si fuesen "clientes". Si bien para muchos esto parecerá obvio, para otros no lo es. El área de Recursos Humanos tiene un rol asesor, como se expuso en el punto anterior, y la actitud permanente de servicio debe ser una constante en todo su accionar. Este tema se trató más extensamente en el Capítulo 3.

- *Conocimiento del negocio.* De más está decir que hay que ser un experto en la temática de Recursos Humanos y de Selección en particular para llevar adelante un buen proceso de selección, pero hacerlo será imposible si además no se conoce acabadamente el negocio y la tarea a realizar por las personas a seleccionar.
- *Conocimiento de las tareas de las otras áreas.* El especialista en Recursos Humanos debe ser un profundo conocedor de su temática y, al mismo tiempo, un generalista que comprenda a grandes rasgos los contenidos y las tareas de las otras áreas. Este conocimiento, indispensable en selección, será muy útil para las otras actividades del área de Recursos Humanos.

El especialista en Recursos Humanos deberá –por sobre todo– generar confianza. Si esto no ocurre, no podrá vencer las naturales barreras que cualquier ser humano tiene para contar a otro acerca de situaciones –eventualmente– problemáticas, complejas, que impliquen planes futuros que sean o no de dominio público, y tantas otras situaciones que puedan relacionarse con un nuevo empleado o posición a cubrir. En la medida en que el cliente no cuente todo lo que en realidad sucede, no se podrá definir adecuadamente el perfil.

Diagnóstico del perfil organizacional

Todo perfil tiene como mínimo dos partes: el perfil en sí mismo, es decir, toda la información necesaria en relación con el puesto a cubrir, y el perfil organizacional. De la armonización de ambos surgirá el verdadero perfil requerido para la selección a realizar.

Con respecto a este segundo aspecto –el perfil organizacional–, será el especialista en Recursos Humanos la persona más adecuada para colaborar en su definición. Si la organización ha definido su modelo de competencias esto será mucho más sencillo: el perfil ya estará definido y sólo será necesario hacer una relectura y, eventualmente, una revisión de las competencias del puesto con el cliente.

En los casos en que la organización no haya implementado un modelo de competencias, el responsable de Recursos Humanos deberá conocer no sólo la Misión y la Visión de la entidad sino que, además, deberá estar compenetrado con los planes estratégicos y conocer su historia y su filosofía. Con relación a la posición a cubrir, deberá informarse sobre eventuales –o concretos– planes de carrera. Deberá conocer sobre los planes futuros en materia de personas.

Velar por la no discriminación

En ocasiones, los perfiles comprenden requisitos de tipo excluyente que no se relacionan con el puesto a cubrir y que implican discriminación. Los más usuales tienen que ver con la edad y con el sexo del futuro colaborador, pero no son los únicos. Definir los conocimientos, competencias y experiencia que el puesto requiere, prescindiendo de otros factores de tipo personal, puede ser una forma de evitar la discriminación. El rol de selector en estos casos será sugerir opciones y velar por el cumplimiento de las políticas organizacionales al respecto. Si no las hubiera, se puede sugerir de todos modos observar principios de no discriminación dentro del área de influencia –clientes internos o externos, según corresponda–.

Cómo recolectar información sobre el perfil

Como se dijo en párrafos anteriores, si existe una descripción del puesto, las primeras preguntas al cliente interno serán para confirmar los datos allí consignados y analizar las diferencias o aspectos especiales del momento actual que deben considerarse.

Por ejemplo, si en una organización que cuenta con varios *analistas de marketing* la búsqueda se orienta a incorporar uno más, por reemplazo o nueva vacante (no importa la razón), el descriptivo del puesto puede ser el ya establecido, y sin modificarlo el jefe del área pueda solicitar alguna característica especial para la nueva persona, con un argumento como el siguiente: *Me gustaría que se tuviera muy en cuenta que la nueva persona tenga un muy buen nivel escrito de inglés; si bien el descriptivo del puesto no señala especialmente este requisito, los restantes analistas, si bien hablan bien, escriben inglés con algunos errores, y para mí sería una gran ayuda que el nuevo que vamos a incorporar sea muy bueno en este aspecto*. En este caso, no se modifica el descriptivo del puesto, pero el cliente interno señala un aspecto a considerar más allá de la información escrita.

A continuación vamos a precisar los detalles de la recolección de información sobre una vacante a cubrir, para el caso de que no exista información previa ni descriptivo del puesto. En esos casos, usualmente se comienza por lo más sencillo, por ejemplo, preguntar sobre qué estudios serían los ideales o qué conocimientos especiales serán necesarios. Si bien estos datos son importantes y preguntar sobre ellos es simple, nos referiremos con más detalle sobre aquello que puede resultar más complejo.

El selector que llevará adelante el proceso de selección deberá:

- Estar familiarizado con el puesto y sus características.
- Conocer las características requeridas para el futuro ocupante.
- Tener suficiente conocimiento del mercado como para reconocer la factibilidad de encontrar el perfil señalado. Si no lo sabe, deberá tomarse un tiempo para investigar al respecto.

El selector deberá conocer en detalle la posición a cubrir, para poder comparar las eventuales postulaciones con lo requerido y, además, para estar en condiciones de explicar el puesto y sus características a los eventuales postulantes.

Deberes y responsabilidades

El proceso de familiarización con relación a un cargo comienza con un estudio de los deberes y las responsabilidades que este implica. Cuando la persona que ocupa actualmente el puesto esté desempeñando las diversas labores de la posición, se deberá observarla y conversar con ella. También, hablar con el supervisor respectivo y enterarse de lo que él piensa sobre el significado de ese puesto. Pedir –además– la descripción del puesto y revisar su contenido para poder describir en detalle el nivel y el grado de responsabilidad que representa. Las descripciones de puestos son la herramienta más valiosa del entrevistador (seleccionador).

Educación y experiencia previa

Qué papel desempeñan las credenciales de educación y experiencia previa de trabajo.

1. ¿Qué tipo de experiencia previa y de educación se necesitan para desempeñar con éxito las funciones esenciales de este puesto?
2. ¿Podría desempeñar este puesto una persona que no tuviera tal experiencia y educación?
3. Si la respuesta a la pregunta 2 es negativa, preguntar por qué no. ¿Qué contiene este puesto que exija determinado nivel de educación o determinado número de años de experiencia de trabajo?

Fijar arbitrariamente un mínimo de requisitos alto, con la esperanza de llevar a ocupar un puesto a la persona mejor calificada que se encuentre, puede resultar contraproducente. Una persona sobrecalificada para la función que tiene asignada es tan contraproducente como una poco calificada.

Ejemplos:

- Se requiere experiencia amplia en...
- Se requiere conocimiento a fondo de...
- Grado universitario altamente deseable.
- Se le concede prelación al grado universitario.
- Una combinación equivalente de educación y experiencia.

En ocasiones se balancea menor educación con amplia experiencia en un tema.

Las mencionadas capacidades están dentro de lo que se conoce como competencias duras o *hard*, es decir, aquello que se adquiere a través del conocimiento; pero las búsquedas incluyen otro tipo de características que se denominan blandas o *soft* (en nuestra nomenclatura, serán las competencias). Estas son las más difíciles de detectar al momento de relevar el perfil y –también– al momento de evaluar al postulante; se verá este tema en el Capítulo 6.

Las capacidades relacionadas con la personalidad del colaborador buscado o el postulante pueden ser tratadas de dos maneras diferentes. Una forma de hacerlo, en un estilo de tipo tradicional, es como características de personalidad que luego serán examinadas a través de evaluaciones psicológicas (Capítulo 7), para lo cual en la etapa de construcción del perfil se demandará definiciones sobre las características de personalidad que el puesto requiere. Otra forma de tratar el tema es cuando la organización ha implementado un modelo integral de gestión por competencias.

En este momento de la obra es pertinente marcar que si bien muchas personas utilizan el término "competencias" como sinónimo de "características de personalidad", esto no es del todo correcto. Para que se pueda realizar una selección por competencias –como se verá en el Capítulo 6– previamente debe haberse implementado un modelo de gestión por competencias.

En ambas modalidades de considerar las capacidades con relación a una posición, en el momento de recolectar la información sobre el perfil será importante saber la opinión del cliente interno acerca de cuáles características de personalidad o competencias, según corresponda, son más importantes para tener un desempeño exitoso en ese puesto de trabajo. Igualmente, se deben identificar las menos relevantes. En el caso de las competencias, usualmente se verifica el nivel requerido de cada una. Lo mismo se puede hacer con relación a las características de personalidad.

La ubicación del puesto en el organigrama y otros aspectos relacionados

Organigrama

Si se trabaja con descripciones de puestos, está información ya estará disponible. Si no estuviese claro debe precisarse:

- Ubicación del puesto en el organigrama: de quién depende y quiénes le reportan.
- Sobre el punto anterior, nombres y niveles de cada una de las áreas y posiciones (superiores, que le reportan, etc.)
- Pares. Definir las áreas pares a la posición a cubrir y otras con las cuales deba interactuar, y su ubicación en el organigrama.

Se sugiere dibujar o confeccionar un gráfico de rápida visualización de esta información.

Otros aspectos a tener en cuenta con relación a la posición a cubrir

1. Condiciones materiales del trabajo. Es una información que el responsable de realizar la selección deberá tener muy en claro, sean estas condiciones favorables o no. Será una información que, más adelante, se deberá manejar frente a los postulantes en el momento de la entrevista.
2. Ubicación geográfica. Si se seleccionan candidatos en una oficina central para posiciones en sucursales, por ejemplo, se deberá ser muy específico en la descripción del lugar de trabajo.

3. En la recolección de datos del perfil se debe averiguar si la posición requiere viajar, con qué frecuencia, y qué duración tendrán los viajes. Si no lo requiere en el presente, se deberá conocer si, eventualmente, lo requerirá en el futuro.
4. Se deberá conocer el horario estándar de trabajo; y, en el caso de que existan diferencias con respecto a él, esta información deberá ser conocida antes de iniciar el proceso de selección.

La remuneración

Si bien cuando se habla de recolectar información sobre el perfil usualmente se hace referencia a conocimientos, experiencias, competencias y demás aspectos necesarios, la remuneración asignada al puesto es un dato sumamente relevante, y se puede decir que de algún modo es un componente más del perfil, como se vio en el capítulo anterior.

En ciertas organizaciones existen pautas claramente predeterminadas sobre los rangos salariales de los distintos puestos. En el caso de existir un rango (entre un valor "x" y un valor "y"), se deberá definir en qué segmento dentro de él se desea ubicar la posición a cubrir. Si el rango se encuentra, por ejemplo, dividido en cuatro, se la podrá ubicar en el primer cuartil, el segundo, etc. Si se ubica la remuneración en el cuartil más próximo al nivel superior del rango, se tendrá, por un lado, que el margen para la selección de personas es mayor y, por otro, que el nuevo colaborador estará ingresando muy cerca del límite superior del rango. Si, por el contrario, se la ubica en el primer cuartil, muy cerca del límite inferior, es posible que queden fuera del proceso de selección candidatos interesantes. La decisión deberá ser tomada con el cliente interno.

Si la organización no posee estructuras salariales estandarizadas, de todos modos será de mucha utilidad conocer o relacionar la nueva posición con otros puestos con los cuales pueda ser comparado.

Oportunidades de progresar y plan de carrera

En cada caso se deberá preguntar –o revisar, según corresponda– sobre las posibilidades de progreso de la persona a seleccionar y qué se espera en materia de potencial. No olvidar preguntar sobre los siguientes temas:

- Políticas relativas a ascensos.
- Frecuencia de las revisiones y aumentos de sueldo.

- Relación del nivel y la extensión de la responsabilidad de un cargo con otros cargos de la misma naturaleza.
- Políticas con respecto a promoción interna.
- Probabilidades de ascensos.

Si el responsable de Recursos Humanos conoce y maneja esta información, de todos modos será adecuado rever estos ítems con el cliente interno.

En síntesis

Como ya se dijo, si se trabaja con una descripción de puestos, la tarea de la recolección de datos para el perfil será más sencilla, sólo habrá que ver si todo lo allí descrito está actualizado o es necesario adaptar algún detalle. Si no existiese este documento en relación con la posición a cubrir, será necesario ver temas como los que se enumeran a continuación.

- Principales tareas bajo la responsabilidad de la persona que ocupe el puesto a cubrir. Grado de importancia y frecuencia de las mismas.
- Posiciones que supervisa y principales responsabilidades de cada una.
- Grado de autonomía de las personas que le reportan.
- Grado de autoridad que se le concederá a la persona que ocupará el puesto a cubrir.
- Capacidades necesarias para desempeñar el puesto (incluye conocimientos, experiencia y competencias o características de personalidad).
- Ambiente de trabajo, máquinas que deba de manejar y grado de complejidad de las mismas.

El perfil en siete pasos

Alvaro de Ansorena Cao[4] plantea siete pasos para la definición del perfil; los mencionaremos sintéticamente.

Paso 1: descripción del puesto

Esta tarea la desarrolla el responsable de Recursos Humanos en conjunto con el futuro jefe de la posición a cubrir. Finalmente, el "jefe del jefe"

4. De Ansorena Cao, Alvaro. *15 pasos para la selección de personal con éxito.* Paidós. Barcelona, 1996; primera parte.

autorizará la totalidad del proceso. Cuando el puesto no es nuevo y se trata de un mero reemplazo, esto no es necesario.

Paso 2: análisis de las áreas de resultados

Las "áreas de resultados" no deben confundirse con las tareas. Si estas consisten fundamentalmente en "acciones" que el ocupante del puesto desarrollará en el desempeño de su actividad profesional, las áreas de resultado son, en esencia, los "efectos" deseables que las acciones deben producir.

En las organizaciones, lo fundamental es el "resultado" y su calidad, independientemente de las acciones que deban efectuarse para alcanzarlo. Por ello, en el momento de realizar el análisis del puesto se deben diferenciar claramente ambos aspectos, cuáles son los resultados esperados y qué características deberán poseer las personas para alcanzar esos resultados en materia de conocimientos, experiencia y competencias. Este último aspecto será el fundamental para alcanzar los resultados esperados.

Para que el concepto sea más claro incluimos a continuación un ejemplo tomado del mencionado autor.

Acciones	Áreas de resultado
• Establecer contacto con clientes potenciales. • Mantener entrevistas comerciales. • Cerrar operaciones e instrumentarlas. • Efectuar el seguimiento de operaciones comerciales con clientes nuevos.	Incrementar el volumen de negocio, de acuerdo con los objetivos comerciales fijados por la dirección, vinculando a nuevos clientes o incrementando las ventas de determinados productos.

Paso 3: análisis de las situaciones críticas para el éxito en el puesto de trabajo

El objetivo de este paso es identificar las situaciones específicas en las que el ocupante del puesto de trabajo analizado deberá poner en juego sus destrezas y capacidades, sus conocimientos y experiencias, de modo que se consigan los resultados deseados. Definir las acciones y sus áreas de resultado con ejemplos permite entender más claramente el perfil buscado y, de algún modo, obliga a su interlocutor –el cliente interno- a definir de manera realista la posición a cubrir. Este es uno de los principales cuidados que hay que tener al momento de recolectar la información sobre el perfil.

Paso 4: análisis de los requerimientos objetivos para el desempeño del puesto de trabajo

A riesgo de reiterarnos, incluimos a continuación la lista de De Ansorena Cao, que es similar a la que usualmente se utiliza en diferentes ámbitos.

- Edad mínima y máxima aceptable, así como edad preferida.
- Nacionalidad preferida.
- Sexo preferido (y sus motivos).
- Domicilio aceptable o no aceptable.
- Estado civil aceptable o no aceptable.
- Disponibilidad para dedicaciones especiales.
- Necesidad de disponer de permiso de conducir y clase.
- Necesidad de disponer de vehículo propio y razones para ello.
- Formación básica requerida.
- Formación complementaria o técnica requerida.
- Idiomas necesarios para el desempeño del puesto y su grado de dominio o conocimiento real.
- Grado, tipo y alcance de la experiencia previa requerida por el puesto.

Si estuviésemos analizando a un autor norteamericano, muchos de estos puntos no podrían ni siquiera listarse en un perfil; desde ya, mucho menos manifestarse frente a un eventual postulante, sin ser acusados de discriminación.

Si dejamos de lado las leyes sobre discriminación y simplemente pensamos en valores éticos, también quedarían fuera algunos de estos requisitos. Hemos fijado nuestra postura sobre estos temas en obras anteriores. No obstante, los hemos mencionado, sin estar de acuerdo con ellos, porque son de frecuente utilización en la mayoría de los países hispanoparlantes, aun en aquellos que no lo pondrían por escrito pero que de todos modos lo dicen y, lo que es peor, lo hacen; me refiero a discriminar, por ejemplo, por nacionalidad u otro aspecto que no tenga relación con la tarea a realizar.

Paso 5: análisis de los requerimientos del entorno social del puesto de trabajo

En primer lugar, se analizará el tipo de jefe inmediato que tendrá la posición a cubrir y sus características, esto es, aspectos como estilo de comunicación, estilo de mando, estilo de delegación, etcétera.

En segundo lugar, los clientes más frecuentes o los proveedores pueden ser fuente de información relevante para determinar los rasgos del candidato idóneo, ya que sus características pueden condicionar el tipo de persona a seleccionar.

Paso 6: análisis de las competencias conductuales requeridas para el desempeño eficaz en el puesto de trabajo

De Ansorena Cao marca la importancia de recolectar información sobre cuáles son las competencias realmente imprescindibles para la posición. En esta obra las denominaremos *competencias dominantes* (ver más adelante en este mismo capítulo y luego, en el Capítulo 6).

En relación con este paso, es factible asimilar competencias conductuales con características de personalidad, aunque se ha dicho que no son términos sinónimos. Más adelante y en este mismo capítulo nos referiremos al *perfil por competencias*, con un enfoque similar al planteado por De Ansorena Cao en su obra.

Paso 7: definición del perfil motivacional idóneo para el puesto de trabajo

En nuestra opinión éste es un elemento fundamental, muchas veces olvidado por los especialistas del área.

Debe tenerse en cuenta que la motivación que el nuevo colaborador tenga en relación con el puesto a ocupar y la organización en sí será un elemento primordial en su posterior desempeño y su adecuación a las tareas y objetivos propuestos. Una persona calificada en materia de conocimientos y experiencia, con las características de personalidad o competencias requeridas, pero desmotivada –por la razón que fuere–, no tendrá el desempeño esperado.

Requisitos excluyentes y no excluyentes

De la entrevista con el cliente interno para definir el perfil se deberá obtener clara información sobre cuáles requisitos son excluyentes y cuáles no. Entendiendo por excluyentes aquellos que indefectiblemente la persona a seleccionar deberá poseer. En ocasiones los clientes internos no son claros al respecto y, en otras, no son sinceros. Será clave para el éxito del proceso de selección y, luego, para el buen desempeño del nuevo colaborador, que esta información sea la más cercana a la realidad.

Los conceptos de excluyente y no excluyente los usaremos más adelante en relación con las competencias. En ese caso se denominará competencias dominantes a aquellas que en el proceso de selección se consideran más importantes en relación con el perfil. Como es casi obvio, ni los requisitos excluyentes (y no excluyentes) ni las competencias dominantes (y no dominantes) deben contradecir políticas organizacionales o descripciones de puestos ya aprobadas. En todos los casos se trata de información complementaria. Por ejemplo: una posición requiere en materia de idioma inglés sólo lectura, pero en una definición de perfil de una nueva selección el jefe directo solicita que se eleve este requisito a leer y hablar fluidamente en ese idioma, porque existe un proyecto que así lo prevé. En los países latinoamericanos, es frecuente encontrar que directivos locales utilizan esta instancia para adicionar requisitos a los perfiles que no estarían autorizados en sus casas matrices; por ejemplo, en relación con temas de discriminación. En el contexto local está permitido, pero no se consigna en la descripción del puesto.

En uno u otro caso, no importa la razón, es imprescindible despejar estas incógnitas, ya que será beneficioso para la realización de los pasos futuros.

Nuestra sugerencia al Selector o Responsable de Recursos Humanos es –adicionalmente a todo lo expuesto– obtener del cliente interno aquellos conceptos no expuestos que impliquen un "no" acerca de algunos posibles postulantes. Lograr que el cliente interno transmita lo que piensa o siente acerca del nuevo colaborador. Esto será de mucha utilidad más adelante, durante el proceso de selección de candidatos. Los objetivos de esta recomendación son varios, en ocasiones el cliente interno tiene prejuicios acerca de ciertas personas y el selector podrá hacerlo cambiar sobre algo que estuviese equivocado. En otros casos el Selector podrá obtener algún dato adicional que hasta ese momento no hubiese surgido y, por último, para no trabajar en una dirección equivocada durante el proceso de selección.

Gestión por competencias y selección

Cuando las organizaciones han adoptado la gestión por competencias para el manejo de sus recursos humanos, esto afecta a todos los subsistemas relacionados con las personas, entre ellos el que nos ocupa en esta obra: *atracción, selección e incorporación de personas.*

Esta obra, *Selección por competencias,* es una más de una colección completa destinada a la temática de competencias. Los interesados en conocer los fundamentos teóricos básicos de la metodología de gestión por competencias los podrán encontrar en el Capítulo 2 de la obra *Dirección estratégica de Recursos Humanos. Gestión por competencias.* Asimismo, en el Capítulo 6 del presente libro, donde se retoma el tema, se hace mención a todas las obras relacionadas con esta temática.

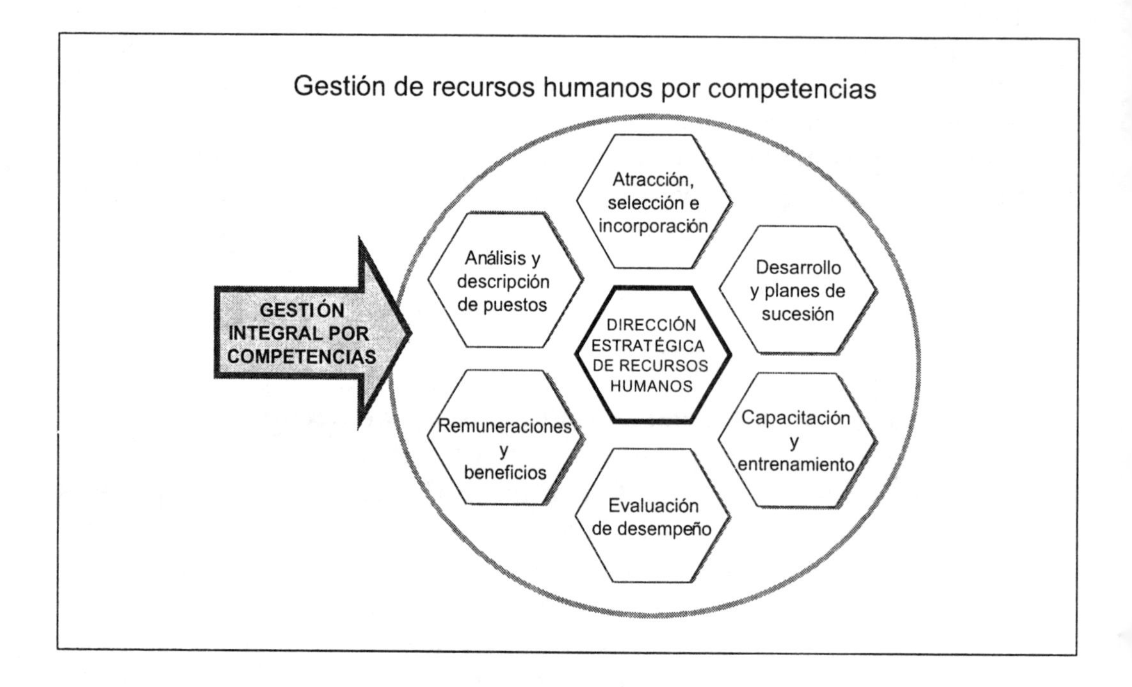

Si bien los modelos de management en relación con competencias hacen referencia, en todos los casos, a las denominadas competencias conductuales, existen autores y profesionales del área que confunden la temática englobando bajo el nombre de competencias tanto a estas como a conocimientos. Si bien puede decirse que los conocimientos son competencias técnicas y las competencias conductuales son competencias de gestión –en obras anteriores hemos mencionado este tema–, a partir de ahora, cuando queramos referirnos a conocimientos usaremos sólo este término, con el fin de no confundir al lector, en especial al que no es un especialista del área, a quien también dirigimos nuestro trabajo. La definición de competencias fue dada en el Capítulo 1.

Estamos permanentemente preocupados por la capacitación del cliente interno; pensando en él, unificaremos el uso de términos y se expondrán los temas evitando utilizar la jerga técnica innecesaria.

Esta obra se refiere al comportamiento de las personas en el trabajo o en situación de trabajo. En nuestra opinión, el conocimiento –que a su vez es lo más fácil de detectar o evaluar– constituye la base del desempeño de cualquier futuro nuevo colaborador y por ello será el primer aspecto a evaluar. En el gráfico siguiente se utiliza la imagen de ladrillos o cubos, ubicándose los conocimientos abajo, o primero que los comportamientos o las competencias. ¿Por qué? Veamos: al realizar una selección lo más sencillo será evaluar los conocimientos de las personas, los cuales –por otra parte– suelen ser excluyentes en un proceso de búsqueda; es por esto que se sugiere comenzar el proceso de evaluación por *los conocimientos requeridos*. De este modo, los candidatos que posean los conocimientos excluyentes serían a continuación evaluados en sus competencias o características más profundas.

Las competencias difieren según la especialidad y el nivel de los colaboradores dentro de la organización. En ocasiones, una misma competencia, como por ejemplo *liderazgo*, puede ser requerida para jóvenes profesionales y también para los máximos ejecutivos, pero tener diferente importancia

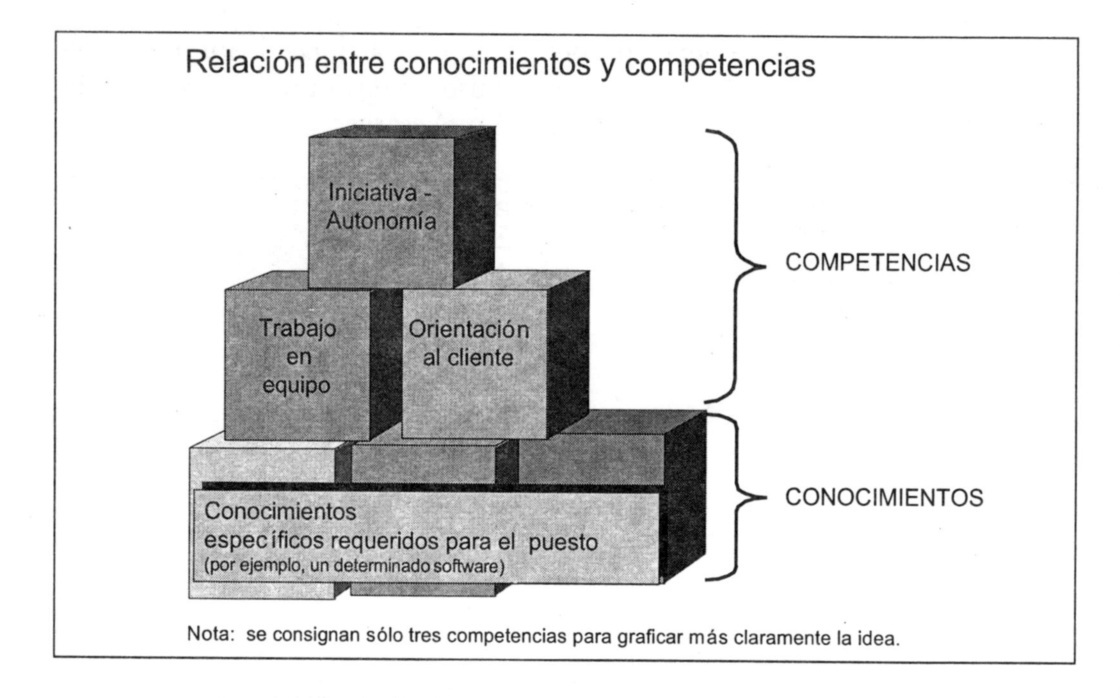

(grado requerido) en los distintos niveles. *Capacidad de aprendizaje* puede ser definida como una competencia para niveles iniciales y no incluirse en los niveles de dirección.

¿Cómo definir una competencia[5]? ¿Qué es una competencia?

En el Capítulo 1 ofrecimos nuestra definición de competencias. El término *competencia* hace referencia a características de personalidad, devenidas comportamientos, que generan un desempeño exitoso en un puesto de trabajo. Cada puesto de trabajo puede tener diferentes características en empresas y/o mercados distintos.

Los antecedentes sobre los cuales hemos trabajado y por los cuales se ha llegado a la definición dada en el párrafo anterior fueron, en apretada síntesis, los siguientes.

5. Como ya dijimos en la Presentación, no es propósito de esta obra tratar la gestión integral de los recursos humanos por competencias, sólo tocaremos muy brevemente el tema como para luego abocarnos al objetivo central: la selección por competencias.

A partir de los estudios de David McClelland[6] mencionados en el Capítulo 1, los autores Spencer y Spencer[7] han aportado mucha luz sobre la metodología de gestión por competencias. Según la definición que estos autores brindan, *competencia es una característica subyacente de un individuo que está causalmente relacionada a un estándar de efectividad y/o a una* performance *superior en un trabajo o situación.*

Característica subyacente significa que la competencia es una parte profunda de la personalidad y puede predecir el comportamiento en una amplia variedad de situaciones y desafíos laborales.

Causalmente relacionada significa que la competencia origina o anticipa el comportamiento y el desempeño.

Estándar de efectividad significa que la competencia realmente predice quién hace algo bien o pobremente, medido sobre un criterio general o estándar. Ejemplos de criterios: el volumen de ventas en dólares para vendedores o el número de clientes que compran un servicio.

Es importante destacar que Spencer no incluye en la definición de competencia el concepto de "comportamientos" aunque los menciona más adelante.

Continuando con los autores mencionados, éstos introducen el "modelo del iceberg", por medio del cual muy gráficamente dividen las capacidades de

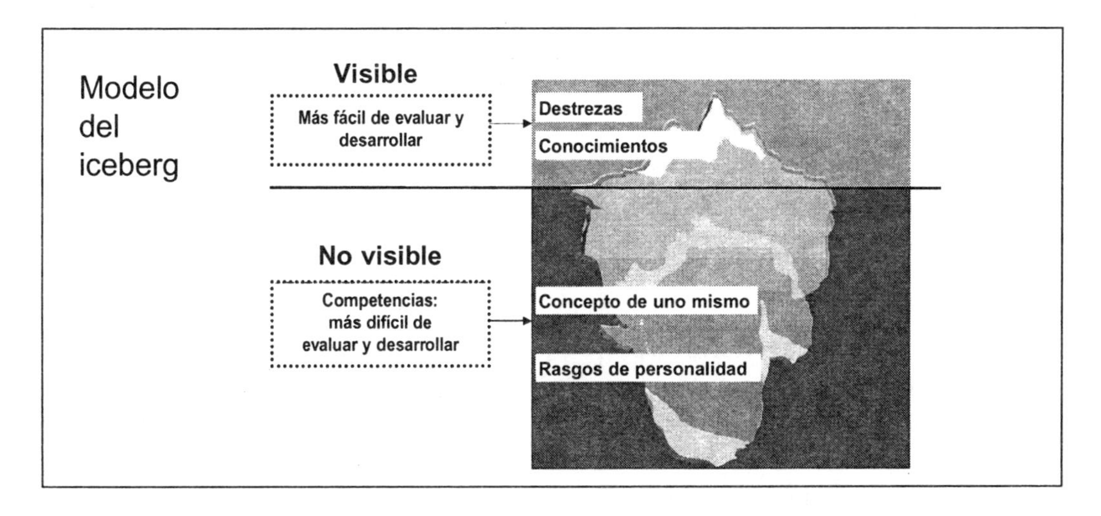

6. McClelland, David. *Human Motivation.* Cambridge University Press. Cambridge, 1999. Obra original de 1987.
7. Spencer, Lyle M. y Spencer, Signe M. *Competence at work, models for superior performance.* John Wiley & Sons, Inc. Nueva York, 1993.

cada persona en dos grandes grupos: las más fáciles de detectar y desarrollar, como las destrezas y conocimientos, y las más difíciles de identificar y –luego– desarrollar, como el concepto de uno mismo, las actitudes y los valores, y el núcleo mismo de la personalidad: las competencias.

Continuando con la obra de Spencer y Spencer, las competencias son, en definitiva, características fundamentales del hombre e indican *formas de comportamiento o de pensar, que generalizan diferentes situaciones y duran un largo período.*

Todas las personas tienen un conjunto de atributos (competencias) y de conocimientos. Las competencias pueden ser adquiridas o innatas y definen que el perfil de una persona es adecuado para determinada actividad. Sin embargo, la metodología de competencias no tiene por objeto estudiar exhaustivamente el perfil físico, psicológico o emocional de cada persona; solamente interesan aquellas características que hagan eficaces a las personas dentro de una organización.

Un modelo de Gestión de Recursos Humanos por Competencias

Para la implantación de modelos de competencias existen diversos caminos, algunos de los cuales ya han sido dejados de lado, al ser superados por nuevas tendencias. La mayoría de los especialistas de los denominados países desarrollados, donde estos métodos de trabajo fueron utilizados inicialmente, trabaja de manera similar a la que hemos adoptado en nuestra consultora. En todos los casos se parte de la definición estratégica que cada organización posea, su Misión y Visión.

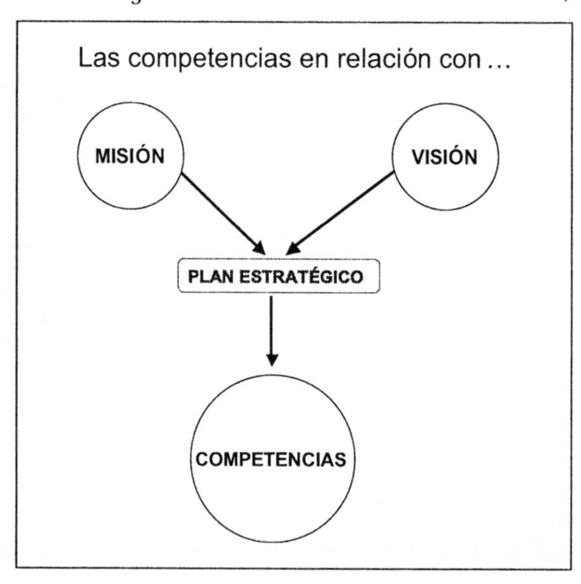

Las competencias, definidas en función de la estrategia de cada organización, se clasifican en:

- Competencias cardinales: aquellas que deben poseer todos los integrantes de la organización

- Competencias específicas: requeridas para ciertos colectivos de personas, con un corte vertical por áreas y, adicionalmente, con un corte horizontal por funciones. Usualmente se combinan ambos colectivos.

Si bien en los primeros tiempos se partía –para la definición de competencias– del estudio de ciertos referentes dentro de la organización, esto fue dejado de lado al comprobarse que se transfería a los modelos no sólo las virtudes de estos referentes sino también algunas características no convenientes. Asimismo, el sentido común indicó otros cambios, tales como la simplicidad en las definiciones de modelos para asegurar su puesta en marcha y posterior vigencia.

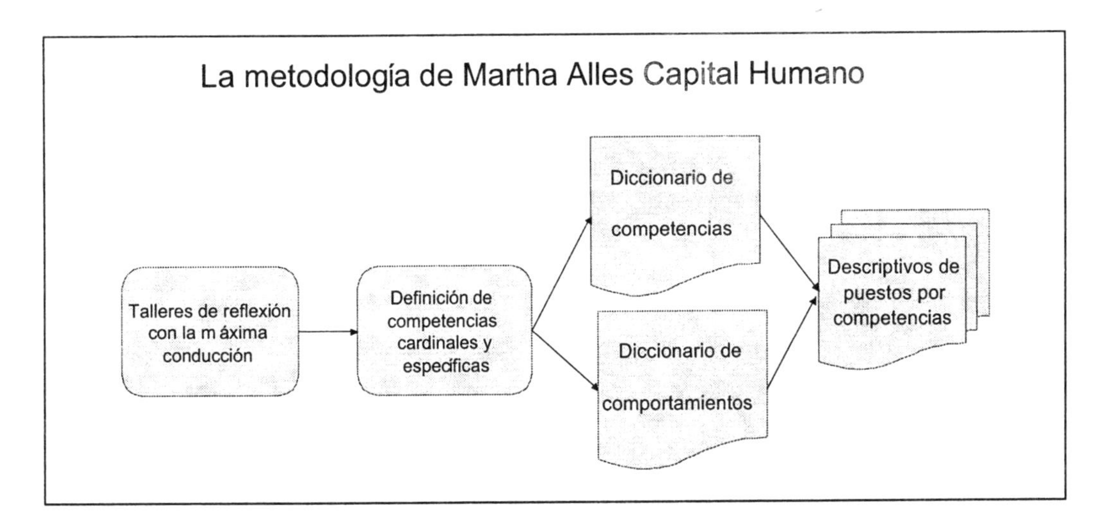

Las competencias en los descriptivos de puestos se indican con su nombre y grado o nivel. La definición de las competencias, así como su apertura en grados, se encuentra en el documento denominado *diccionario* o *catálogo de competencias*, confeccionado a la medida de cada organización.

Es importante remarcar cómo se define una competencia, ya que con alguna frecuencia es posible encontrar organizaciones que trabajan de manera equivocada sobre el tema, quizá como producto de incorrectas definiciones del modelo. Si se definen los niveles sólo con una palabra, por ejemplo, "grado A" como un nivel excelente de la competencia, sin una definición del grado y sin los ejemplos de comportamientos observables, no se dispone de un modelo de competencias.

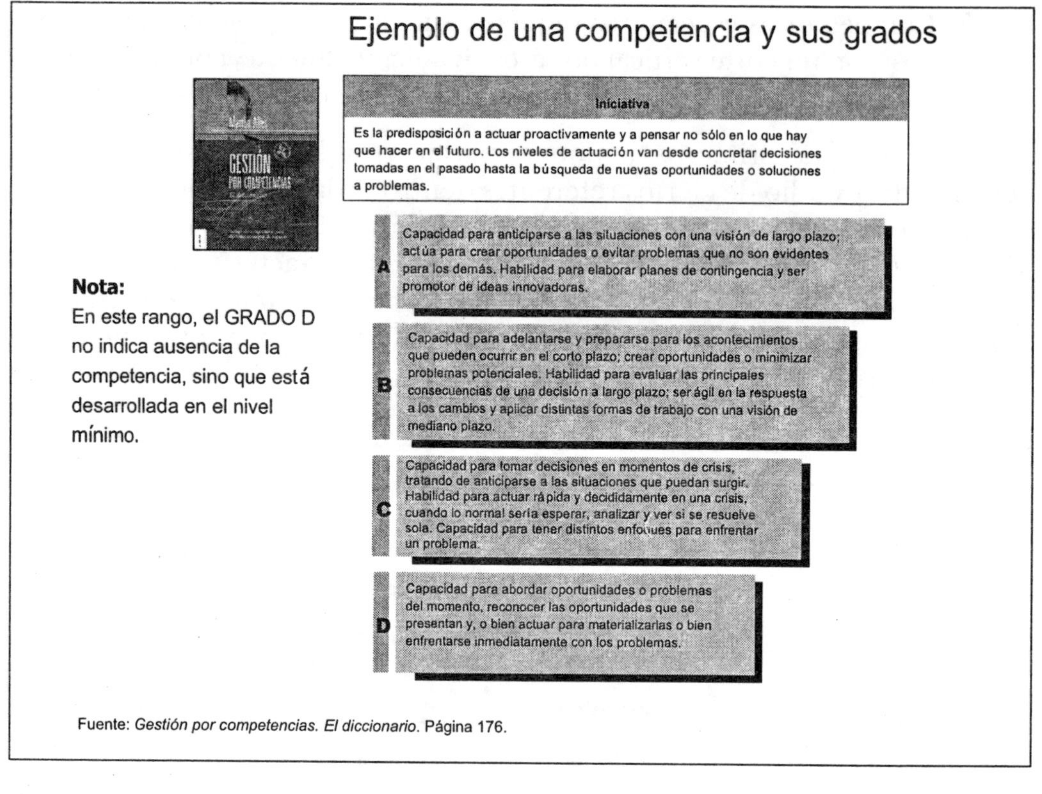

Fuente: *Gestión por competencias. El diccionario.* Página 176.

En función del mencionado diccionario de competencias[8] se definen, luego, ejemplos de comportamientos, documento que se denomina *diccionario de comportamientos* y también se prepara a medida de cada organización.

La diferencia entre un documento y otro radica en que las competencias definen capacidades, por ello en los descriptivos de puestos se indican las competencias así como las otras capacidades que los puestos requieren: estudios formales, conocimientos especiales, experiencia para ocupar el puesto, etcétera.

El descriptivo de puesto por competencias que se expone en el gráfico siguiente se corresponde con una posición de gerente de Recursos Humanos en una empresa de servicios.

8. La autora ha publicado con esta editorial una obra donde se exponen ejemplos de competencias (160) con sus definiciones y apertura en grados. Si bien son definiciones de tipo estándar, pueden ser de utilidad para comprender cómo deben ser definidas las competencias. Se sugiere consultar la nueva edición del año 2005, ya que en ella se incorporaron cambios relevantes.

Descriptivos de puestos: competencias

	Grados			
Nombre de la competencia	A	B	C	D
Competencias cardinales				
Orientación al cliente interno y externo		X		
Orientación a resultados			X	
Calidad de trabajo		X		
Ética	X			
Competencias específicas				
Liderazgo		X		
Conocimiento del negocio y manejo de relaciones			X	
Capacidad de planificación y organizacön		X		
Comunicación / Capacidad para entender a los demás		X		
Habilidad / Pensamiento analítico / conceptual		X		
Adaptabilidad - Flexibilidad		X		
Negociación		X		
Iniciativa - Autonomía			X	

El diccionario de comportamientos[9] será el documento que usará tanto el especialista de Recursos Humanos o Capital Humano como el cliente interno para evaluar las respuestas de los postulantes en las entrevistas (ver capítulos 6 y 7).

A todo aquel que no esté familiarizado con estos temas se le sugiere ver un apéndice, ubicado al final de la obra y que –además– se puede obtener de forma gratuita en el sitio *www.marthaalles.com*, donde se explica lo que hemos dado en denominar "La trilogía", en referencia a tres instrumentos necesarios para una adecuada implementación de gestión por competencias: los diccionarios de *competencias*, *preguntas* y *comportamientos*. Consultores, especialistas del área y aun aquellos que diseñan modelos de competencias confunden estos términos; en "La trilogía" se encontrará una detallada y simple explicación, pensada especialmente para los no expertos en la temática.

9. La autora ha publicado con esta editorial una obra donde se exponen ejemplos de comportamientos (4.588) que si bien son de tipo estándar pueden ser de utilidad para comprender las respuestas.

¿Cómo aplicar la metodología de competencias en el proceso de selección?

Hemos diferenciado en párrafos anteriores el documento denominado *descriptivo de puestos.* Si bien para la definición del perfil por competencias se parte del descriptivo de puestos basado en este sistema, será importante, en el momento de recolectar información sobre la selección a realizar, identificar cuáles de todas las competencias que integran el descriptivo son más importantes en el momento actual, no para dejar de lado las restantes, sino para focalizar en ellas las preguntas en la entrevista de selección. A esta identificación la denominamos definición de las *competencias dominantes.*

Cuando en un proceso de selección es necesario evaluar destrezas y conocimientos, esto es relativamente sencillo. Cuando lo que se desean evaluar son comportamientos, se deben seguir algunas pautas precisas que se explicarán en esta obra. Como es más fácil evaluar conocimientos, muchos cubren sólo este aspecto al contratar personal, pero luego se presentan los problemas... Si la empresa trabaja con competencias es necesario entrevistar y seleccionar en función de ellas.

Si una organización no ha definido su modelo de competencias será una buena idea hacerlo, considerando, además, que no es un método de trabajo privativo de las grandes organizaciones. Contamos con experiencia concreta al respecto. Hemos trabajado con organizaciones de 20.000 personas y, en las antípodas, con otras de poco más de 20 integrantes. Cualquier organización, sin importar su tamaño, puede tener su modelo de competencias.

Si no se ha implementado un modelo integral de gestión por competencias y se desea aplicar los métodos de selección que se presentan en los capítulos 6 y 7, se podrán utilizar definiciones estándar a estos efectos.

Perfil del puesto por competencias

¿Qué es un *perfil del puesto por competencias*? Como ya se dijo, es necesario que la organización haya implementado un modelo integral de gestión por competencias; en caso contrario no se tendrá un "perfil por competencias". Un modelo de gestión por competencias es conciso, fiable y efectivo para predecir el éxito de una persona en su puesto, por ello será una herramienta válida contar con un perfil por competencias.

En el momento de recolectar la información sobre el perfil del puesto –si la empresa ha implementado un esquema de gestión por competencias– se partirá del descriptivo de puestos donde, junto a otro tipo de información, estarán consignadas las diferentes competencias y los niveles o grados requeridos para cada una. Con esta información se deberá preguntar al cliente interno cuáles son las más importantes respecto, específicamente, del proceso de selección del nuevo colaborador. Esta información será de mucha utilidad, luego, para la preparación de las preguntas en la entrevista de selección por competencias.

Usualmente las competencias se abren en cuatro niveles o grados, como se mostró en el gráfico "Ejemplo de una competencia y sus grados". La apertura en cuatro grados o niveles se estima suficiente; nosotros los denominamos A, B, C y D, siendo el nivel o grado A el superior o superlativo, el grado o nivel D el mínimo de la competencia, y los B y C intermedios entre ambos, considerando el grado B como un nivel suficientemente alto. Pueden utilizarse otras nomenclaturas, también usuales; entre ellas el lector podrá encontrar la numérica (tanto 1, 2, 3 y 4, como en el sentido inverso, 4, 3, 2 y 1).

Como ya se dijo, en todos los casos las competencias se definen a través de una frase, al igual que los grados o niveles. Sin estas descripciones detalladas de las competencias y sus grados no se estará trabajando en base a un modelo de competencias. Se trata de un requisito excluyente de la metodología.

Con este método, se tendrá una descripción de lo que se espera para cada competencia en cada puesto y/o perfil a seleccionar.

Al final del capítulo se incluye un formulario para una mejor recolección de información, que incorpora el concepto de perfil por competencias. Si una organización no ha implementado un modelo de gestión por competencias podrá usar esta parte del formulario para señalar las características de personalidad deseadas.

Las competencias detalladas en el formulario se relacionan con nuestro *diccionario de competencias*[10], y representan las más usuales para niveles iniciales o gerencias intermedias. No hemos incluido en ese listado las correspondientes a altos ejecutivos.

10. Alles, Martha. *Gestión por competencias. El diccionario.* Ediciones Granica. Buenos Aires, 2005.

Cada organización podrá confeccionar su propio formulario de perfil indicando las competencias según el modelo establecido. En el momento de definir un perfil se marcarán sólo las más importantes para ese puesto en particular y el grado requerido para cada una de ellas.

Coincidentemente con el autor De Ansorena Cao, sugerimos para una mejor definición del perfil determinar las competencias conductuales imprescindibles (según este autor) o competencias dominantes. Nos referiremos nuevamente a ellas en el Capítulo 6.

Breve resumen: para no olvidar al definir un perfil

Datos objetivos como educación y experiencia laboral, u otros como lugar de residencia, se resuelven en una primera instancia y no constituyen la parte más difícil de la tarea; de todos modos, es necesario dejar bien en claro la real necesidad de lo que se nos plantea. Los puntos clave y de más difícil definición estarán dados por las competencias conductuales o características de personalidad, y las relaciones dentro de la organización. Sobre este último aspecto es conveniente primero revisar el organigrama, analizar su vigencia y, de ser necesario, proponer las modificaciones necesarias. Es fundamental detectar las relaciones informales, las denominadas "líneas de puntos" en el esquema organizativo. Definir correctamente: de quién depende la posición, a quién supervisa y quiénes son sus pares.

En una segunda etapa es imprescindible analizar las competencias o características personales de aquellos que se relacionan directamente con el puesto, identificar las competencias dominantes, qué incidencia pueden tener en la definición del perfil. Con estos elementos se estará en condiciones de definir las competencias o características personales que realmente se requieren para la posición.

Una tarea muy importante que se recomienda dejar para el final es –idealmente– definir o esbozar el plan de carrera del candidato a seleccionar.

Un completo asesoramiento al cliente interno finaliza con el análisis de las posibilidades de encontrar lo requerido. Si el perfil es de aquellos que *a priori* se consideran "difíciles" hay que tratar de obtener un segundo perfil, por ejemplo al 80% del ideal fijado, a cuya búsqueda se le pueda asignar una posibilidad de éxito mayor.

Por último –y si bien no es un dato del perfil–, será de mucha utilidad para el especialista en Recursos Humanos analizar con el cliente interno en qué tipo de empresas podría estar hoy trabajando una persona con el perfil buscado. Se verá cómo utilizar esa información en varios de los capítulos siguientes.

Formularios

Como parte final de este capítulo incluimos un formulario sintético y uno detallado para relevar el perfil.

Un último comentario sobre los formularios: el campo dedicado al *cliente* no es de aplicación cuando se trata de un profesional de Recursos Humanos integrante de la empresa que encara la búsqueda; en este caso, puede reemplazarse por el concepto de *cliente interno* (referido al área o sector del puesto a cubrir). Los campos grisados en el formulario "Relevamiento del perfil por competencias" indican una sencilla instrucción de cómo debe ser completado.

Cliente (interno o externo):...
Puesto: ....
Perfil o puesto a cubrir

Objetivo básico de la posición (misión o síntesis del puesto)

Descripción del puesto:

Dependencia
Sectores a cargo
Principales funciones

Requisitos del puesto:

Experiencia
Educación
Otros conocimientos: PC, idiomas, etcétera.
Otros requisitos: edad, sexo, domicilio, etcétera.
Personalidad /competencias conductuales dominantes.

Remuneración

Fecha de incorporación

Fecha: ..../......./.......

RELEVAMIENTO DEL PERFIL POR COMPETENCIAS

		Día	Mes	Año
Cliente:	Razón social o denominación de la empresa			
Búsqueda:	Nombre de la posición			
Contacto:	Nombre de la persona que encargó la búsqueda			
Referente:	Nombre de alguna persona que realizó el contacto entre la consultora y el cliente			

OBJETIVO DE LA POSICIÓN
Enumerar los principales objetivos de la función a corto, mediano y largo plazo

DESCRIPCIÓN DEL CARGO

Dependencia

Línea:	Indicar cargo al cual reportará la posición linealmente
Funcional:	Indicar cargo al cual reportará la posición funcionalmente
Sectores a cargo:	Nombre de los departamentos que dependen de la posición y número de personas supervisadas

Dibujo del organigrama

Esquema gráfico del organigrama de la posición, debiendo incluirse los sectores a cargo y niveles de reporte

RELEVAMIENTO DEL PERFIL POR COMPETENCIAS (hoja 2)

DESCRIPCIÓN DEL CARGO (continuación)

Principales funciones:	Enumerar las responsabilidades y tareas relevantes de la función

PLAN DE CARRERA

En... años	Mencionar las posibles promociones en la escala jerárquica de la compañía, indicando a la izquierda en cuántos años
En... años	Ídem
En... años	Ídem

REQUISITOS

Experiencia (tipo de empresa, funciones, número de años):

Mencionar en qué tipo de empresas el nuevo colaborador debería haber trabajado, las empresas, funciones y responsabilidades requeridas para la posición, así como también los años de experiencia exigidos

RELEVAMIENTO DEL PERFIL POR COMPETENCIAS (hoja 3)

EDUCACIÓN

Secundaria

Indicar si se prefiere egresados de alguna institución en particular

Universitaria

Indicar carrera o formación requerida para la posición y nombre de la institución si se prefiere alguna en particular

Posgrados

Indicar qué conocimientos de posgrado se requieren y en qué institución

Conocimientos especiales

Indicar cursos de especialización preferidos para la posición

PC

Indicar utilitarios que la posición y la organización exijan conocer

En el cuadro adjunto indicar el o los idiomas que la posición exige conocer, qué tipo de dominio se requiere y en qué nivel (indicar: Muy bien / Bien / Regular)

Idioma	Lee	Escribe	Habla	Bilingüe
Inglés				
Francés				
Portugués				
Alemán				
Otro				

Otros requisitos: En edad indicar entre un máximo y un mínimo la edad preferida. En sexo indicar con una X qué opciones se prefiere, o si es indistinto.

Edad (rango): Entre .... años y .... años

Sexo:	Varón		Mujer		Indistinto	

Domicilio: Indicar si la compañía prefiere una zona de residencia en particular

Disponibilidad para viajar: Indicar sí o no

Disponibilidad para mudarse: Indicar sí o no y en qué localidad, provincia o país

RELEVAMIENTO DEL PERFIL POR COMPETENCIAS (hoja 4)

RESPONSABILIDADES DEL CARGO

Indicar en el cuadro adjunto con una X las distintas responsabilidades de la posición en función de los distintos niveles jerárquicos

	Informar	Colaborar	Controlar	Convencer
Superiores				
Colegas				
Colaboradores				
Clientes				
Proveedores				
Otros				

CARACTERÍSTICAS DEL ENTORNO SOCIAL

Mencionar algún dato relevante que describa en el entorno socio-cultural en el que se desenvolverá el seleccionado para la posición en las situaciones planteadas abajo

Jefe:

Clientes más importantes:

Colegas:

Proveedores:

Supervisados:

RELEVAMIENTO DEL PERFIL POR COMPETENCIAS (hoja 5)

COMPETENCIAS REQUERIDAS					
Indicar con una X para marcar el grado (A, B, C o D) requerido para la competencia mencionada según la definición que cada empresa haya establecido					
	Grado				No
	A	B	C	D	corresponde
Alta adaptabilidad - Flexibilidad					
Capacidad de aprendizaje					
Colaboración					
Competencia - Capacidad					
Dinamismo - Energía					
Empowerment					
Franqueza - Confiabilidad - Integridad					
Habilidad analítica					
Iniciativa - Autonomía - Sencillez					
Liderazgo					
Modalidades de contacto					
Nivel de compromiso - Disciplina personal					
Orientación al cliente interno y externo					
Productividad					
Responsabilidad					
Tolerancia a la presión					
Trabajo en equipo					
Otras Detallar					
Escala orientativa: A: Excelente B: Muy bueno C: Bueno D: Mínimo requerido					

ASPECTOS ECONÓMICOS DE LA POSICIÓN	
Salario:	Expresarlo en valores brutos
Variable:	En caso de percibirse comisiones u otros incentivos variables
Bonus:	En caso que existan bonificaciones o premios por cumplimiento de objetivos
Otros:	Indicar cualquier otro beneficio previsto no mencionado arriba

SUMARIO. DEFINICIÓN DEL PERFIL

- Antiperfil: cuando se define el perfil partiendo de la descripción de una persona y no de un puesto de trabajo.
- Cuando se realiza la recolección de información para definir el perfil de la persona a seleccionar se deberá preguntar al cliente interno sobre cuál es su mínimo aceptable en materia de requerimientos –conocimientos, experiencia y competencias– en relación con los eventuales postulantes.
- *Descriptivo de puesto* y *perfil* no son lo mismo. Aun si la organización posee una descripción de puestos actualizada, se deberá realizar la recolección de datos sobre el perfil a seleccionar.
- El especialista de Recursos Humanos o Selección –usualmente– debe llevar a cabo un delicado papel al imponer un cierto equilibrio entre los requerimientos que la línea o cliente interno fija o determina como necesarios y las reales posibilidades de conseguir ese perfil en el mercado.
- El responsable de la selección deberá desempeñar varios roles simultáneos para realizar bien su tarea: ser un asesor del cliente interno, conocer el negocio y las tareas de las otras áreas. Además, deberá –por sobre todo– generar confianza.
- En el relevamiento del perfil se deben definir los requisitos excluyentes y no excluyentes y las competencias dominantes.
- El término *competencia* hace referencia a características de personalidad, devenidas comportamientos, que generan un desempeño exitoso en un puesto de trabajo. Cada puesto de trabajo puede tener diferentes características en empresas y/o mercados distintos.
- Las competencias en los descriptivos de puestos se indican con su nombre y grado o nivel. La definición de las competencias, así como su apertura en grados, se encuentran en el documento denominado *diccionario* o *catálogo de competencias*, confeccionado a la medida de cada organización.
- En función del mencionado *diccionario de competencias* se definen, luego, ejemplos de comportamientos, que se registran en un documento denominado *diccionario de comportamientos*, que también se prepara a la medida de cada organización.
- En el momento de recolectar la información sobre el perfil del puesto –si la empresa ha implementado un esquema de gestión por competencias– se partirá del descriptivo de puestos donde, junto a otra información, es-

tarán consignadas las diferentes competencias requeridas y los niveles o grados indicados para cada una de ellas.

- Un aspecto muy importante que se recomienda dejar para el final es –idealmente– definir o esbozar el plan de carrera del candidato a seleccionar.
- Un completo asesoramiento al cliente interno finaliza con el análisis de las posibilidades de encontrar lo requerido.

PARA PROFESORES

Para cada uno de los capítulos de esta obra hemos preparado:

- Casos prácticos y/o ejercicios para una mejor comprensión de los temas tratados en cada uno de ellos.
- Material de apoyo para el dictado de clases.

Los profesores que hayan adoptado esta obra para sus cursos tanto de grado como de posgrado pueden solicitar de manera gratuita las obras:

Selección por competencias. CASOS
(link: www.marthaalles.com/seleccioncasos)
Selección por competencias. CLASES
(link: www.marthaalles.com/seleccionclases)

Únicamente disponibles en formato digital, en nuestro sitio: *www.marthaalles.com*, o bien escribiendo a: *profesores@marthaalles.com*

Selección por competencias
5
Planificación

Capítulo 5
PLANIFICACIÓN DE UNA SELECCIÓN

En este capítulo usted verá los siguientes temas:

- Planificación en selección
- 20 pasos para un proceso de selección
- Elección de métodos y canales de búsqueda según el nivel de la selección a realizar
- Las consultoras en Recursos Humanos
- Pasos del proceso de selección a cargo del área de Recursos Humanos
- El anuncio
- Cómo planificar
- Ejemplos de cómo encarar la planificación de un proceso de selección

Antes de comenzar a abordar los diferentes temas de este capítulo creo importante enfatizar que no existe un único camino para resolver una selección. Como se dijo en la Presentación, en este libro trabajaremos sobre el proceso de selección para diferentes niveles o tipos de búsqueda. Por ello se sugerirán diferentes secuencias o pasos a realizar según las distintas situaciones, y las evaluaciones más apropiadas en cada caso. Los caminos a seguir son diversos.

Cada proceso de selección puede requerir pasos diferentes; el selector experimentado sabrá que es “un arte” definir la mejor manera de encararlo. Sin embargo, existe una constante o denominador común en todas las posiciones a cubrir: la importancia de realizar una correcta planificación.

Una vez que la decisión de cubrir una posición está tomada y se ha recolectado toda la información necesaria sobre el perfil, la persona responsable de llevar a cabo o dirigir el proceso de selección debe planear cómo realizarlo.

Se dedicará este capítulo a este tema en particular, a sabiendas de que es un aspecto de la tarea que suele darse por sobreentendido; quizá puede ser considerado como superfluo para aquellos que tienen experiencia en selección, y también dejado de lado por personas inexpertas, bien porque no saben que debe hacerse una planificación detallada de cómo encarar la selección, o bien porque no saben cómo hacerla. Una adecuada planificación debe realizarse no sólo para que la selección sea exitosa sino también, y no menos importante, para que tenga el menor costo posible. Se tratará este tema en el Capítulo 10.

Cada organización en particular maneja determinadas normas internas, explícitas o no, que inciden en la modalidad de encarar cada etapa del proceso de selección. Por ejemplo, recurrir sólo a fuentes internas de reclutamiento, transferir el proceso a una consultora externa, etcétera.

Lo importante es, más allá de las particularidades de cada organización, que el proceso de selección no pierda de vista su objetivo principal: *cubrir la posición con quien más se adecue a los requerimientos definidos.*

La implementación de técnicas permite, en cierta forma, aproximarnos al hecho objetivo. El soporte básico para dicha aproximación es la entrevista, que no necesariamente deberá ser una sola durante el proceso de selección; ello dependerá de la búsqueda en particular, de los interrogantes que surjan y de la posibilidad de implementar una nueva ronda de entrevistas, incluso con otros sectores de la organización que puedan brindar una perspectiva diferente.

La tendencia general y la experiencia indican la necesidad de realizar una evaluación psicológica que aporte información sobre aspectos de la personalidad de los candidatos y de sus habilidades intelectuales. Esta evaluación también permitirá detectar la capacidad actual y potencial del candidato para desempeñar distintas funciones. Nos ocuparemos de las distintas evaluaciones adicionales a la entrevista en el Capítulo 7.

En algunos casos, especialmente en aquellas posiciones estrictamente técnicas, también se recurre a una evaluación específica –por ejemplo, acerca de un lenguaje de computación o sobre impuestos, en el caso de especialistas en estas áreas–. En ocasiones, el futuro jefe u otro entrevistador idóneo en el tema evalúan los conocimientos específicos del postulante. Asimismo, siempre que sea posible se realizará de manera temprana una evaluación de conocimientos en la etapa que se ha dado en llamar "preselección".

¿Quiénes participan en el proceso de selección? Imaginamos dos escenarios posibles:

1. La organización deriva el proceso de selección a una consultora, la cual, una vez realizado el mismo, presenta una carpeta de candidatos finalistas al responsable de la búsqueda.
2. Los especialistas de Recursos Humanos de la propia organización llevan a cabo el proceso, a través de un área específica de Selección o Empleos. En ocasiones, el área específica donde se encuentra la posición a cubrir (cliente interno), encara de manera directa el proceso de selección. Esta última variante es poco frecuente en la actualidad. Cuando el cliente interno se ocupa directamente de un proceso

de selección, lo usual es derivar el tema a una empresa consultora (punto 1).

En cualquiera de los dos casos es la organización la que toma la decisión sobre la forma de encarar el proceso.

En síntesis, el proceso de selección implica tomar decisiones permanentemente, ya que cada etapa aportará información necesaria para la realización de la etapa siguiente.

Planificación en selección

En una obra dedicada a la medición de la gestión de los recursos humanos, Jac Fitz-enz[1] hace mención a la planificación y dice que *es el primer insumo formal en el proceso de adquisición de recursos humanos. La función de planificación es tomar datos del plan empresarial, el plan estratégico y el mercado, y conjuntarlos de maneras que satisfagan ciertas necesidades de la organización.* Para decir más adelante que *casi todos los números de las revistas de planificación de Recursos Humanos incluyen un artículo sobre la vinculación del plan de Recursos Humanos con el plan de negocio. Es tan evidente que apenas necesita mencionarse.* Pareciera que esto no sucede siempre. *Sin embargo, un plan preciso ayuda a la dirección a evitar costos, optimizar la productividad y adelantarse a la competencia en la salida al mercado.* Para ello es necesario partir de la visión estratégica de la organización.

Un aspecto fundamental es la confección de un plan referido al proceso completo de selección. Para ello será esencial la correcta identificación de los pasos a seguir, no sólo en teoría –de un proceso de búsqueda–, sino en relación con la posición en particular. Una vez que se los haya identificado junto con su grado de dificultad, se definirán los plazos necesarios para su ejecución. Se recomienda tomar un adecuado margen. Ni excesivo, para que el cliente no sienta que hay desinterés o ineficiencia, ni demasiado estrecho, para evitar el riesgo que los plazos no sean cumplidos.

En un esquema teórico de planificación de Recursos Humanos se parte del análisis de las necesidades de personal en relación con la nómina de empleados actual y sus competencias. Con respecto a este último aspecto (las

1. Fitz-enz, Jac. *Cómo medir la gestión de Recursos Humanos*. Ediciones Deusto. Bilbao, 1999. Capítulo 5, páginas 70 y siguientes.

competencias), si la organización no trabaja bajo un modelo específico de gestión por competencias la mera definición a partir de una selección será más difícil. Si una organización no ha implementado un modelo integral de competencias, es casi obvio que no podrá seleccionar por competencias. De todos modos, muchos de los conceptos de la selección por competencias pueden ser de utilidad en estos casos y aplicados de alguna manera. Como se verá en el capítulo siguiente, la metodología de competencias utiliza un esquema de preguntas que será muy conveniente adoptar aunque no se hayan definido las competencias.

Como se puede ver en el gráfico siguiente, existe una correlación entre las necesidades de personal, los actuales empleados y sus competencias, desde ya sin perder de vista la Visión y Misión de la organización. De este análisis global se determinarán las necesidades de incorporación de empleados (*Nuevas incorporaciones*).

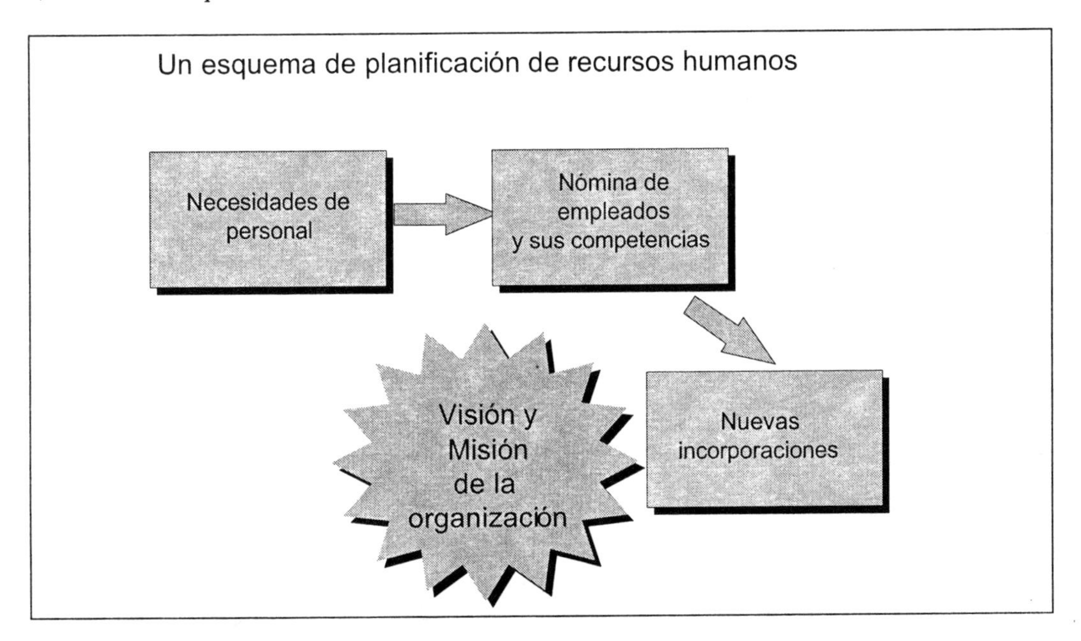

La temática de la planificación en el empleo ha sido tratada en otra obra[2]; allí se presenta un esquema similar al que incluiremos a continua-

2. Alles, Martha. *Empleo. Discriminación, teletrabajo y otras temáticas.* Ediciones Macchi. Buenos Aires, 1999, Cap. 4.

ción. Se pretende explicar la planificación de una búsqueda en particular (o de varias si ese fuese el caso).

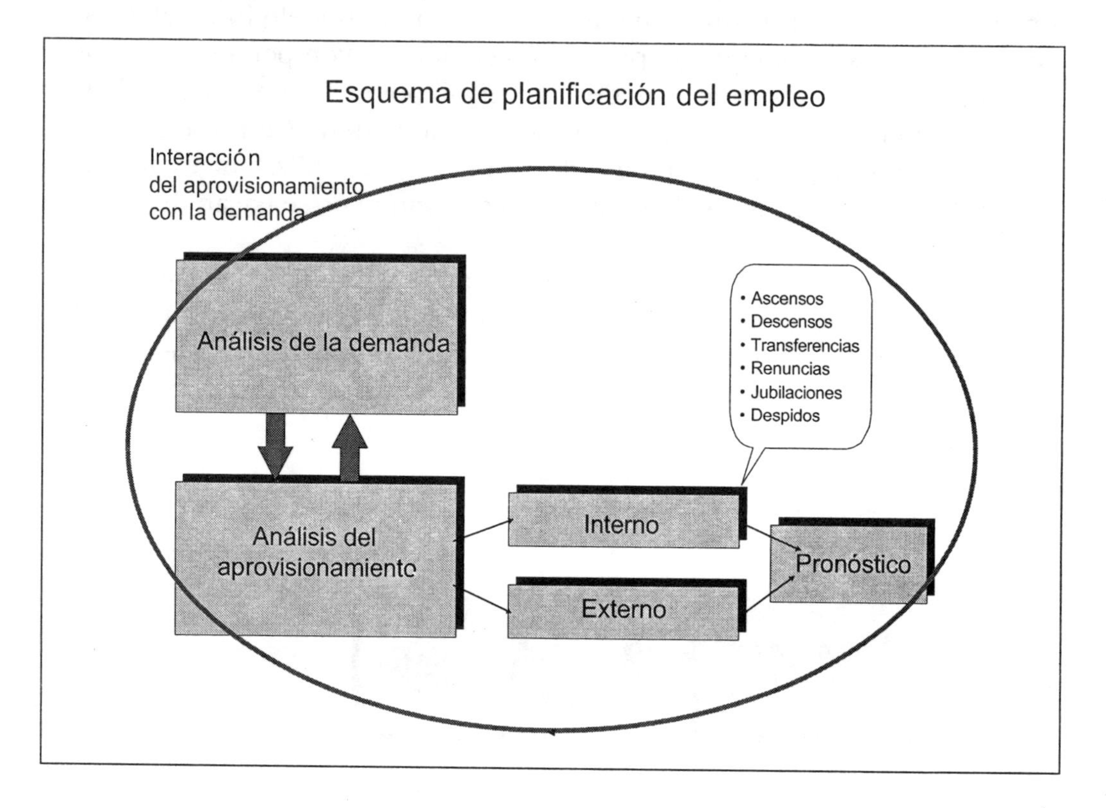

En este esquema se parte del análisis de la demanda; en este caso, el perfil de la búsqueda –o perfiles, si se deben iniciar varias búsquedas al mismo tiempo–.

Luego, mediante flechas que indican interacción se muestra el análisis del aprovisionamiento, el cual se divide en aprovisionamiento *interno* y *externo.*

Entre las fuentes de reclutamiento internas se ha incorporado el más moderno concepto de carrera: ascensos, descensos y/o transferencias. Dentro del aprovisionamiento interno se incluyen las técnicas de *job posting*. Influyen en el cuadro las renuncias, jubilaciones y despidos, ya que tienen repercusión sobre los empleados actuales y las necesidades de personal.

En el párrafo anterior nos hemos referido al aprovisionamiento interno. El denominado "aprovisionamiento externo" implica el mercado en general, o sea personas que trabajan en otras organizaciones o eventualmente sin empleo que puedan interesarse en la posición a cubrir; es decir que el mercado brindará casos distintos a los de la propia organización. Estos potenciales nuevos colaboradores podrán estar al alcance de la organización requirente en cuanto a los niveles económicos ofrecidos, o no. Como se ha dicho y se verá más adelante, siempre es altamente recomendable agotar las fuentes de aprovisionamiento interno antes de recurrir al externo.

Continuando con el análisis del gráfico, si por ninguno de los caminos (aprovisionamiento externo e interno) se puede satisfacer el perfil requerido, se deberá volver sobre la demanda, “Interacción del aprovisionamiento con la demanda”. Es decir, analizar de nuevo, idealmente con el cliente interno, la viabilidad de poder cubrir la vacante tal cual ha sido planteada hasta el momento; este paso se denomina *replanteo de la demanda* o *perfil.*

Esta última situación es más frecuente que lo que habitualmente se cree. Las razones son diversas: el mercado demanda al mismo tiempo perfiles similares, la organización tiene salarios retrasados respecto del mercado, la relación entre requisitos requeridos y salario ofrecido no está adecuadamente balanceada, la organización está ubicada en una zona no muy atractiva, o muchas otras.

En ocasiones, un selector experto podrá detectar muy rápidamente alguna situación que hará que la búsqueda no pueda concretarse; por ejemplo, porque realizó una búsqueda similar hace poco tiempo. Esto les sucede muy frecuentemente a los que trabajan en consultoría de selección. En cualquier caso, se debe planificar en forma detallada el proceso de selección, y si se tiene la sensación que será necesario un replanteo de la demanda por algún factor, el selector deberá avisar a su cliente interno antes de iniciar el proceso. Si no hay información previa, seguramente no se detectará una situación como la descrita hasta la etapa de preselección.

Como es casi obvio, resulta de vital importancia la planificación del proceso de selección. No todas las selecciones tienen el mismo grado de dificultad, y cada una requiere una estrategia diferente.

Todos los pasos son sumamente relevantes; sin embargo, si se realiza un buen reclutamiento, la selección será más sencilla.

¿Qué significa planear en selección?

Significa identificar los pasos adecuados en cada caso, precisar tiempos aproximados y estudiar costos. A grandes rasgos:

- Definición del perfil.
- Identificación de los distintos "caminos de búsqueda" o fuentes de reclutamiento.
- Instancias de evaluación en la etapa de preselección.
- Entrevistas: cuántas y de qué tipo.
- Evaluaciones: cuántas, cuáles.
- Presentación de finalistas.

Sobre el final se muestran dos modelos de planificación donde se exponen todos los pasos de un proceso de selección a cargo del área de Recursos Humanos o Selección.

Al momento de planificar una búsqueda o un conjunto de ellas se debe tener en cuenta que disminuirá el riesgo si se aumentan los pasos para la selección, pero cada etapa que se incorpore significará tiempo y costos; por lo tanto, los pasos deberán ser los que permitan al cliente interno tomar una buena decisión (y al especialista en Recursos Humanos dar un buen asesoramiento), y no demasiados, de modo que la selección no sea muy lenta y por ende muy costosa. Se harán algunas reflexiones sobre este punto en el Capítulo 10.

20 pasos para un proceso de selección

Para una más correcta planificación se verá primero cuáles son los pasos de un proceso completo de reclutamiento y selección.

Para Alvaro de Ansorena Cao[3], el éxito de un proceso de selección depende de que incluya el menor número posible de pasos, y recomienda *simplificar al máximo las operaciones por realizar cuando se trata de proveer de nuevos profesionales a las áreas que la componen* (se refiere a la organización). *La satisfacción de los candidatos suele dañarse al hacerles participar en procesos extremadamente complejos y prolongados.*

En este difícil equilibrio entre no hacer un proceso extremadamente largo que agote a las partes involucradas y omitir un paso relevante estará el arte de la gestión de Recursos Humanos. Una clave es no tener esquemas rí-

3. De Ansorena Cao, Alvaro, *15 pasos para la selección de personal con éxito*, Paidós, Barcelona, 1996, introducción y segunda parte.

gidos y saber cuándo es necesario flexibilizar alguna etapa en pos de un resultado positivo.

Los pasos de un proceso completo para cubrir una vacante comienzan con la decisión de reclutamiento que se origina en la línea y finaliza con el proceso de admisión del candidato. Allí comienza la etapa de inducción. Fitz-enz menciona que un proceso de selección completo implica 30 pasos; nosotros hemos identificado 20 como los más relevantes.

Vale aclarar que los pasos 1, 2, 3 y 4 fueron tratados en capítulos anteriores.

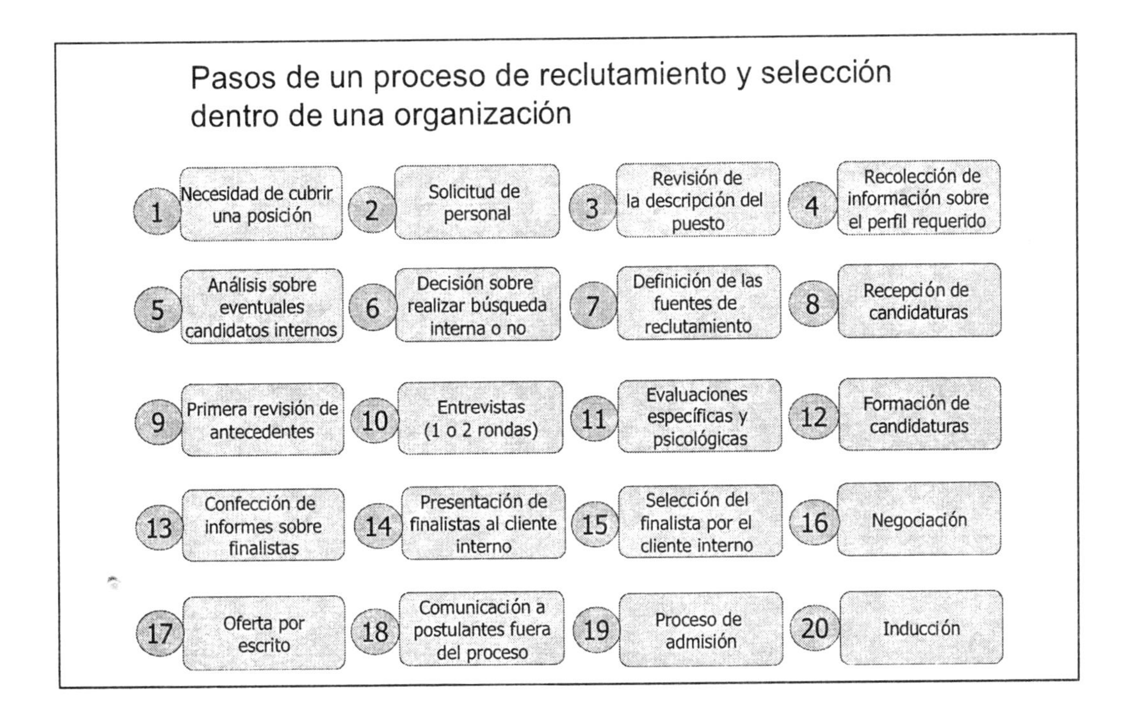

Paso 1. Necesidad de cubrir una posición y decisión de hacerlo. Depende de la línea.

Paso 2. Solicitud de empleado o solicitud de personal. Se origina en la línea o cliente interno que demanda la posición a cubrir.

Paso 3. Revisión del descriptivo del puesto. Si la empresa lo tiene previamente definido, se deberá partir de este documento, revisarlo con el cliente interno y tomar notas complementarias en el paso siguiente.

Paso 4. **Recolectar información sobre el perfil del puesto** y hacer un análisis del cargo a cubrir.

Paso 5. **Análisis del personal que integra hoy la organización**, para saber si existe algún posible candidato interno para la posición.

Paso 6. **Decisión sobre realizar o no una búsqueda interna.** Para reclutamiento interno se puede implementar *job posting* o autopostulación.

Paso 7: **Definición de fuentes de reclutamiento externo** (anuncios, bases de datos, contactos, consultoras). Puede darse el caso de un reclutamiento *combinado*: interno y externo.

Paso 8. **Recepción de candidaturas o postulaciones.**

Paso 9. **Primera revisión de antecedentes.** Implica lecturas de currículum vitae (CV) o aplicación de filtros en el caso de búsquedas a través de Internet o intranet. Objetivos: descartar casos identificando a los candidatos que se ajusten más al perfil, de modo de optimizar costos y tiempos. En este paso deben considerarse todos los instrumentos que sea factible aplicar en esta instancia, lo cual dependerá de cada caso en particular. Por ejemplo: preguntas realizadas de manera *on line* o de otra forma, previamente al proceso de selección propiamente dicho, referidas a conocimientos y otros aspectos. También administrar algún tipo de test de conocimientos. Este último punto dependerá de la posición a cubrir.

Paso 10: **Entrevistas (una sola o varias rondas).** Lo usual son dos rondas de entrevistas. Objetivos de las entrevistas: presentación al postulante del puesto que se desea cubrir; análisis y evaluación de la historia laboral para determinar si los conocimientos y competencias del postulante se relacionan y en qué grado con el perfil buscado, y análisis de las motivaciones de la persona entrevistada en relación con la búsqueda.

Paso 11. **Evaluaciones específicas y psicológicas**. Se realizarán todas las indagaciones posibles en el paso 9. En muchos casos quedarán aspectos adicionales para analizar o evaluar. Las evaluaciones técnicas específicas no se realizan en todos los casos; muchas veces se hacen preguntas en el transcurso de alguna entrevista para despejar aspectos relacionados con conocimientos, y en casos especiales pueden realizarse evaluaciones adicionales. Las evaluaciones psicológicas tienen como propósito evaluar actitudes, personalidad y potencial de desarrollo, entre otros aspectos. En este punto del proceso de selección pueden administrarse también pruebas adicionales para medir competencias, como entrevistas BEI y Assessment (ACM), que se explicarán en el Capítulo 7.

Paso 12. Formación de candidaturas. Del análisis de la información recolectada en todos los pasos previos se debe identificar a los mejores postulantes en relación con el perfil buscado o requerido, considerando los aspectos económicos del puesto a cubrir y las pretensiones de los postulantes.

Paso 13. Confección de informes sobre finalistas. La información debe ser completa y, al mismo tiempo, debe presentarse de manera que interese al cliente interno, generando expectativas razonables sobre los finalistas elegidos.

Paso 14. Presentación de finalistas al cliente interno. El especialista de Recursos Humanos debe brindar apoyo en la coordinación de las entrevistas de los finalistas con el cliente interno, ofreciendo ayuda en aquello que este pueda necesitar.

Paso 15. Selección del finalista por parte del cliente interno. Asesorar al cliente interno en el momento en que este deba tomar la decisión. Estar siempre atentos al grado de satisfacción del cliente interno en relación con la búsqueda en sí y sobre el desarrollo en general del proceso de selección.

Paso 16. Negociación de la oferta de empleo. Puede realizarla el futuro jefe o el área de Recursos Humanos. Cada organización fijará políticas al respecto.

Paso 17. Presentación de la oferta por escrito. Esta modalidad no es de uso frecuente en muchos países, sin embargo es una buena práctica a utilizar. Las organizaciones que lo hacen, adoptan esta práctica en todos los niveles.

Paso 18. Comunicación a los postulantes que quedaron fuera del proceso de selección. Se sugiere realizar este paso una vez que la persona seleccionada ha ingresado a la organización.

Paso 19. Proceso de admisión.

Paso 20. Inducción.

Todos los pasos mencionados –tratados en esta obra– tendrán una intensidad y profundidad variable, según la posición a cubrir, y de un modo u otro deben ser considerados en cualquier proceso de selección.

Elección de métodos y canales de búsqueda según el nivel de la selección a realizar

Concepto de reclutamiento

El *reclutamiento* (concepto que ya hemos analizado al inicio del Capítulo 3) es un conjunto de procedimientos orientados a atraer e identificar candidatos potencialmente calificados y capaces de ocupar cargos dentro de la organización, a fin de seleccionar a alguno/s de ellos para que reciba/n el ofrecimiento de empleo.

Dentro del reclutamiento hay que tener en cuenta la información mediante la cual la organización divulga, en el mercado de recursos humanos, las oportunidades de empleo que ofrece, a fin de cubrir una posición vacante.

Los métodos son diversos y cada vez más apelan a recursos imaginativos. La imagen institucional es un punto muy importante; las empresas muy conocidas están a la cabeza de las preferencias de los buscadores de empleo, que se postulan en ellas en forma espontánea[4].

Si de anuncios imaginativos se trata, lo invitamos a ver los que en la Argentina y en otros países del mundo, en todos los idiomas, se publican para captar a jóvenes profesionales (ponemos algunos ejemplos en otra obra[5]).

Fuentes de reclutamiento

Nos ocuparemos de todas las fuentes disponibles frente a una vacante a cubrir, pero antes de ello haremos un breve análisis comparativo entre el reclutamiento interno y el externo, conscientes de que no siempre es posible elegir libremente. Dice Fitz-enz[6] sobre el particular, que se trata de una "decisión de hacer o comprar": *Las organizaciones tienen dos posibilidades al adquirir activo humano, pueden formar personal interno para que tenga una mayor responsabilidad (hacerlo), o pueden ir al mercado y contratar a alguien (comprarlo). Una de las variables fundamentales en la decisión de hacer frente a comprar es el costo.* Dice más

---

4. **Desde mi experiencia profesional**
He visto en estaciones de subterráneo en otros países, concretamente en el Reino Unido, publicidad institucional invitando a acercarse a una compañía (una consultora internacional) a aquellos que se sintieran con el perfil competitivo que caracterizaba a esa organización. Una publicidad similar pude ver, meses después, en el aeropuerto de la ciudad de México.
5. Alles, Martha. *Dirección estratégica de Recursos Humanos. Gestión por competencias.* Ediciones Granica, Buenos Aires, 2006. Capítulo 9.
6. Fitz-enz, Jac. *Cómo medir la gestión de Recursos Humanos. Op. cit.* Capítulo 5, páginas 78 y siguientes.

adelante que existe una idea errónea: *cuanto menos se gaste en adquisición,* más se puede destinar a otros ítems en principio más productivos. *Irónicamente, el proceso de adquisición* (selección) *tiene una gama de efectos más amplia sobre la organización de lo que generalmente nos imaginamos. La rentabilidad con respecto al costo de cualquier contratación dada no termina cuando se hace la oferta. Entonces es cuando realmente comienza.* Ciertos indicadores de costos comienzan con la selección; por ejemplo, la rotación de personal.

Todos conocemos casos, en la experiencia profesional, de empresas con altos índices de rotación donde estos bajaron luego de mejorar el proceso de selección, aun sin solucionar otros problemas internos que originaban la rotación. Un método de selección que utilice modernas herramientas y técnicas de reclutamiento y selección puede dar como resultado una mejora sustancial y un impacto positivo a largo plazo.

Para que pueda existir reclutamiento interno deben cumplirse ciertos pasos que no siempre, por uno u otro motivo, las organizaciones están dispuestas a realizar:

- Colocar avisos de empleo en carteleras u otros medios internos (*job posting*).
- Llevar un eficiente inventario del personal, con un banco de datos indicando habilidades o aptitudes.
- Planificar reemplazos y sucesiones.

El reclutamiento interno tiene una serie de ventajas y desventajas que se enumeran en el gráfico.

Las ventajas y desventajas del reclutamiento interno tienen "casi" su contrapartida en una serie de ventajas y desventajas del reclutamiento externo, que se enumeran en el gráfico de la página siguiente.

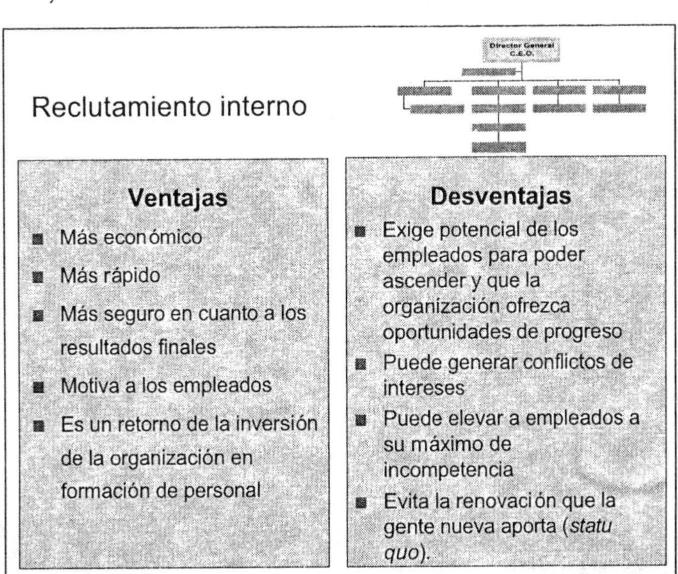

Reclutamiento interno
Ventajas
Más económico
Más rápido
Más seguro en cuanto a los resultados finales
Motiva a los empleados
Es un retorno de la inversión de la organización en formación de personal
Desventajas
Exige potencial de los empleados para poder ascender y que la organización ofrezca oportunidades de progreso
Puede generar conflictos de intereses
Puede elevar a empleados a su máximo de incompetencia
Evita la renovación que la gente nueva aporta (statu quo).

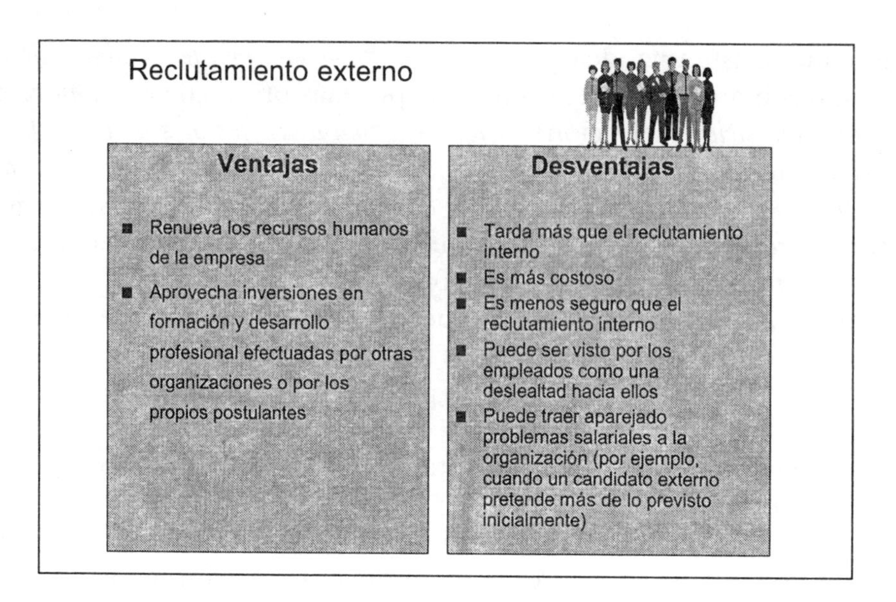

Las búsquedas pueden realizarse a través de la contratación de un consultor externo o mediante la propia estructura interna. Esta última opción es frecuente cuando las empresas cuentan con un Departamento de Recursos Humanos. Aun así pueden existir circunstancias en las que sea más conveniente la contratación de un consultor externo:

- Búsquedas confidenciales.
- Búsquedas que excedan el nivel de la persona que internamente podría manejarlas.
- Cuando la complejidad del tema requiera un especialista.
- Cuando el proceso requiera una visión imparcial.
- Cuando se opte por el *outsourcing* del área de Recursos Humanos a fin de disminuir costos fijos de la organización.

Éstas son las principales razones; pueden existir otras. En cualquiera de estas situaciones será conveniente que la empresa posea una política definida, aunque no rígida.

Luego de decidir si la búsqueda se hace interna o externamente, deberá definirse el o los mejores canales de búsqueda o acceso al mercado o fuentes de reclutamiento, según el nivel y la complejidad de la posición a cubrir.

Las fuentes de reclutamiento o canales de acceso al mercado pueden dividirse en:

1. Fuentes desde la empresa, cuando se decide hacer la búsqueda sin recurrir a una firma consultora externa, usualmente a cargo del área de Recursos Humanos.
2. Fuentes externas, cuando se decide hacer la búsqueda utilizando la ayuda de un consultor externo.

Continuando con otros autores que se han referido a esta temática, y asumiendo el riesgo de superponer conceptos, citaremos a George Milkovich y John Boudreau[7] y a Diane Arthur[8], quienes presentan una serie de fuentes de reclutamiento y canales de comunicación, haciendo alusión además a los solicitantes de empleo espontáneos. Las empresas de puertas abiertas pueden aumentar la cantidad de aspirantes espontáneos al invitar a miembros de la comunidad, estudiantes, etc., a que visiten la empresa y aprendan acerca de sus productos y tecnología. Dentro de estas fuentes es importante incluir las referencias de los propios empleados; es decir, aquellos que presentan a personas conocidas a fin de que se integren a la organización.

Los planes de *referir empleados*[9] con premios concretos a los que lo hagan constituyen una excelente fuente de reclutamiento. En nuestro país algunas empresas los aplican, tal como lo hemos relevado en una investigación realizada[10] sobre el particular.

La consultoras internacionales de management y otras organizaciones transnacionales suelen establecer programas orientados a tal efecto en los que pueden participar todos los empleados, en ocasiones con excepción de socios y directores.

Los participantes reciben un premio en billetes que varía en relación con el nivel del empleado presentado. En el ejemplo que se consigna más adelante, el premio es cobrado cuando la persona ingresada cumplió tres

7. Milkovich, George y Boudreau, John. *Dirección y administración de recursos humanos. Un enfoque de estrategia.* Addison-Wesley Iberoamericana. México, 1994, cap. 6.
8. Arthur, Diane. *Selección efectiva de personal.* Grupo Editorial Norma. Colombia, 1992.
9. *Referir empleados* es una adaptación del inglés *Referral Program.* Estos planes propician que los mismos empleados presenten a su empleador buenos candidatos. Si los candidatos ingresan, los empleados que *los referenciaron* reciben un premio, frecuentemente en dinero.
10. Para una obra anterior, *Cómo manejar su carrera,* se realizó una investigación sobre *job posting,* método no muy desarrollado en la Argentina, y se encontró en aquel momento el caso de una empresa que en lugar de *job posting* había implementado un sistema similar al que usan las tarjetas de crédito cuando se les presentan nuevos socios: se le daba un regalo al empleado que había recomendado a una persona para una búsqueda (la cual se publicitaba en cartelera) cuando ésta era efectivamente seleccionada.

meses de trabajo, y no se aplica en casos de becarios o *trainees*, sino sólo para aquellos que pasan a integrar la planta efectiva. Los premios estipulados por la consultora tomada como ejemplo, en el área Europa, Australia y Estados Unidos[11], responden a un esquema por rangos similar al siguiente:

Nivel salarial anual del empleado ingresante	Premio a recibir
Hasta 25.000	700.-
Entre 25.000 y 37.500	2.250.-
Superior a 37.500	3.000.-

Nota: Valores expresados en dólares estadounidenses

Fuentes para una empresa

Solicitantes espontáneos y referidos

- *Solicitantes espontáneos.* Algunos proponen que la recepcionista del Departamento de Recursos Humanos debería estar entrenada para manejar solicitudes y poseer, además, un listado de posiciones abiertas para informar a los espontáneos sobre las oportunidades disponibles en la organización.
- *Referidos por el personal.* Política de puertas abiertas antes mencionada.

Base de datos

Cada vez más compañías tienen sus propias bases de datos[12], práctica que en sus inicios sólo era posible encontrar en las grandes consultoras. A

11. Employee Referral Program Starter Kit.
12. **Desde mi experiencia profesional**
Recuerdo que hace algunos años nos visitó un colega de un país latinoamericano, quien comentó que en la empresa donde se desempeñaba hacían búsquedas laborales, aunque ésa no era la principal actividad de consultoría que realizaba la empresa, más enfocada a sistemas. En un momento de la conversación le conté sobre nuestra base de datos. En una primera instancia se produjo una situación "casi cómica" porque no nos entendíamos. El colega no comprendía para qué teníamos archivos de tamaña envergadura –en ese entonces aún no habíamos implementado la base de datos computarizada–, y nosotros no entendíamos cómo se trabajaba en su firma, hasta que por fin me di cuenta: ¡luego de un tiempo (3 a 6 meses) de haber finalizado un proceso de selección, cuando ellos suponían que el cliente no haría ningún reclamo, tiraban todas las cartas y antecedentes recibidos! En ese período, si algún cliente pedía una búsqueda similar, ellos no tocaban ese material: ¡publicaban otro anuncio! Le expliqué nuestro sistema, le di modelos de nuestros formularios, le mostré

veces se pueden economizar los gastos de recurrir a una agencia o de poner un anuncio simplemente revisando los archivos de personas de la compañía. Es muy posible que alguien haya solicitado un puesto parecido no hace mucho tiempo. Que el aspirante no fuera contratado en aquella oportunidad no quiere decir que no sea idóneo; bien pudo haber sucedido que había varios bien calificados, entre los cuales solamente podía elegirse a uno. O tal vez no había una vacante apropiada cuando el individuo presentó su solicitud. También es posible que las aspiraciones del solicitante en materia de sueldo excedieran lo que la compañía podía ofrecer en ese momento.

Internet

Las bases de datos de los distintos sitios web que ofrecen currículum de postulantes son y serán una rápida y económica fuente de reclutamiento. Las mismas permiten la consulta parametrizada de sus bases e insertan en sus páginas web anuncios con los pedidos de las empresas abonadas.

Un sitio laboral en Internet es una bolsa de trabajo virtual cuyo objetivo principal es brindar la posibilidad de encontrar empleo a postulantes y ayudar a las empresas a encontrar la persona adecuada frente a una búsqueda, con un método fácil. Es un canal directo entre empresas y postulantes. Desde la empresa, facilita el proceso de selección y reclutamiento de personal. Actualmente, en EEUU y Europa los sitios de trabajo se encuentran entre los más visitados tanto por empresas como por postulantes.

Los denominados sitios laborales (cuando es seria la compañía que ofrece el servicio) presentan diversas ventajas, entre ellas que por su intermedio resulta sencillo obtener información segmentada por género, edad, nivel de educación, etc., y que la extensión del servicio a otros países permite acceder a una base de datos regional.

Si bien aún se considera baja la cantidad de personas de América Latina que usan Internet, al momento de escribir estos párrafos la tasa de crecimiento que se prevé es muy elevada, con lo cual en los próximos años se fortalecerá la tendencia a utilizar los servicios web en los procesos de selección.

El arancelamiento de estos sitios a nivel mundial presenta variaciones: en algunos el servicio es abonado por las empresas; en otros, por los postulantes.

---

cómo guardábamos los datos, etc., y me olvidé de él, concentrada en mis propias prioridades. Al año recibí una carta donde me decía que en su empresa habían implementado nuestro esquema de trabajo, que estaban muy felices y nos agradecían nuestro apoyo.

En Latinoamérica y en la Argentina en particular, el arancelamiento está mayoritariamente a cargo de las organizaciones que consultan las bases de datos, aunque un muy conocido matutino de la ciudad de Buenos Aires ha lanzado un sitio sobre empleos donde el postulante debe abonar una pequeña cuota para que sus antecedentes sean incorporados y luego se mantengan activos por un lapso establecido.

El modelo de negocios de los sitios laborales en Brasil, mayoritariamente, está basado en un esquema donde el postulante abona un cierto monto de dinero para ingresar sus datos.

En un esquema u otro, los sitios laborales constituyen en la actualidad un método alternativo a la clásica publicación de anuncios en periódicos, y presentan menores costos directos e indirectos; entre estos últimos se pueden mencionar:

- Recibir sólo las postulaciones deseadas.
- Los tiempos de respuesta son más cortos.
- No se requiere personal para recibir postulaciones.
- Las postulaciones pueden ser rápidamente segmentadas.

Podemos decir, entonces, que las bolsas de trabajo digitales, sitios laborales o portales de empleo acortan el período de reclutamiento y facilitan los primeros tramos del proceso de selección, que no es reemplazado. La comparación de las postulaciones con el perfil requerido y las diferentes instancias de selección (entrevistas, evaluaciones, etc.) no difieren de los pasos necesarios en cualquier otro proceso de incorporación de candidatos.

Fuentes de referencia externa

Las universidades son una fuente indiscutible de personal. Las empresas compiten por seleccionar, preparar y desarrollar a los recién graduados de las mejores instituciones educativas del país. Muchas organizaciones llevan a cabo presentaciones destinadas a estos jóvenes, para dar a conocer los beneficios y ventajas que ofrecen a quienes trabajan para ellas. También suelen enviar cartas a los graduados más prometedores invitándolos a solicitar trabajo.

En la Argentina, muchas universidades tienen estos encuentros; por ejemplo las de San Andrés, Torcuato Di Tella, Palermo, Belgrano, entre otras, y agrupaciones de estudiantes como la AIESEC, con centros en Buenos Aires, Rosario y Córdoba. Nos hemos referido a programas de jóvenes profesionales (JP) en otras obras.

Las fuentes más frecuentes de referencia de personas, además de las universidades, son:

- Institutos técnicos y vocacionales.
- Escuela de segunda enseñanza y de comercio.
- Asociaciones profesionales.
- Sindicatos.

Para atraer a los mejores estudiantes y/o posibles candidatos, interesándolos en la organización, se preparan presentaciones atractivas con la utilización de videos, por ejemplo.

Reclutamiento por correo directo

Una fuente de reclutamiento de personal que se emplea con menos frecuencia, pero que puede dar muy buenos resultados, es la campaña por correo directo, mediante la cual una compañía que tiene vacantes se pone en contacto con individuos específicos con la esperanza de encontrar a quienes las ocupen. En este método de reclutamiento el primer paso es determinar a quiénes dirigirse. Para empezar se necesitarán listas de nombres y direcciones de las personas adecuadas para que el reclutamiento sea efectivo. En la actualidad el correo deberá entenderse, además, como correo electrónico.

Servicios de colocaciones

- Servicios estatales de colocaciones[13]. Si bien las agencias oficiales suelen ser muy útiles, con frecuencia pecan por seleccionar candidatos que no están calificados para el cargo, a pesar de haberse estipulado los requisitos que debían cubrir.
- Agencias privadas de colocación.
- Empresas de personal temporario.
- Otras instituciones (por ejemplo, parroquias).

Consultoras

Para búsquedas de diferentes niveles; su variedad de servicios abarca desde los *head hunters* internacionales hasta selectoras de niveles intermedios y jóvenes profesionales.

---

13. Nota de la autora. Usualmente dependientes del Ministerio de Trabajo (o el organismo equivalente, según el país de que se trate).

Celebraciones especiales

Las ferias de trabajo no son frecuentes en la Argentina ni en otros países de Latinoamérica. Se trata de reuniones subvencionadas por empresarios, donde los estudiantes pueden hablar con los representantes de una o más organizaciones acerca de las oportunidades de carrera que estas ofrecen.

En la actualidad se organizan "ferias", como las mencionadas, también a través de Internet (*on line*).

Ventajas y desventajas de las diferentes fuentes de reclutamiento

Fuentes de reclutamiento	Ventajas	Desventajas
Promoción interna	Crea vacantes a niveles inferiores, más fáciles de cubrir. Economiza tiempo y dinero. Levanta la moral de los empleados. Revela talentos escondidos.	Los gerentes sienten que ya no pueden escoger a los que quieren. Los gerentes se resienten con los empleados que buscan puestos fuera de sus departamentos. Se puede perder tiempo esperando el reemplazo.
Información verbal o "de boca en boca"	Es económica y rápida. Las bonificaciones, cuando existen, levantan la moral de los empleados.	Se presta a acusaciones de discriminación o favoritismo si no se usa junto con otras fuentes.
Anuncios	Llegan a una vasta audiencia. Los anuncios en revistas pueden enfocarse a categorías ocupacionales específicas.	Pueden resultar muy costosos. No es conveniente la publicación de avisos ciegos. En los casos en que no se pueda dar a publicidad el nombre de la organización, será conveniente recurrir a un consultor externo. Puede demorar la cobertura del cargo.

Ventajas y desventajas de las diferentes fuentes de reclutamiento (Cont.)

Fuentes de reclutamiento	Ventajas	Desventajas
Agencias de empleo y otras consultoras	Tienen acceso a grandes bases de datos del mercado de trabajo. Pueden ayudar a ocupar rápidamente un cargo.	Pueden resultar demasiado costosas. Pueden mandar aspirantes mal calificados si las firmas no son serias.
Bases de datos de la propia organización	Bajo costo. Muestran una buena imagen institucional. Poseen rapidez para cubrir vacantes.	Con sistema manual se puede utilizar mucho tiempo. Instalar un sistema computarizado puede ser costoso. Las anotaciones deficientes del primer entrevistador pueden distorsionar la idoneidad de un aspirante.
Bases de datos digitales (Web) Sitio laboral en Internet	Son más económicos y rápidos que la publicación de anuncios en periódicos o revistas especializadas. Llegan a una audiencia cada vez más vasta (en crecimiento)	La solicitud sólo llega a aquellos que posean Internet, pero esto mismo puede ser positivo según la búsqueda que se realice.
Visitas, llamadas telefónicas y cartas espontáneas	Bajo costo. Muestran una buena imagen institucional.	Un sistema mal controlado puede dar como resultado la pérdida de aspirantes. Entrevistar aspirantes espontáneos y contestar llamadas telefónicas pueden incrementar el trabajo normal de los entrevistadores.

Ventajas y desventajas de las diferentes fuentes de reclutamiento (Cont.)

Fuentes de reclutamiento	Ventajas	Desventajas
Reclutamiento universitario o realizado entre potenciales aspirantes de una o varias universidades.	Proporciona la oportunidad de estructurar y desarrollar la organización con buen perfil de personas. Otorga la oportunidad de escoger a los estudiantes más brillantes.	Es costoso, en especial para aquellas organizaciones que no estén localizadas en las cercanías de universidades y que deban desplazar a sus entrevistadores. Requiere muchas horas de trabajo. Hay que evaluar el potencial, en lugar de la experiencia concreta del trabajo.
Ferias de empleos	Se pueden cubrir muchas vacantes en un corto tiempo. Otorgan la oportunidad de relacionarse con otros entrevistadores.	Son costosas. Generalmente hay que trabajar durante un fin de semana. Pueden ser fatigantes para los entrevistadores. Poco frecuentes en muchos países, entre ellos, Argentina. También pueden ser *on line.*
Política de puertas abiertas	Muestra una buena imagen institucional	Es costosa. Debe ser una política organizacional. Consume mucho tiempo.
Agencias oficiales de empleo	No tienen costo. Pueden ofrecer muchos aspirantes. Pueden ayudar a cubrir rápidamente las vacantes.	Pueden enviar aspirantes no idóneos. Pueden objetar las razones de un rechazo.

Ventajas y desventajas de las diferentes fuentes de reclutamiento (Cont.)

Fuentes de reclutamiento	Ventajas	Desventajas
Reclutamiento por correo directo	Es una forma personalizada de reclutamiento, por lo cual no aplica en todas las ocasiones. Es selectivo.	Consume mucho tiempo. Es costoso.
Radio y televisión	Llegan a una vasta audiencia. Pueden ayudar a ocupar vacantes rápidamente.	Son costosos.
Consultoras especializadas	Resuelven búsquedas confidenciales. Resuelven búsquedas que excedan el nivel del responsable de Recursos Humanos. Actúan frente a temas complejos que requieran un especialista. Tienen una visión imparcial. Disminuyen costos fijos y permiten *outsourcing*.	Son, en general, de alto costo.

En el cuadro precedente se enfatiza el mayor o menor costo de las diferentes fuentes de reclutamiento. Creo importante destacar que se ha dedicado el Capítulo 10 a tratar el tema de los costos en un proceso de selección de manera integral. En una primera instancia una determinada fuente puede parecer más costosa que otra, pero en su resultado final revelar que esto no es así. Por lo tanto, el análisis a efectuar deber ser integral.

Las consultoras en Recursos Humanos

Michael Armstrong[14] nos brinda una visión de las consultoras de Recursos Humanos y acerca de qué se puede esperar de ellas, no sólo en relación con la temática de selección. Se presenta a continuación un breve resumen de su obra.

Cada vez se requieren más consultoras para aconsejar a las empresas con respecto a asuntos de recursos humanos. Las razones son obvias. Mientras que algunos departamentos de Recursos Humanos se reducen, especialmente en el centro de las grandes compañías, la necesidad de innovar es de suma importancia para asegurar que las organizaciones sobrevivan y prosperen en un mundo altamente competitivo. De este modo, los consultores, con frecuencia, son catalizadores o agentes del cambio.

¿Por qué se contrata a las consultoras en Recursos Humanos?

Se las contrata por dos razones principales: primero, para obtener resultados, innovando mediante nuevos sistemas y procedimientos, y ayudando a resolver problemas. Segundo, para agregar valor dentro de organizaciones por medio de su experiencia y práctica.

Las buenas consultoras, con la ayuda de sus clientes, agregarán valor a los procesos. En las raras ocasiones en que las cosas salen mal, la causa de ello es, en general, que se ha contratado a la firma consultora inadecuada o se fracasó en establecer y aclarar los objetivos buscados.

Desde ya, las consultorías pueden fracasar de diversas maneras: cuando no se toma en cuenta el límite de tiempo, se ignoran los términos de referencia, el consejo que brindan no es adecuado, la implementación fracasa, etc. Los problemas pueden evitarse adoptando los siguientes pasos:

1. Asegurarse de que la organización tiene una razón válida para convocar a una consultora, de que la tarea a encarar lo amerita y el trabajo no se puede realizar igualmente bien o mejor de manera interna.
2. Especificar los objetivos y disponibilidades de la asignación de tal manera que queden claramente definidos los resultados deseados.

---

14. Armstrong, Michael. *Using the HR Consultant. Achieving results, adding value* (Utilizando las consultoras en Recursos Humanos, alcanzando resultados, agregando valor). Institute of Personnel Management. Londres, 1994.

3. Elegir a la consultora con cuidado. Siempre considerar alternativas aunque exista una historia previa en materia de consultoras. Elegir firmas y, eventualmente, consultores independientes que posean reputación. Solicitar referencias si no se conoce a la consultora.
4. Planear meticulosamente el proyecto con la consultora. Acordar los términos de referencia, el límite de tiempo, las disponibilidades y los métodos de monitoreo, examinar los proyectos y acordar los reportes necesarios. Asegurarse de que las consultoras y el área de Recursos Humanos hayan comprendido sus respectivos roles en la asignación de tareas.
5. Manejar el proyecto. El área de Recursos Humanos está comprando los servicios de un consultor, y será su responsabilidad asegurar la calidad del servicio. Tener en mente, sin embargo, que los mejores proyectos de consultoría son aquellos en los que el cliente y la consultora trabajan en conjunto.
6. Recordar que todos los proyectos de consultoría requieren un cambio. Tener particular cuidado con los pasos finales; por ejemplo, la comunicación.

Cómo y por qué utilizar consultoras

Las principales razones para contratar servicios de consultoría gerenciales son:

- Porque otorgan experiencia no disponible dentro de la organización.
- Porque brindan un punto de vista independiente, objetivo y desinteresado.
- Porque poseen las fuentes y el tiempo para concentrarse en el tema.
- Porque tienen acceso a vastas fuentes de información.
- Porque pueden actuar como "un par de manos extra".

Provisión de experiencia

Los consultores deben brindar experiencia, ya sea la suya propia o relacionada con lo que han aprendido anteriormente sobre mejores prácticas. Las firmas de consultoría más sobresalientes desarrollan una base de datos para ser utilizada por sus consultores y archivar su experiencia, acumulada en manuales prácticos.

Independencia y objetividad

Los consultores pueden requerirse, simplemente, porque existe la necesidad de que alguien que no esté involucrado en la organización, influenciado por normas y tradiciones, políticas o cualquier otro factor interno, resuelva el problema. Alguien que vea el bosque y no el árbol.

Los consultores son (o deberían ser) objetivos, porque deben basar sus conclusiones y recomendaciones en un proceso riguroso de análisis y diagnóstico.

Concentración

Los consultores externos pueden concentrarse en el tema, trabajar con límites de tiempo definidos y no distraerse con las presiones del día a día de la organización que los contrata.

Acceso a la información

Los consultores con experiencia deben tener acceso a una gran cantidad de información sobre su disciplina, basada en su propia experiencia, en la de su firma y en la aplicación de un programa de desarrollo continuo.

Tendrán acceso a información no publicada; como organizaciones independientes, pueden conducir encuestas de *benchmarking*.

"Un par de manos extra"

Si, por ejemplo, se busca ayuda para el análisis de evaluaciones, o con la planificación e impartición de una actividad de formación, se podrá contar con la colaboración de una empresa consultora. Contratar o no al "par de manos extra" dependerá de si se pueden justificar los costos adicionales.

Para un buen uso de las consultoras

Cuando se plantea la contratación de un servicio de consultoría, el primer paso será establecer claramente la necesidad que existe para ello. Los puntos a considerar son:

- cuándo puede surgir la necesidad de un proyecto de consultoría;
- cómo identificar esa necesidad;

- si la necesidad se refiere o no a un proyecto de consultoría;
- si se deben usar consultorías externas o recurrir al asesorameiento interno, por ejemplo, solicitándolo a un área de la propia organización que conozca esa temática;
- cómo definir los objetivos y el programa de trabajo de la asignación;
- cuáles serán los posibles costos;
- cómo persuadir a la alta dirección de que la necesidad existe;
- cómo estimar las posibles reacciones de los gerentes, de los empleados y de los sindicatos (si los hay).

¿Es esto un proyecto de consultoría?

Una vez que se establece la necesidad de hacer algo, se debe decidir si realmente lo que se requiere es realizar un proyecto de consultoría. ¿No se puede llevar adelante como una parte de los procesos normales de la gerencia en lugar de establecerse como una entidad separada? ¿O será mejor manejarlo como un proyecto de consultoría externa? La distinción siempre es clara y, en general, existen argumentos para realizar la elección más adecuada.

Costos estimados

Si necesita la aprobación para una asignación de consultoría, es aconsejable tener alguna idea de los posibles costos. Esto dependerá de tres factores:

- Alcance del trabajo.
- Cantidad de trabajo a realizar.
- Honorarios y gastos de las consultoras.

Consultando consultoras

Existen tres clases principales de consultoras:

- Las grandes firmas de consultoría transnacionales, que cubren múltiples disciplinas.
- Las firmas especialistas en Recursos Humanos.
- Las firmas pequeñas o consultores independientes. Esta categoría incluye a individuos, generalmente gerentes retirados, que actúan como consultores con mayor o menor suerte y profesionalidad.

Hemos realizado un breve resumen del trabajo de Armstrong, en el cual hemos intercalado algunos comentarios complementarios.

Así como las consultoras especializadas en selección pueden brindar un apoyo interesante y profesional, las malas prácticas en esta materia pueden producir el efecto inverso.

Pasos del proceso de selección a cargo del área de Recursos Humanos

Antes de continuar haremos una síntesis de los principales pasos de un proceso de selección una vez que ya se tomó la decisión de cubrir una vacante, decisión que, como ya se dijo, toma la línea (cliente interno). Veremos cuáles de estos pasos son responsabilidad o están a cargo de los responsables de Empleos o de Recursos Humanos.

Considerando los veinte pasos presentados en páginas anteriores, se puede apreciar en el gráfico siguiente, en color sombreado, cuáles de ellos están a cargo del área de Recursos Humanos o Capital Humano; en ciertas circunstancias, algunos de estos pasos pueden realizarlos en forma conjunta el cliente interno y el área de Recursos Humanos. Si en la organización no existe un área específica dedicada a la selección y el manejo de los recursos humanos, es posible que estas tareas estén repartidas entre varios funcionarios.

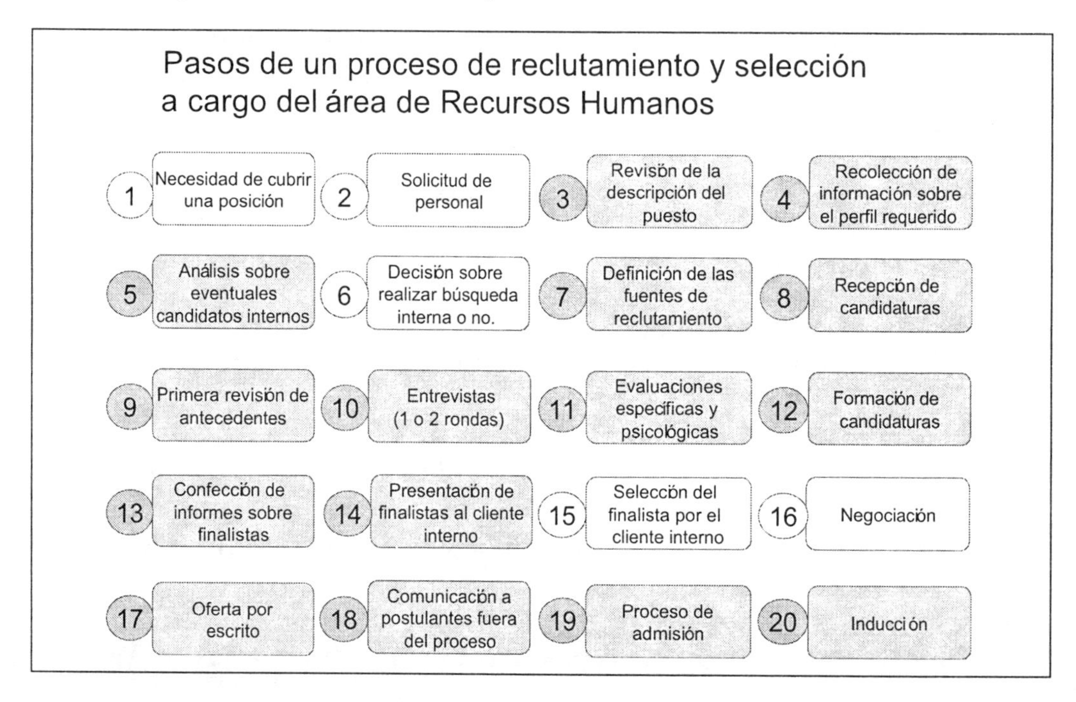

Los pasos 1, 2 y 15 son, sin duda, responsabilidad del cliente interno. Sobre el 16 se deberá fijar una política. En otros pasos, como el número 6, la decisión será tomada por el cliente interno con información suministrada por el responsable de Recursos Humanos. En ciertas organizaciones, el paso 7, de características eminentemente técnicas (la capacidad de determinar cuál es la fuente de reclutamiento más adecuada es, en general, propia del especialista en Recursos Humanos), puede requerir un reparto de responsabilidades, ya que, por ejemplo, la decisión de publicar un anuncio o no puede estar en manos del cliente interno si el costo del anuncio será asignado a su sector. Como se puede apreciar, no hay una división neta de funciones; por lo cual esta atribución de responsabilidades se presenta sólo como guía.

En los capítulos que componen esta obra analizamos todos los pasos que hemos descrito con relación a un proceso de selección:

- Los pasos 1 a 3 fueron tratados en capítulos anteriores, aunque no requieren mayor explicación. El paso 4, que incluye la definición del perfil, se vio en el Capítulo 4, y los pasos 5, 6 y 7 se tratan en este capítulo.
- Los pasos 8, 9 y 10, por su parte, son analizados en el Capítulo 6, junto con los pasos 12, 13, 14 y 15.
- El paso 11 es abordado en el Capítulo 7.
- Los pasos 16, 17, 19 y 20, en el Capítulo 8.
- Finalmente, el Capítulo 9 está dedicado a analizar el paso 18.

Los pasos no tienen todos la misma intensidad y duración. A algunas instancias o aspectos del proceso se les ha dado entidad de paso por separado para marcar su importancia y no porque se considere que requieran una larga explicación técnica; es el caso de, por ejemplo, los pasos 1 y 2, que hemos denominado "Necesidad de cubrir una posición" y "Solicitud de personal", respectivamente. Se entiende que para iniciar un proceso de selección deberá existir una vacante a cubrir y que para ello se pone en práctica alguna rutina administrativa, que no suele ser muy diferente entre una organización y otra, y donde la solicitud de personal requiere de algún tipo de firma o autorización.

Por último, se ha destinado un capítulo (el número 10) a un tema sumamente relevante y que no tiene asignado un número de paso, como es el control de gestión y sus indicadores.

Un buen proceso de selección permite:

- No contratar a la persona equivocada.
- No tener que procesar muchas respuestas irrelevantes provenientes

de las distintas fuentes seleccionadas. (Por ejemplo, uno de los recursos más tradicionales en los procesos de búsqueda es la publicación de anuncios, y ellos, cuando no están bien confeccionados, constituyen con frecuencia una fuente de "respuestas irrelevantes".)

La clave del éxito de todo el proceso es, básicamente, que sea sencillo y corto, cubriendo, desde ya, los requisitos de la organización.

Para ello hay que contratar a la persona indicada, en el momento indicado y al precio indicado, y ¡no es fácil!

El anuncio

El anuncio es sólo una fuente de reclutamiento, entre muchas otras; sin embargo, dada su importancia y repercusión pública será tratado por separado.

Al abordar este tema se piensa inmediatamente en el anuncio en periódicos. Todos los países tienen un día usual de publicación de anuncios; en Argentina y en muchos otros es el domingo; en otros, el viernes. Las revistas especializadas, aunque no tan utilizadas, constituyen otro de los medios frecuentes de publicación de anuncios.

En pleno siglo XXI y desde los últimos años del siglo anterior, otro medio captó la atención del anunciante de ofertas de empleo: Internet. Puede utilizarse este medio desde el sitio de la organización que desea cubrir la posición, de la consultora contratada para la realización de la selección o los sitios laborales.

Aclarado esto, todo lo que diremos en materia de anuncios, sobre cómo diseñarlos y estructurarlos, se aplica a cualquier medio utilizado.

Cuándo un anuncio está bien redactado, y cuándo no[15]. Qué debe contener un buen anuncio

La redacción de un anuncio comunicando una búsqueda laboral debe ser siempre directa y clara; debe evitar las expresiones ingeniosas o no pro-

15. **Desde mi experiencia profesional**
Uno de mis pasatiempos preferidos es leer los domingos anuncios bien y mal escritos en los periódicos imaginándome cuál será la respuesta. La clave de nuestro trabajo está, entre otras cosas,

fesionales. Es preciso recordar que por su presentación y contenido el anuncio es un reflejo de la organización que lo publica, y por consiguiente se deberá pensar en la imagen que se quiere proyectar. El anuncio puede ser diseñado por una agencia de publicidad. Lo más aconsejable será un diseño experto, pero el texto debe ser redactado por el responsable de Selección, que conoce los requerimientos del puesto a cubrir. La ayuda de una agencia publicitaria será de suma utilidad para determinar los mejores medios donde realizar la publicación, y el diseño, espacios, medidas y otros detalles del anuncio, como tipo y tamaño de letras que se deben emplear.

A continuación incluiremos algunos conceptos de John Courtis[16]. Para este autor existen dos dimensiones esenciales:

- *Interna*: definir el perfil completo del candidato.
- *Externa*: armar la publicación, con información sobre la organización, el contenido del trabajo y el título, las aspiraciones y el tipo de respuesta requerida.

Cada documento que se envíe a un medio de comunicación para su publicación debería seguir este criterio. Se sugiere tener en cuenta:

- elección de un medio de publicación económicamente eficaz;
- uso adecuado del espacio;
- elección del medio que brinde la mayor certeza sobre los posibles resultados.

Para ello el responsable de la selección debe tener en cuenta el presupuesto del cual dispone para la publicación del anuncio y el mercado al cual se dirige. Si el responsable no es un experto en la materia quizá requiera asesoramiento. Los periódicos incluso tienen diferentes secciones, y no todas son igualmente efectivas para cualquier búsqueda. El éxito dependerá de estos elementos. Recuerde una regla básica: *el resultado a obtener en materia de publicación de anuncios (atraer candidatos que cumplan con el perfil, no de otro tipo) estará en relación con lo invertido en ellos (su tamaño y la calidad de su ubicación).*

---

en el arte de hacer un buen anuncio. Ninguno de nosotros querrá recibir papeles por 20 cm de alto o su equivalente en el mundo digital, y, además, ¡poco interesantes! Lo ideal es recibir 50/60 cartas -o menos- y que apliquen a lo requerido.

16. Courtis, John, *Recruitment Advertising. Right first time.* Institute of Personnel and Development, Londres, 1994.

El otro tema importante a tener en cuenta es el momento de la publicación, evitando, por ejemplo, los fines de semana largos.

¿Por qué publicar?

Cuando se realiza una publicación adecuada, el anuncio puede ser una manera económica de comunicar la búsqueda con un alcance nacional o dentro de un área geográfica significativa, para convocar postulaciones de:

- personas en una disciplina específica, que puede implicar una capacitación profesional o una especialización funcional, y, por lo tanto, experiencia;
- personas con experiencia en un sector específico;
- habilidades especiales, tal vez con el uso de maquinaria altamente compleja;
- una mezcla de lo anterior.

El anuncio debe contener ciertas partes indispensables:

- *Definición de la empresa.* En ocasiones las organizaciones publican anuncios con su nombre y logotipo. A veces esto no es posible, por razones de confidencialidad. En estos casos será aconsejable recurrir a un consultor externo. Recuerde que muchos buenos candidatos que estén empleados no responderán si no saben a quién lo hacen. El lector podrá pensar que si el anuncio lo publica un consultor de todos modos no se conoce el nombre de la empresa, pero el postulante en ese caso conoce al consultor y su postulación será personalizada.
  En los casos en que el anuncio sea publicado por una consultora sin identificación del cliente, se deberá definir con la mayor precisión posible el tipo de empresa que ofrece el puesto, sin incluir –eventualmente– detalles que impliquen "descubrir" al cliente.
- *Descripción de la posición.* Contenido, responsabilidades, lugar de trabajo cuando se trate de un sitio alejado, frecuencia de viajes si fuese pertinente, y cualquier otro dato relevante.
- *Requisitos excluyentes y no excluyentes.* Si bien todos los aspectos del anuncio son relevantes, el más importante es sin ninguna duda la clara y concreta descripción de los requisitos excluyentes. La persona

que lee el anuncio debe conocer sin ningún lugar a dudas aquellos aspectos del perfil sin los cuales un eventual postulante no será tenido en cuenta.

- *Competencias dominantes.* Indicar en el anuncio las competencias requeridas para el puesto es sólo una sugerencia. En mi empresa las ponemos desde hace unos años, con el único propósito de dejar en claro aquellos conceptos por lo cuales también serán evaluados los aspirantes durante el proceso de selección.
- *Frase que indique qué se ofrece.* Desarrollo de carrera, buen salario, auto y vivienda si correspondiera por algún motivo, etc. Hay países donde es común indicar el paquete anual de compensaciones, pero ésta no es una práctica frecuente en la Argentina.
- *Indicaciones finales.* Adónde escribir o dónde presentarse; plazo de recepción de currículum vitae; si hay que determinar número de referencia o pretensiones económicas; si se requiere presentar foto; etc. Señalar dirección y teléfono del lugar de recepción. Indicar e-mail y fax sólo si se está dispuesto a recibir postulaciones por esos medios.

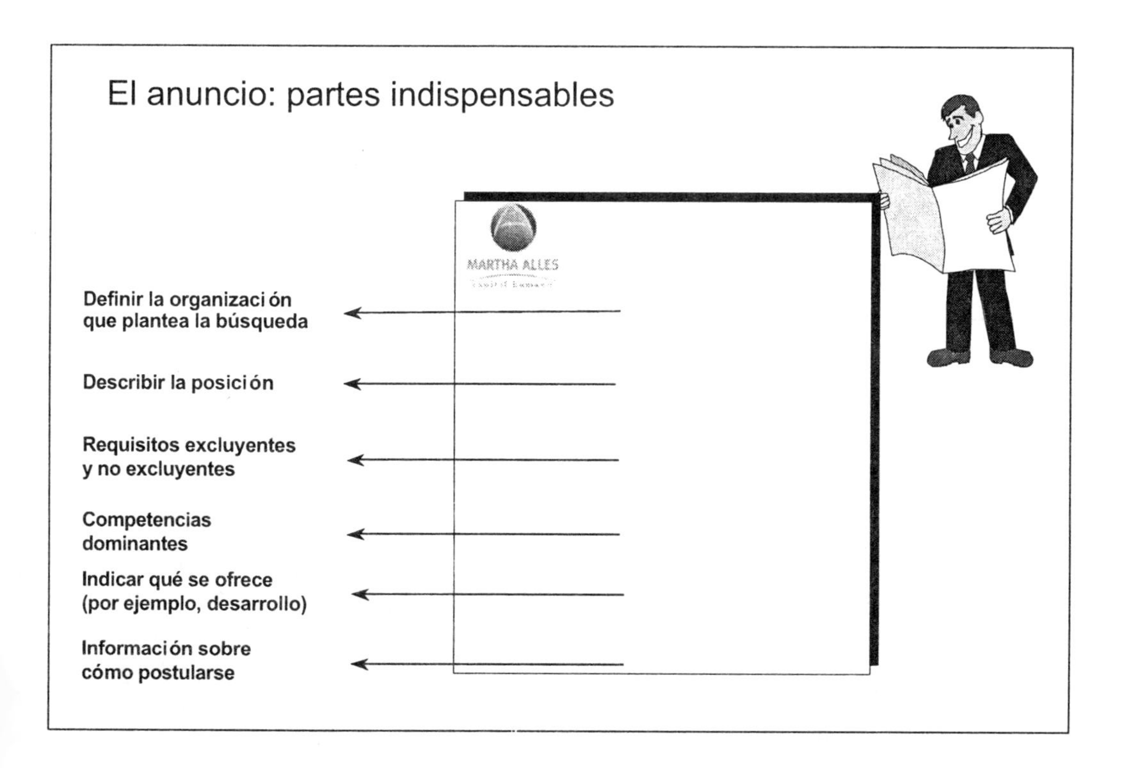

The IHT has a vacancy for a

P.A. to the Senior Vice President, Strategy & Development Director

Position based in the Headquarters of the International Herald Tribune (Paris, France)

The International Herald Tribune (www.iht.com) is the premier international newspaper for opinion leaders and decision-makers around the globe. It combines the extensive resources of its own correspondents with those of The New York Times and is printed at 29 sites throughout the world for sale in more than 180 countries. Based in Paris since 1887, the IHT is part of The New York Times Company.

POSITION OVERVIEW

As P.A. to the Senior Vice President, Strategy & Development Director, your main role will be to assist him in his work as well as providing assistance to the IHT Digital team.

You will report to the Senior Vice President, Strategy & Development Director.

Functional responsibilities

- Assist the Senior Vice President in his daily work with the required level of confidentiality and trust.
- Be the main liaison with IHT's publishing partners, policing the IHT brand, regularly checking through the English sections' editorial and advertising content, tracking monthly budget/P&L, coordination and follow-up of all management and legal issues.
- Provide support on establishing new publishing, printing and distribution alliances.
- Produce, review and coordinate contracts for all new alliances.
- Planning & organization of annual events such as: Publishing Alliance Conference, Web Pep Rally, etc.
- Direct supervision and coordination of our electronic syndication and content licensing operations.
- Assist in annual budget process and monitoring for IHT, Partnerships and INA.
- Presentation preparation.
- Assist with preparation for the CE, GIA meetings and other labor relations.
- Organization of conference calls, departmental meetings and reporting thereafter.
- Administration tasks, travel arrangements, diary management, etc.

JOB SPECIFICATION & SKILLS

- Reliable / trustworthy,
- Self-motivated,
- Able to take initiative and carry out projects with minimal supervision,
- Multi-cultural minded in order to effectively operate in a very international environment,
- English mother tongue, fluent in French, other languages a plus,
- Excellent communication, organization and planning skills,
- Effective at prioritizing,
- International experience a plus,
- Able to work under pressure and meet deadlines,
- Computer literate: Word, Excel, PowerPoint, etc.

POSITION: Permanent, full time.

Contact Information
resume@iht.com
International Herald Tribune
6 bis, rue des Graviers, 92521 Neuilly, France.

En otras publicaciones sobre selección hemos incluido, a modo de ejemplos, avisos de nuestra propia firma y de otras organizaciones, tanto de la Argentina como de otros países. Para esta obra he seleccionado un aviso en inglés, publicado por *Herald Tribune* el miércoles 16 de marzo de 2005.

Si analizamos el texto se podrá ver que la organización se presenta con su nombre y una imagen al pie. La descripción de la posición es completa: el título del puesto, lugar de trabajo, una descripción de la empresa que incluye hasta la fecha de su fundación y la cantidad de países donde tiene operaciones.

La posición se describe a partir de su nombre y su nivel de reporte dentro de la organización. Y a continuación se ofrece una detallada descripción de las responsabilidades funcionales del puesto.

En una sección aparte se describen los requisitos del puesto junto con las competencias o habilidades específicas requeridas.

En las últimas líneas se menciona que la posición es de tipo permanente y de tiempo completo y, al final, se especifica cómo postularse.

Los estilos de los anuncios pueden diferir: desde algunos estructurados en párrafos hasta otros, como el que estamos mostrando como ejemplo, donde la información se presenta con formato de listado o *check list,* a modo de ítems (viñeta). En mi consultora preferimos el primero estilo, quizá por ello elegimos para mostrar en esta obra uno con una presentación diferente, que creemos que igualmente cubre todo lo necesario para ser considerado un "modelo de anuncio".

Cómo planificar

A lo largo de todo este capítulo hemos expuesto los diferentes pasos a seguir, definiendo cuáles son responsabilidad del área de Recursos Humanos, y cuáles del cliente interno.

A su vez, planificar un proceso de selección requiere experiencia práctica de relevancia, ya que es casi imposible enumerar todas las opciones para dar pautas sobre cada una de ellas aconsejando la mejor manera de proceder en cada caso.

Se intentará hacer una gran división de temas para ayudar a la planificación; todos son tratados en detalle– en los distintos capítulos.

Definiremos los veinte pasos en cuatro grandes categorías

1. Atracción
2. Preselección
3. Selección
4. Decisión

La agrupación de los veinte pasos en estas cuatro categorías se ha realizado siguiendo un esquema similar al presentado por Almeida[17], con algunas diferencias. Para esta autora brasileña la preselección, que denomina *triagem,* es una etapa que tiene como propósito la "eliminación de los casos no calificados", en tanto que la etapa de selección se ocupa de la evaluación de las calificaciones de los candidatos.

El criterio a seguir es sencillo. Como se muestra en el gráfico de la página siguiente (arriba), luego de la atracción, en la "preselección" se deben evaluar los conocimientos de los postulantes, de modo de dejar la parte más compleja del proceso –es decir, la evaluación de competencias– para la etapa de "selección".

Para ofrecer una mejor claridad se relacionarán las cuatro categorías que constan en el gráfico con los veinte pasos mencionados anteriormente (ver gráfico inferior). Como se puede apreciar, la preselección es la que más horas de trabajo llevará, ya que en esa instancia aún se consideran una serie de postulaciones que necesariamente no pasarán a la etapa de selección. Se deberían arbitrar mecanismos de preselección que por un lado aseguren la calidad del proceso y por otro permitan un diagnóstico temprano de cuáles

17. Almeida, Walnice. *Captação e Seleção de talentos. Repensando a Teoria e a Prática.* Editorial Atlas. San Pablo, 2004. Página 30 y siguientes.

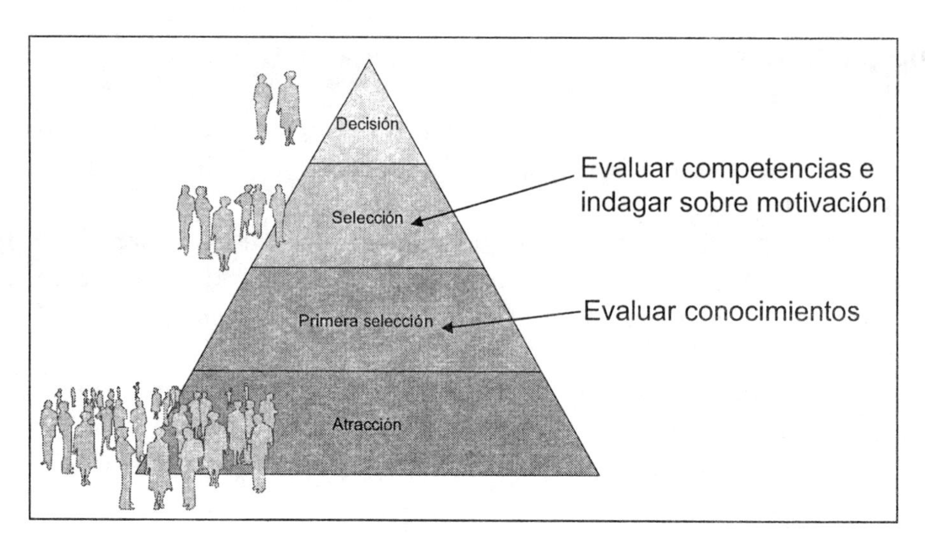

candidatos responden al perfil y cuáles no; esta rápida separación es buena para todos los actores intervinientes: para el selector, que realizará las evaluaciones más detalladas con aquellos candidatos que se aproximen más a lo requerido por el área demandante, y para los postulantes, que sabrán en menor tiempo si están o no dentro del proceso de selección.

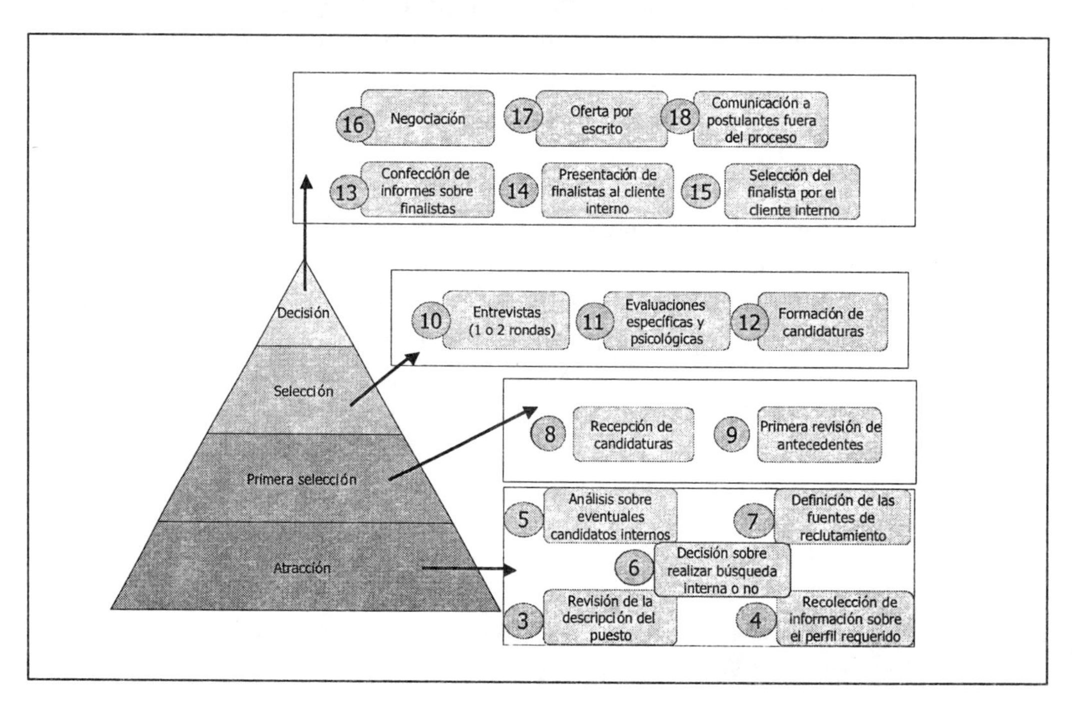

Ejemplos de cómo encarar la planificación de un proceso de selección

Cómo distribuir tareas entre preselección y selección

Como ya hemos dicho, la planificación difiere de un caso a otro. Para enfatizar los conceptos vertidos se presentarán dos ejemplos, referidos a la selección de un joven graduado y de un nivel gerencial.

Preselección y selección de un joven graduado

En casos de personas con poca experiencia laboral se sugiere identificar los principales ítems a evaluar en materia de conocimientos; por ejemplo, contabilidad y/o auditoría para un contador, lectura y escritura en idioma inglés para un especialista en comercio exterior que deba interactuar con países del Lejano Oriente, etc. En casos así, luego de la primera preselección de candidaturas se puede administrar un examen de conocimientos antes de iniciar las entrevistas.

Preselección y selección de un nivel gerencial

En casos de personas con experiencia laboral y nivel gerencial se sugiere, al igual que en el ejemplo anterior, identificar en una primera instancia los principales ítems a evaluar en materia de conocimientos; por ejemplo, conocimientos de normas internacionales para un gerente administrativo-financiero cuya organización deba presentar informes en los Estados Unidos, manejo de instrumentos financieros de exportación para un especialista senior de comercio exterior responsable de la exportación de productos industriales a países del Lejano Oriente, etc. En casos así, luego de la primera preselección de candidaturas se puede solicitar a cada postulante que complete un cuestionario especialmente diseñado para conocer información adicional a la que usualmente se consigna en los currículum. Las preguntas más usuales en estos casos se relacionan con la experiencia profesional y la aplicación concreta de los conocimientos que se desea evaluar. Este cuestionario puede ser enviado a los postulantes a través de correo electrónico, y en función de las respuestas iniciar la etapa de entrevistas.

A continuación se incluirán dos esquemas de planificación donde se mostrarán los pasos centrales de un proceso de selección a cargo del área de Empleos o Selección. Ambos esquemas deben ser considerados a modo ilustrativo. La principal idea que deseamos que el lector perciba es la combinación entre los pasos a realizar en cada caso y los tiempos asignados. Los que posean experiencia en selección sabrán sobradamente que los plazos nunca son estrictos y que no se pueden predecir los comportamientos de los distintos actores de un proceso de selección, desde los cambios de perfil hasta los cambios de contexto y otras situaciones particulares. De todos modos, la experiencia indica plazos razonables para cada etapa.

Este esquema de trabajo permitirá, también, poder realizar ajustes cuando por algún motivo se deba cubrir una posición en plazos más cortos que los habituales para el tipo de posición deseada.

Una síntesis sobre la planificación del proceso de selección

Se dirá muchas veces que la clave del éxito de un proceso de selección es la planificación. En esta instancia del proceso de búsqueda el cliente interno solicitará la definición de fechas, plazos. Se sugiere tomar un cierto margen al respecto; hay que tener en cuenta que se deberá entrevistar a personas y estas, según el nivel del cual se trate, podrán tener problemas de agenda, viajes, etcétera.

En contraposición, no es posible tomar un margen demasiado amplio, ya que en ese caso se pensará que el Departamento de Selección (o la consultora) es ineficiente.

Como se dijo al inicio de capítulo, un buen selector deberá cuidar el equilibrio: al momento de planificar una búsqueda –o un conjunto de ellas– deberá tener en cuenta que disminuirá el riesgo si se aumentan los pasos de evaluación de candidatos, pero cada uno que se incorpore significará más tiempo y dinero; por lo tanto, los pasos deberán ser los necesarios: aquellos que permitan al cliente interno tomar una buena decisión (y a Recursos Humanos dar un buen asesoramiento), pero no demasiados, a fin de que la selección no sea muy lenta y, por ende, muy costosa. El tema de los costos relacionados con los procesos de selección será tratado en el Capítulo 10.

Si se contrató a una consultora se sugiere realizar un seguimiento permanente. Una buena idea es solicitar un plan de trabajo y estimación de fechas.

Por último, informar periódicamente al cliente interno.

Planificación de un proceso de selección para un joven graduado					
Pasos		**Semana 1**	**Semana 2**	**Semana 3**	**Semana 4**
1, 2, 3, 4 Desde la necesidad de cubrir una posición hasta recolectar la información sobre el perfil		No incluidos en la presente planificación			
5, 6 Análisis sobre eventuales candidatos internos y decisión de realizar una búsqueda interna					
7 Definición de las fuentes de reclutamiento	Publicar la búsqueda en el sitio web de la organización				
	Publicar en un periódico				
8 Recepción de candidaturas					
9 Preselección de candidaturas	Análisis de CVs				
	Examen de conocimientos				
10 Entrevista por competencias					
11 Evaluación psicológica					
12, 13, 14 Formación de candidaturas, confección de informes y presentación al cliente interno					
15, 16, 17 Selección del finalista, negociación y oferta por escrito		No incluidos en la presente planificación			
18 Comunicación a los postulantes		No incluido en la presente planificación			
19, 20 Proceso de admisión e inducción		No incluidos en la presente planificación			

Planificación de un proceso de selección de un nivel gerencial					
Pasos		**Semana 1**	**Semana 2**	**Semana 3**	**Semana 4**
1, 2, 3, 4 Desde la necesidad de cubrir una posición hasta recolectar la información sobre el perfil		No incluidos en la presente planificación			
5, 6 Análisis sobre eventuales candidatos internos y decisión de realizar una búsqueda al interior de la organización					
7 Definición de las fuentes de reclutamiento	Publicar la búsqueda en el sitio web de la organización				
	Publicar en un periódico				
8 Recepción de candidaturas					
9 Preselección de candidaturas	Análisis de CVs				
	Cuestionarios a los preseleccionados				
10 Entrevista por competencias					
11 Evaluación psicológica					
12, 13, 14 Formación de candidaturas, confección de informes y presentación al cliente interno					
15, 16, 17 Selección del finalista, negociación y oferta por escrito		No incluidos en la presente planificación			
18 Comunicación a los postulantes		No incluido en la presente planificación			
19, 20 Proceso de admisión e inducción		No incluidos en la presente planificación			

SUMARIO. PLANIFICACIÓN DE UNA SELECCIÓN

- Una vez que la decisión de cubrir una posición está tomada y se ha recolectado toda la información necesaria sobre el perfil, la persona responsable de llevar a cabo o dirigir el proceso de selección deberá planear cómo realizarlo.
- Para planificar un proceso completo de selección hay que tener muy en claro los veinte pasos que hemos definido, y quién será el responsable de cada uno de ellos. Es preciso, además, que se comprenda claramente la diferencia entre reclutamiento y selección. *Reclutamiento* es la convocatoria de candidatos; es una actividad de divulgación dirigida a atraer de manera selectiva a los candidatos que cubren los requisitos mínimos para la posición requerida. *Selección* es una actividad de clasificación donde se escoge a aquellos que tengan mayor posibilidad de adaptarse al cargo ofrecido y satisfacer así las necesidades de la organización y del perfil.
- El proceso de selección debe ser planificado detalladamente; y si se tiene la sensación de que será necesario un replanteo de la demanda por algún factor, el selector deberá avisar a su cliente interno antes de iniciar el proceso. Si no hay información previa, seguramente no se detectará una situación como la descrita hasta la etapa de preselección.
- Tanto el reclutamiento interno como el externo presentan ventajas y desventajas; se deberá analizar en cada caso cuál es la modalidad más adecuada.
- Las fuentes de reclutamiento son muchas y diversas, el selector deberá conocerlas y analizar en cada caso cuál es la más conveniente por su efectividad y costos.
- Cada vez se requieren más consultoras para aconsejar en asuntos de Recursos Humanos. Las razones son obvias. Mientras que algunos departamentos de RRHH se reducen, especialmente en el centro de las grandes compañías, la necesidad de innovar es de suma importancia para asegurar que las organizaciones sobrevivan y prosperen en un mundo altamente competitivo. De este modo, los consultores, con frecuencia, son catalizadores o agentes del cambio.
- El anuncio es una fuente de reclutamiento más; sin embargo, dadas sus características es tratado especialmente en este capítulo. Los anuncios pueden publicarse en periódicos, revistas especializadas o en Internet. Todos requieren la misma atención en cuanto al estilo e información a brindar.

- La redacción del anuncio debe ser siempre directa y clara. Debe contener ciertas partes indispensables: 1) definición de la empresa, 2) descripción de la posición, 3) requisitos excluyentes y no excluyentes, 4) competencias dominantes, 5) frase que indique qué se ofrece, 6) indicaciones finales.
- Se dirá muchas veces que la clave del éxito de un proceso de selección es la planificación. En esta instancia del proceso de búsqueda el cliente interno solicitará la definición de fechas, plazos. Se sugiere tomar un cierto margen al respecto; hay que tener en cuenta que se deberá entrevistar a personas, y estas, según el nivel del cual se trate, podrán tener problemas de agenda, viajes, etcétera. En contraposición, no es posible tomar un margen demasiado amplio, ya que se pensará que el Departamento de Selección (o la consultora) es ineficiente.

PARA PROFESORES

Para cada uno de los capítulos de esta obra hemos preparado:

- Casos prácticos y/o ejercicios para una mejor comprensión de los temas tratados en cada uno de ellos.
- Material de apoyo para el dictado de clases.

Los profesores que hayan adoptado esta obra para sus cursos tanto de grado como de posgrado pueden solicitar de manera gratuita las obras:

Selección por competencias. CASOS
(link: www.marthaalles.com/seleccioncasos)
Selección por competencias. CLASES
(link: www.marthaalles.com/seleccionclases)

Únicamente disponibles en formato digital, en nuestro sitio:
www.marthaalles.com, o bien escribiendo a: profesores@marthaalles.com

Selección por competencias
6
Preselección y
selección

Capítulo 6
PRESELECCIÓN Y SELECCIÓN

En este capítulo usted verá los siguientes temas:

- Preselección o primera selección
- Primera revisión de antecedentes
- El proceso de citación
- Selección
- La entrevista
- El rol del entrevistador
- Los postulantes con problemas. Cómo manejar la entrevista
- Comparación de candidatos
- Armado de la carpeta de finalistas
- El cliente interno en un proceso de selección
- Gestión por competencias y selección
- La entrevista por competencias
- La motivación del postulante en relación con el proceso de selección

En capítulos anteriores se analizó el comienzo de un proceso de selección, desde que surge la necesidad de cubrir un puesto, la posterior recolección de información sobre el perfil, hasta la planificación en sí del trabajo a realizar. En éste nos abocaremos a la selección de postulaciones. Desde la recepción de candidaturas y la primera revisión de antecedentes hasta la entrevista en todos sus pasos, finalizando con la formación de candidaturas y la elección por el cliente interno. Se tratará también la entrevista por competencias.

Será nuestro propósito explicar conceptualmente los diferentes temas y no enfatizar aspectos en relación con la tecnología, aunque de todos modos serán mencionados cuando sea pertinente. En la actualidad es usual utilizar bases de datos y la preselección de postulaciones a través de Internet. No obstante, muchas veces, se reciben –también– postulaciones a través de *currículum vitae* u hojas de vida enviadas a través de e-mail o, aunque en más raras ocasiones, en papel.

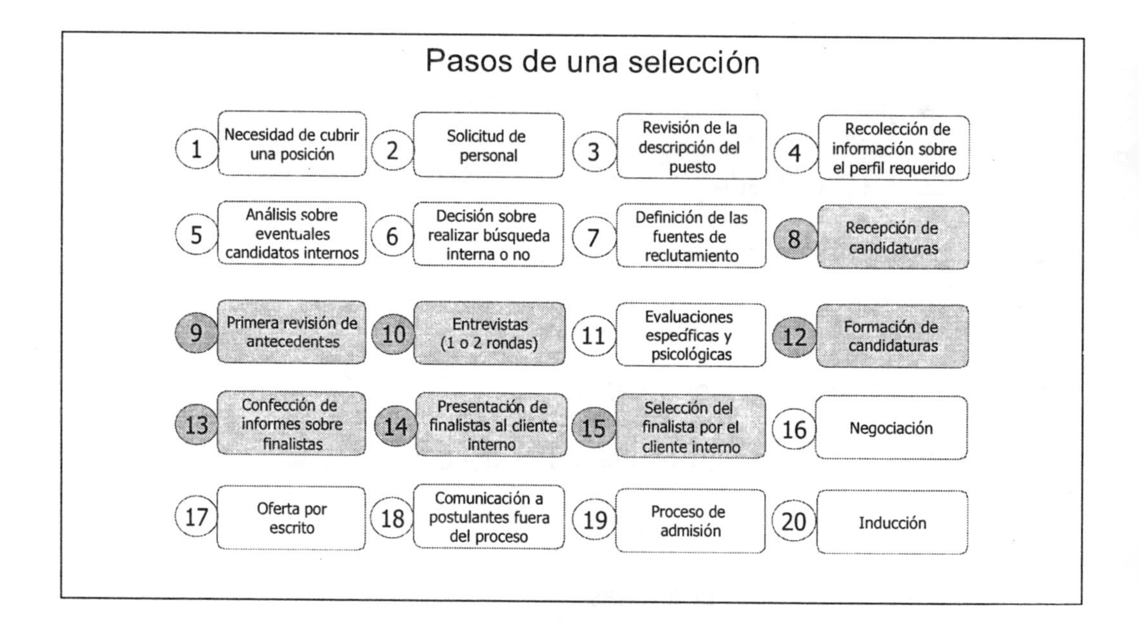

Un proceso completo de selección de personas, como se vio en el capítulo anterior, tiene una serie de pasos. Algunos de ellos tienen relación directa con el mercado y con eventuales participantes de un proceso de reclutamiento y selección: las personas que se postulan –a las cuales podremos denominar postulantes, candidatos, aspirantes, aplicantes[1], entre las formas más comunes de referirse a ellos–. Es decir, existen momentos que sólo atañen a la organización, y momentos en los que la organización se conecta con el afuera, o sea, con personas que no trabajan en la organización y que potencialmente pueden hacerlo algún día. Estas etapas en las que la organización "se abre" son muy importantes y deben manejarse con mucho cuidado, ya que la imagen organizacional queda expuesta.

Estos pasos se pueden ver en el gráfico siguiente.

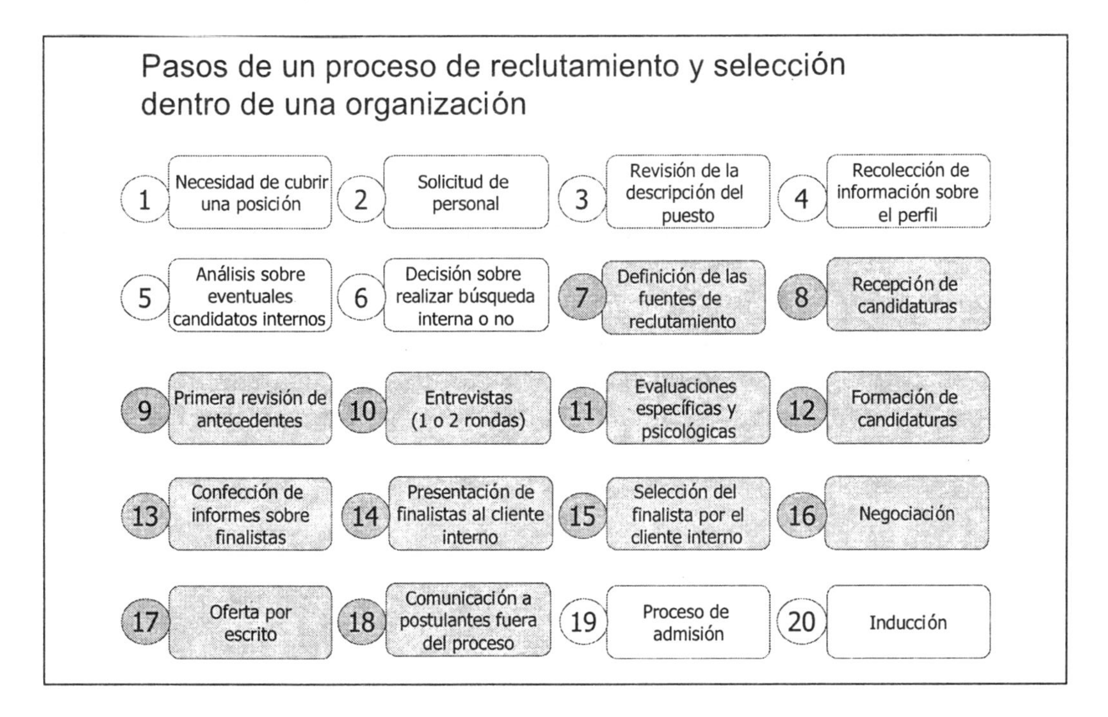

La relación entre la organización y las personas del mercado, eventuales interesados en la o las vacantes a cubrir, pasa por distintas etapas que podríamos sintetizar en cuatro: atracción, preselección, selección y decisión.

Los pasos 1 a 6 son netamente internos a la organización y no involucran a otras personas. La atracción de los posibles interesados se relaciona con el paso 7, donde una adecuada elección de fuentes de reclutamiento permitirá que participen en la búsqueda aquellas personas que respondan

1. *Aplicante* puede interpretarse como una derivación de la palabra *aplicar* o bien un anglicismo derivado de *applicant* (aspirante o pretendiente).

al perfil requerido. La primera selección incluye los pasos 8, 9 y 10. Siendo en este último donde también puede comenzar la etapa de selección, que incluye además el paso 11. La decisión se relaciona con los pasos 12 a 18. Los restantes pasos, 19 y 20, se realizan cuando el aspirante ya se ha convertido en nuevo colaborador de la organización.

En este esquema propuesto nos parece importante diferenciar las distintas posiciones que asume la empresa o el consultor interviniente, según corresponda. Algunas etapas tienen el propósito de convocar a las personas a participar en un proceso de selección y otras, elegir a las personas que más se acercan a lo requerido.

Atracción

Como su nombre lo indica, es la etapa de convocar o atraer postulaciones, y se ha tratado en el capítulo anterior. La atracción tiene como propósito mostrar lo más interesante que la posición a cubrir ofrece a los futuros aspirantes, siempre dentro de la ética, es decir, sin faltar a la verdad. Para la atracción se utilizan las distintas fuentes de reclutamiento, tal como se ha visto en el Capítulo 5. Cuando estas fuentes se utilicen adecuadamente la atracción será tanto en número como en calidad. Sin embargo, que el resultado del reclutamiento sean pocas postulaciones, pero que respondan al perfil buscado, será "el sueño del selector" en contraposición al resultado de una mala elección de fuentes de reclutamiento –junto con anuncios mal redactados– que ofrezcan como resultado muchas postulaciones no acordes a lo requerido. Cuando esto ocurre hay que aplicar muchas horas de trabajo a fin de separar lo bueno de lo malo, es decir, las postulaciones que se relacionan con el perfil buscado de las que no.

Preselección o primera selección

A continuación de la etapa de "atracción" (paso 7) sigue la que hemos denominado "preselección" o primera selección. Ésta comprende desde la lectura de currículum vitae u hojas de vida, la aplicación de filtros en bases digitales, hasta las primeras entrevistas o aplicación de exámenes (pasos 8 y 9).

En la etapa de preselección o primera selección la actitud será inversa a la de atracción; la preocupación fundamental será separar, es decir, dejar fuera del proceso a todos aquellos que no respondan al perfil requerido. Las técnicas que se usen deberán ser precisas, para no dejar fuera casos de interés, y, al mismo tiempo, considerar los distintos intereses de las partes actuantes (postulantes y selector).

No debe quedar la idea de que la preselección es un paso de menor importancia; por el contrario, es fundamental. Le damos un trato por separado porque, usualmente, las tareas a realizar en esta etapa son de más fácil administración en comparación con las que deben aplicarse en la etapa de selección.

La verdadera selección se hará en la etapa que hemos llamado con ese solo término. Será en ese momento que a través de la entrevista –en especial de la entrevista por competencias– se detectará cuáles de aquellas personas que en primera instancia cubren el perfil son las que tienen las competencias requeridas y otras características personales para alcanzar un desempeño exitoso o superior (paso 10, según cómo se haya planificado trabajar en cada caso, y paso 11, juntamente con los pasos 12, 13 y 14).

Por último, la decisión sobre la persona más adecuada se realiza con la participación del cliente interno. Es este el que decide quién será el nuevo

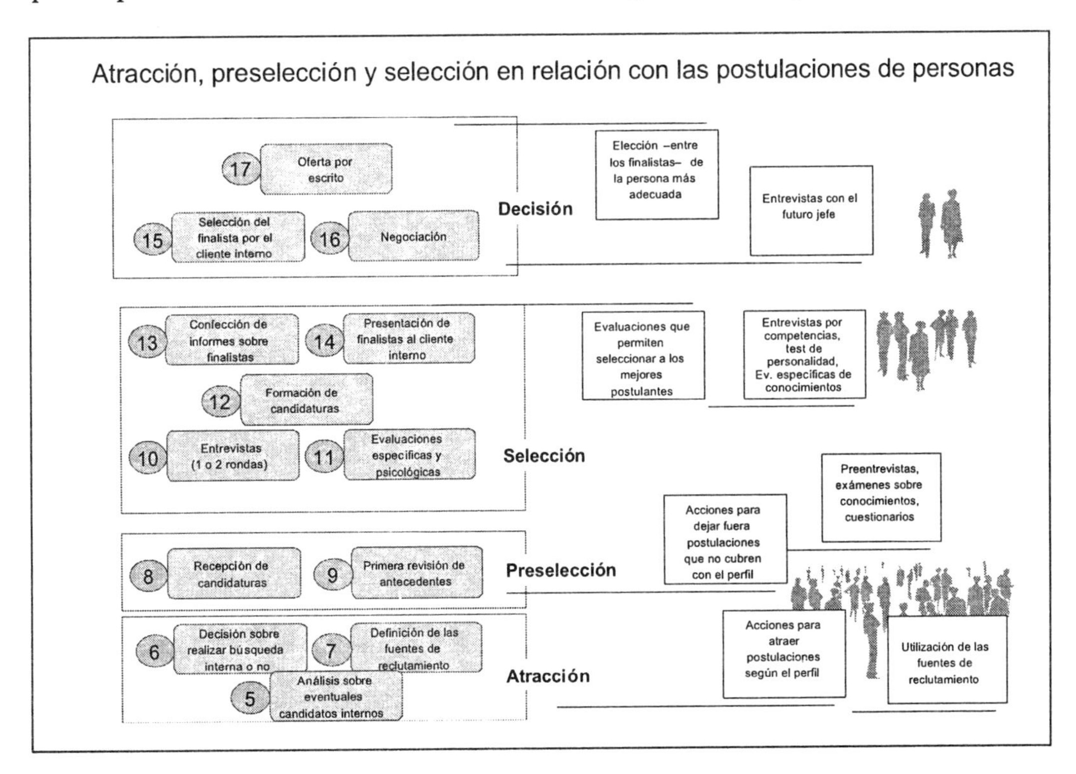

colaborador. Según el nivel de la posición a cubrir es posible que participen otros niveles, desde el jefe del jefe hasta diferentes reportes funcionales con los cuales deba trabajar el nuevo colaborador. Por ejemplo, si la posición a cubrir es la de un *controller* o contralor, con reporte local al número uno de la organización y con reporte funcional al responsable corporativo radicado en la casa matriz, serán ambos los que tomarán la decisión, en conjunto (pasos 15, 16 y 17).

En el gráfico de la página anterior se muestran las distintas etapas mencionadas junto con una somera explicación sobre qué contiene cada una.

El proceso completo –juntamente con las cuatro grandes etapas aquí delineadas– se tratará en diferentes capítulos: *atracción*, Capítulo 5; *preselección* y *selección*, Capítulos 6 y 7; y *decisión*, Capítulo 8.

Con relación al gráfico precedente, es importante destacar el énfasis puesto en cada etapa, y en especial marcar la diferencia entre la preselección y la selección en sí. En la etapa de preselección se realizan acciones tales como entrevistas cortas o exámenes sobre conocimientos, tendientes a separar tempranamente aquellas postulaciones que no respondan al perfil requerido. Una vez que el selector se ha asegurado que los participantes reúnen los requisitos de tipo objetivo del puesto se realiza la verdadera selección, donde el énfasis está puesto en el análisis de la persona, sus competencias conductuales que podrían llevarla a un desempeño superior al estándar, el perfil motivacional y otros aspectos de la personalidad del postulante. Ambos ingredientes, competencias y motivación, serán los factores determinantes para predecir un comportamiento futuro exitoso del nuevo colaborador.

En el esquema propuesto, los conocimientos se evaluarán –siempre que sea posible– en la etapa de preselección, y los comportamientos en la de selección, a través de las distintas herramientas existentes a tal efecto: la entrevista por competencias, la entrevista BEI, y el ACM (*Assessment Center Method*).

En todos los casos, la planificación del proceso de selección, como se vio en el capítulo anterior, es de tipo artesanal y varía según las diferentes circunstancias. En ciertos procesos de selección las pruebas de conocimiento se administran cuando el proceso está avanzado, es decir, durante la etapa de selección. Por ello, en el Capítulo 7, destinado a tratar la evaluaciones específicas, se mencionan las destinadas a evaluar diferentes conocimientos; entre ellos, idiomas.

Primera revisión de antecedentes

Como es conocido por todos, un proceso de selección no se realiza "necesariamente" a partir de un currículum vitae u hoja de vida. El currículum vitae u hoja de vida puede presentarse en diversos formatos físicos: 1) hoja de papel, 2) formato digital como adjunto de un correo electrónico –el tratamiento de este es igual al primero de los mencionados–, y 3) postulaciones a través de la carga de datos en un formato digital según el esquema prediseñado del sitio de Internet donde los mismos sean ingresados. El número 3) también constituye un currículum vitae u hoja de vida, sólo que responde a un diseño preestablecido que no fue definido por el postulante.

Si bien en la actualidad aún se realizan convocatorias de empleo bajo la consigna de *presentarse en un día y una hora en determinado lugar*, el desarrollo presentado en esta obra se corresponde con el tipo de selección realizada a partir de antecedentes escritos, ya sea consignados en un papel o archivo (currículum vitae u hoja de vida), o bien incluidos en una base de datos digital a través de la carga de información en un sistema *on line* o Internet.

Cuando el currículum vitae no existe, es decir, cuando se trata de búsquedas donde la persona se presenta y a través de una fila llega a la instancia de la entrevista, los pasos se pueden asemejar a partir de ese momento. Pero volvamos a nuestro esquema. En las búsquedas a partir de currículum vitae, el primer paso, antes de la o las entrevistas, es la lectura del mismo y su comparación con el perfil requerido.

Recepción y calificaciones iniciales

En las consultoras o en las oficinas de Recursos Humanos hay, por lo general, una persona encargada de la recepción de postulaciones. Cuando se publica un anuncio se deberá tener en cuenta que se recibirán postulaciones por el anuncio y otras, denominadas espontáneas, de personas para las que, justamente, la publicación de ese anuncio, aunque no era para ellas, les sirvió de disparador y las motivó a hacer una presentación.

Se sugiere que la persona destinada a la recepción de postulaciones separe las de aquellos que respondieron al anuncio y las de quienes presentaron las suyas por otro motivo, ubicándolas en carpetas diferentes (digitales o físicas), rotulando dichas respuestas con el apellido y la posición a la cual la persona se postula. Las empresas o consultoras publican numerosos anuncios y será muy importante, para facilitar la tarea de quien deba leer las postulaciones, que estas estén separadas por tipo de búsqueda. Estos conceptos son válidos para las postulaciones recibidas bajo el estilo tradicional y las que llegan vía e-mail como "documento adjunto".

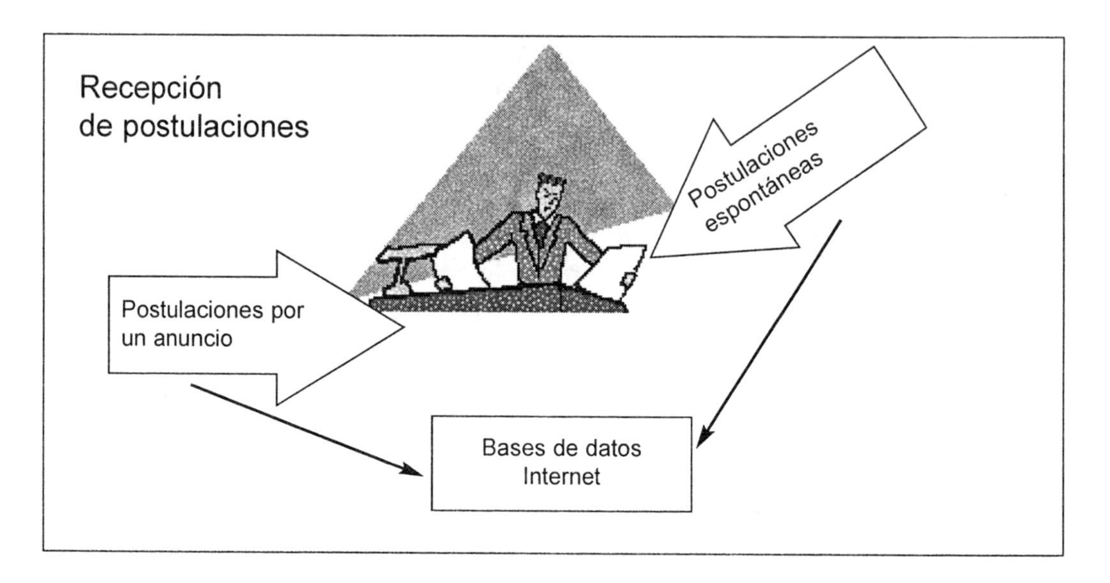

La atención del "mostrador de recepción" (físico o digital) parece una tarea de menor relevancia, pero no debe descuidarse. Algunas sugerencias al respecto son:

- *Destinar tiempo a entrenar a una persona para que desempeñe correctamente esta función.* Hay autores que proponen que la recepcionista tenga un listado de las posiciones vacantes de modo de dar a la persona que llega alguna respuesta en el momento. Quizá no sea una buena idea, pero sí se debe tener preparado el mensaje que la organización desea dar frente a las distintas situaciones, para evitar que el empleado a cargo del tema diga aquello que en su opinión crea más conveniente, ya sea de manera verbal o al responder un correo electrónico. La respuesta debe ser siempre clara, amable, y no crear falsas expectativas, buenas o malas, en las personas que se postulan.

Si se trabajara "a mano", es decir, sin ayuda de ordenadores, se debería proceder de la siguiente forma en la recepción de postulaciones:

- *Rotular las presentaciones recibidas.* Por ejemplo, en el ángulo superior derecho indicar apellido/s y nombre/s. Esto facilita la búsqueda de casos de consulta, cuando una persona llama para saber si el currículum vitae llegó, si lo van a convocar para una entrevista, etc. Éstas son preguntas que se reciben a diario, y varias veces por día, en una consultora u organización que usualmente publica anuncios.
- *Clasificar por búsqueda.* Indicar en el ángulo superior izquierdo el nombre de la búsqueda. Cuando no fuese referido por el postulante, leer el currículum vitae; si la postulación fuese clara, indicarlo; de lo contrario, dejarlo en un grupo aparte para consultar al respecto con el equipo de selectores.
- *Clasificar a los espontáneos.* Para esta tarea es necesario un mayor entrenamiento, pero se pueden dar algunas pautas sencillas agrupando los casos por grandes áreas: comercial, finanzas, administración, secretariado, fábrica, ingenieros, etcétera.

Este esquema deberá guiarlo en cualquier otro método de trabajo utilizado.

Cómo leer un currículum vitae u hoja de vida

Hay aspectos formales en las presentaciones de datos de los postulantes, comunes a todas las búsquedas, tales como prolijidad, presentación, tipo de escritura, errores de ortografía y extensión desmesurada. Éstos deben ser contemplados.

- *Aspectos estructurales*: edad, sexo requerido, estudios, etc. Hay ciertos países donde estos aspectos pueden considerarse discriminatorios; habrá que tener esto en cuenta.
- *Aspectos funcionales*: dónde trabajó, qué experiencia posee y otra información relacionada –por ejemplo, rotación o movilidad laboral–.

No es factible conocer a una persona sólo por leer su currículum vitae. Por exceso o por defecto, un buen postulante puede ser incapaz de escribir un buen currículum, pero un buen selector, a pesar de esa escasez o abundancia, deberá ser capaz de percibir en un currículum la existencia de un buen candidato.

Aspectos formales

Los aspectos formales de un currículum vitae (CV) u hoja de vida no deben minimizarse sino, por el contrario, darle su adecuada importancia.

En la actualidad se considera inadecuado un CV presentado en forma manuscrita, al igual que los presentados en formatos extravagantes. Hace unos pocos años, todos los integrantes de mi consultora mirábamos azorados, sin atrevernos a abrirlo, un paquete de papel corrugado y formato extraño que al moverlo hacía un ruido no identificado. Después de algunas vacilaciones, al abrirlo descubrimos que dentro habían colocado un CV con unas campanitas y un diseño aún más extraño de papel. ¿Quién se postulaba de ese modo? Un diseñador gráfico. Otros tan extravagantes como el mencionado, pero que causaron menos temor, han sido hojas de papel enrolladas sujetas con un moño de raso, o el CV doblado en forma de sobre con un moño, y variantes de estos formatos. En un caso recibimos uno con los colores del Club Boca Juniors, uno de los más populares en la Argentina.

Entre otras variantes no adecuadas recuerdo hojas de papel azul oscuro o verde oscuro escritas con letras amarillas o doradas. Su lectura oscilaba entre "imposible y dificultosa". Por último, y sólo para agregar otra conducta extraña, recibimos en una ocasión un CV que tenía abrochado un pequeño papel de color sin anotación alguna; cuando el postulante fue interrogado acerca de la razón de haberlo puesto adujo que sólo quería que lo recordasen a través de ese gesto poco frecuente. Como es obvio, hoy me acuerdo de la anécdota pero no de la persona; estos supuestos trucos para ser "recordados" no surten ningún efecto positivo.

Dejando de lado las extravagancias, se deberán analizar los márgenes y distribución de párrafos en el CV, así como la calidad y prolijidad del papel enviado. Similares conceptos son aplicables a los CVs que se reciben como adjuntos por correo electrónico.

Habrá que tener en cuenta cómo han sido dispuestos los márgenes, los títulos, la distribución de los párrafos y el tamaño de la letra; aspectos que en su conjunto hacen a la calidad y prolijidad del material enviado.

Entre los aspectos formales también debe tenerse en cuenta que la redacción, la claridad y la concisión son siempre deseables; ciertos términos técnicos o jergas profesionales específicas no deberán sorprendernos. La ortografía y el estilo a niveles profesionales son un requisito indispensable.

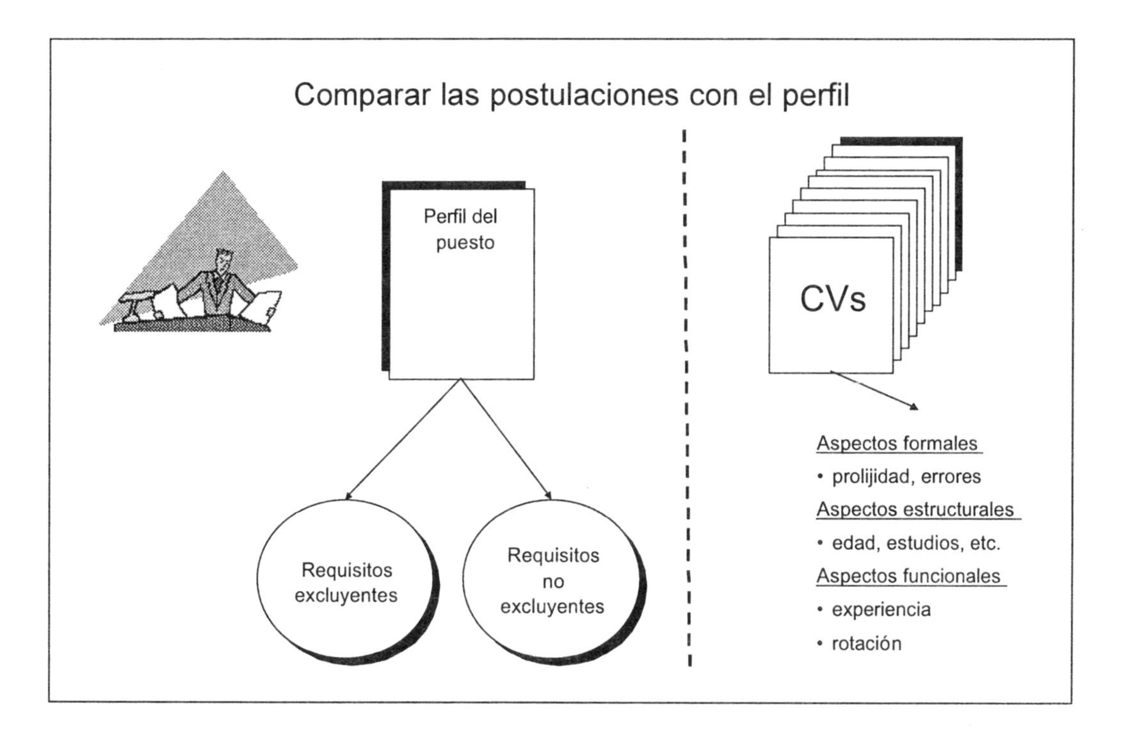

La extensión de la hoja de vida indica, de algún modo, el grado de ubicación del postulante frente a la realidad. Si el currículum vitae es excesivamente extenso, con datos prescindibles, hace suponer o bien una excesiva autovaloración o bien una escasa capacidad de síntesis. Puede darse también que el postulante esté absolutamente desactualizado sobre los métodos de búsqueda de trabajo.

El análisis de fondo

El primer punto –muy importante– será que antes de comenzar la lectura de las diferentes postulaciones se tenga absolutamente en claro el perfil buscado y los requisitos, clasificados en excluyentes y no excluyentes o deseables. Esto será de mucha utilidad.

A partir de los requisitos excluyentes se podrá, rápidamente, dividir las postulaciones en tres grandes grupos de candidatos: los que **sí** los cumplen, los que **no** lo hacen, y los que están entre uno y otro grupo, los "dudosos".

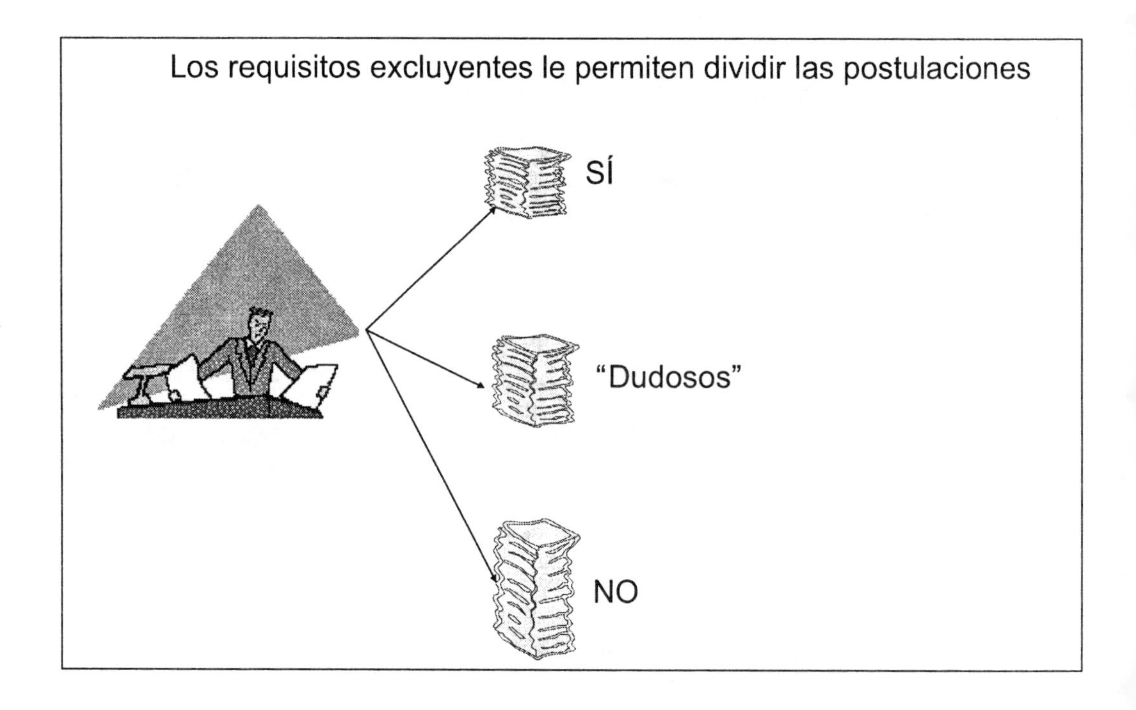

Una sugerencia, avalada por muchos años de trabajo dedicados a la selección, es que siempre será una buena idea consultar con el cliente interno sobre aquellos casos que no cumpliendo con algún requisito del perfil sean considerados como buenos o adecuados con respecto a la organización y al puesto que se desea cubrir. La postura correcta será preguntar, sugerir que sea considerado, u otra similar. No será correcto decidir por propia cuenta e ignorar algún requisito del perfil, sólo para considerar a algún candidato que parezca adecuado.

La coherencia de la historia laboral

Este análisis exigirá agregar la lectura interpretativa para desentrañar la información no explícita, verificar la coherencia interna de la misma, comprender los espacios en blanco. Es decir, una lectura "entre líneas". Sugerencias:

1. Analizar la historia laboral. Los empleos anteriores deberán ser cualificados de acuerdo con el tipo de empresa de que se trate y el rubro en el que se desempeña. En función de estos datos –entre otros–

el postulante integrará o no las filas de los probables candidatos para la selección a encarar.

2. Analizar la continuidad cronológica y lógica en la dirección laboral. Enmarcados en las circunstancias históricas y socioeconómicas de muchos países, tal vez existan casos de personas con una brecha laboral que encubra algún lapso en alguna tarea *free-lance* o sin relación de dependencia. Esto no debería ser un aspecto negativo si la persona igualmente ha continuado con su actividad profesional. Sin embargo, no hay una regla única al respecto, el análisis será caso por caso.
3. Evaluar la rotación y/o movilidad laboral. Del análisis de los puntos anteriores y las consecuencias de los cambios producidos se podrán inferir sus causas. Luego deberá ser confirmado en alguna de las entrevistas.
4. Por último, es de fundamental importancia la lectura interpretativa de un currículum vitae. Si bien no es posible hacer un análisis concluyente de la relación del cambio laboral con los objetivos laborales, explícitos o implícitos, antes del momento de la entrevista será posible inferir "algo" desde la lectura del CV.

   Desde esta perspectiva, debe distinguirse entre los pases horizontales (donde generalmente la causa del cambio se relaciona con mejoras económicas, tipo de empresa o plan de carrera) y los pases verticales (ascenso de nivel jerárquico, importancia y función).

   Desde ya, este análisis nunca deberá ser concluyente sino un disparador de preguntas en el momento de la entrevista. Como se verá más adelante, será necesario preparar preguntas específicas para evaluar la motivación para el cambio y para la posición a cubrir.

   Se sugiere realizar este tipo de análisis en el momento de la lectura del CV, para luego formular las preguntas correspondientes.

Primera revisión de antecedentes aplicando filtros

Hemos detallado la revisión de antecedentes al "estilo tradicional", es decir, como si los CVs sólo se recibieran en papel o en formato digital (como documentos adjuntos a mensajes de correo electrónico), dado que los aspectos conceptuales en ambos casos son los mismos.

Para la revisión de antecedentes en una base de datos, los pasos a seguir serán iguales a los detallados en el punto anterior. Antes de analizar las postulaciones deberá tenerse en claro cuáles son los requisitos excluyentes y no excluyentes de la posición a cubrir. Luego se aplicarán los filtros sobre las bases de datos. Para los que no estén familiarizados con la terminología, "aplicar filtros" significa realizar una búsqueda semi-automática en las bases de datos a fin de identificar a personas con ciertas características, por ejemplo:

a) Contador/a Público/a (es decir, ambos sexos) que habite en la ciudad de Córdoba, domine idioma inglés y normas BCRA (Banco Central de la República Argentina)
b) Licenciada en Administración o Administrador de Empresas, sexo femenino, que habite en la ciudad de México, domine idioma francés y portugués, y tenga experiencia en Recursos Humanos.
c) ...O la combinación que el perfil requiera.

En cualquiera de los casos mencionados, se obtendrá un listado de personas (nombres) que posean los atributos requeridos. A partir de ese momento la lectura de antecedentes –en detalle– se realizará en base a este listado en el que se ha dejado fuera de análisis a las personas que no presentaban los requisitos buscados.

Del mismo modo, se pueden analizar los requisitos no excluyentes del perfil, e identificar y agrupar a aquellos postulantes que además de cubrir los requisitos excluyentes, presentan algunos de los que no lo son.

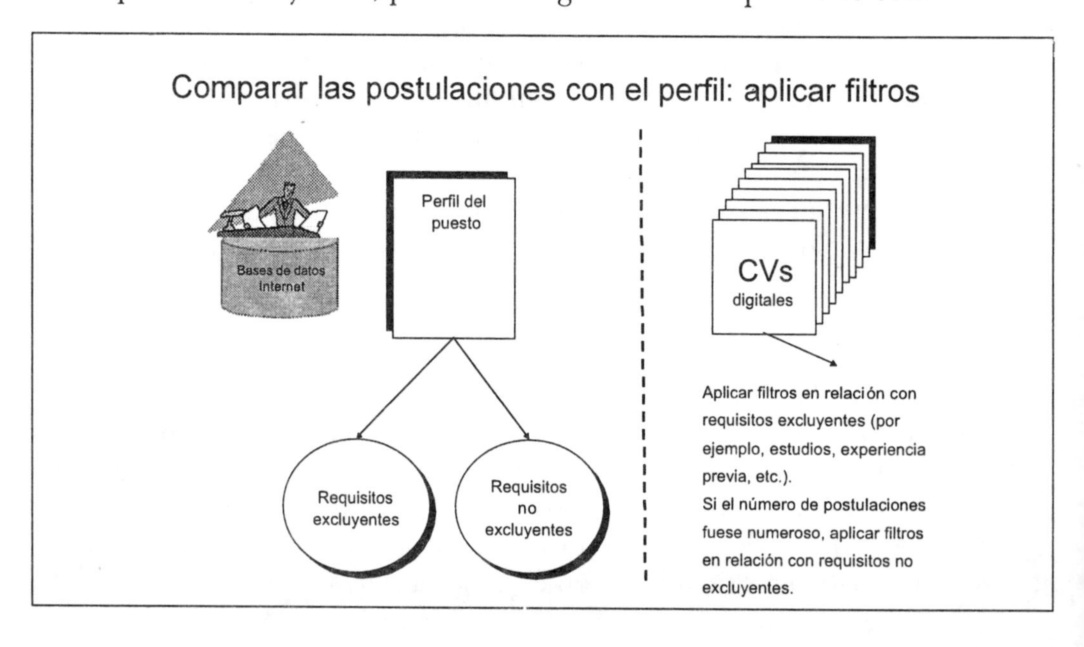

Evaluaciones en la etapa de preselección

Las evaluaciones de conocimientos pueden aplicarse en diferentes momentos de un proceso de selección (se verá nuevamente este tema en el Capítulo 7). Siempre que sea posible, se sugiere aplicar instancias de evaluación de conocimientos de manera temprana, es decir, lo más al inicio del proceso que se estime factible según el tipo de posición a cubrir.

Luego de haber identificado a aquellos postulantes que –poseyendo *a priori* los requisitos excluyentes– ingresarán a nuevas etapas del proceso, se sugiere aplicar algunas de las siguientes herramientas para completar la preselección:

a) Test o exámenes por Internet.
b) Cuestionarios de preentrevista.
c) Preentrevistas o entrevistas breves.
d) Exámenes de conocimientos.

Daremos una breve explicación de cada una de ellas.

Test o exámenes por Internet

Bajo esta denominación podemos ubicar una serie de instancias de evaluación a través de Internet, desde test psicológicos hasta pruebas de conocimientos y cuestionarios de variados formatos. Nuestra recomendación al respecto se circunscribe sólo a dos de estas opciones: los cuestionarios a modo de preentrevistas *on line* y los cuestionarios sobre conocimientos. En ambos casos el propósito es explorar más profundamente sobre sus conocimientos y experiencias laborales previas. No reemplazan a la entrevista de selección en ningún caso.

La aplicación de cuestionarios a través de Internet está íntimamente ligada a los antecedentes "cargados" en una base de datos; es decir, cuando una persona interesada en un anuncio publicado en un sitio web ingresa sus datos incorporándolos directamente a través de Internet en la base de datos de la organización o consultora que ha publicado el anuncio.

Muchos de estos sistemas informáticos prevén que –además de publicar el anuncio– la organización que ofrece la posición a cubrir incluya un cuestionario que las personas interesadas deben contestar. Estos cuestionarios contemplan aspectos específicos que la persona debe cubrir para ser considerada un postulante válido.

Las preguntas pueden referirse al número de años de experiencia en un determinado puesto, el segmento de la economía donde se ha desempeñado, notas alcanzadas en el desarrollo de sus estudios, años que requirió para su graduación, grado de dominio de un idioma, rango salarial pretendido, y muchos otros aspectos que se desea analizar, a fin de conocer el grado de cumplimiento del postulante respecto de los requisitos excluyentes de la posición a cubrir.

Con un criterio análogo se pueden incluir preguntas que conformen un examen de conocimientos de cualquier tema que se desee evaluar. Algunos proponen en esta instancia preguntas para evaluar competencias y test de personalidad. En nuestra opinión, las evaluaciones de personalidad (test para evaluar personalidad o preguntas para evaluar competencias) deben ser de tipo presencial y no pueden realizarse a través de ordenadores.

Cuestionarios de preentrevista

Esta variante de cuestionario no se administra por Internet aunque su filosofía es similar a la expuesta en el punto anterior. Se diseñan cuestionarios que son enviados por correo electrónico a aquellos postulantes que –*a priori*, luego de la lectura de sus currículum vitae– se considera que reúnen los requisitos buscados. Los ítems a indagar son diversos; por ejemplo, años de experiencia en un determinado puesto, dimensiones del mismo como, por ejemplo, cantidad de personas a cargo o niveles de responsabilidad; si aplicó en la práctica y dónde un determinado conocimiento (normas de algún tipo, un *software* específico, etc.)... Con el cuestionario se complementa información y se obtiene de todos los participantes igual información, lo que facilita su comparación al formularles a todos las mismas preguntas.

Se solicita –además– información referida a, por ejemplo, disponibilidad para comenzar a trabajar y aspectos económicos a evaluar. También pueden hacerse otras preguntas, si fuese pertinente, referidas, por ejemplo, a disponibilidad para un traslado o para realizar viajes frecuentes, según lo que requiera la posición a cubrir.

Preentrevistas o entrevistas breves

Bajo un formato de entrevista se diseña un encuentro enfocado a despejar los datos objetivos de la posición a cubrir según lo mencionado en los puntos anteriores. Como se dijo, se utiliza la preselección para dejar en claro la mayor cantidad posible de datos en relación con el puesto a cubrir.

Exámenes de conocimientos

En todos aquellos casos en que sea factible, por el nivel de la posición a cubrir, será una buena idea tomar exámenes de conocimientos. Por ejemplo, entre profesionales recién graduados, sobre algún tema en relación con los estudios y los requisitos del puesto. En los casos de empleados de cualquier tipo y según lo requerido, exámenes del grado de uso de utilitarios de computación, exámenes de idioma, etcétera.

En ciertos niveles, en especial los gerenciales, no será posible administrar pruebas de conocimientos. Éstos serán evaluados más adelante. En la preselección se pueden incluir preguntas tendientes a determinar el grado y tipo de experiencia en relación con lo requerido.

Para no reiterar conceptos en la presentación de temas, en la presente obra trataremos de manera conjunta una serie de conceptos generales, tales como:

- Cuidado que debe tenerse al citar a una persona a cualquiera de las diferentes instancias del proceso de selección: preentrevistas, evaluaciones de conocimientos, entrevistas en el área de Recursos Humanos o con el cliente interno, evaluaciones psicológicas o de cualquier otro tipo.
- Consideraciones sobre las entrevistas en general, cualquiera sea su tipo. La entrevista por competencias se verá sobre la parte final de este mismo capítulo. Las evaluaciones específicas y psicológicas serán tratadas en el Capítulo 7.

El proceso de citación

El proceso de citación es de vital importancia en cualquier momento del proceso general de selección. La primera convocatoria al postulante será quizá la más importante, ya que hasta esa instancia este no conoce si su caso ha sido tenido en cuenta. Muchos buenos candidatos "se pierden" en un mal proceso de citación.

Después de leer atentamente los antecedentes y de aplicar algunas de las sugerencias mencionadas para completar la etapa de preselección, como los test o cuestionarios, se citará a los postulantes a fin de entrevistarlos. Se sugiere no restar importancia al proceso de citación de personas. Si bien usualmente esta actividad se delega en un asistente, éste deberá ser capacitado y entrenado para realizarla en forma debida. Los comentarios que hacemos en relación con el proceso de citación se aplican a cualquier instancia presencial a la cual deba acudir un postulante.

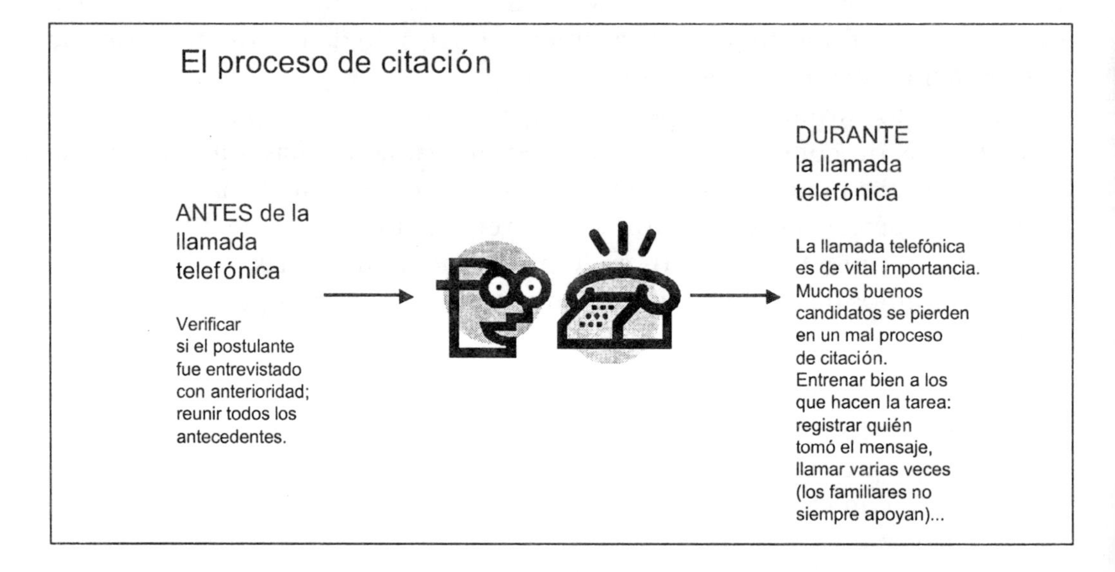

Algunas sugerencias para la realización de los llamadas telefónicas de citación de postulantes:

a) Entrenar a todos los integrantes del área de Recursos Humanos sobre la forma de proceder y el mensaje que se quiere expresar en el momento de acordar una entrevista, ya sea en una comunicación directa con el postulante o al dejar el recado a una persona que pueda tomarlo en ausencia de aquel. Se sugiere tener por escrito un parlamento estándar de llamada telefónica contemplando diferentes opciones.
b) Registrar el llamado, persona que lo recibió, fecha y hora, y mensaje transmitido. Se sugiere diseñar un procedimiento estándar al respecto.
c) Reiterar la llamada a los "x" días, etcétera.

A esta altura del proceso de selección deberá contemplarse la posibilidad de investigar si la persona ya participó en búsquedas anteriores o cualquier otro antecedente previo; quizá hasta se pueda descubrir que en algún momento trabajó para la misma organización. Es muy importante conocer lo más posible acerca del postulante antes de convocarlo. No es conveniente que durante el proceso surja alguna información de importancia que no fue debidamente considerada.

Selección

La división en las etapas de preselección y selección se fundamenta en la figura siguiente.

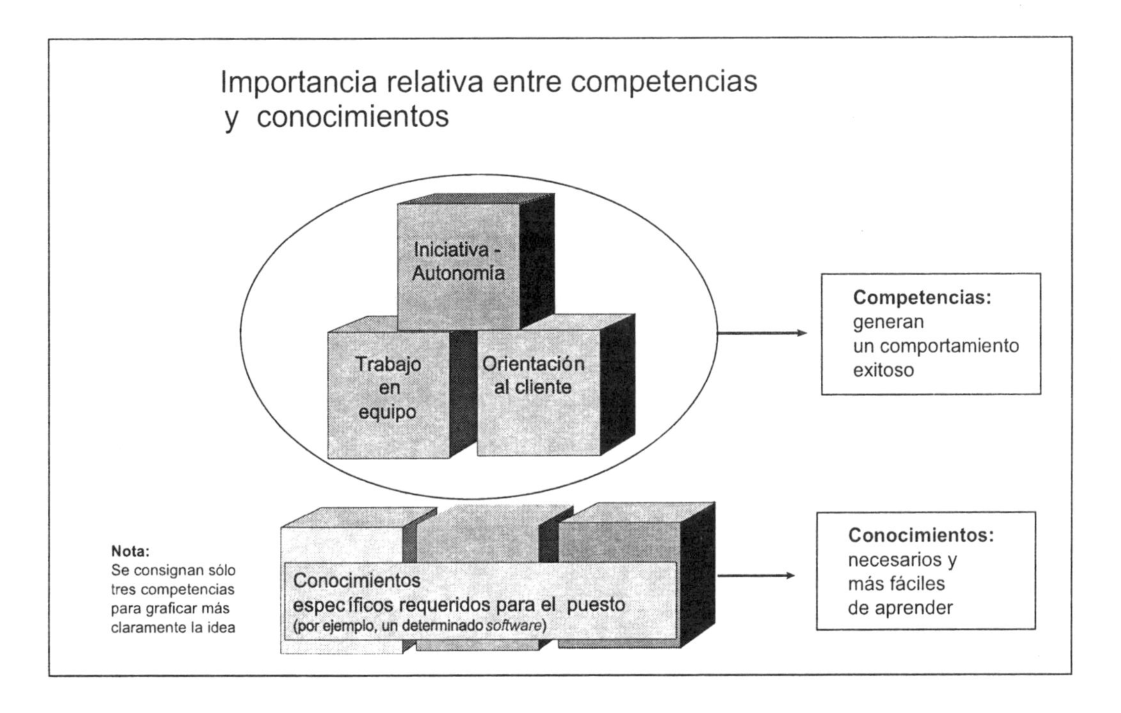

Como se desprende del gráfico, los conocimientos son imprescindibles, sin ellos no sería posible desempeñarse en un puesto de trabajo. No es un punto que merezca plantear alguna discusión al respecto. Pero el desempeño superior está dado, en todos los casos, por las competencias.

Como ya se dijo en repetidas ocasiones, las competencias son los aspectos de la persona más difíciles de evaluar, pero son las que generarán el mencionado desempeño superior; por ello, serán tratadas especialmente durante lo que hemos denominado etapa de selección. Es por esta complejidad en la evaluación que se sugiere, siempre que sea posible, utilizar técnicas que faciliten la temprana separación, en el proceso de selección, de todas aquellas postulaciones que no respondan al perfil requerido.

Muchas organizaciones utilizan en esta etapa algunos test administrados a través de Internet, para evaluar competencias en base a cuestionarios. En nuestra opinión –como ya hemos dicho en párrafos anteriores–, no son verdaderas evaluaciones de competencias, y se sugiere utilizar otras técnicas, como se verá más adelante. De todos modos, si estos test se consideran como herramientas no de evaluación, sino para separar unas postulaciones de otras, con el propósito de trabajar con una muestra más pequeña, su utilización puede ser válida.

Nuestra sugerencia, siempre que sea posible, será administrar test de conocimientos antes de iniciar la etapa de entrevistas. Esto será muy conveniente para separar rápidamente las postulaciones que no responden al perfil requerido.

En posiciones de nivel ejecutivo, los exámenes quizá no puedan ser utilizados. En nuestra consultora usamos con mucho suceso los cuestionarios de preentrevista –explicados en párrafos anteriores– que permiten una evaluación anticipada de conocimientos y experiencias, lo que significa un aporte muy importante en la etapa de preselección.

Las diferentes capacidades que se deben evaluar en un proceso de selección se abordan de manera diferente según las siguientes etapas. La fór-

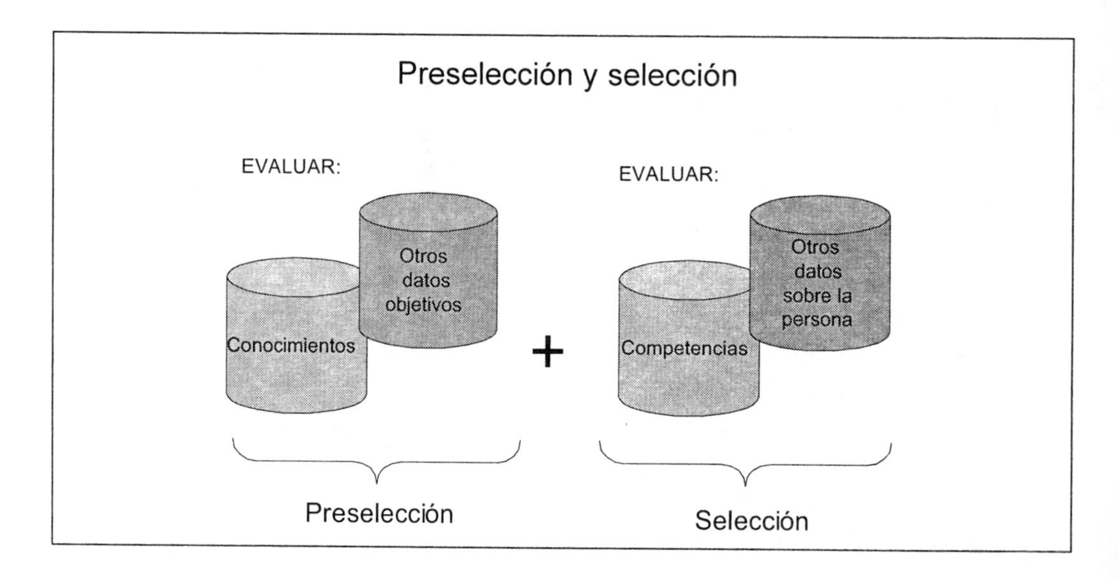

mula única e ideal no existe; cada caso puede demandar una modalidad distinta. La regla a aplicar será elegir las instancias que aseguren de manera temprana dejar fuera del proceso aquellas postulaciones que no cubran los requisitos excluyentes. Esto podrá lograrse, por ejemplo, con un examen de conocimientos o con un cuestionario de preentrevista, según el nivel de la posición a cubrir y cada caso en especial.

De este modo llegarán a la instancia de entrevistas aquellos postulantes que se encuadren dentro de los requisitos básicos definidos (requisitos excluyentes). Nos referimos tanto a las entrevistas a realizar por los que llevan a cabo el proceso de selección, un consultor y/o especialista/s del área de Selección o Empleos, como las que realiza el cliente interno o el futuro jefe del nuevo colaborador.

La entrevista

Preparación para la entrevista

Una entrevista, como cualquier otra reunión, deberá ser planificada cuidadosamente. Para ello se deberá partir del perfil del puesto requerido, como se ha visto en el Capítulo 4. A continuación se deberán analizar los candidatos que han surgido de la etapa de preselección como opciones posibles.

Es aconsejable, además de trabajar con el currículum vitae, que los aspirantes completen un formulario diseñado especialmente para la organización o consultora, ya sea de manera manual o utilizando un ordenador[2]. ¿Por qué? Porque permite estructurar la información de una manera más adecuada a los intereses de la organización –o consultora–, y facilita la comparación de los postulantes.

En el momento de la planificación de la entrevista será muy importante detectar temas sobre los cuales se desea indagar, o dudas sobre el candidato. Se podrán realizar anotaciones al costado del currículum vitae o la ficha de antecedentes para no olvidar hablar de estos temas en la entrevista.

2. **Desde mi experiencia profesional**
Se puede solicitar al entrevistado que complete el mencionado formulario antes de la entrevista –es la opción que me parece más adecuada–, o bien luego de ella y que lo haga llegar al selector. Esta última opción la utilizamos para posiciones de nivel alto o para aquellos casos en que entrevistamos por primera vez luego de un reclutamiento a través de un *head hunting*.

Destinar tiempo suficiente para la entrevista

Se recomienda que el selector no realice citas con postulantes u otras personas con estrecho margen entre una reunión y otra, ya que se podrían superponer compromisos y esto no es conveniente; un entrevistado puede llegar con retraso, una entrevista puede extenderse más de lo previsto, o por algún motivo puede ser necesario utilizar tiempo extra a fin de analizar alguna información surgida en el transcurso de uno de estos encuentros.

Preparar un ambiente apropiado

Tener en cuenta las siguientes reglas:

1. *Que sea en privado.* Esto es muy importante para que los aspirantes puedan hablar con libertad.
2. *Que haya un mínimo de distracciones.* Entre éstas se incluye un teléfono que suena sin que nadie conteste, personas que entran de improviso en la oficina, o la propia distracción mental del entrevistador si está pensando en todo el trabajo que tiene que hacer o cualquier otra cosa.
3. *Cerciorarse de que el aspirante se encuentre cómodo.* El comportamiento del entrevistador y su actitud general en la entrevista determinarán en gran parte el grado de comodidad del visitante. Es muy importante crear un ambiente acogedor. Si el solicitante se siente cómodo, la entrevista será más productiva.
4. *Que ambos ocupen un lugar apropiado.* Será ideal realizar la entrevista en una oficina con un escritorio y sillas donde cada uno se siente frente al otro. Estar frente a frente facilita la comunicación. No se logrará el mismo efecto utilizando otros mobiliarios, como grandes mesas de reuniones o bien mesas pequeñas –usuales en algunas oficinas como adicionales al escritorio– con el propósito de realizar reuniones breves de carácter más informal.

Tener en claro los objetivos

¿Qué se pretende de la entrevista? Hay entrevistados que intentarán manejarla ellos; se debe estar preparado para evitarlo. Se aconseja, en este sentido, la preparación de preguntas básicas a formular durante la entrevista.

Tener en claro los objetivos significa conocer el perfil buscado en todos sus detalles: la descripción del puesto, los requisitos excluyentes y no excluyentes, las competencias dominantes y los distintos comentarios y opiniones del cliente interno sobre el particular.

Considerar cómo se siente el postulante

Se sugiere tener especial cuidado acerca de cómo se siente el candidato, en todos los casos, pero especialmente bajo las siguientes circunstancias: cuando en la búsqueda participan muchos postulantes y el entrevistado lo sabe, y cuando el postulante a la posición está desempleado. Si el selector se muestra reposado, expresa interés por el candidato y no permite distracciones ni interrupciones durante la entrevista, lo más probable es que el entrevistado también se tranquilice. El mejor entrevistador es aquel que se da cuenta de lo que el solicitante está sintiendo.

La primera impresión[3]

Se sugiere no formarse una opinión, que sería en este caso un "pre"-juicio, antes de hacer la entrevista, y la primera impresión sumarla al resto de la información y conformar, así, una opinión integral sobre el entrevistado. Si bien la apariencia y los primeros contactos son importantes, es un error formarse una opinión sólo a partir de unos pocos elementos.

También es un error partir de un juicio previo, malo o bueno, por referencias de otras personas, excepto si se trata de datos objetivos sobre el postulante en cuestión. Recordar, por último, que la entrevista deber ser profesional y que, por ejemplo, no debe verse con simpatía a un candidato referenciado por alguien que le resulta simpático al selector, o con antipatía por la circunstancia contraria.

Es frecuente que los entrevistadores, sobre todo los que no son entrevistadores profesionales, trasladen sus vivencias a los candidatos. Por ejemplo,

---

3. **Desde mi experiencia profesional**
En mis muchos años de experiencia siempre me ha gustado ir yo misma a buscar un candidato a la sala de espera y no solicitarle a un asistente "que lo haga pasar". En realidad, esto obedece a dos razones: que no me gusta estar mucho tiempo quieta y de ese modo camino más, y la fundamental, que me gusta ver por mis propios ojos qué está haciendo el candidato en la sala de espera. Propongo sumar a la primera impresión la "visión" de la sala de espera.

si cursaron sus estudios en una universidad, suelen tener una mirada más complaciente con los graduados de esa misma institución, o, por el contrario, si tienen una imagen negativa de una universidad o actividad en particular, la transfieren a una persona que ha egresado de esa casa de estudios o proviene de esa actividad, sin conocer al individuo en cuestión. La objetividad debe ser la guía a seguir durante todo el proceso.

Las personas se comunican no sólo con la palabra; no obstante, no se sugiere basarse sólo en el lenguaje corporal para evaluar a un candidato. Se deberá reunir toda la información antes de decidir la suerte de una postulación.

Concepto de entrevista

La entrevista es la herramienta por excelencia en la selección de personal; es uno de los factores que más influencia tiene en la decisión final respecto de la vinculación o no de un candidato al puesto vacante.

Definición: la entrevista es un diálogo que se sostiene con un propósito definido y no por la mera satisfacción de conversar. Entre el entrevistador y el entrevistado existe una correspondencia mutua, y gran parte de la acción recíproca entre ambos consiste en posturas, gestos y otros modos de comunicación. La palabra, los ademanes, las expresiones y las inflexiones concurren al intercambio de conceptos que constituye la entrevista.

Durante la situación de entrevista, ambos participantes (entrevistador y entrevistado) tienen su rol y deben actuar dentro de él, estableciendo un canal de comunicación en un marco acotado por el tiempo y el tema a tratar.

El entrevistador debe facilitar la comunicación

El entrevistador debe manifestar su voluntad de ayudar, su interés y su intención de tratar los temas de manera estrictamente confidencial, absteniéndose de formular críticas. Posteriormente, expresará su comprensión acerca de la información recibida y orientará al entrevistado sobre el camino a seguir.

Existen situaciones, problemas, estados de ánimo o deseos que deben analizarse. El entrevistador deberá tratar de aislar cualquier circunstancia que pueda influir en el momento de la entrevista y que no corresponda al comportamiento habitual del entrevistado.

No postular la agresividad como método

Lo fundamental es rodear a la entrevista de un clima de calidez, confianza y comodidad. El postulante se afianza y, una vez eliminados los factores iniciales de tensión, se muestra tal cual es. Una oficina ruidosa, con deficiente luz o poco confortable es un elemento negativo, al igual que un entrevistador agresivo, apático o excesivamente distante. Para lograr un buen resultado, es esencial que la actitud del entrevistador sea la adecuada.

Obtener la verdad de los hechos y la mayor cantidad de información posible

Muchas veces ocurre que, en el transcurso de una entrevista, el entrevistador descubre que en el relato del entrevistado se han suprimido hechos, ideas, recuerdos, o que se han contado hechos no reales.

Evidentemente, si la persona entrevistada recurre a estos medios, resultará necesario atravesar sus defensas para conseguir discutir con ella los hechos omitidos o agregados. En estos casos será necesario emplear la astucia, ya que se corre el riesgo de crear una atmósfera de inquietud o desagrado.

Establecer una distancia óptima con el entrevistado

Los entrevistadores inexpertos pueden llegar a mimetizarse con sus entrevistados, pero también hay algunos tan hábiles que manejan la situación de tal modo que ponen a su interlocutor de su parte.

El entrevistador tiene que poner distancia en la entrevista –siempre dentro del clima de calidez y confianza que se ha descrito–; es decir, no debe comprometerse emotivamente ni entrar en el juego del entrevistado *manejador*. Más adelante se verá cómo tratar a los entrevistados con problemas o casos especiales.

Toda entrevista tiene un comienzo y un final. Para comenzar se sugiere realizar las denominadas preguntas "para romper el hielo" y preguntas abiertas (ver gráfico "Esquema de una entrevista" en la página siguiente). Estas preguntas suelen tranquilizar al entrevistado y permiten obtener mucha información.

Luego deben formularse todas las preguntas específicas que sean necesarias para completar la información requerida. A continuación, explorar las razones por las cuales la persona se postula, junto con el cierre de la entrevista. Todos estos pasos serán tratados a continuación, en este mismo capítulo.

Esquema de una entrevista

- "Hola, ¿cómo llegó hasta aquí?" (30 segundos para romper el hielo).
- "Cuénteme sobre su historia laboral..." (pregunta abierta de sondeo; incluye despejar requisitos "duros" del perfil).
- Otras preguntas.
- Explorar motivación.
- Cierre (informar respecto de cómo sigue el proceso y preguntar si el entrevistado tiene alguna duda).

Cómo formular las preguntas

La manera de preguntar puede afectar profundamente las respuestas que se reciban. Es importante cómo se formulan las preguntas, si se utilizan artículos definidos o indefinidos, si se personalizan o no, etc. Es común que el entrevistador induzca al entrevistado según las expectativas que puso en él o el preconcepto que se formuló (tanto positivo como negativo), ya sea por referencias o por haber leído sus antecedentes. El entrevistador deberá mantenerse neutro para obtener resultados más veraces.

Tampoco es conveniente personalizar de forma tal que el interlocutor se pueda sentir acusado, juzgado o imputado por los hechos ocurridos. El entrevistado debe sentirse libre para relatarlos a su modo.

El éxito de la entrevista depende fundamentalmente de cómo se pregunta, y de saber escuchar. Para ello es importante:

- Tratar de formular las preguntas de modo que puedan comprenderse fácilmente.
- Efectuar una sola pregunta por vez.
- Evitar que las preguntas condicionen las respuestas.

- No hacer preguntas directas hasta que se tenga la convicción de que la persona entrevistada está dispuesta a brindar, con exactitud, la información deseada.
- Realizar inicialmente preguntas que no induzcan a eludir la respuesta o puedan provocar una actitud negativa del entrevistado.

Distintos tipos de preguntas para la entrevista

- *Preguntas cerradas:* son las que se pueden contestar con una sola palabra; luego pueden complementarse con otra/s pregunta/s, según cuál sea la respuesta obtenida.
- *Preguntas abiertas o de sondeo:* se han proporcionado ejemplos al respecto en el gráfico "Esquema de una entrevista". Son aquellas que permiten que el entrevistado se explaye sobre un tema, y –además– obtener información y evaluar otros aspectos del candidato: modalidad de expresión y contacto, utilización del lenguaje, capacidad de síntesis, lógica de la exposición, expresión corporal, etc. Si el aspirante es muy locuaz y se desvía del foco de la entrevista, recuerde que es el entrevistador quien la conduce y puede cortar una explicación irrelevante con un frase tal como "Nos estamos desviando del objetivo de esta

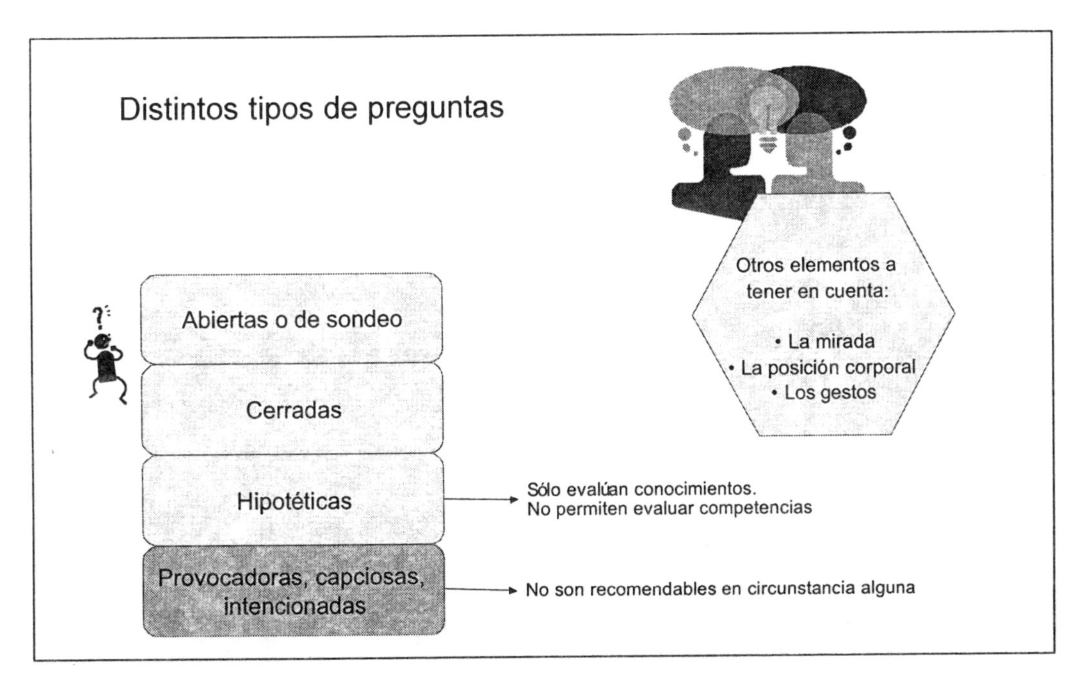

reunión, ¿por qué no volvemos a...?" e indicar algo en relación con el tema que desea evaluar, conocimientos específicos, experiencia laboral, etcétera.

Un ejemplo de pregunta abierta es "Cuénteme sobre su experiencia en...".

Otras preguntas sencillas y cortas pueden ser útiles para obtener más información sobre un relato: "¿Por qué?", "¿Cuál fue la causa?", "¿Qué sucedió después?".

Se tratará nuevamente el tema de los diferentes tipos de preguntas al referirnos a la entrevista dentro de la metodología de gestión por competencias.

- *Preguntas hipotéticas*[4]: se le presenta al entrevistado una situación hipotética, un caso práctico o ejemplo relacionado con el puesto a cubrir, para que lo resuelva: "¿Qué haría usted si...?", "¿Cómo manejaría usted...?", "¿Cómo resolvería usted...?", "En caso de..., ¿qué haría?". Este tipo de preguntas pueden ser de utilidad para evaluar conocimientos.
- *Preguntas intencionadas*: son aquellas que obligan al entrevistado a escoger entre dos opciones indeseables. No son útiles y tampoco aconsejables.
- *Preguntas de provocación*: no se recomiendan en ningún caso. Sus defensores sostienen que son muy útiles para evaluar la reacción del candidato. Se las incluye en la mitad de la entrevista y sin que nada las anticipe; de ese modo juega, además, el factor sorpresa.
- *Preguntas capciosas:* merecen la misma opinión que las últimas; se trata de preguntas en las que el entrevistador induce las respuestas.

Guía para la entrevista

A continuación incluimos una *Guía para la entrevista* y su correspondiente formulario que hemos denominado *Síntesis de entrevista.*

4. Le sugerimos no usar *preguntas hipotéticas* para evaluar competencias ni usar *preguntas de provocación* o *capciosas* en circunstancia alguna.

GUÍA PARA LA ENTREVISTA

Fecha ___/___/______ **Nombre** ______________________

Puesto ______________________

Temas a relevar	Comentarios
Estudios (formales y otros) Máximo nivel alcanzado. Por qué estudió esa carrera. Desempeño como estudiante (tiempos y notas). Materias preferidas. Cursos y seminarios pertinentes para el puesto. Idiomas.	
Historia laboral Empresas. Puestos. Funciones y niveles. Salario. Motivos de cambio. Trayectoria (ascendente, estable, descendente). Antigüedad en el empleo actual. Si está desempleado: tiempo que lleva en esa situación. Relaciones con jefes, pares y subordinados.	
Experiencia para el puesto Qué experiencia aporta para el puesto requerido.	
Motivación para el puesto Qué tipo de motivación: económica, profesional, etc. Determinar las reales motivaciones más allá de lo que se dice.	
Aspectos económicos Salario actual y pretendido (incluir *bonus* y otros beneficios monetarios y no monetarios).	Actual Pretendido
Relaciones interpersonales En función del perfil buscado, cómo se prevé que pueda adaptarse en su relación con jefes, pares, subordinados.	
Personalidad (competencias si se trabaja bajo esta metodología) Aspectos generales y los especialmente requeridos por el puesto. Por ejemplo: madurez, responsabilidad, capacidad analítica, flexibilidad, dinamismo, potencial de desarrollo, entre otros.	
Habilidades gerenciales (competencias si se trabaja bajo esta metodología) Experiencia en conducción de grupos humanos. Estilo de conducción. Capacidad para tomar decisiones, organizar, planificar, delegar, motivar y desarrollar personal (solicitar el relato de experiencias reales).	
Apariencia exterior Aspecto físico y modales. Comunicación verbal: tono de voz, claridad, vocabulario. Actitud general: seguro, agresivo, tímido, etc.	

SÍNTESIS DE ENTREVISTA

Fecha ___/___/___ Nombre ____________________

Puesto ____________________

Temas a relevar		Comentarios	
Estudios		....	Edad
Idiomas		....	
Historia laboral		....	
Experiencia para el puesto		....	
Motivación para el puesto		....	
Aspectos económicos	Actual Pretensiones	....	
Relaciones interpersonales		....	
Personalidad (competencias si se trabaja bajo esta metodología)		....	
Habilidades gerenciales (competencias si se trabaja bajo esta metodología)		....	
Apariencia exterior		....	

Entrevistó ....

En la guía los entrevistadores noveles o menos entrenados encontrarán una serie de temas que no deben olvidar durante la entrevista. Para aquellos con experiencia la guía será igualmente útil, como recordatorio. Una buena sugerencia es que sea utilizada por los clientes internos, en especial aquellos con poca experiencia en entrevistas, personas recién promovidas a niveles de supervisión y casos similares.

Cierre de la entrevista

Dar por terminada la entrevista en el momento justo es un arte que se aprende con la experiencia. Antes de finalizarla se sugiere preguntarse si se ha obtenido toda la información necesaria en relación con el perfil. Cuando se utilizan formularios de registro, éstos pueden ser de ayuda para no olvidar detalles importantes. Algunas formas de cierre:

- *¿Tiene alguna pregunta?* o *¿Tiene otra pregunta?*, según corresponda.
- *El paso siguiente es...*

Será importante crear un clima de cierre, dar la sensación de que se han cubierto todos los puntos que se pretendía explorar y que la tarea ha sido cumplimentada satisfactoriamente; también indicar los próximos pasos del proceso, y comprobar la disponibilidad para próximas entrevistas y corroborar los datos necesarios para localizar al entrevistado.

Las entrevistas grupales

Todo lo expuesto hasta aquí se ha referido a la entrevista individual. Las entrevistas grupales, si bien tienen ciertos aspectos en común con las de tipo individual, requieren particularmente –al contrario de lo que por lo general se cree– entrevistadores muy experimentados, y tienen aplicación sobre todo en procesos de selección masivos; por ejemplo, los que se aplican a jóvenes profesionales. En estos casos la entrevista grupal inicial tiene por objeto informar sobre el programa; pero de manera indirecta se logra una preselección, ya que muchos desisten en esta primera reunión. La evaluación de los candidatos podrá ser también de tipo grupal, pero en una segunda instancia deberá ser individual, mediante la aplicación de *Assessment* (*ACM*, que se tratará en el Capítulo 7) y otras pruebas individuales, como exámenes de idioma o entrevistas de selección por competencias.

Registro de la entrevista

El registro de la entrevista es otro paso fundamental en todo proceso de selección.

En ningún caso el entrevistador deberá consignar opiniones personales (por ejemplo, "me parece que sería un buen supervisor" o "creo que sería el candidato perfecto para el puesto"). La objetividad deberá ser su principal preocupación. Para ello el secreto es anotar hechos, empleando frases descriptivas. Por ejemplo: "La señora vestía un horrible vestido rojo" puede ser reemplazada por: "La señora vestía completamente de rojo".

Las notas deben tomarse en dos etapas:

1. *Durante la entrevista se anotan todos aquellos datos que brinda el entrevistado al responder a las preguntas realizadas:*
   - *Experiencia y conocimientos.*
   - *Puesto actual y nombre de la empresa donde se desempeña,* si corresponde (cuando se utiliza un formulario como "Síntesis de entrevista" se puede dibujar al dorso el organigrama de la empresa).
   - *Remuneración actual.*
   - *Motivación para el cambio.*
2. *Inmediatamente después de finalizada la entrevista, completar los ítems que implican alguna valoración sobre el candidato:*
   - *Presentación.*
   - *Expresión/contacto.*
   - *Personalidad.* (Si se trabaja bajo la modalidad de competencias se deberá tomar nota sobre comportamientos o conductas observados, como se verá más adelante.)
   - *Conclusión:* en relación con el perfil requerido.

Recomendaciones

Nuestra sugerencia de tomar notas en dos etapas se fundamenta en el hecho que el entrevistado pueder ver lo que se escriba durante la entrevista; además, no se debe dar la impresión de que se escriben cosas que no se quiere que el otro vea.

Por último, para realizar anotaciones se pueden usar formularios prediseñados u hojas de papel en blanco; lo realmente importante es registrar todo sobre la entrevista.

El rol del entrevistador

A continuación se incluyen una serie de puntos a tener en cuenta por los entrevistadores, en cualquier instancia del proceso de selección.

- Permitir que la persona entrevistada exponga los hechos referidos a su modo y luego ayudarla a salvar las omisiones. Ajustarse al tema central; de lo contrario, el entrevistado puede sentir desinterés.
- Evitar las posturas dogmáticas. A nadie le gusta que le indiquen, en una entrevista, cómo debe hacer su trabajo; se debe tratar de no polemizar.
- Mostrar sinceridad y franqueza en lugar de astucia y sagacidad. Estas últimas actitudes pueden ser inconducentes, sobre todo si el entrevistado recurre a las mismas armas. Brindar a la persona entrevistada la oportunidad de expresarse.
- A veces, no son convenientes las preguntas muy categóricas que sólo admiten un sí o un no, ya que el entrevistado puede querer condicionar ese sí o ese no (o explicarlo).
- Ayudar a la persona entrevistada a percibir su responsabilidad en cuanto a la veracidad de los hechos referidos.
- No olvidar brindar información sobre la vacante. Muchos entrevistadores creen que lo mejor es comenzar una entrevista suministrando al candidato información sobre el cargo y la compañía. Otros prefieren hacerlo al final. Me inclino por la segunda variante.
- Exponer las ventajas que ofrece la compañía en cuanto a remuneración y oportunidades de progresar.
- Permitir al solicitante hacer preguntas. Informar sobre los pasos posteriores a la entrevista.

Antes de comenzar con las preguntas es aconsejable apelar a la amabilidad con interrogantes tales como:

¿Le costó trabajo llegar hasta aquí?
¿Encontró dónde estacionar?
¿Cómo estaba el tránsito?
¿Le sirvieron las indicaciones que le dio mi secretaria?
¡Qué hermoso día tenemos hoy! ¿No le parece?
¿No acabará nunca de llover?
¡Qué calor hace hoy!

Estos preliminares demandarán entre 15 y 30 segundos; nunca más de unos pocos minutos.

Cómo continuar:

Me alegro mucho de que no le haya costado trabajo llegar, porque me gustaría que empezáramos a hablar sobre su historia laboral de los últimos años... Siento mucho que le haya costado trabajo estacionar. Si le parece, comencemos la entrevista...

Estas expresiones tienden un puente entre una etapa de la entrevista y la siguiente, eliminando el silencio o vacilación que podrían fácilmente presentarse.

¿Tendría Ud. la bondad de describir sus actividades en un día típico de trabajo?

Una pregunta absolutamente abierta como ésta permitirá que el entrevistado se tranquilice y, a su vez, dará al entrevistador elementos para repreguntar sobre aquello que le interese en especial.

¿Qué debe hacer el entrevistador?

Retener mentalmente preguntas importantes hasta que se haya obtenido la información adecuada para cada una de ellas. Comprobar las respuestas siempre que sea posible y relevante. Una forma posible es repetir con otras palabras algo dicho por el entrevistado y preguntar después si es eso lo que quiso decir.

Anotar toda la información posible durante la entrevista; e inmediatamente después de finalizada, volcar las conclusiones.

Algunos consejos para entrevistadores noveles

1. *Hablar menos y escuchar más.* La mayoría de los entrevistadores hablan demasiado.
2. *Tomar notas durante la entrevista.* Anotar toda aquella información de tipo objetivo. Recordar que lo que se anote puede ser visto por el entrevistado.
3. *Evitar las distracciones.* No recibir llamados durante la entrevista y apagar el celular.

4. *Prestar atención a toda la información.* Muchas veces pueden ser de utilidad pequeños comentarios en apariencia intrascendentes.
5. *No proyectar* sobre el entrevistado opiniones o situaciones personales.
6. *Pensar mientras el otro habla,* por ejemplo:
   a) Preparar la pregunta siguiente.
   b) Analizar lo que está diciendo el postulante.
   c) Relacionar lo que el entrevistado dice en un momento dado, con algo que expresó al comienzo de la entrevista.
   d) Revisar discretamente la solicitud o el CV para verificar alguna información.
   e) Observar el lenguaje corporal.
   f) Considerar qué relación guarda la historia del candidato con los requisitos del puesto a cubrir.
7. *Observar los cambios súbitos del lenguaje corporal en el entrevistado.* Por ejemplo, si el aspirante ha estado sentado muy tranquilo y de pronto empieza a moverse nerviosamente en el asiento cuando se le pregunta por qué dejó su último empleo, eso puede ser un indicio de que algo anda mal, aun cuando inmediatamente brinde una respuesta aceptable.

Estimular al entrevistado para que hable

Es un arte que se deberá ejercitar. Repetir parte de lo que dijo el entrevistado y hacer resúmenes son algunas de las técnicas que se recomiendan. De algún modo, el entrevistado debe "sentir" que se lo escucha y comprende; un simple "sí" o un gesto pueden, también, ser útiles.

Otra habilidad que el entrevistador debe aprender es la de manejar los silencios. Si en algún momento la explicación sobre un tema parece insuficiente, mantenerse callado, mirando a los ojos a la otra persona, puede ser un indicador para que siga hablando.

Qué no debe hacer el entrevistador

- Hablar sobre sí mismo.
- Demostrar su superioridad en la situación.
- Demostrar acuerdo o desacuerdo con lo que el entrevistado dice.
- Comparar durante la entrevista al candidato con otro entrevistado o

con el actual ocupante de la posición a cubrir, de forma expresa o mentalmente; en este último caso el entrevistador se distraerá en relación con la entrevista que está realizando.
- Interrumpir al candidato sin razón; sólo hacerlo con un fin específico.
- Usar terminología que el entrevistado pueda no entender.
- Hablar de cosas irrelevantes.

Los postulantes con problemas: cómo manejar la entrevista

En muchas ocasiones un entrevistador puede encontrarse con situaciones problemáticas durante la entrevista, que se analizarán a continuación. Ciertas personas tienen problemas de relación, y otras, sin tener un problema aparente, puestas en situación de entrevista se comportan de manera inadecuada.

Una situación en la que habitualmente se presentan dificultades es cuando el entrevistador debe indagar sobre aspectos económicos y pregunta sobre el salario que el entrevistado percibe en la actualidad.

Una anécdota: *En una ocasión entrevistaba a un joven abogado, que no quiso responder sobre su remuneración, siendo su reacción poco amable. En forma directa le dije: "Cuando usted va al médico seguramente le contará dónde le duele"; ante su sorpresa, continué: "Y cuando usted le encarga una decoración a un arquitecto, ¿le dice cuántas personas vivirán en la casa, para que pueda saber cuántas camas deberá prever?". Su respuesta, con una sonrisa, fue: "Me convenció, mi salario anual es de...". Una vez que la situación quedó atrás, y ya sobre el final de la entrevista, le aconsejé que si no confíaba en un consultor, no aceptara una entrevista, y que si confíaba y aceptaba la entrevista, debía aceptar también las reglas del juego.*

La mayor parte de los candidatos ansían producir una buena impresión en el entrevistador. Tratan de contestar todas las preguntas de la manera más completa posible, de proyectar un lenguaje corporal positivo y de hacer preguntas apropiadas. Pero veamos algunas situaciones diferentes de esta pretensión ideal.

Los nerviosos

Será una buena idea detectar desde el primer momento si el candidato está nervioso. Si es así, una buena sugerencia es extender un poco más que lo habitual los primeros momentos de distensión, con algún comentario circunstancial, e iniciar el diálogo específico con alguna pregunta sobre el colegio al que el entrevistado asistió, su época de estudios en la universidad, etc. Es decir, alguna pregunta sobre algún tema que no se relacione con el objetivo central de la entrevista, y que podría distenderlo. Muchas veces las personas guardan muy buenos recuerdos de sus épocas estudiantiles y esto puede ser útil para aplacar los nervios.

Los que hablan demasiado

Los entrevistados que *hablan demasiado* suelen constituir el problema más serio, aun para aquellos con muchos años de experiencia como entrevistadores. El entrevistador debe tratar que el entrevistado se sienta bien durante la entrevista, pero de algún modo debe encauzar, sin ser agresivo, al postulante locuaz.

Hay personas que en la entrevista responden lo que no se les ha preguntado y se explayan sobre temas carentes totalmente de interés. El entrevistador conduce la entrevista; en este sentido, intervenciones tales como "volvamos a nuestro tema central" o "¿por qué no me relata exactamente cuáles eran sus responsabilidades en...?" pueden encauzar un diálogo que ha perdido su eje. Y si el entrevistador tiene la sensación de que la entrevista ya puede finalizar, un cierre posible sería: "La conversación es muy interesante, ya tengo suficiente información sobre usted; lo llamaremos la semana próxima...". Si esto no da resultado para concluir el encuentro, se puede recurrir al lenguaje corporal: acomodar las cosas sobre el escritorio, sacar una tarjeta como para dársela y, por último, ponerse de pie; éstas son las medidas extremas cuando las meras palabras no resultan suficientes.

Los agresivos

Es frecuente encontrar hostilidad o pequeñas agresiones de parte de postulantes y entrevistados en general. Las personas desempleadas y las que están pasando un mal momento laboral son las que más incurren en este tipo de actitudes, y se debe ser comprensivo al respecto. Si la situación es de difícil manejo, una salida amigable puede ser explicarle que si no se siente bien, será preferible realizar la entrevista en otro momento en el que se encuentre mejor de ánimo, y coordinar una nueva reunión. El entrevistador debe entender que la agresión no es personal, sino dirigida al rol de entrevistador.

Los muy emotivos

Entrevistar a una persona al borde del llanto es también muy difícil; el entrevistador debe mantenerse tranquilo evitando actuar emocionalmente. Se sugiere ser amable; por ejemplo, ofrecer un vaso de agua o invitar a la persona a esperar fuera de la oficina unos minutos hasta que recobre su serenidad. Al igual que en el caso anterior, queda el recurso de coordinar una nueva reunión para otro día.

Los dominantes

Existen casos de personas que se sientan y comienzan con una frase similar a ésta: "Bueno, en realidad, yo siempre estoy de ese lado del escritorio; por lo tanto, ya sé lo que usted quiere saber...", u otras más osadas aún, que desvían la conversación hacia otras cuestiones no relacionadas con el tema de la entrevista, por ejemplo, haciendo comentarios sobre una foto personal que el entrevistador pueda tener en su oficina o cualquier otra cosa equivalente. Muchas veces sólo tratan de esconder con estas actitudes su propia inseguridad. El entrevistador debe conducir la entrevista; una buena sugerencia es iniciar la entrevista con las preguntas planificadas, ignorando las palabras iniciales del entrevistado.

Comparación de candidatos

La forma ideal de comparar candidatos para una misma búsqueda es preparar una hoja de trabajo como la de la página siguiente.

Aunque el esquema se explica por sí mismo, de todos modos es muy importante destacar que se debe establecer una comparación *ítem por ítem* entre lo requerido por el perfil, por un lado, y la experiencia, conocimientos y competencias o características de personalidad de los distintos postulantes que participan en el proceso de selección, por el otro. En este capítulo no se analizan todos los procedimientos necesarios para evaluar las diferentes postulaciones; el tema se verá de manera integral en el capítulo siguiente, "Evaluaciones específicas".

Todas las evaluaciones deben ser consideradas en la comparación de candidatos; tanto las explicadas hasta aquí como las que se verán en el siguiente capítulo. La preparación de un cuadro comparativo permitirá establecer diferencias objetivas entre los distintos postulantes.

Perfil del puesto	Aspirante A	Aspirante B	Aspirante C	Aspirante D
Estudios				
Experiencia requerida				
Conocimientos especiales				
Idiomas requeridos				
Conocimientos de PC				
Características personales requeridas/ Competencias				
Otros aspectos				

En una obra previa (*Elija al mejor. Cómo entrevistar por competencias*), en el Capítulo 26, dedicado al tema del Registro de la entrevista, se presenta un caso completo de entrevista donde se pueden ver –además– los formularios empleados para el registro detallado de una entrevista por competencias.

Comparación de candidatos aplicando una técnica cuantitativa[5]

La forma en que se presenta la información y su clasificación para la comparación de postulantes puede incluir o no la aplicación de técnicas cuantitativas, como en el ejemplo que expondremos a continuación, donde se realiza la comparación de postulantes aplicando conjuntos borrosos; le sugerimos su lectura aunque no necesariamente su puesta en práctica.

---

5. La autora ha realizado un trabajo, en el marco del Doctorado de la Universidad de Buenos Aires, aplicando conjuntos borrosos (*fuzzy set*) a diversas prácticas de Recursos Humanos y gestión por competencias en particular, en relación con los siguientes temas:
   - Conjuntos borrosos y selección de personal
   - Conjuntos borrosos y la implementación de gestión por competencias
   - Conjuntos borrosos y el inventario de competencias del personal
   - Conjuntos borrosos y la función de desarrollo de recursos humanos

   Los interesados en conocer el *paper* completo lo encontrarán en el sitio *www.marthaalles.com*.

La comparación de candidatos debe realizarse, en todos los casos y como se vio en el punto anterior, comparando la información específica sobre cada uno de los postulantes con el perfil requerido.

Para una mejor elección del candidato, es decir, el que más se ajuste a lo requerido, dicha comparación puede realizarse aplicando técnicas cuantitativas. Para ello se sugiere realizar una agrupación de la información, en este caso, los requisitos requeridos en dos grupos: los requisitos objetivos o "duros", por un lado y los requisitos "blandos" o competencias, por el otro.

Como hemos visto en páginas anteriores de este mismo capítulo, la comparación habitual de candidatos se hace bajo un esquema como el siguiente:

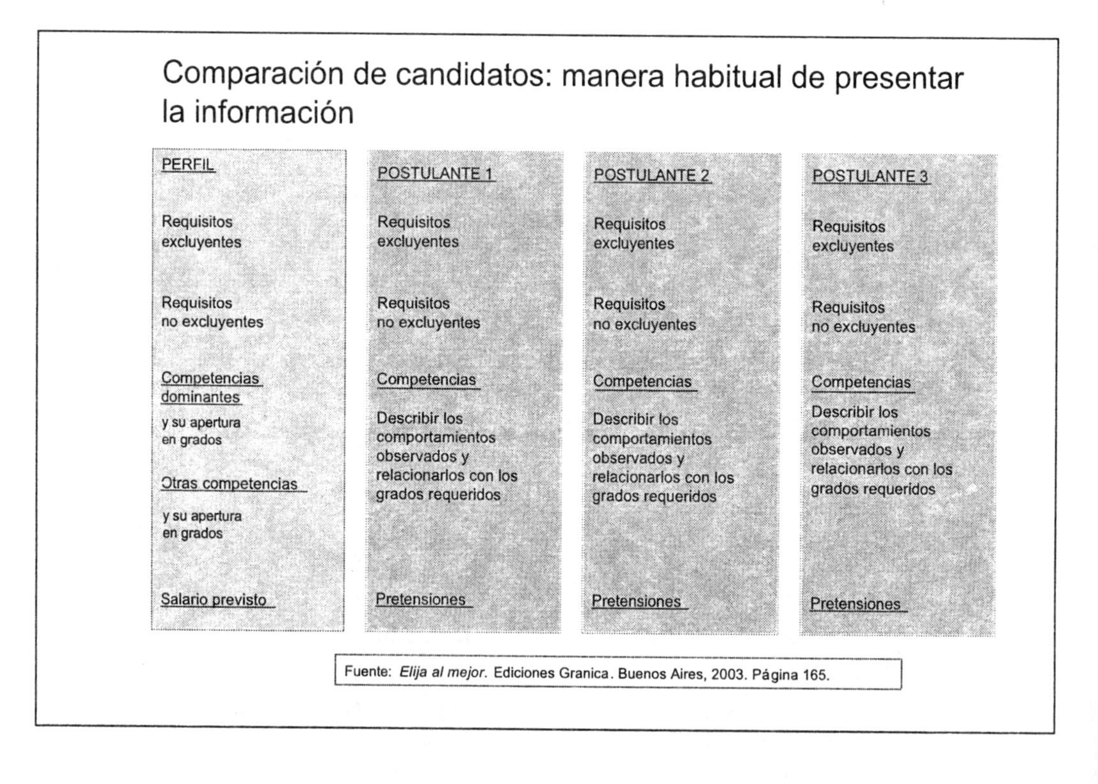

Para el análisis a través de conjuntos borrosos se debe diferenciar entre aquellos elementos que permitirán una comparación y aquellos que quedarán fuera del análisis por no cumplir algún tipo de condición. Estos últimos no serán una alternativa viable a tener en cuenta.

El primer paso será agrupar conceptualmente los distintos aspectos a comparar. En este caso hemos denominado *Requisitos de Tipo 1* a los que en nuestra jerga de especialistas en Recursos Humanos se conocen como requisitos "duros" u objetivos –por ejemplo, experiencia para el puesto o ciertos conocimientos específicos requeridos para la posición– y *Requisitos de Tipo 2* a los llamados "blandos" –competencias o características profundas de personalidad–.

Comparación de candidatos: división de atributos para su análisis

	PERFIL	POSTULANTE 1	POSTULANTE 2	POSTULANTE 3
Requisitos de Tipo 1	Requisitos Clase 1 (más significativos) Requisitos Clase 2 (menos significativos)	Requisitos Clase 1 (más significativos) Requisitos Clase 2 (menos significativos)	Requisitos Clase 1 (más significativos) Requisitos Clase 2 (menos significativos)	Requisitos Clase 1 (más significativos) Requisitos Clase 2 (menos significativos)
Requisitos de Tipo 2	Competencias dominantes y su apertura en grados Otras competencias y su apertura en grados	Competencias Describir los comportamientos observados y relacionarlos con los grados requeridos	Competencias Describir los comportamientos observados y relacionarlos con los grados requeridos	Competencias Describir los comportamientos observados y relacionarlos con los grados requeridos
Alternativa 1	Salario previsto: rango	Pretensiones	Pretensiones	Pretensiones

Por último, otro elemento a tener en cuenta en la comparación de candidatos, el salario, lo hemos denominado *Alternativa 1* ya que si los diferentes postulantes no cumplen cierto umbral previamente definido quedarán fuera del proceso de selección, es decir, no serán una alternativa viable.

A partir de esta clasificación en requisitos *de Tipo 1* y *de Tipo 2* y *Alternativa,* un proceso de decisión "tradicional" será como se muestra en el gráfico siguiente:

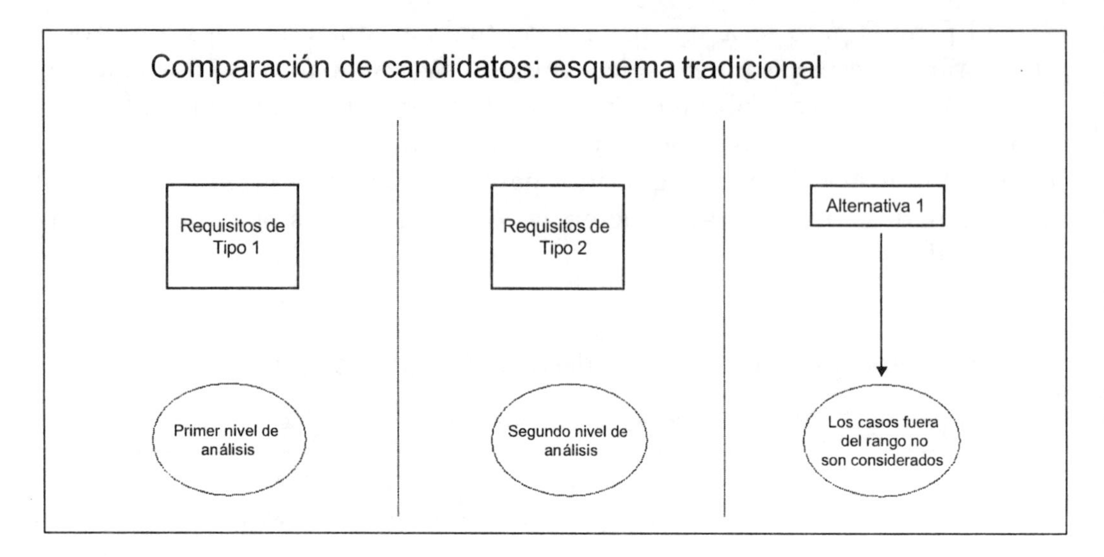

El orden propuesto para la realización del proceso de selección sería el siguiente:

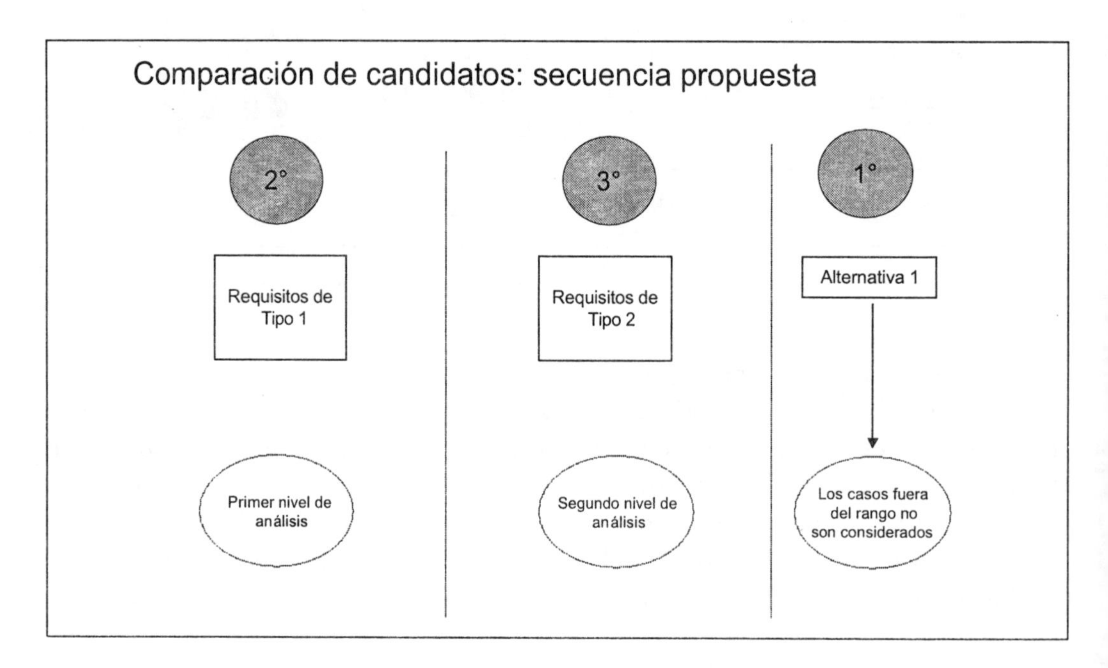

A continuación presentaremos la secuencia del proceso de selección de manera más detallada y paso a paso.

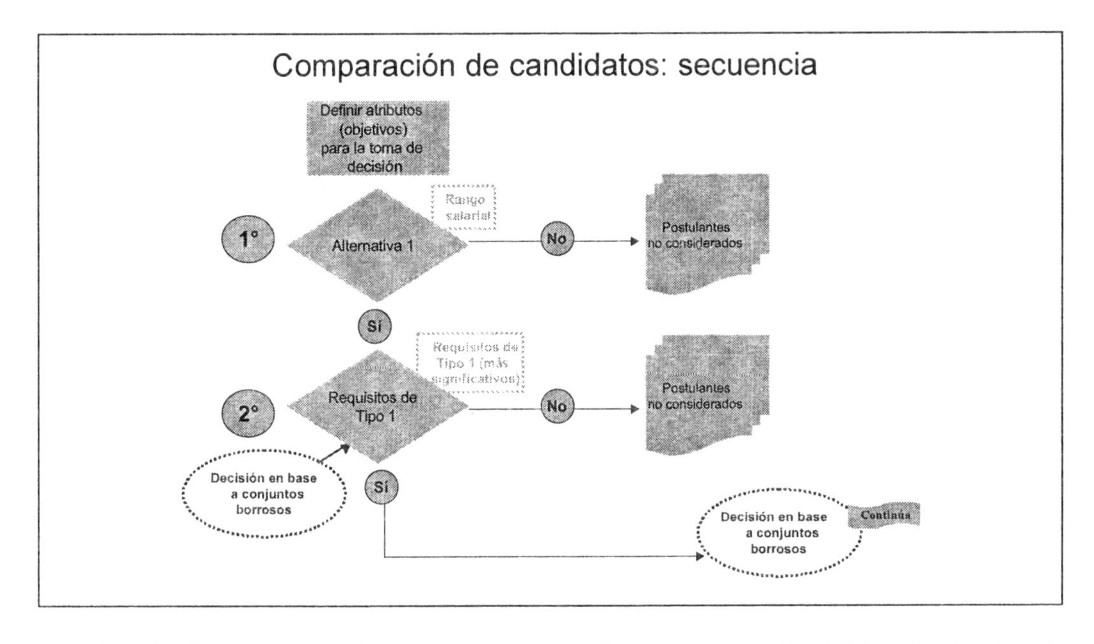

En la figura precedente se presenta el proceso de decisión desde el primer grado de análisis: la *Alternativa 1* (*paso 1*). Quedan fuera del proceso todos los postulantes no factibles.

En el *paso 2* se analiza la primera serie de requisitos (*de Tipo 1*): los "duros", en nuestra jerga habitual. En este nivel de análisis algunos postulantes pueden quedar fuera del proceso, al advertirse que no cumplen con algún requisito excluyente.

En el *paso 3* se analizan las competencias, denominadas *Requisitos de Tipo 2.*

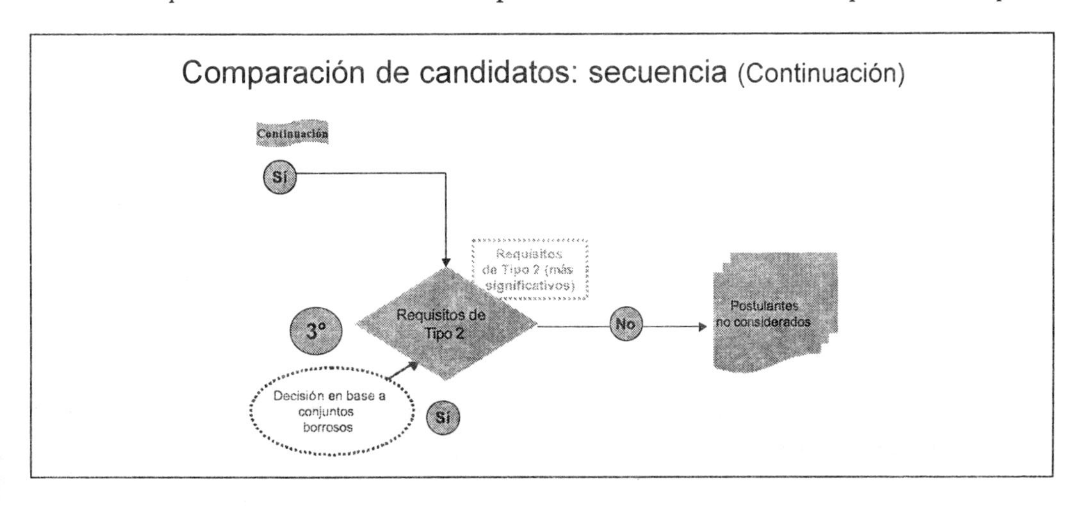

Para una más clara demostración de los conceptos precedentes se presentará un caso práctico, referido a la selección de un puesto gerencial intermedio, tercer nivel de reporte en una estructura general y segundo nivel de reporte dentro de su área. La selección se realizará, además, bajo la metodología de Gestión de Recursos Humanos por Competencias, concepto incluido en el perfil de la persona a seleccionar.

Presentación del caso: Selección de un Jefe de Tecnología

De acuerdo con la descripción del puesto y al relevamiento del perfil, se busca a una persona con las siguientes características (perfil de la búsqueda):

Perfil Jefe de Tecnología	Comentarios
Requisitos de Tipo 1 (más significativos)	
•Experiencia en puesto similar	Como Jefe de Tecnología
• Título universitario	Ingeniero en sistemas o título equivalente. Se podría considerar a alguna persona con estudios incompletos
• Conocimiento del *software* XYZ-2006	En su defecto podría ser la versión 2004 del mismo *software* (XY)
• Idioma inglés (lectura, escritura y oral: bien en todas las modalidades)	Se podría analizar el caso de una persona que pueda leer muy bien (como mínimo)
Requisitos de Tipo 1 (menos significativos)	Sólo se tomaran en cuenta frente a dos postulantes “iguales”
• Diploma máster • Idioma portugués	 Analizar casos en que sólo pueda leer
Perfil de competencias (Requisitos de Tipo 2)	
• Iniciativa	Grado A
• Calidad de trabajo	Grado A
• Dinamismo / Energía	Grado A
• Trabajo en equipo	Grado B
• Pensamiento analítico	Grado B
• Adaptabilidad	Grado B
• Capacidad para entender a los demás	Grado C
• Desarrollo de personas	Grado B
• Desarrollo de relaciones	Grado C
• *Entrepreneurial*	Grado C

La metodología utilizada para la resolución del caso propuesto fue la de conjuntos borrosos.

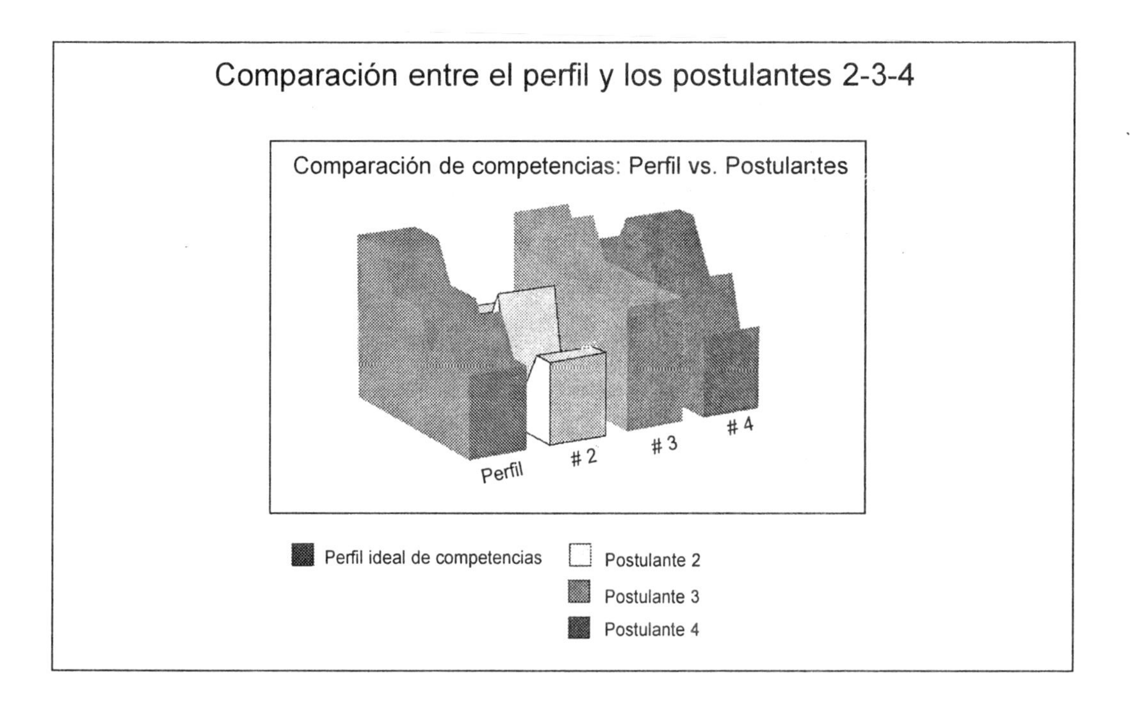

El gráfico precedente muestra la comparación de los distintos postulantes considerando un solo grupo de requisitos, las competencias.

El orden de mérito combinando los requisitos de Tipo 1 y 2 (sin orden de preferencia) es similar:

1°) Postulante 3
2°) Postulante 4
3°) Postulante 2

Los interesados en acceder al texto completo del *paper* donde se registran con detalles éste y otros ejemplos, lo encontrarán en *www.marthaalles.com*

A modo de conclusión de lo expuesto

La comparación de candidatos o postulantes realizada utilizando una técnica cuantitativa debe reproducir el mismo esquema que cualquier selector con sentido común utilizaría para decidir acerca del candidato más adecuado. Si esto no fuese así, no estaría bien aplicada la técnica.

Sin embargo, para los interesados en desarrollos matemáticos esta variante propuesta puede ser de utilidad, en especial ante casos complejos, donde se deba explicar o justificar frente a otras personas una elección, o donde muchos funcionarios diferentes sean los responsables de tomar la decisión final. En estas situaciones, contar con un método cuantitativo puede ser de ayuda para la toma de decisiones.

Armado de la carpeta de finalistas

En un proceso de selección todos los pasos son importantes. Hemos mencionado a lo largo de los capítulos anteriores que algunos son clave, ya que un error en ellos puede implicar comenzar "casi" de nuevo (sería el caso de, por ejemplo, un error en la definición del perfil). En la etapa del proceso de selección que se vio en este capítulo y se verá en los siguientes, los problemas son de otra naturaleza, pero al igual que en el ejemplo mencionado, un "error" aquí puede acarrear la pérdida del finalista, y, como es bien sabido, esto podría implicar que el proceso deba retomarse desde una etapa anterior (los pasos 4 o 5, dentro del esquema de 20 pasos).

No es función del área de Recursos Humanos elegir al mejor candidato, sino presentar la información para que la línea –el cliente interno– tome una buena decisión respecto de cuál se considera la mejor opción. Se podrá pensar que de algún modo influye, y quizá así sea, pero debería ser lo más prescindente que fuera posible.

Los perjuicios de una mala decisión afectan a todas las partes, pero como especialistas en Recursos Humanos debemos tener en cuenta que si bien incorporar a una persona equivocada es malo para la empresa, este error lo paga siempre más caro el individuo. Si bien se dijo que el área de Recursos Humanos no decide cuál será la elección final, sí influye en esa decisión, y tiene de ese modo una gran responsabilidad; es por esto que debe poner el mayor esfuerzo para minimizar las posibilidades de que se tome una decisión equivocada.

En los procesos de selección debe registrarse con claridad cuáles candidatos corresponden al perfil requerido por la posición a cubrir, cuáles directamente no cubren el perfil y los casos *dudosos* de aquellos postulantes que cubren "algo" del perfil.

En ningún caso se aconseja incluir entre las opciones finales a un candidato "dudoso" o que no cumple adecuadamente con el perfil requerido, sólo para armar "la terna" y dar por terminada la tarea. Pero, ¿cómo manejarse cuando se tienen sólo dos postulantes adecuados, por ejemplo, y el cliente interno quiere ver por lo menos cuatro? En ese caso se podrá armar una carpeta con los dos que responden al perfil y otros dos que no lo cubren totalmente, pero deberá aclararse de una manera muy precisa esta circunstancia.

¿Qué debe hacerse con los casos que cubren todos los requisitos del perfil, menos en lo que respecta al salario pretendido (es decir, cuando las pretensiones de los postulantes exceden el nivel de remuneración previsto para la posición)? No deben ser incluidos, ya que la remuneración es un dato más del perfil, como se vio en el Capítulo 4 y en este mismo apartado, en el punto que hemos denominado "Comparación de candidatos".

Cuando las pretensiones de un candidato superan las expectativas económicas del puesto, pero la persona cubre los restantes requisitos del perfil, se sugiere lo siguiente: 1) si el salario requerido por el candidato está entre un 10 y un 30 por ciento sobre el rango previsto, se podrá incluir al postulante entre los finalistas informando acerca de esta situación; 2) si el monto pretendido es mayor al límite superior según la escala salarial prevista para el puesto para el cual se postula, lo más adecuado será no tomarlo en cuenta entre los postulantes seleccionados y preparar una información complementaria acerca de su caso, es decir, un informe cerrado de candidatos, con una breve historia del mismo y los niveles salariales correspondientes.

Si por alguna razón la organización decide modificar el rango salarial de la posición a cubrir, estos candidatos podrán pasar a la categoría de finalistas.

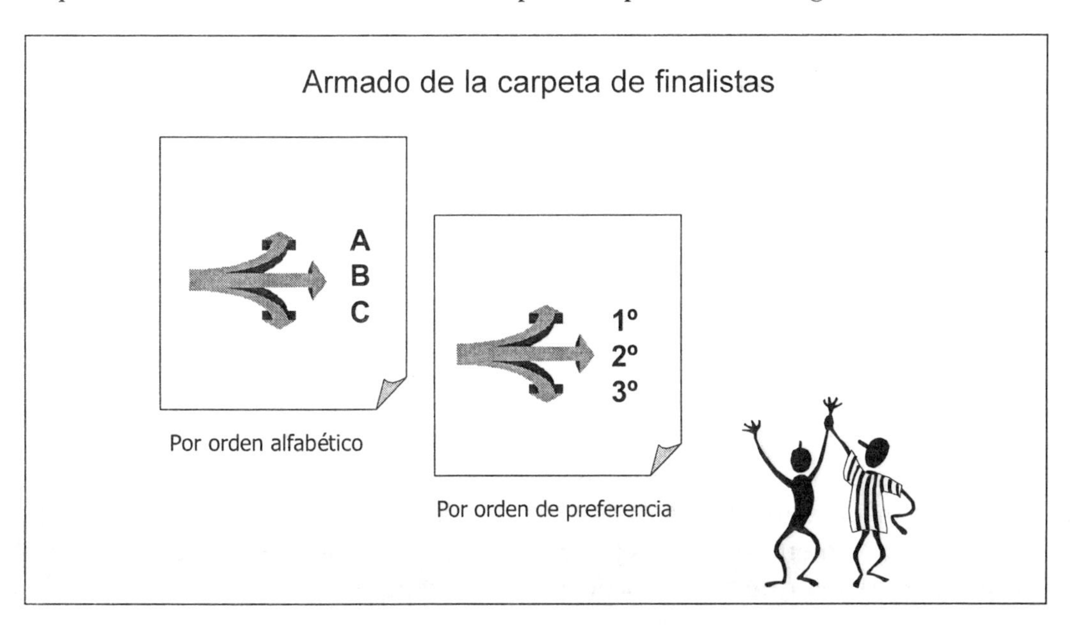

¿Cómo confeccionar el informe de finalistas? Se debe presentar la información detallada sobre cada postulante de manera objetiva, junto con el currículum vitae de cada persona.

Un informe de finalistas debe contener como mínimo:

- información detallada, con relación a lo requerido por el perfil, acerca de estudios formales y conocimientos específicos;
- empleo actual y anteriores, con fechas y principales responsabilidades;
- resultados de las distintas evaluaciones aplicadas;
- aspectos económicos relacionados con la posición a cubrir, salario actual del postulante, pretensiones, etc.;
- disponibilidad para comenzar a trabajar, y toda información complementaria que resulte útil para tomar una decisión.

Las opciones sugeridas para el armado son:

- utilizar el orden alfabético para no condicionar al cliente interno o externo, en una primera instancia, o bien
- presentar a los postulantes según el grado de preferencia del responsable de la selección y en relación con el perfil requerido.

Cada selector puede tener su propio estilo a la hora de presentar el informe de finalistas. En nuestra opinión es mejor presentarlo sin indicar un orden de preferencia, para darle libertad al cliente interno en la elaboración de sus conclusiones. Sin embargo, será conveniente que el responsable de Recursos Humanos tenga muy en claro el *ranking* (orden de mérito) de cada postulante, ya que en algún momento su opinión le será requerida.

El cliente interno en un proceso de selección

En el tema que nos ocupa en esta obra, la función de Recursos Humanos consiste en realizar un completo proceso de selección, administrar las distintas evaluaciones y presentar una carpeta de finalistas. La responsabilidad de la decisión es, en todos los casos, del cliente interno, generalmente asumida por el futuro jefe de la persona a incorporar. Pueden darse excepciones, pero aun en estos casos la decisión final será del responsable del área donde la persona que sea incorporada se desempeñará.

Es frecuente que un proceso de selección se inicie con mucha intensidad y luego, en las instancias finales, quizá con un finalista definido, no se continúe con la misma rapidez, ya sea porque el responsable (cliente interno) salió de viaje, o porque tiene una semana muy complicada, o cualquier otra razón. Muchos candidatos se pierden a último momento como consecuencia de una instancia final lenta o por errores de comunicación. En ocasiones casi todo el proceso lo lleva adelante una persona, y la parte final queda a cargo de otra que no participó de las instancias anteriores. Este tipo de situaciones dificultan la finalización adecuada del proceso. Si se ha realizado con mucho cuidado el proceso de selección; se sugiere no descuidar los detalles finales. Todo es importante[6].

Los candidatos muchas veces llaman al consultor después de una entrevista con un cliente y se quejan: "Usted no podrá creer qué me preguntó, me dijo por qué me quería ir de mi empresa actual. ¿Usted no le dijo que me llamaron?". Si bien es muy conocido cómo trabajan los *head hunters*, tanto por los clientes como por los postulantes, a menudo los primeros incurren en estos errores.

6. **Desde mi experiencia profesional**
Recuerdo una anécdota de hace unos años. Buscábamos una complicada posición de gerencia de planta, y cuando llegábamos a la instancia de la última entrevista –con la línea– los candidatos imprevistamente desistían, por diferentes motivos. El director de Recursos Humanos de la compañía que necesitaba cubrir la vacante me pidió que lo acompañara a una reunión con el director industrial (a quien llamaremos *mister X*) para analizar los casos descartados, y me dijo: "Sospecho que es algo que pasa en la entrevista, no entiendo si no por qué desisten los candidatos. *Mister X* es un alemán que vive hace muchos años en el país, tiene un estilo muy duro de conducción, creo que los ahuyenta". Efectivamente, *mister X* pensaba que si tomaba a los candidatos, éstos "tendrían la suerte" de trabajar con él y en esa empresa –que era muy importante–, sin tener en cuenta nada más. En el transcurso de la reunión le pedí que me contara cómo llevaba a cabo las entrevistas, y sin mucho entusiasmo me contó, ante mi "horror", que no sólo trataba a los postulantes como a estudiantes, sino que también les "tomaba examen" antes de decirles: "Hola, ¿cómo está usted?". Me miró sumamente sorprendido cuando le expliqué que él debía "conquistar" a los postulantes, ya que, en caso contrario, ellos decidirían continuar en sus empresas o buscar otra con mejor clima. Aún hoy me pregunto si logré convencerlo realmente. Sí logramos que cambiara la actitud al entrevistar a los candidatos para esa búsqueda en particular.
Años después de esta anécdota, me convocó para hacerme cargo de una materia del Máster de la Universidad de Palermo (de Buenos Aires) el fallecido profesor Ricardo Solana, siempre recordado por todos los que tuvimos la suerte de conocerlo. Él me dijo que le parecía un buen título para esta temática el de "Atracción, selección e incorporación de candidatos", y realmente es así: muchos se olvidan de que para una correcta selección se deben cubrir los tres pasos; en este ejemplo fallaba la "atracción".

¿Quién toma la decisión, Recursos Humanos o el cliente interno? Confusión de roles

La decisión, como ya se expresó en párrafos anteriores, es sin ninguna duda del cliente interno o del externo –si el proceso está a cargo de una consultora–. El responsable del proceso de selección es siempre un asesor que a estos efectos cumple un rol "casi" de consultor. Si por algún motivo el área de Recursos Humanos o Capital Humano tiene un rol activo en el proceso, debe quedar en claro que lo hace como colaboración, velando por el perfil organizacional de los postulantes, pero no es responsable de la decisión final.

En algunas circunstancias Recursos Humanos podrá seleccionar personal e incorporarlo, pero son casos excepcionales, y lo hará por delegación del cliente interno, para facilitar el proceso, y no como una responsabilidad intrínseca de su función.

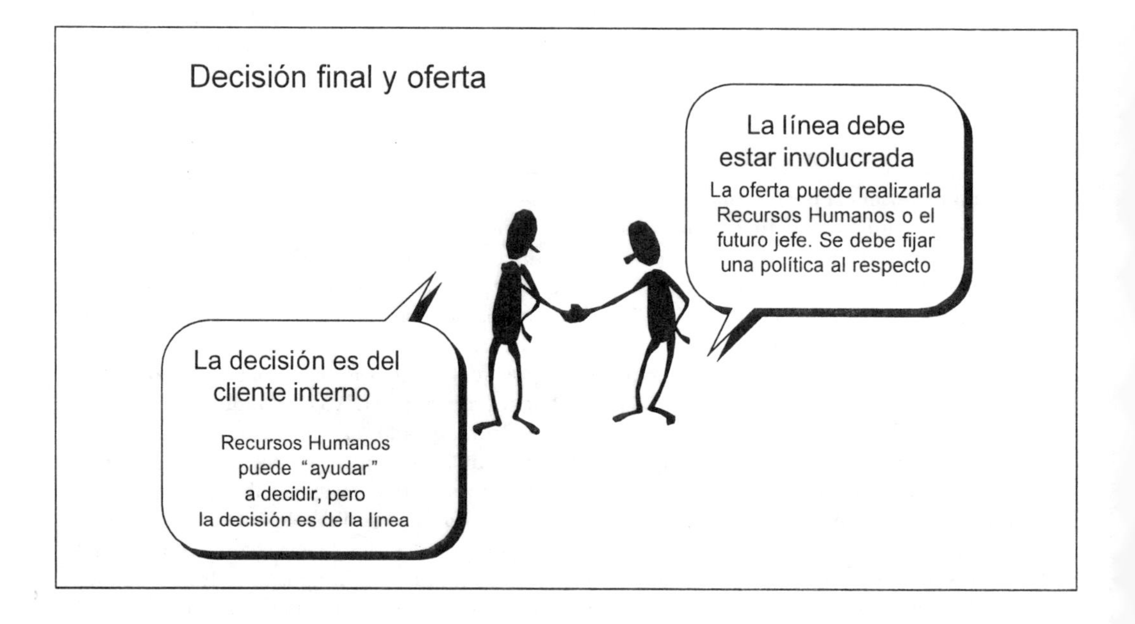

La etapa de negociación y oferta final se verá en el Capítulo 8: "Negociación, oferta e incorporación".

Gestión por competencias y selección

Esta obra complementa una colección relacionada con la temática de competencias publicadas por esta editorial, a saber: *Dirección estratégica de recursos humanos. Gestión por competencias* y *Dirección estratégica de recursos humanos. Gestión por competencias. Casos.* En el Capítulo 2 de la primera de estas obras el lector podrá encontrar el fundamento teórico básico de la metodología de gestión por competencias.

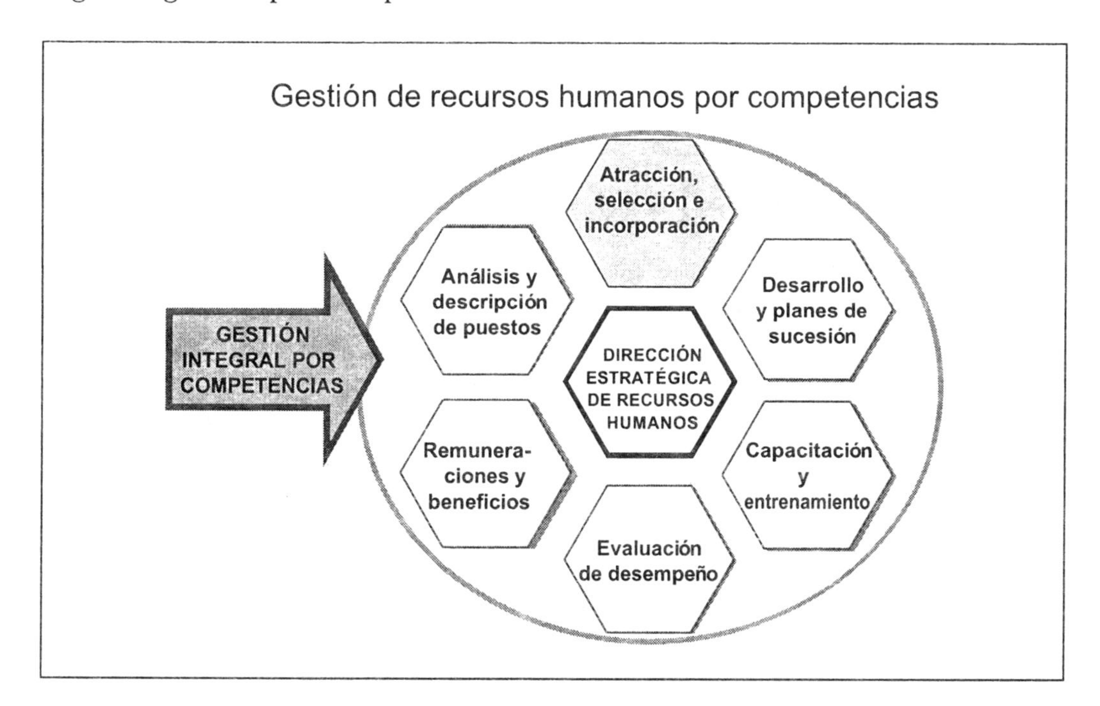

En relación con la temática de selección hemos publicado la obra *Elija al mejor. Cómo entrevistar por competencias* y la "Trilogía" compuesta por los tres diccionarios necesarios para cualquier implementación de gestión por competencias: *Gestión por competencias. El Diccionario*; *Diccionario de preguntas*; y *Diccionario de comportamientos*.

Los aspectos referidos a la evaluación de personas han sido abordados especialmente en el libro *Desempeño por competencias. Evaluación de 360°*, y en *Manual de Assessment,* que incluye un caso práctico completo con todas las variables a ser utilizadas en una ACM.

Para las temáticas de capacitación o formación, y todas las funciones de desarrollo del área de Recursos Humanos y los caminos sugeridos para el desarrollo de competencias, podrá consultarse la obra *Desarrollo del talento humano basado en competencias.*

Hemos realizado una referencia a gestión por competencias en el Capítulo 4. Cuando las empresas han adoptado el modelo de gestión por competencias para el manejo de sus recursos humanos este debe ser aplicado a todos los subsistemas relacionados con las personas, entre ellos el que nos ocupa en esta obra: *Atracción, selección e incorporación de personas.*

En este capítulo sólo nos referiremos al proceso de selección por competencias.

La entrevista por competencias

La evolución del desarrollo de los negocios y su creciente complejidad han enriquecido el concepto más tradicional acerca de qué se requería para cubrir una posición. Hoy, por ejemplo, un contador deberá poseer, además de sus amplios conocimientos técnicos, la competencia *Orientación al cliente (interno y externo),* entre otras características sobre las cuales no se pensaba hace unos años.

Frente a esta realidad, surge la necesidad de detectar estas "otras capacidades" –en el caso que nos ocupa, las competencias conductuales–. Dada la importancia de estas competencias y su inclusión en los perfiles, hay que analizar cómo se incorpora su detección al proceso de selección.

La entrevista por competencias, tal cual como será explicada en esta obra, se relaciona con organizaciones que han implementado un modelo de gestión por competencias y, en consecuencia, ya han definido competencias cardinales y específicas.

Sin embargo, no todas las organizaciones tienen modelos de competencias. ¿Qué se puede hacer en ese caso?: utilizar la entrevista por competencias, ya que brinda una forma de trabajo que ofrece mayor información sobre los postulantes a evaluar en un proceso de selección. Para ello se puede utilizar *Gestión por competencias. El Diccionario,* donde es posible encontrar una serie de definiciones de competencias con sus grados o niveles. A continuación se podrán obtener preguntas relacionadas con esas competencias en la obra *Diccionario de preguntas,* mientras que los comportamientos que nos indican la existencia de las competencias en los individuos están identificados en el ya mencionado *Diccionario de comportamientos*. Como ya se dijo, a este conjunto de obras lo hemos denominado "Trilogía", y será de mucha utilidad para las organizaciones que deseen implementar el modelo de competencias, así como para aquellos que sin tener implementada esa modalidad de gestión desean aplicar esta técnica de entrevista.

Las técnicas sobre cómo preguntar para evaluar competencias requiere, como cualquier otra cosa, práctica; luego se incorporan al esquema habitual de preguntas, desterrando las de carácter hipotético como *Usted qué haría si...*, utilizando en su reemplazo otras del tipo *Cuénteme qué ocurrió cuando...*

Una autora francesa dice algo que sintetiza mi pensamiento sobre el tema. Nadine Jolis (*Compétences et compétitivité. La juste alliance.* Les éditions d'organisation, París, 1998) expone cinco tentaciones en las que se puede caer al trabajar bajo el concepto de competencias. Al describir la tercera de ellas dice que no debemos dar a las competencias un valor absoluto sino relativo, evitando esperar que se transformen en una herramienta milagrosa que mejore, corrija y torne eficientes a las otras herramientas de Recursos Humanos.

La correcta evaluación de las competencias en el proceso de selección tiene un grado de importancia superlativo. En algunos casos, un conocimiento puede ser adquirido en un espacio de tiempo no muy largo. En cambio, las competencias requieren períodos de tiempo extensos para su desarrollo y, en ocasiones, es muy dificultoso. Por ello es siempre conveniente que las personas posean, al momento de su incorporación al puesto, las competencias requeridas en el grado indicado.

La denominada estructura estrella (*star*) para la formulación de preguntas en gestión por competencias

Uno de los propósitos de la entrevista es evaluar la adecuación o no del candidato al puesto vacante, y uno de los caminos para ello es evaluar las competencias requeridas para la posición. Para lograr este propósito es fundamental *bucear* en la historia del candidato con preguntas tales como: *¿qué pasó?, ¿dónde?, ¿con quién?, ¿cuándo?, ¿cómo?*, apuntando también a las tareas específicas: *¿cuál era su tarea concreta en la situación?, ¿qué resultados debía obtener?, ¿por qué eran importantes esos resultados?* Se puede completar con: *¿qué hizo usted?,*

¿qué dijo?, ¿a quién?, ¿qué pasó?, ¿qué pasó después?, ¿cuál fue el resultado?, ¿cómo lo supo el candidato?

Siguiendo la secuencia de estas preguntas se podrá componer la historia total.

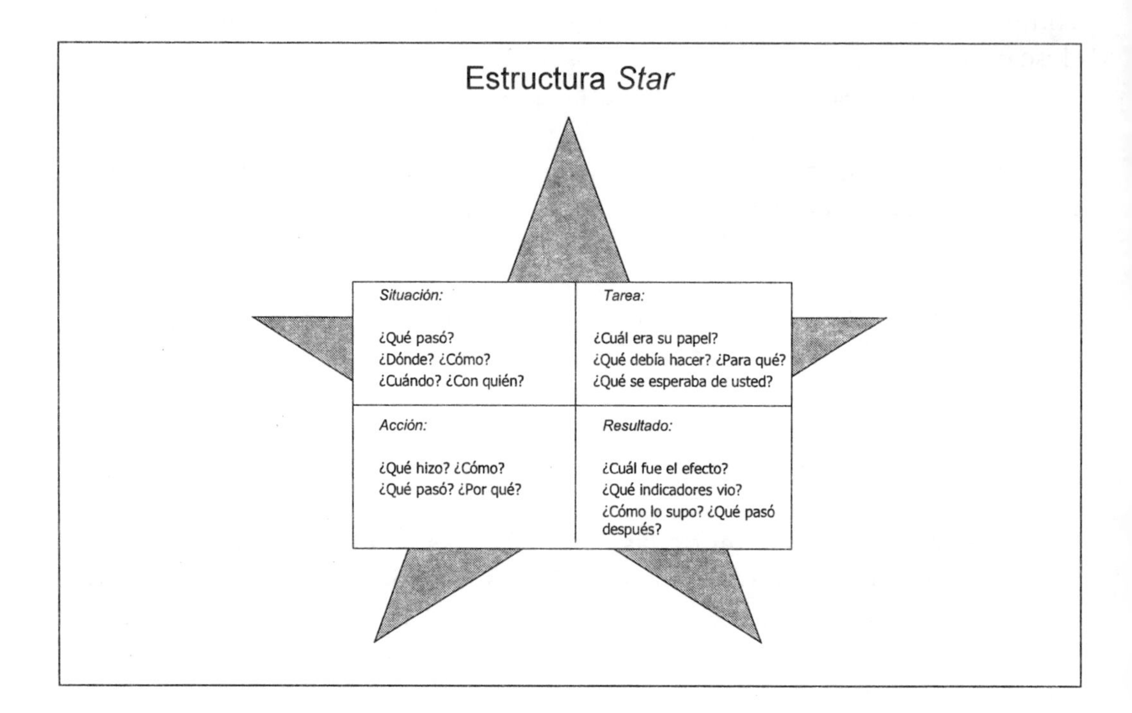

Entrevistar por competencias es una parte del proceso de selección; una parte muy importante por cierto. Sin embargo, y como ya se dijo al inicio de este mismo capítulo, cuando una organización necesita un especialista en un determinado *software,* primero deberá asegurarse de que la persona lo conoce y maneja adecuadamente, y luego se analizarán las competencias. Cuando una empresa necesita un gerente que conozca un determinado mercado, se procederá de un modo similar: se buscará cubrir la posición con una persona que demuestre, por sobre todo, conocer la plaza y el negocio.

La entrevista por competencias es un tipo de entrevista dirigida donde se integran preguntas por competencias a lo que podría ser una entrevista de tipo tradicional. Como ya hemos visto, se sugiere comenzar con una pregunta abierta, tal como *Cuénteme sobre su historia laboral,* y una vez que el entrevistador se haya formado una idea sobre los conocimientos técnicos y la experiencia laboral necesaria para cubrir el puesto, comenzar con las preguntas específicas para evaluar competencias.

Por lo tanto, trabajar por competencias y, por sobre todo, entrevistar por competencias presupone que primero se deberán despejar del perfil los conocimientos técnicos necesarios para cubrir la posición. A continuación, en la misma entrevista o en otra, se analizarán las competencias. Por ello será muy útil dividir el proceso como se planteó más arriba: hacer la *primera selección* o *preselección* despejando parte de los requisitos excluyentes del perfil, y concentrar los esfuerzos en evaluar competencias en la entrevista respectiva en la etapa de *selección*.

Hace un tiempo, en una actividad realizada en la ciudad de Lima, una participante que se dedicaba a la selección externa me comentó que utilizaba la metodología de selección por competencias. Cuando en un intermedio hablé con ella personalmente me comentó que sus clientes le pedían que realizara selección por competencias, pero o bien no le proporcionaban las competencias de su modelo, o bien no lo tenían definido. Frente a esto, tuve que decirle que lo que ella hacía no era selección por competencias. De todos modos, como es una profesional responsable, realizaba las preguntas de acuerdo con la metodología de competencias, lo cual le aseguraba un buen método de entrevista.

Se podrá destinar una reunión íntegra para entrevistar por competencias o bien incluir preguntas para evaluar competencias en el transcurso de una entrevista más general. Esto dependerá del tiempo disponible, del nivel del candidato a entrevistar, de la posibilidad o no de convocarlo a más de una reunión, etc. Como en tantas otras cosas, no hay una única forma de proceder.

Es posible que, si el entrevistado es una persona de nivel gerencial, no se puedan administrar todas las preguntas para evaluar la totalidad de las competencias requeridas por la posición a cubrir, por una simple razón: falta de tiempo. Si esta situación se presenta, se deberá elegir con anticipación cuáles son las competencias más importantes para el caso, y concentrar la atención en ellas.

Si la búsqueda la lleva a cabo una consultora, se podrá trabajar en equipo con el área de Recursos Humanos de la organización y "dividirse" la evaluación de las competencias. Cualquier variante de planificación es posible.

En síntesis, sobre la base del análisis de comportamientos pasados, durante la entrevista se deben detectar las competencias relevantes para la posición que el postulante aspira a cubrir.

Las preguntas para evaluar competencias

Las preguntas deben ser del siguiente estilo: *Cuénteme una situación donde usted haya tenido que trabajar con un grupo. ¿Cuál era el rendimiento esperado? ¿Cuál fue su aporte a la tarea?*

Será de mucha utilidad confeccionar, de acuerdo con el modelo de competencias de la organización, una guía con preguntas sugeridas para las distintas competencias. Nosotros denominamos a ese documento "Diccionario de preguntas". De ese modo, tanto el especialista de Recursos Humanos o Capital Humano como el cliente interno tendrán una orientación práctica sobre cómo formular preguntas.

Los diccionarios de preguntas

Definición de la competencia	Preguntas sugeridas
Confianza en sí mismo Convencimiento de que uno es capaz de realizar con éxito una tarea o elegir el enfoque adecuado para resolver un problema. Esto incluye abordar nuevos y crecientes retos con una actitud de confianza en las propias posibilidades, decisiones o puntos de vista.	1. ¿Cómo se siente cuando debe enfrentar algo nuevo o diferente? Reláteme una situación a modo de ejemplo. 2. Cuénteme sobre alguna situación en que haya tenido que presentar una propuesta. Antes de hacerlo, ¿pensaba que le iba a ir bien? ¿Cómo resultó finalmente? 3. Cuando usted tiene un problema especialmente complejo, ¿siente que podrá resolverlo? Cuénteme una situación a modo de ejemplo. 4. Frente a alguna situación que usted considera como muy difícil, de ésas que solemos llamar "imposibles", ¿pensó que de todos modos podría resolverla? Cuénteme una situación y dígame por qué, *a priori*, usted pensaba que era tan difícil.

Fuente: *Diccionario de preguntas. Gestión por competencias.* Ediciones Granica. Buenos Aires, 2006. Página 149.

Cómo utilizar el concepto de competencias dominantes

Se hizo una mención a este concepto en el Capítulo 4, ya que es al definir el perfil cuando debe explorarse con el cliente interno cuáles son, en ese momento de la organización, las competencias más importantes (dominantes) del conjunto que corresponden a la posición y que están consignadas en el *descriptivo de puestos.*

En una entrevista de selección no se formulan preguntas para explorar todas las competencias requeridas por el puesto de trabajo sino que se eligen algunas de ellas a estos efectos. Por lo cual, la importancia de definir las competencias dominantes se relaciona con la posibilidad de focalizar sobre ellas las preguntas. ¿Qué entendemos por competencias dominantes? Aquellas que se definen como imprescindibles o más relevantes para una posición en un determinado momento o circunstancia.

Aquellas empresas que no trabajen bajo un modelo de competencias pueden utilizar, de todos modos, este esquema de trabajo a la hora de seleccionar, tomando aquellas competencias que les interese evaluar y utilizando el método propuesto en materia de preguntas. Para evaluar los resultados, podrán utilizar el *Diccionario de comportamientos.*

¿Qué es una entrevista por competencias?

Los autores que abordan esta temática, en general sólo hacen referencia a la entrevista por incidentes críticos (*BEI, Behavioral Event Interview*), sobre la cual hablaremos en el Capítulo 7. Nosotros introducimos un concepto similar, cuya diferencia fundamental radica en el tiempo de duración; a esta nueva entrevista la hemos denominado “Entrevista por competencias”, y se describirá a continuación.

En una apretada síntesis, la entrevista por competencias surge de incorporar en una entrevista preguntas para evaluar las competencias dominantes. De este modo se evalúan competencias en un tiempo no muy extenso y, en consecuencia, con un costo razonable. Nos referiremos a la importancia de los costos en el proceso de selección en el Capítulo 10.

La entrevista por competencias así planteada tiene una ventaja adicional: al ser muy sencilla su administración, puede ser realizada tanto por el entrevistador como por el cliente interno, no especialista en Recursos Humanos o Capital Humano, quien debe recibir sólo un breve entrenamiento para llevarla a cabo.

A continuación ofrecemos un diagrama simple y explicativo de la entrevista por competencias.

Esquema de una entrevista por competencias

- "Hola, ¿cómo llegó hasta aquí?" (30 segundos para romper el hielo).
- "Cuénteme sobre su historia laboral..." (pregunta abierta de sondeo; incluye despejar requisitos "duros" del perfil).
- Preguntas para explorar competencias.
- Otras preguntas.
- Explorar motivación.
- Cierre (informar respecto de cómo sigue el proceso y preguntar si el entrevistado tiene alguna duda).

En el ítem "Preguntas para explorar competencias" se formulan las preguntas del modo como se ha mencionado en párrafos anteriores.

En cuanto a cómo interpretar las respuestas, tal como ya se dijo, se deberá trabajar de acuerdo con el esquema de la página siguiente.

El entrevistador cuenta con tres elementos que deberá combinar para el análisis de las respuestas y la evaluación de competencias:

1. *Perfil por competencias.* Cada puesto de trabajo requiere una serie de competencias en diferentes grados. Se ha sugerido elegir las más relevantes en el momento de hacer la selección (ver Capítulo 4), con el propósito de focalizar la entrevista sobre esos aspectos.
2. *Preguntas por competencias.* El entrevistador deberá tener preparadas cuatro preguntas para evaluar competencias, como se vio en párrafos anteriores en relación con el perfil y las competencias dominantes.

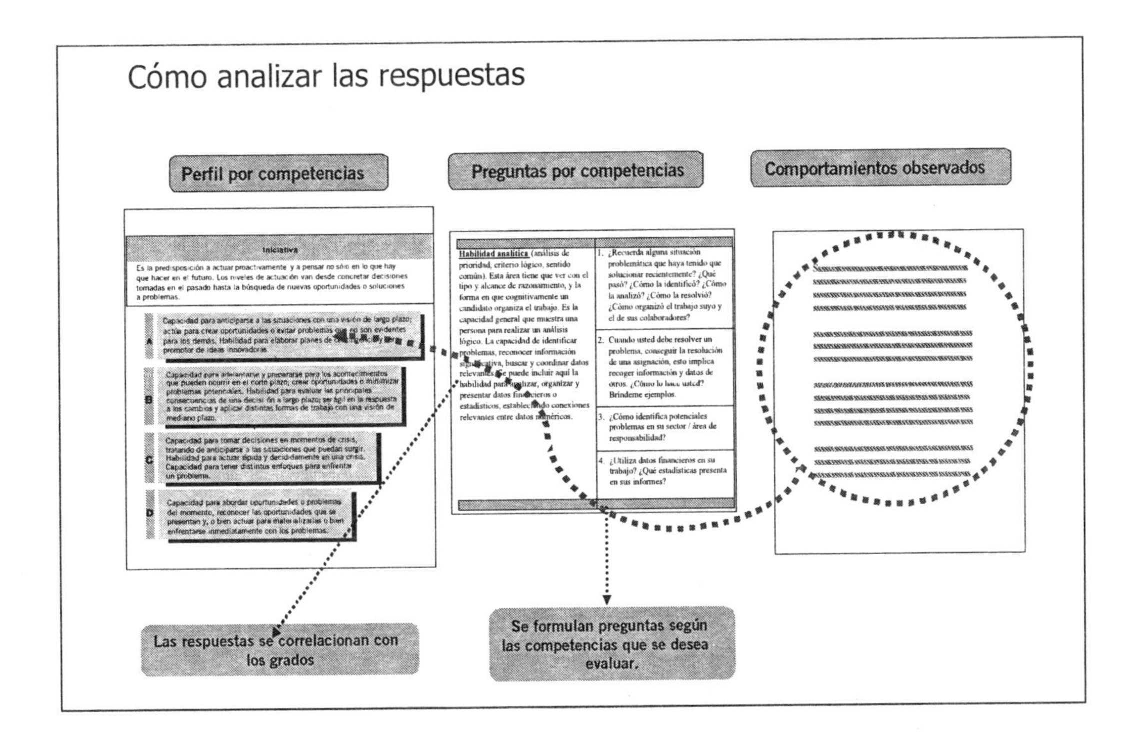

3. *Comportamientos observados.* Al postulante se le han planteado preguntas y este ha proporcionado respuestas. Para el análisis de esas respuestas hay que trabajar con el siguiente método:
   a) Por un lado, se sugiere consultar el *Diccionario de comportamientos,* donde se registran ejemplos de comportamientos en relación con los grados de las competencias, junto con ejemplos de comportamientos que evidencian la competencia en un grado no desarrollado.
   b) Por otro, a partir del relato de hechos del postulante deben observarse comportamientos, y estos deben ser relacionados con los ejemplos disponibles en el *Diccionario de comportamientos* a fin de establecer analogías.

A partir de la comparación realizada en el punto 3, según la observación de comportamientos, se obtiene el nivel identificado en el postulante de cada una de las competencias analizadas.

En síntesis, el entrevistador formula preguntas específicas para evaluar competencias. Para ello deberá tener preparadas una serie de preguntas relacionadas con las competencias más importantes o dominantes según el perfil requerido. En respuesta a estas preguntas el postulante elabora un relato, del cual se extraen los comportamientos. Éstos pueden ser comparados con el *Diccionario de comportamientos*[7] en su versión estándar o bien con el específico de la organización. De este modo se puede determinar el grado de la competencia.

¿Cómo aplicar competencias en el proceso de selección?

A continuación insertamos la selección por competencias en un modelo completo de gestión por competencias.

- Definir las competencias cardinales y específicas, como se explicó en el Capítulo 4, con el propósito de alinear a los colaboradores con la estrategia organizacional, buscando, además, características personales de excelencia en relación con la estrategia. Cada organización tiene sus propias competencias, con una definición particular, e incluso estas pueden presentar diferencias entre áreas y puestos de una misma institución.
- Definir el perfil por competencias (Capítulo 4).
- Realizar entrevistas por competencias, como se explicó en este capítulo.
- Adicionalmente, y dependiendo de cada caso, se pueden realizar entrevistas por incidentes críticos (*BEI*) y *assessment center* (*ACM*), que se verán en el Capítulo 7.
- Realizar preguntas para detectar competencias, buscar los motivos, habilidades y conocimientos que una persona realmente tiene y usa.
- Para interpretar las respuestas se debe tener a mano el "Diccionario de comportamientos" de la organización o bien uno de tipo estándar, como la obra publicada por esta editorial, *Diccionario de comportamientos. Gestión por competencias*, donde el lector podrá encontrar 4.538 ejemplos de comportamientos organizados de la siguiente manera: ejemplos de comportamientos según los distintos grados o niveles de cada competencia y, adicionalmente, ejemplos que evidencian la

7. Encontrará un ejemplo de una competencia y sus respectivos comportamientos en el final de esta obra: comportamientos positivos para los cuatro grados en los cuales se abre la competencia, más una sección de ejemplos de comportamientos que evidencian que la competencia no está desarrollada.

competencia en un grado "no desarrollado". Este último aspecto es de vital importancia, tanto para el especialista en Recursos Humanos o Capital Humano como para el cliente interno que deba entrevistar a los finalistas.

- Observar comportamientos es la única manera de determinar si la persona evaluada tiene o no el grado requerido de una competencia.

En los casos en que se desee detectar competencias potenciales en un proceso de selección, estas deberán ser previamente identificadas, y luego habrá que incorporarlas al proceso.

Si esto no se hace de este modo se corre el riesgo, especialmente en organizaciones grandes donde muchas personas toman decisiones sobre nuevas incorporaciones, de que se adopten criterios diferentes, todos bajo el mismo rótulo: competencias potenciales. Por lo tanto, si existe este propósito, el mismo debe ser expresado y planificado dentro del proceso de selección.

La entrevista estructurada

Una entrevista es estructurada cuando se ha planificado en todos sus detalles; es decir, se han dispuesto todas las preguntas en un formulario específico.

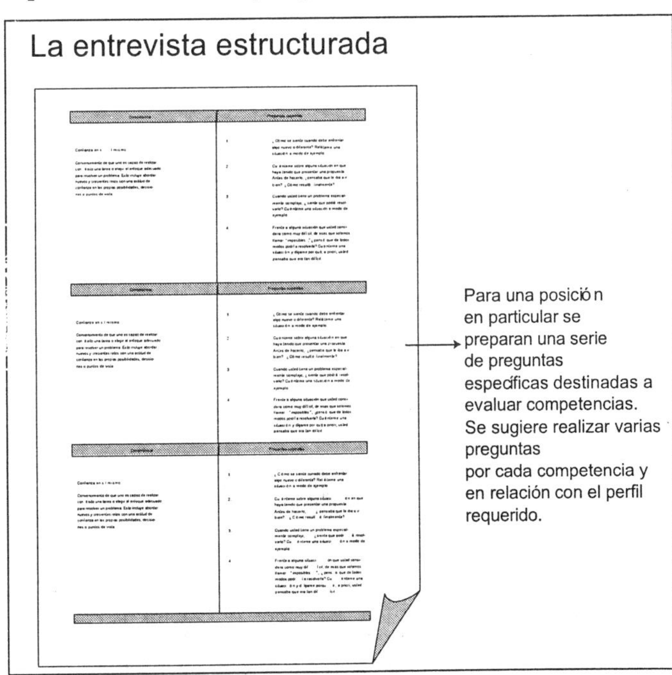

La entrevista estructurada
Para una posición en particular se preparan una serie de preguntas específicas destinadas a evaluar competencias. Se sugiere realizar varias preguntas por cada competencia y en relación con el perfil requerido.

Este documento será de mucha utilidad para la evaluación de competencias. Igualmente, se sugiere su diseño cuando a lo largo del año se deban realizar muchas entrevistas referidas a puestos similares. En ese caso, tener una entrevista tipo ya prediseñada a modo de cuestionario simplifica la tarea.

Una entrevista de competencias estructurada se compone de las preguntas tradicionales de selección juntamente con otras preguntas sugeridas para evaluar competencias, al estilo del ya mencionado *Diccionario de preguntas.*

La entrevista estructurada presenta la ventaja de que luego de un corto período de entrenamiento puede ser utilizada por los clientes internos. En nuestra consultora llamamos a esta planificación de la entrevista estructurada "Herramienta de selección". Se diseña la entrevista (o varias de ellas, según corresponda) junto con un práctico instructivo para su uso tanto por los especialistas en selección como por los clientes internos.

Entrevista por competencias: comparación de opiniones de distintos evaluadores sobre el mismo candidato

Cuando se trabaja dentro de un modelo de gestión por competencias es usual que todos los entrevistadores, incluso los clientes internos o funcionarios de línea que deben cubrir una vacante, utilicen esta metodología de trabajo en las entrevistas.

Si todos los entrevistadores han formulado preguntas específicas para evaluar competencias, es factible que las opiniones se registren bajo un esquema como el siguiente:

Área de trabajo	
Búsqueda	
Postulante evaluado	

Competencia evaluada (nombre)	**Evaluador 1**		**Evaluador 2**		**Evaluador 3**	
	Grado	**Comportamientos observados**	Grado	**Comportamientos observados**	Grado	**Comportamientos observados**

Breve explicación del formulario sugerido:

- Área de trabajo: dónde se ha originado la vacante a cubrir.
- Búsqueda: nombre del puesto a cubrir.
- Postulante evaluado: nombre de la persona.
- Competencia evaluada (nombre): si la organización utiliza un modelo de competencias con seguridad dispondrá de un diccionario de competencias o catálogo de competencias con su definición y apertura en grados o niveles.
- Evaluador 1 / 2 / 3:
  - Grado: esta columna se puede completar luego de haber observado comportamientos en la entrevista y de haber comparado éstos con el diccionario de comportamientos respectivo para la determinación del grado o nivel.
  - Comportamientos evaluados: se recomienda que cada evaluador trabaje con el diccionario de comportamientos de la organización para una mejor interpretación de las conductas o comportamientos "observados" en el relato de la persona entrevistada o evaluada. Se sugiere que quienes no están familiarizados con esta metodología lean la obra *Diccionario de comportamientos.* Se recomienda muy especialmente consultarla ya que muchas organizaciones que han adoptado la metodología de competencias no cuentan con todo el instrumental o herramental práctico necesario para hacer una buena utilización de ella, tanto por parte de los especialistas en Recursos Humanos como de los clientes internos al momento de aplicarla. Estos últimos tienen una participación decisiva en un proceso de selección, y si no se les provee de mecanismos de ayuda (por ejemplo, para observar comportamientos o conductas) no podrán hacer bien su tarea.

La motivación del postulante en relación con el proceso de selección

La motivación del postulante frente al cambio de trabajo y/o frente a una nueva relación laboral, y su motivación en materia de su futura carrera profesional, son dos puntos que parecen sencillos, pero no lo son. Las personas que participan en procesos de selección suelen tener "respuestas armadas" a la pregunta clásica de *¿Por qué desea cambiar de trabajo?* El selector deberá desentrañar la verdadera causa, que no siempre es de tipo económico, aunque sea éste el argumento más utilizado.

Como ya se comentó en el Capítulo 1, en ocasiones la intersección de los dos subconjuntos (conocimientos y competencias) no es suficiente para un buen desempeño, y falta algo más: la motivación.

La motivación buscada va más allá del compromiso de la persona con lo que hace, y se observa cuando la tarea a realizar coincide con las motivaciones personales, íntimas de la persona, ya sea por sus propios intereses, por coincidir con sus preferencias, o cualquier otro motivo.

Aquí abordamos el tema de la motivación del cambio laboral por parte del postulante juntamente con la entrevista por competencias, porque la técnica propuesta para la formulación de preguntas se relaciona con las propuestas para indagar sobre competencias. En una obra previa, *Diccionario de preguntas. Gestión por competencias*, al presentar las preguntas para indagar sobre competencias se incluyó una sección especial con relación a la motivación, con la siguiente apertura: *motivación para el puesto* (expectativas de desarrollo profesional) y *motivación para el cambio* (de trabajo). Y se dio a esta indagación sobre la motivación un tratamiento similar al que debe aplicarse para evaluar competencias.

Este aspecto, marcado como muy fuerte en el proceso de selección de personas, tiene su paralelo en otras instancias de la relación entre la organización y sus empleados, de todos los niveles. En largos años de trayectoria hemos conocido casos en los que una empresa ofrece a un colaborador una posición que a los ojos de todos parece muy atractiva, ya que mejora el nivel y la retribución, pero, provocando una sorpresa generalizada, la persona en cuestión no se siente motivada con ello, y prefiere su actual situación. La motivación de las personas pasa por carriles desconocidos en una primera instancia, y es algo sobre lo cual corresponde indagar.

Las personas tienen motivación para diferentes cosas, unas en relación con el trabajo y otras en relación con otras actividades; también podremos encontrar personas con motivaciones compartidas, hallando estímulo tanto en temas extralaborales como en su trabajo.

En síntesis, en todo proceso de selección es de vital importancia indagar sobre la/s motivación/es del postulante tanto en relación con un eventual cambio de empleo como respecto de su carrera profesional.

Las preguntas especiales –adicionales y específicas– para explorar sobre la motivación se realizan con un esquema similar a las preguntas dirigidas a evaluar competencias. Veamos un ejemplo:

Preguntas para evaluar motivación

	Preguntas sugeridas
Expectativas de desarrollo profesional	1. *¿Por qué quiere ingresar a ....?* 2. *¿Qué posición desearía alcanzar más adelante en ....?* 3. *¿Qué imagina que estará haciendo dentro de tres años?* 4. *¿Dónde podría realizar un mejor aporte a nuestra organización?*
Motivaciones para el cambio	1. *¿Qué elementos consideraría para un cambio? ¿En qué orden de importancia?* 2. *En caso de una respuesta a un anuncio, indagar si está en una búsqueda intensa o contesto a ésta por un interés particular.* 3. *¿En cuántas búsquedas está participando? ¿Qué expectativas tiene respecto de ellas?* 4. *¿Alguna vez le hicieron una contraoferta cuando usted presentó la renuncia? ¿Qué lo motivó a cambiar cuando se fue de ....?*

Fuente: *Diccionario de preguntas. Gestión por competencias.* Ediciones Granica. Buenos Aires, 2003. Página 155.

Como ya se ha dicho, en la entrevista se debe prestar especial atención a que la conversación no transcurra en el plano de lo hipotético, sino que, por el contrario, el entrevistado diga lo que realmente siente y piensa, en relación con hechos concretos y reales.

La selección de personas y las entrevistas por competencias se sustentan en las siguientes obras:

Elija al mejor. Cómo entrevistar por competencias

Gestión por competencias. El diccionario

Diccionario de preguntas. Gestión por competencias

Diccionario de comportamientos. Gestión por competencias

SUMARIO. PRESELECCIÓN Y SELECCIÓN

- Preselección. En esta etapa se realizan acciones tales como entrevistas cortas o exámenes sobre conocimientos –entre otras prácticas–, tendientes a separar tempranamente del proceso a aquellas postulaciones que no respondan al perfil requerido.
- Selección. Una vez que el selector se ha asegurado de que los participantes reúnen los requisitos de tipo objetivo del puesto, se realiza la verdadera selección, donde el énfasis está puesto en el análisis de la persona, de las competencias conductuales que podrían llevar al individuo a un desempeño superior al estándar, el perfil motivacional y otros aspectos de la personalidad del postulante. Ambos ingredientes, competencias y motivación, serán los factores determinantes para predecir un comportamiento futuro exitoso del nuevo colaborador.
- La entrevista es la herramienta por excelencia en la selección de personal; es uno de los factores que más influencia tiene en la decisión final respecto de la vinculación o no de un candidato al puesto.
- La entrevista es un diálogo que se sostiene con un propósito definido y no por el mero gusto de conversar. Entre el entrevistador y el entrevistado existe una correspondencia mutua, y gran parte de la acción recíproca entre ambos consiste en posturas, gestos y otros modos de comunicación. La palabra, los ademanes, las expresiones y las inflexiones concurren al intercambio de conceptos que constituye la entrevista.
- El registro de la entrevista en dos etapas: 1) durante la entrevista se anotan todos aquellos datos sobre los que responde el entrevistado, acerca de experiencia, conocimientos, entre otros; 2) luego de finalizada la entrevista –e inmediatamente–, el entrevistador debe completar los ítems que implican alguna valoración sobre el candidato; por ejemplo, presentación, forma de expresión, comportamientos, etcétera.
- La entrevista por competencias surge de incorporar en una entrevista preguntas para evaluar las competencias dominantes. De este modo se evalúan competencias en un tiempo no muy extenso y, en consecuencia, con un costo razonable. La entrevista por competencias presenta una ventaja adicional: puede ser realizada tanto por el entrevistador como por el cliente interno, no especialista en Recursos Humanos.
- El entrevistador formula las preguntas para evaluar competencias. A continuación, y a partir del relato del entrevistado, se deberán extraer los

comportamientos para luego, comparando éstos con el *Diccionario de comportamientos*, determinar el grado de la competencia observado en la persona.

- Las preguntas especiales –adicionales y específicas– para explorar sobre la motivación del candidato en relación con la posición a cubrir, se realizan con un esquema similar a las preguntas para evaluar competencias.
- La comparación de candidatos debe realizarse, en todos los casos, en relación con el perfil de la posición a cubrir.
- No es función del área de Recursos Humanos elegir al mejor candidato, sino presentar la información para que la línea –el cliente interno– tome una buena decisión al respecto. Se deberá ser lo más prescindente posible.

PARA PROFESORES

Para cada uno de los capítulos de esta obra hemos preparado:

- Casos prácticos y/o ejercicios para una mejor comprensión de los temas tratados en cada uno de ellos.
- Material de apoyo para el dictado de clases.

Los profesores que hayan adoptado esta obra para sus cursos tanto de grado como de posgrado pueden solicitar de manera gratuita las obras:

Selección por competencias. CASOS
(link: www.marthaalles.com/seleccioncasos)
Selección por competencias. CLASES
(link: www.marthaalles.com/seleccionclases)

Únicamente disponibles en formato digital, en nuestro sitio:
www.marthaalles.com, o bien escribiendo a: profesores@marthaalles.com

Selección por competencias
7
Evaluaciones específicas

Capítulo 7
EVALUACIONES ESPECÍFICAS

En este capítulo usted verá los siguientes temas:

- La entrevista *BEI* (*Behavioral Event Interview*) o por incidentes críticos
- Evaluaciones psicológicas
- *Assessment Center Method* (*ACM*)
- Pruebas de conocimientos técnicos o habilidades específicas en relación con el conocimiento

En este capítulo se hará referencia a las evaluaciones que conforman instancias especiales en un proceso de selección. Sin embargo, el proceso de selección implica otra serie de evaluaciones que ya han sido tratadas en el capítulo anterior. Por ello, y a modo de inicio del tema, se hará una recopilación de todas las posibles instancias de evaluación en dicho proceso.

En un proceso de selección existen numerosas instancias donde se evalúan competencias, personalidad, potencial y conocimientos. Algunas de estas se realizan durante las etapas de preselección y selección, y otras son consideradas evaluaciones específicas.

Las entrevistas específicas de evaluación, en un proceso de selección, se administran usualmente luego de las entrevistas (una o dos rondas, según se haya definido), y la evaluación de competencias, mediante la entrevista por competencias, como se ha visto en el capítulo anterior. En el caso que se requiera una entrevista específica para evaluar competencias, con una extensión y profundidad mayor, esta podría ser aplicada como una evaluación específica.

Dado que esta obra está especialmente destinada a la temática de competencias, no se profundizará acerca de otras evaluaciones, no por considerarlas menos importantes, sino sólo porque me he concentrado en la temática central: competencias.

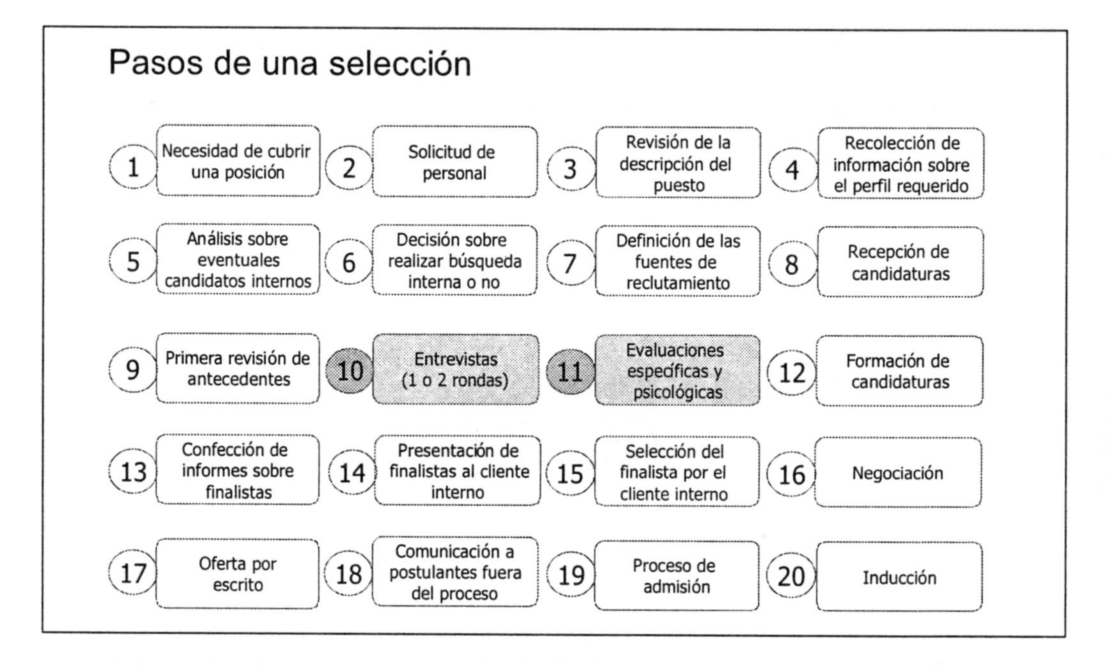

Trataremos en este capítulo los diferentes tipos de evaluaciones específicas factibles de ser aplicadas en un proceso de selección. Si bien en el capítulo anterior hemos tratado la entrevista por competencias, en este se verá una entrevista específica para la evaluación de los comportamientos de una persona, la entrevista BEI (*Behavioral Event Interview*). Asimismo, trataremos las evaluaciones psicológicas que miden los aspectos de la personalidad, y los *assessment* (ACM); evaluaciones de tipo grupal para la evaluación de competencias, y las pruebas para evaluar conocimientos de diferente índole, entre ellos el manejo de idiomas.

No hay un único modo de aplicar las distintas entrevistas o pruebas a los postulantes; la mayor habilidad que debe desarrollar el especialista en selección es detectar cuál o cuáles de esas diferentes herramientas deberá utilizar en cada caso, considerando el tipo de posición a cubrir y el eventual postulante convocado.

Las evaluaciones psicológicas están hoy en el centro del debate; hay muchos que opinan que no son útiles, unos creen que no son éticas y algunos sostienen que han sido superadas por otras técnicas; por último, están los que las comparan con otras prácticas no profesionales, como la grafología, la numerología, etcétera.

Como éste es un libro de textos universitario y/o de consulta técnica, nos ocuparemos sólo de las prácticas consideradas profesionales, administradas por graduados universitarios y producto, a su vez, de disciplinas científicamente estudiadas. Las evaluaciones en un proceso de selección pueden ser de distinto tipo, como se muestra en el gráfico siguiente. Algunas de ellas han sido tratadas en el capítulo anterior y otras en éste. Como el lector podrá apreciar, se muestran instancias de evaluación de diferente importancia y profundidad para brindar un panorama completo del tema.

Tipos de evaluación y conceptos evaluados

Evaluación	Competencias	Personalidad	Potencial	Conocimientos
Preselección (Capítulo 6): aplicación de test o exámenes por Internet				X
Preselección (Capítulo 6): aplicación de cuestionarios de preentrevista				X
Preselección (Capítulo 6): preentrevistas o entrevistas breves				X
Preselección (Capítulo 6): exámenes de conocimientos				X
Entrevista (Capítulo 6)		X		X
Entrevista grupal		X		X
Entrevista por competencias (Capítulo 6)	X			
BEI (*Behavioral Event Interview*)	X			
Evaluaciones psicológicas		X		
Evaluaciones psicológicas grupales		X		
Evaluaciones de potencial			X	
ACM (*Assessment Center Method*)	X			
Pruebas específicas sobre conocimientos (incluyen idiomas)				X
El cliente interno evalúa conocimientos en la entrevista				X

A continuación presentaremos un cuadro similar al anterior donde se presentan las mismas evaluaciones pero indicando el tipo de búsqueda para el cual se sugiere utilizarlas en cada caso.

Tipos de evaluación y sugerencias de aplicación

Evaluación	**Tipo de búsqueda**
Preselección (Capítulo 6): aplicación de tests o exámenes por Internet	Niveles iniciales hasta mandos medios
Preselección (Capítulo 6): aplicación de cuestionarios de preentrevista	Todos los niveles
Preselección (Capítulo 6): preentrevistas o entrevistas breves	Niveles iniciales hasta mandos medios
Preselección (Capítulo 6): exámenes de conocimientos	Niveles iniciales hasta mandos medios
Entrevista (Capítulo 6)	Todos los niveles
Entrevista grupal	Niveles iniciales, programas de jóvenes profesionales
Entrevista por competencias (Capítulo 6)*	Todos los niveles
BEI (*Behavioral Event Interview*)	Altos ejecutivos
Evaluaciones psicológicas	Todos los niveles
Evaluaciones psicológicas grupales	Niveles iniciales, programas de jóvenes profesionales
Evaluaciones de potencial	Posiciones donde se requiere alto nivel potencial, indicadas en general para personas jóvenes
ACM (*Assessment Center Method*)	En selección se sugiere para niveles iniciales, programas de jóvenes profesionales y similares. Búsquedas internas: permite su utilización a niveles superiores
Pruebas específicas sobre conocimientos (incluyen idiomas)	Todos los niveles
El cliente interno evalúa conocimientos en la entrevista	Todos los niveles

* La entrevista por competencias puede ser realizada tanto por el especialista de Recursos Humanos como por el cliente interno.

La entrevista BEI (*Behavioral Event Interview*) o por incidentes críticos

¿Qué es una entrevista BEI o por incidentes críticos?

La BEI (conocida también como *Entrevista por Eventos Conductuales* o *Entrevista por Incidentes Críticos*) es una entrevista específica para evaluar competencias. Por su extensión y costo, no es muy utilizada en selección. Por ello se recomienda, en su reemplazo, la entrevista por competencias (Capítulo 6), que es una versión simplificada de la BEI. Ésta, sin embargo, es una entrevista más completa y profunda, con ciertas características especiales que comentaremos en párrafos siguientes. Los objetivos de una y otra son los mismos, pero la profundidad que proveen es diferente, y el tiempo requerido tanto para el evaluado como para el evaluador es significativamente mayor en la denominada BEI. Se podría decir que la herramienta que hemos dado en llamar *entrevista por competencias* es una versión simplificada de la *entrevista por incidentes críticos*, y de este modo ofrece grandes ventajas: resuelve situaciones análogas con un costo sensiblemente menor.

La entrevista BEI no es otra cosa que una entrevista dirigida o estructurada cuyo objetivo es evaluar competencias. Sin duda, es a través de una entrevista dirigida que se pueden mezclar los diferentes tipos de preguntas. Es posible que el entrevistador comience la entrevista con una pregunta abierta (*Cuénteme sobre su historia laboral*), y una vez que se ha formado una idea respecto de si el postulante cubre los conocimientos técnicos y la experiencia laboral necesaria para la posición en cuestión, comience con las preguntas para evaluar competencias.

Los pasos de una entrevista BEI son cinco (ver esquema de la página siguiente).

Más adelante explicaremos cada uno de los pasos detalladamente, y se los relacionará con el rol que debe desempeñar el entrevistador en cada caso.

Según Spencer y Spencer[1], la entrevista por eventos conductuales o comportamientos, también conocida como entrevista por incidentes críticos, consta de los cinco pasos mencionados. Otros autores coinciden al respecto.

---

1. Spencer, Lyle M. y Spencer, Signe M. *Competence at work, models for superior performance.* John Wiley & Sons, Inc. Nueva York, 1993.

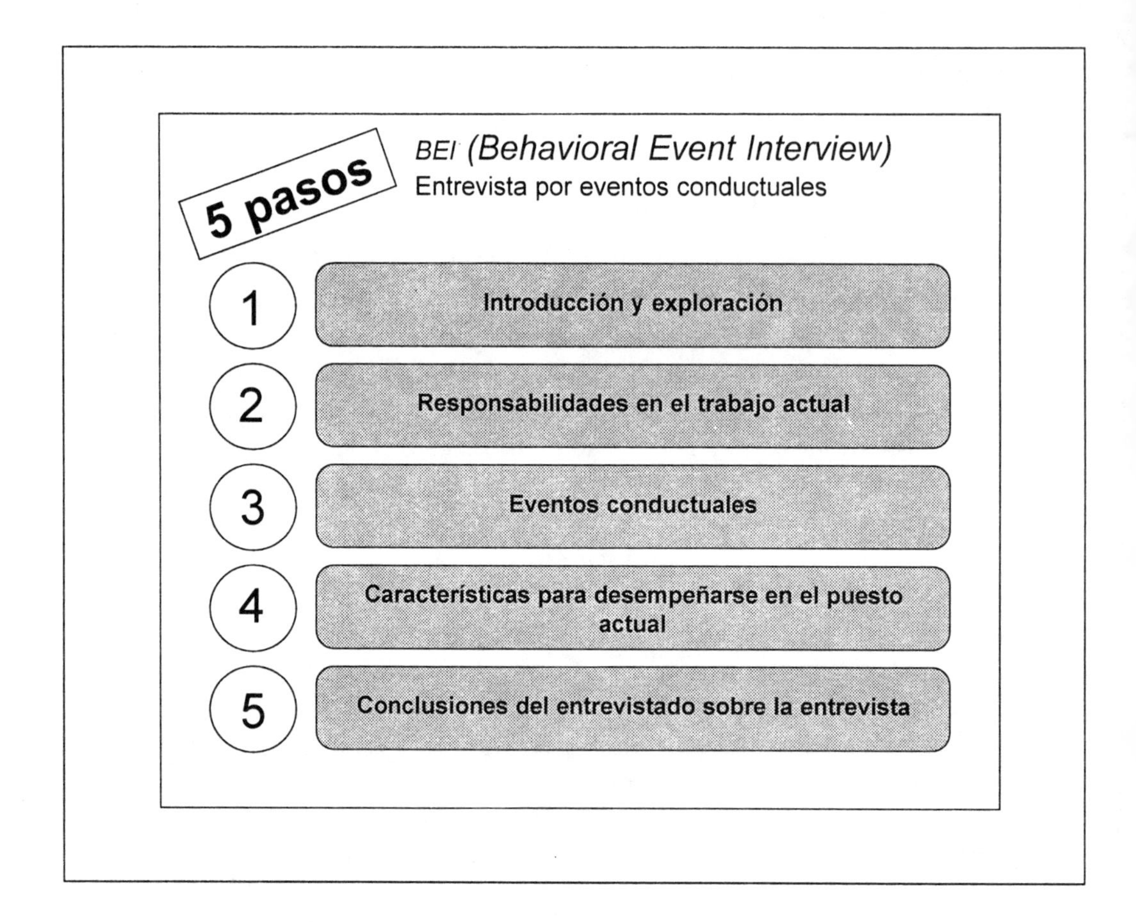

En la propuesta que encontrará más adelante sobre la *BEI* verá que se ha incorporado una sección de preguntas muy importante en el *paso 3*; se trata de las preguntas específicas para explorar todas las competencias que se desee evaluar durante el transcurso de la entrevista.

Cuándo se utiliza la *BEI*

La entrevista *BEI*, como se dijera en párrafos anteriores, no es muy utilizada en los procesos de selección; sin embargo, podría sugerirse como una evaluación adecuada para niveles gerenciales.

Asimismo, esta entrevista se sugiere como muy adecuada en otras instancias donde sea preciso evaluar competencias, en especial de niveles gerenciales y de dirección. Ejemplos:

- *Fusiones y adquisiciones.* Para evaluar competencias de altos ejecutivos, en especial cuando se debe decidir quién es la persona más indicada para una posición determinada.
- *Fusiones y adquisiciones.* Para determinar el capital intelectual de una empresa.
- *Planes de sucesión.* Para elegir posibles candidatos al definir planes de sucesión de posiciones clave.

La entrevista BEI, como parte del proceso de selección o en cualquiera de las circunstancias mencionadas, deberá ser administrada por un profesional especialista en dicha evaluación.

La BEI[2] paso a paso

El objetivo de la entrevista BEI es obtener descripciones conductuales (comportamientos) lo más detalladas que sea posible, a fin de que revelen cómo la persona se desempeña en su trabajo.

El entrevistador formula preguntas con el propósito de establecer el escenario o conducir al entrevistado a brindar "historias cortas" sobre situaciones críticas. La tarea del entrevistador es obtener historias completas que describan los comportamientos, pensamientos y acciones específicas que el entrevistado ha demostrado en situaciones reales.

Cómo planificar una entrevista BEI

Para planificar la entrevista se deberá conocer en una primera instancia el modelo de competencias y las distintas competencias a evaluar; esto implica:

- Nombre y definición de cada competencia.
- La definición de cada grado o nivel y cuál es el requerido para la posición a evaluar.
- Los comportamientos asociados.
- Si no se desea evaluar la totalidad de las competencias, se deberá establecer cuáles son las dominantes. Si es una selección habrá que definir con el cliente interno o externo las competencias dominantes

2. Los consejos que se incluyen en esta sección fueron tomados, en su mayoría, de la obra de Spencer y Spencer, más otros que son producto de nuestra experiencia profesional

del puesto a seleccionar. El mismo criterio debe seguirse en el caso de una evaluación de competencias por otro motivo.

Este último punto es importante, porque en ocasiones no será posible analizar/evaluar todas las competencias en una entrevista/evaluación; por lo tanto será recomendable determinar las dominantes (más importantes) y centrar los cuestionarios en ellas.

Antes de la BEI

- Informarse acerca de la persona a entrevistar
- Prever un lugar adecuado
- Analizar la posibilidad de grabar y/o tomar notas de la entrevista
- Planear preguntas específicas para todas las competencias a evaluar
- Planear preguntas específicas sobre motivación teniendo en cuenta las circunstancias por las cuales se realiza la BEI (por ejemplo: selección, planes de sucesión, compra o fusiones de empresas, etc.)
- Conocer a fondo la planificación (sólo se la podrá consultar, *no* leer cada una de las preguntas a formular)

- *Informarse sobre la persona a entrevistar.* Nombre, posición, tipo de empresa donde trabaja y toda información adicional de interés.
- *Prever un lugar adecuado.* En cualquier entrevista esto es fundamental, así como evitar distracciones de cualquier tipo.
- *Grabar la entrevista*[3]. Si es posible hacerlo, grabar y tomar notas durante la *BEI* permitirá registrar la información de una manera más completa. Además de facilitar el trabajo del entrevistador, las grabaciones de la *BEI* son muy útiles para capturar los matices exactos de las motivaciones y procesos de razonamiento de los entrevistados. Las notas tienden a ser la versión del entrevistador acerca de los hechos, y no la del entrevistado. Además, las grabaciones pueden ser un recurso valioso como elemento de capacitación, para el estudio de casos y simulaciones.

3. Los diversos autores que tratan el tema, entre ellos Spencer y Spencer, que hemos citado en varias ocasiones en esta obra, sugieren como metodología grabar las entrevistas *BEI*.

De todos modos, no siempre será posible grabar la entrevista, por lo cual sugerimos adquirir experiencia en tomar notas de una manera efectiva.

- *No leer la planificación.* La entrevista siempre deberá ser planificada, pero si bien es factible tener el plan a la vista durante la entrevista, no es aconsejable leerlo de manera directa frente al entrevistado.

La entrevista BEI, como ya se comentara, se realiza en cinco pasos. La mayor parte de la entrevista debe centrarse en el *paso 3,* referido a los eventos conductuales propiamente dichos. A continuación se dará una explicación detallada de cada uno de los pasos que componen esta modalidad de entrevista.

Paso 1. Introducción y exploración, experiencia y formación del individuo

El principal objetivo de esta etapa es presentar y explicar el propósito y formato de la entrevista, e iniciar la exploración acerca de la carrera profesional, la educación (estudios formales) y las experiencias laborales previas del entrevistado. Esta parte de la entrevista permite la utilización de preguntas de sondeo (abiertas).

El propósito principal de este paso en la BEI es establecer un sentido de confianza mutua y buena voluntad entre entrevistador y entrevistado, logrando así que este último se sienta relajado, abierto y preparado para hablar. En consecuencia, los objetivos específicos son:

1. *Relajar al entrevistado.* Presentarse amablemente.
2. *Motivar a que el entrevistado participe.* Explicar el propósito y el formato de la entrevista. La mayoría de las personas quieren saber por qué se los entrevista y con qué fin y cómo se utilizarán sus respuestas. Hay que usar este momento para explicarle al entrevistado que se le formularán algunas preguntas sobre cómo se desempeña en su puesto actual, y se le solicitará que describa algunas de las situaciones más importantes que haya enfrentado en sus tareas y qué hizo en cada oportunidad. Otra variante es decirle que se le preguntará sobre sus tareas y responsabilidades; y sobre algunas "situaciones críticas" que haya tenido que enfrentar, al igual que sobre algunas situaciones "buenas" o exitosas y algunas situaciones "malas" y de fracaso o "no exitosas" que el entrevistado haya experimentado en los últimos 12 o

18 meses. Puede resultar útil darle unos minutos para reflexionar; mientras tanto, el entrevistador deberá acomodar algo, revisar sus anotaciones, etc., para lograr distenderlo.

3. *Sobre su carrera profesional.* Las preguntas específicas se centran en la *educación, los puestos importantes* antes del puesto actual y las *responsabilidades* más relevantes que ha asumido. Asimismo, el entrevistado podría contar cómo llegó a ocupar su *puesto actual,* un proceso de selección que haya tenido que realizar, una promoción, etcétera.
3. *Hacer hincapié en la confidencialidad de las respuestas.* Explicar cómo se utilizará la información y quiénes serán informados de los resultados. Se deberá tener en cuenta que el entrevistado puede estar preocupado por este tema, más aún si se utiliza un grabador.
5. *Pedir permiso para grabar.* Confirmar una vez más la confidencialidad de lo que se exprese.

Consejos

- El entrevistador debe establecer confianza con la persona entrevistada, explicando abiertamente quién es él, qué hace y por qué, y luego pidiendo al postulante su colaboración. Si se es abierto, informal y amable, es muy posible que el entrevistado responda de la misma forma.
- El entrevistador debe encontrar el tono adecuado de la entrevista. El entrevistado deberá sentir que su relato interesa, que se valoran sus experiencias. Hay que recordar que a la mayoría de las personas les agrada hablar sobre sí mismos, sus puestos y lo bien que hacen las cosas.

Problemas... y cómo resolverlos

- Si el entrevistado está nervioso o preocupado en exceso, se puede recurrir a algunos de los consejos ofrecidos en el Capítulo 6. Para resolver este problema, podrá ser útil repetir cuál es el propósito de la entrevista.
- Opcionalmente, dependiendo de la curiosidad del entrevistado, se podrá decir una frase como la siguiente, en la medida en que sea pertinente: "Esto es parte de un proceso para una mejor selección y/o capacitación para el puesto. Al identificar las habilidades y experien-

cias que usted utiliza/posee para desempeñarse en su puesto actual, se podrá seleccionar/capacitar mejor a personas para puestos como el suyo".

- Si el entrevistado está preocupado por la confidencialidad de la entrevista o no se siente cómodo con la grabadora, habrá que repetir la promesa de confidencialidad y transmitir lo que se hará con la información obtenida durante la entrevista. Deberá destacar que la grabadora sólo lo ayudará a tomar notas, y ofrecer apagarla si el entrevistado expresa de manera manifiesta su incomodidad. Los autores consultados y la experiencia de otros colegas incluyen en todos los casos, como una modalidad de la BEI, su grabación. Nuestra opinión, avalada por la experiencia práctica, no coincide: sugerimos adquirir experiencia en tomar notas de manera objetiva y sin incluir opiniones personales, como se ha manifestado en el capítulo anterior al explicar la mejor forma de registro de la entrevista. Si se adquiere práctica en la administración de la BEI sin utilizar grabadoras, los costos disminuirán y el entrevistado se sentirá más cómodo.

Paso 2. Responsabilidades en su trabajo actual

El objetivo de este paso será lograr que el entrevistado describa sus tareas y responsabilidades laborales más importantes. Esta parte de la entrevista permite la utilización de preguntas de sondeo (abiertas).

Las preguntas específicas de esta sección se dirigen a lo que la persona hace en este momento; es decir, indagar sobre la posición actual del entrevistado. Ejemplos de preguntas:

- *¿Cuál es el título de su puesto actual?*
- *¿A quién reporta usted?* Tomar nota del título y/o de la posición del supervisor. Se puede agregar: *No necesito su nombre, sólo su título/cargo.*
- *¿Quién/quiénes le reporta/n a usted?* Tomar nota de los títulos o posiciones de las personas que reportan directamente al entrevistado. Otra vez se puede agregar que no necesita nombres, sólo posiciones de los subordinados.
- *¿Cuáles son sus tareas o responsabilidades más importantes? ¿Qué hace usted realmente?* Si la persona tiene dificultades para nombrar tareas o responsabilidades laborales, se puede formular la pregunta más específicamente: *Por ejemplo, ¿qué hace en un día, semana o mes determinado?*

Consejos

- Esta parte de la entrevista no debe tomar más que 10 o 15 minutos.
- Si se trata de un proceso de selección, por ejemplo, el entrevistado podrá decir que ya presentó su CV, a lo cual se le puede responder: *Efectivamente, lo he leído, pero apreciaría una breve descripción de su parte*, u otra frase similar.

Paso 3. Eventos conductuales

Se propone solicitar al entrevistado que describa, en detalle, cinco o seis de las situaciones más importantes que haya experimentado en el puesto, dos o tres "puntos relevantes" o éxitos importantes, y dos o tres "puntos irrelevantes", o fracasos, o situaciones de "no éxito".

El entrevistado debe describir detalladamente las situaciones que haya elegido como importantes o críticas de su trabajo, dos o tres puntos sobresalientes y dos o tres puntos de pobre actuación. Muchos denominan a estos últimos "fracasos"; no sugerimos usar este término, ya que suena muy duro a los oídos del entrevistado; en su reemplazo puede usarse "no éxito" en contraposición a tres puntos sobresalientes o exitosos de su actuación.

Esta etapa es el corazón o *core*[4] de la entrevista/evaluación. Lo recomendable es dividir esta parte en dos:

- Preguntar sobre incidentes críticos sobresalientes (positivos y negativos) en su trayectoria laboral, como ya se explicó en el párrafo precedente. Se sugiere utilizar la estructura *Star* descrita en el capítulo anterior y tal como se verá más adelante.
- Preparar preguntas focalizadas acerca de las competencias a evaluar (pueden ser las del puesto o las competencias dominantes). Sobre este punto se sugiere revisar el texto del Capítulo 6.

El objetivo central de la BEI es hacer que el entrevistado describa en detalle al menos cuatro y preferentemente seis historias completas de situaciones críticas. Algunas personas sólo ofrecen la descripción de cuatro situaciones, y otras diez. Esta sección toma gran parte del tiempo de la entrevista; el entrevistado deberá brindar detalles específicos.

4. Core: corazón, núcleo, centro y, en sentido figurado, esencia. *Diccionario Universal Langenscheidt*. Berlín, 1992.

Para obtener una historia completa, es esencial conseguir las respuestas a las siguientes cinco preguntas clave:

1. ¿Cuál fue la *situación*? ¿Qué eventos condujeron a ella?
2. ¿Quién estaba implicado?
3. ¿Qué *pensó* o *quiso* hacer en la situación?" (el entrevistado). El entrevistador deberá estar atento e interesarse en las percepciones y sentimientos de la persona con respecto a la situación y a las personas implicadas. El propósito será informarse sobre:
   - Cómo se sentía con respecto a los demás o con respecto a la situación.
   - Cómo se *sentía* (por ejemplo: asustado, confiado, nervioso).
   - ¿Qué *quería* hacer? ¿Qué lo motivó en la situación (por ejemplo: hacer algo mejor, impresionar al jefe)?
4. ¿Qué *hizo* o *dijo* realmente? Aquí debe interesarse en las habilidades que la persona demostró.
5. ¿Cuál fue el resultado? ¿Qué sucedió?

Consejos

- Formular preguntas que conduzcan al entrevistado hacia una situación real. Centrar al entrevistado en situaciones pasadas reales y no en respuestas hipotéticas, filosóficas, abstracciones y conductas adoptadas.
- Si el entrevistado brinda respuestas hipotéticas, indagar al respecto repreguntado, solicitando un *ejemplo específico*.
- Solicitar *hechos*: "¿*Quién* dijo eso? ¿*Dónde* sucedió? ¿*Cómo* la convenció? ¿*Qué sucedió* después?". Solicitar información sobre tiempo, lugar y actitud suele ayudar al entrevistado a recordar el episodio, ya que por lo general todas las personas recuerdan algo de lo que realmente ocurrió, que será lo que el entrevistado diga como primera parte de la respuesta.
- Formular preguntas cortas y claras, y una a la vez. Utilizar los verbos en tiempo pasado. Utilizar la conjugación en presente sólo para actividades cotidianas, y nunca en futuro.
- Ejemplos de preguntas: ¿*Quién* hizo eso? ¿*Qué* sucedió? ¿*Cómo* hizo eso? ¿*Cuándo* lo hizo?, o ¿Qué pensaba *en ese momento*?"
- Indagar sobre el típico "nosotros" preguntando: "¿*Quién*, específicamente?", para descubrir qué hizo la persona. Usualmente los entrevistados dicen "nosotros"; quizá están acostumbrados a hablar así. Cuando se realizan presentaciones en una organización donde se

trabaja, es correcto utilizar la primera persona del plural, "nosotros"; sin embargo, durante una entrevista *BEI* se desea evaluar al entrevistado y no al grupo de trabajo al cual pertenece. Se deberá preguntar de inmediato: "¿A quién se refiere al decir "nosotros"? ¿Cuál fue la función de esa/s persona/s en la situación? ¿Qué hizo usted?" (por ejemplo: en la preparación de un informe o una presentación).

- Cómo actuar con entrevistados "que manejan la entrevista" (nos hemos referido a este tema en el Capítulo 6). Usualmente, profesionales de ventas y/o muy buenos gerentes en ocasiones no dejan de generalizar sobre el estado del negocio o del mundo, su filosofía de dirección, y cosas por el estilo. Todo esto, por supuesto, no tiene utilidad desde el punto de vista de la *BEI*. En estos casos el entrevistado debe ser interrumpido, y el entrevistador deberá ser muy directo con respecto a lo que desea; podrá decir: "Necesito que me cuente sobre una *situación específica* en la que usted estuvo *personalmente implicado*".

Informe detallado por competencias, con ejemplos de incidentes críticos definidos

A modo de ejemplo proponemos el siguiente modelo:

Competencias (definición)	Grados o niveles A B C D	Comportamientos, incidentes críticos positivos	Comportamientos, incidentes críticos negativos
		1------------- 2------------- 3-------------	1------------- 2------------- 3-------------
		1------------- 2------------- 3-------------	1------------- 2------------- 3-------------
		1------------- 2------------- 3-------------	1------------- 2------------- 3-------------
		1------------- 2------------- 3-------------	1------------- 2------------- 3-------------
		1------------- 2------------- 3-------------	1------------- 2------------- 3-------------

Paso 4: Características para desempeñarse en el puesto actual

Este paso tiene dos objetivos:

1. Obtener situaciones críticas adicionales sobre temas que se mencionaron o situaciones adicionales sobre temas ya relevados. Recuerde que tener más situaciones sobre los mismos temas le dará más certezas sobre el relevamiento efectuado.
2. Hacer sentir al entrevistado que se lo valora al solicitar su opinión.

La propuesta es solicitar al entrevistado que describa lo que una persona necesitaría para desempeñarse eficientemente en el puesto que él ocupa en ese momento. Podría diseñarse este paso (y el *paso 5*) con preguntas en relación con el puesto que la persona ocupará o para el cual es evaluado (en el caso que no sea el mismo que ocupa en el momento actual). Para que ello sea posible, el entrevistado debería conocer en detalle la *descripción del puesto* juntamente con las *competencias requeridas* (definición y grados o niveles, también con su definición). Por lo tanto, es factible, con esta última salvedad.

Se debe incentivar al entrevistado al diálogo, preguntándole acerca de las características necesarias para ocupar su puesto actual; es decir, en su opinión, cómo debería ser la persona que ocupa su puesto.

Investigar la motivación en un sentido amplio: motivación ante un eventual cambio de trabajo (si se está trabajando en una selección) y sus motivaciones –en general– sobre su carrera. Nos hemos referido a este particular en el capítulo anterior.

Paso 5. Conclusiones del entrevistado sobre la entrevista

Se recomienda cerrar la entrevista agradeciendo al entrevistado por su tiempo y la información suministrada. Solicitarle que resuma las situaciones y descubrimientos clave de la entrevista, y que brinde su opinión sobre la entrevista, el entrevistador y, en particular, su autoevaluación en relación con el *paso 4*.

Aprovechar el cierre de la reunión para un nuevo comentario tranquilizador, sobre todo si la persona entrevistada tiene algún motivo de preocupación.

Resumen: el rol del entrevistador en cada uno de los pasos

Paso	Rol del entrevistador	Pregunta sobre
1 Introducción y exploración	Tranquiliza Motiva a hablar Enfatiza sobre la confidencialidad Explica motivos Pide permiso	Antecedentes Carrera profesional Educación
2 Responsabilidades en el trabajo actual	Obtiene información	Aquello que la persona hace Nivel al cual reporta Quiénes le reportan Tareas
3 Eventos conductuales	Es la parte central de la entrevista. El entrevistador: Ubica la situación Pide casos específicos Realiza preguntas cortas Utiliza los verbos en tiempo pasado No acepta el "nosotros"	Situaciones críticas positivas (3) y negativas (3) Preguntas específicas sobre competencias (como se ha visto en el Capítulo 6): *Bríndeme un ejemplo* *¿Quién lo hizo?* *¿Qué sucedió?* *¿Cuándo lo hizo?*
4 Características para desempeñarse en el puesto actual	Intenta obtener más situaciones críticas Hace sentir cómodo al entrevistado	En opinión del entrevistado, cuáles son las características necesarias para el puesto que él ocupa en el momento actual
5 Conclusión del entrevistado sobre la entrevista	Agradece Asegura confidencialidad Tranquiliza Brinda información	Pide opinión sobre la entrevista Solicita autoevaluación

¿Cómo analizar los resultados?

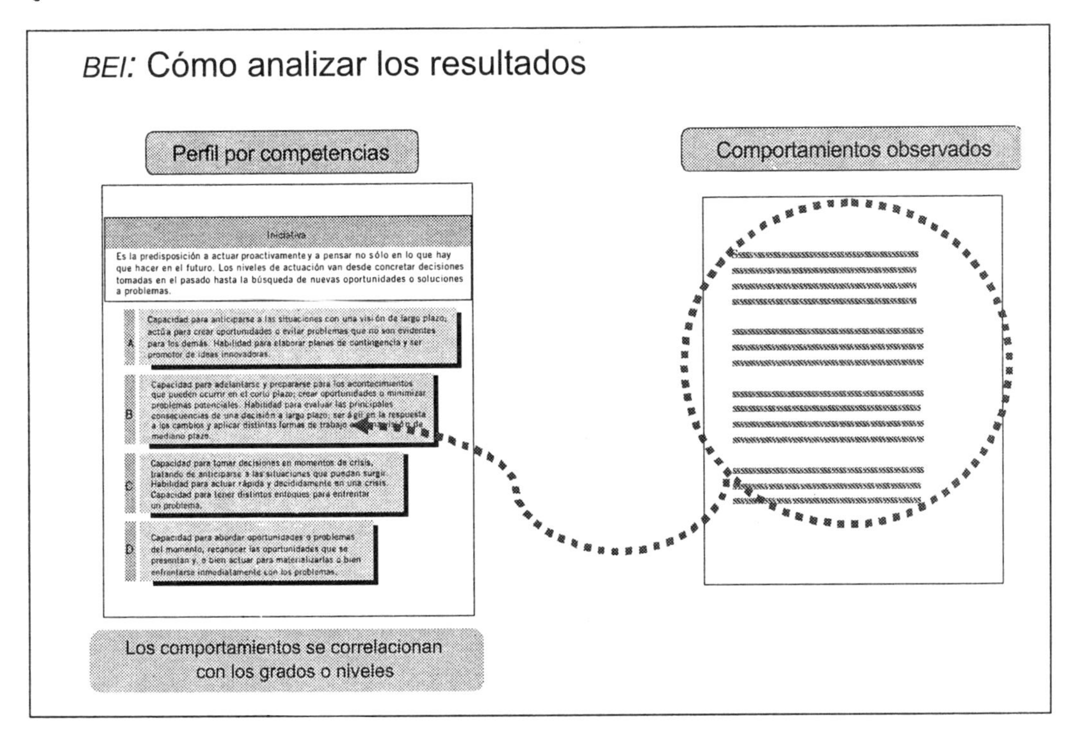

En todos los casos lo que se debe obtener son *comportamientos*, que luego deben ser comparados con los requeridos según la definición de competencias. Para ello se utiliza el *Diccionario de competencias* o catálogo de competencias, la asignación de grados o niveles al puesto, y el *Diccionario de comportamientos.*

¿Cómo registrar una *BEI*?

Siempre se deben registrar hechos, comportamientos. Como ya se dijo, muchos sostienen que el mejor método es utilizar una grabadora, pero esto no es siempre posible; no desde el punto de vista técnico, sino porque muchos entrevistados pueden no sentirse cómodos. Por lo tanto, el registro de la *BEI* adquiere suma importancia.

El entrevistador que pueda manejar una *BEI* sin la utilización de una grabadora tendrá muchas ventajas; el desafío es desarrollar una técnica que le permita tomar notas mientras escucha a su entrevistado, en lo posible sin mirar el papel, atento a su interlocutor.

Consejos sobre el registro de la entrevista BEI

Como en cualquier tipo de entrevista, hay que pasar en limpio las notas inmediatamente después de que finaliza la reunión.

Resumir los datos de la entrevista, utilizar las palabras del entrevistado para describir sus comportamientos, tomar nota de todo lo relevante y de toda información que se considere que podría ser útil para luego realizar el informe. Registrar todo lo que el entrevistado haya dicho sobre el puesto y en el cierre de la entrevista.

Por último, se recomienda no escribir opiniones. Los que poseen muchos años de experiencia se sienten autorizados a hacerlo, pero será mejor utilizar esa experiencia para hacer un adecuado informe donde se describan, como ya se dijo, hechos y comportamientos.

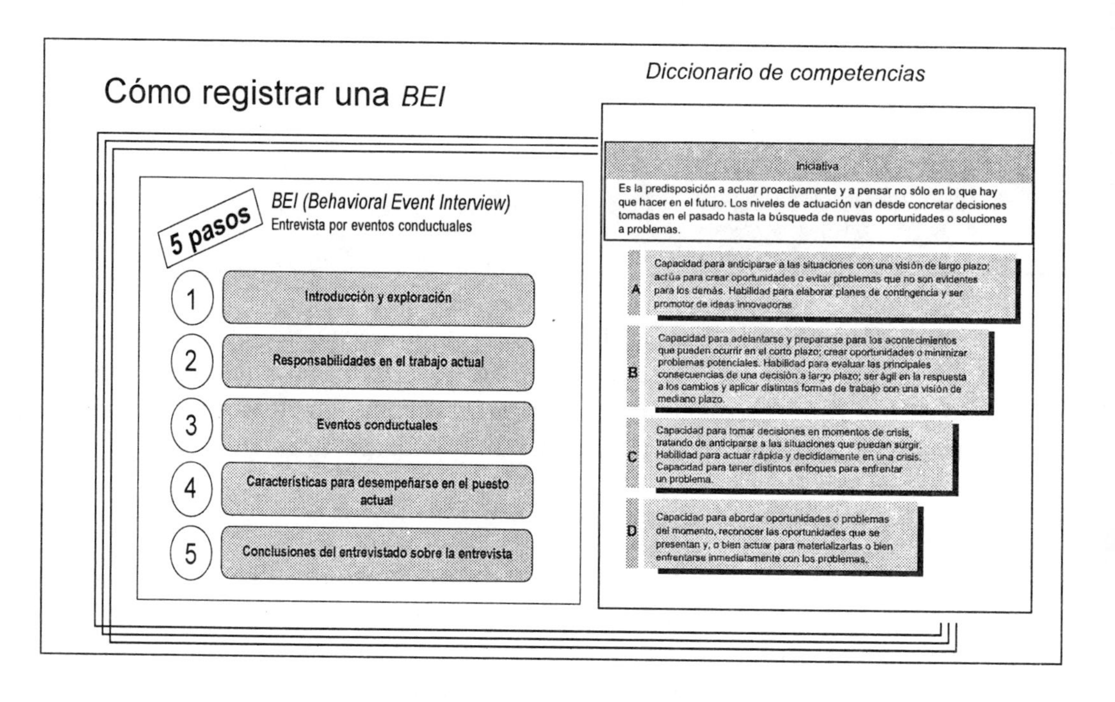

En una obra previa –*Elija al mejor. Cómo entrevistar por competencias*–, en un capítulo dedicado al tema que nos ocupa se presenta un formulario para el registro detallado de una entrevista BEI.

Evaluaciones psicológicas

Las evaluaciones psicológicas en los procesos de selección se aplican desde hace mucho tiempo y podrían definirse como evaluaciones específicas sobre la personalidad de una persona en relación con un determinado puesto de trabajo y el entorno laboral. Es decir, no tienen un propósito de tipo clínico, sino sólo evaluar a una persona con respecto a su posible desempeño en un determinado entorno laboral. En todos los casos las evaluaciones psicológicas deben ser administradas por profesionales (psicólogos o licenciados en Psicología), con experiencia en la aplicación de test con propósitos laborales. Las evaluaciones psicológicas pueden administrarse en forma individual o grupal. En este último caso incluyen pruebas de tipo individual y colectivas.

Ubicación de la evaluación psicológica en el proceso de selección

Si bien las evaluaciones psicológicas se realizan en la mayoría de los procesos de selección, no hay un criterio establecido con respecto a la etapa en que deben aplicarse. Algunos opinan que la evaluación psicológica debe realizarse al inicio del proceso, y otros dicen que debe administrarse al final.

Aun aquellos que opinan que la evaluación psicológica debe administrarse una vez que se han despejado una serie de incógnitas en relación con el postulante, no la aplican siempre siguiendo un mismo orden. Sólo a modo de ejemplo plantearemos algunas situaciones, y la ubicación de la evaluación psicológica en cada una de ellas.

1. Niveles iniciales. En estos casos se consideran adecuadas las instancias grupales:
   - Entrevistas iniciales grupales.
   - Entrevistas psicológicas grupales.
   - Entrevistas individuales (éstas pueden ser por competencias).
2. Cuando el postulante es convocado (es decir, cuando no contestó un anuncio sino que la organización le ha ofrecido la posibilidad de asumir una posición, ya sea porque sus antecedentes se obtienen de una base de datos de la organización, de la consultora o de una web laboral), no se aconsejan las técnicas grupales y se sugiere dejar la evaluación psicológica para las etapas finales del proceso de selección, una vez que el postulante se haya entrevistado con su futuro jefe o con la línea.

3. Cuando la búsqueda se realiza mediante la publicación de un anuncio, se sugiere un esquema similar al anterior. Sin embargo, también se puede realizar la evaluación psicológica antes de la presentación al cliente interno. Se deberá tener en cuenta que como el postulante ha tenido una actitud proactiva, ya que él contestó un anuncio, difiere del caso anterior, donde la acción proactiva fue de la organización que lo convoca.
4. En casos de reclutamiento por *head hunting*, la situación se asemeja al caso 2. En ocasiones no es factible realizar la entrevista psicológica, ya que la persona no busca trabajo y puede no aceptarla.

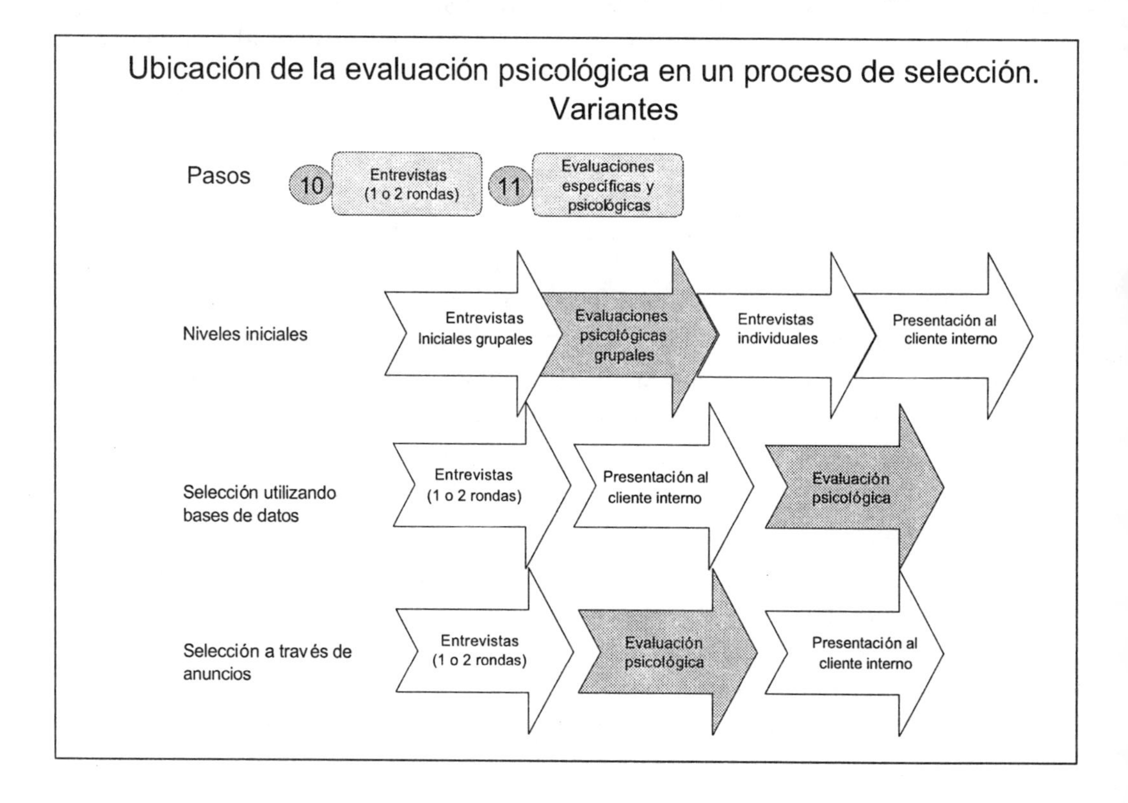

Administración individual y grupal

Las evaluaciones psicológicas más frecuentemente utilizadas son las de tipo individual. Sin embargo, es factible administrar evaluaciones psicológicas a grupos, con propósitos específicos. Las opciones son varias: desde evaluaciones de tipo individual que las personas realizan juntamente con otras (es decir, en el mismo lugar físico), hasta actividades de resolución colectiva.

En cada caso se deberá haber definido con la debida anticipación el propósito de la evaluación a efectuar, para que el profesional a cargo de la administración de los test pueda planificar el conjunto de actividades.

Las evaluaciones psicológicas en un proceso de selección no debieran tener un carácter decisivo sino, por el contrario, ser un elemento de juicio adicional en el conjunto de pruebas y evaluaciones que se realizan durante todo el proceso, con la excepción de aquellos casos en los que sean detectados posibles estados patológicos de los candidatos o se perciban anomalías o desviaciones de la *media* de signo negativo y que hagan presumir que la persona en cuestión no estará capacitada para un desempeño correcto en el puesto de trabajo. Entre estos casos se podrían mencionar coeficientes intelectuales excesivamente bajos o configuraciones de personalidad neurótica o psicótica con bajos índices de control emocional.

En todos los demás casos, las pruebas psicológicas serán un elemento más a considerar junto con las restantes pruebas y evaluaciones. Las pruebas psicológicas o test se utilizarán como elemento de contraste de las conclusiones obtenidas en las entrevistas.

La información psicométrica derivada de la aplicación y valoración de los tests en ningún caso debería tener carácter eliminatorio o usarse para descartar candidatos. Por el contrario, constituirá un elemento valioso para el conocimiento del candidato enriqueciendo la imagen e impresión que de él se tiene por otras vías.

El informe de la evaluación psicológica debe ser analizado en comparación con el perfil requerido para la posición. Ciertas características que se presentan en un grado bajo al observar una evaluación pueden no ser necsarias para la posición en cuestión.

¿Qué es la evaluación psicológica en sí misma? Una buena respuesta, que en ocasiones se le da al propio evaluado cuando formula la misma pregunta, es: una situación cuyo objetivo es contribuir al proceso de selección, y que tiene como objetivo propio poder hacer un perfil de "personalidad laboral", es decir, de las características personales relacionadas con el perfil de la posición. Ésta es una de las primeras diferencias fundamentales que la evaluación psicológica laboral tendría en relación con cualquier otro tipo de evaluación e indagación psicológica realizada con otros fines.

No se trata de un diagnóstico de personalidad con miras a derivaciones psicoterapéuticas, sino sólo un intento de indagar acerca de ciertos aspectos de la personalidad vinculados a una posición laboral y a un ámbito organizacional.

Es decir que, cuando se analiza a una persona en una evaluación psicológica, se tiene el propósito de establecer el futuro desempeño y la actitud que ese individuo podría asumir en relación con las experiencias que tendrá que vivir en un puesto de trabajo; o sea: ¿cuál es su actitud ante las situaciones que aborda?, ¿cuál es su relación con los distintos grupos con los que va a tener una interacción dentro y fuera de la organización (en caso de que lo requiriera la posición)? En suma, ¿cómo se pronostica que esta persona se va a desempeñar en el ámbito de la organización?

Para comenzar una evaluación, es aconsejable una pequeña entrevista inicial no tan exhaustiva como otras etapas del proceso de selección, de modo tal que el profesional interviniente pueda situarse en relación con la persona a evaluar, observar qué recursos está desplegando la persona para relacionarse y cómo se sitúa frente a una situación de evaluación, en la que puede sentirse indagada, a la cual llega asumiendo un compromiso y dentro de una búsqueda laboral. Hay que tener en cuenta que el evaluado se está "exponiendo" en una evaluación, es decir, está dejando ver parte de su interior al profesional que se la administra.

La entrevista debe ser muy corta, de no más de 20 minutos o media hora, tiempo en el cual habrá que indagar sobre aspectos de la vida personal del individuo y otros vinculados a lo laboral; por ejemplo, cómo progresó en este ámbito, o cómo lo ayuda o acompaña su familia en el proceso de selección, más otros aspectos tales como de qué manera se evalúa a sí mismo en la tarea que realiza, qué situaciones encontró más difíciles, cómo ve a las organizaciones en las que trabajó anteriormente, cómo analiza esas experiencias, qué opinión tiene de sus superiores, pares, subordinados; etcétera.

Una evaluación psicológica implica una serie de etapas; a modo de ejemplo, citamos las siguientes:

- Entrevista inicial
- Test psicométricos
- Test proyectivos

Por lo general, se aplica una batería estándar, es decir, una batería organizada según la posición para la que se requiere la evaluación.

Los elementos básicos sobre los cuales debe indagar la evaluación psicológica son de tres tipos:

1. Aspectos personales.
2. Aspectos intelectuales.
3. Aspectos socio-laborales.

Para todos ellos se utilizan herramentales que aporta la psicología bajo el formato de pruebas o test, probados científicamente, que permiten analizar al sujeto que se está evaluando desde el punto de vista de sus características de personalidad y cómo las utiliza.

El nivel intelectual se determina a través de pruebas que miden el nivel de inteligencia. Dos de ellos, los más populares, son conocidos como Test de Raven y Dominós.

Para medir la inteligencia no basta con mirar fríamente el puntaje final; se debe analizar: ¿Cómo respondió? ¿A qué ítem respondió adecuadamente? ¿Qué palabras utiliza cuando responde? Se debe observar todo lo posible, desde el grado de dificultad que registra, hasta los comentarios que realiza. Una vez que se le transmite la consigna al evaluado sobre la tarea a realizar, éste deberá manejarse por sí mismo. El evaluador deberá observar si la persona posee capacidad de análisis o si se precipita a contestar sin mayor reflexión.

Para investigar aspectos relacionados con lo social y laboral se pueden utilizar algunas láminas del Test de Phillipson, de tipo tradicional. También se utiliza el Test de Rorschach o el de Zulliger; este último se conoce como Rorschach abreviado. El Test de Rorschach se utiliza para diagnóstico clínico; en cambio, el denominado Zeta o Zulliger (Zulliger es el nombre de su autor) apunta a trabajar sobre aspectos más relacionados con el ámbito laboral y el hombre en su vínculo con las organizaciones.

No es nuestro propósito hacer una análisis exhaustivo de las técnicas utilizadas para la realización de las evaluaciones psicológicas. Existen numerosos test para temas específicos. Sólo se desea destacar en este punto algunos aspectos que consideramos de importancia. Uno de ellos es que la evaluación psicológica en un proceso de selección tiene como único propósito indagar acerca de la persona con fines laborales, no terapéuticos.

El responsable de Recursos Humanos o de Selección, o el cliente interno si contrata directamente cualquier servicio relacionado con evaluaciones psicológicas, debe saber que sólo un profesional psicólogo con experiencia puede administrar test y realizar evaluaciones psicológicas. No es factible hacer mediciones psicológicas o de personalidad de ningún otro modo. Un test y su instructivo sobre cómo debe ser interpretado, no pueden ni deben ser utilizados por alguien que no sea un profesional de la especialidad.

Un proceso de selección es, fundamentalmente, un proceso iterativo, de muchos pasos; por lo tanto, es un error pensar que la evaluación psicológica es más importante que otros. Si el equipo a cargo de una selección hace su tarea con calidad profesional, el resultado de la evaluación psicológica será una confirmación de lo evaluado en instancias previas. La experiencia indica que las sorpresas son poco frecuentes.

Grado de utilización de la evaluación psicológica en Latinoamérica

En los países de Latinoamérica la evaluación psicológica es ampliamente utilizada en los procesos de selección de personal. Con diferentes enfoques, desde aquellos que la consideran la herramienta más confiable y supeditan a ella todo el proceso de selección, hasta posturas –como la presentada en esta obra– que entienden que la evaluación psicológica es un paso dentro del proceso de selección, junto con otras evaluaciones y entrevistas.

Las organizaciones multinacionales, en general, determinan la utilización o no de las evaluaciones psicológicas en el proceso de selección respetando los lineamientos que sus casas matrices tienen al respecto.

Evaluaciones de potencial

La evaluación de potencial es una evaluación psicológica que tiene como propósito principal determinar las posibilidades de desarrollo de una persona en un lapso determinado. Por lo tanto, posee elementos comunes con la evaluación psicológica, utiliza técnicas similares y también puede administrarse en forma individual y grupal.

Las evaluaciones de potencial pueden tener diversas finalidades: pueden utilizarse para la selección de personas jóvenes sobre las cuales interese en especial el potencial; como paso previo a la puesta en marcha de programas para el desarrollo de personas; para la definición de cuadros de reemplazo o planes de sucesión; para descubrir aspectos a desarrollar en una persona; etcétera.

La evaluación de potencial también puede utilizarse en otro tipo de situaciones, por ejemplo, para tomar decisiones sobre desvinculación de colaboradores. Cuando una empresa por alguna razón debe realizar un despido masivo de personal, una forma de tomar la decisión acerca de quiénes serán desvinculados es analizando el potencial de los empleados. De ese modo la organización se quedará con aquellos que considere más acorde a sus necesidades futuras.

Un elemento importante a considerar es qué se entiende por potencial. Por lo tanto, para realizar correctas evaluaciones de potencial primero se debe conocer con exactitud qué se desea evaluar, contestando algunas preguntas: ¿Qué propósito tiene la organización? ¿Qué políticas de recursos humanos posee? ¿Cuáles son los objetivos que se propone?

Se debe entender que potencial no es sólo "alto potencial": es lo que se espera de una persona en un determinado contexto.

La devolución de la evaluación psicológica

La devolución es el nombre que usualmente se le da a la reunión breve entre el psicólogo que administró una evaluación psicológica y el evaluado. A este no se le entrega el informe sino que se le explica lo que el informe refiere. La devolución no forma parte del proceso de selección, pero debe estar disponible para todo aquel evaluado que la solicite. No todos los entrevistados solicitan devolución sobre su evaluación psicológica.

¿Por qué definir la instancia de devolución? Tiene varios propósitos. Para ejemplificarlos se presentan a continuación algunas situaciones frecuentes.

- Cuando una persona está en una búsqueda sabe que muchas veces hay un solo puesto a cubrir y está compitiendo con otros que sin duda pretenden ocupar "ese lugar". Cuando el postulante crea cumplir con los requisitos del puesto, puede "molestarse" si no resulta seleccionado; así, llega a la devolución y dice: "Pero, ¿qué pasó acá?". En este caso, lee el informe, lo trabaja con el psicólogo, quien le señalará que la evaluación es un elemento más y que también hay otros indicadores en un proceso de selección.
- En otras ocasiones, el postulante puede llegar a la devolución con una frase mal expresada por alguien, como "no pasó el psicológico"; en estos casos, que suelen ser pocos, la devolución se torna difícil y el profesional debe explicar mucho más.

- Puede ocurrir que cuando se llega a la instancia final, la elección del candidato se realiza por un *feeling* o impresión personal del futuro jefe, entre tres candidatos que son igualmente buenos. Pero si la comunicación del motivo de elección no fue dada sobre la base de datos objetivos, la devolución puede ser más necesaria y, a su vez, complicada. Se debe reconstruir entonces la relación con una persona que, en realidad, posee un informe psicológico de acuerdo con lo requerido por la posición.

La evaluación psicológica tradicional y la evaluación o entrevista por competencias

La evaluación psicológica y la entrevista por competencias son dos evaluaciones diferentes, pero ambas tienen como propósito analizar la personalidad de un individuo. No son mutuamente excluyentes; es decir, en un proceso de selección se pueden aplicar los dos tipos de herramientas (y es –desde ya– lo aconsejable).

Si bien son dos evaluaciones diferentes, tienen similitudes. Por ejemplo, en la evaluación psicológica tradicional se evalúan características similares a las competencias (por ejemplo, trabajo en equipo o liderazgo), aunque desde una perspectiva y con técnicas diferentes. Veamos algunas comparaciones.

- En la evaluación psicológica la definición de la característica a evaluar es "estándar". Es decir, se utiliza el concepto generalmente entendido sobre el aspecto a evaluar. No obstante, en ocasiones los clientes internos o externos pueden dar su enfoque sobre el punto en cuestión.
- La evaluación psicológica tradicional se realiza con la aplicación de test, y para su administración es indispensable la intervención de un psicólogo entrenado en la materia.
- Cuando una organización decide implementar un esquema de gestión por competencias, éstas son definidas por la máxima dirección y son de esa organización en particular; por lo tanto, la definición de la competencia puede diferir entre organizaciones distintas.
- La evaluación de cada competencia se realiza sobre la base de *comportamientos o conductas observables* (hechos reales del pasado).

- La entrevista por competencias puede realizarla una persona entrenada, sea psicólogo o no.
- La entrevista por competencias, por el motivo expuesto en el punto anterior, puede ser realizada por el cliente interno, y es muy recomendable que así sea.

La evaluación psicológica, tanto en el proceso de selección como para decidir sobre traslados o promociones, es ampliamente utilizada, desde hace mucho tiempo por empresas y organizaciones de diferentes tamaños y estilos.

En los últimos años, a su vez, cada día son más las organizaciones medianas y pequeñas que han definido sus modelos de competencias y utilizan las mismas técnicas de selección que las compañías de mayor tamaño.

Assessment Center Method[5] (ACM)

¿Qué es un *assessment*?

Un *assessment* (ACM) es una evaluación de tipo grupal donde los participantes resuelven, de manera individual o colectiva, diversos casos relacionados con su área de actuación profesional, a fin de evaluar comportamientos individuales que se manifiestan en una instancia de grupo.

La palabra inglesa *assessment* (no siempre bien escrita y habitualmente utilizada para muchas cosas diferentes) tiene un lugar muy importante entre las buenas prácticas de Recursos Humanos.

Las evaluaciones de personal, y en especial las evaluaciones sobre competencias o características de personalidad, siempre han constituido una preocupación para las organizaciones. Muchos empresarios dicen saber reconocer intuitivamente a un nuevo colaborador, y ello es posible; la experiencia brinda, en ocasiones, esa "práctica" que permite reconocer con acierto quién será o no un buen ocupante de un puesto. Las buenas prácticas de Re-

5. Martha Alles Capital Humano ha desarrollado un producto estándar y otro a medida denominado *Manual de Assessment*. En su versión estándar se provee un caso práctico completo y formularios relacionados. En el caso de los manuales a medida, estos se elaboran con relación al modelo de competencias que cada organización haya definido, e incluyen un caso diseñado teniendo en cuenta la actividad de la organización y todos los formularios necesarios para su puesta en práctica.

cursos Humanos intentan ofrecer métodos de evaluación profesionales, en este caso, para la evaluación de los requisitos "blandos" de una posición, tales como competencias o características de personalidad y potencial.

Assessment[6] (*of performance*) puede ser traducido como *evaluación* o *valoración*; en nuestro caso hace referencia a "valoración de personas".

La mejor definición de *assessment* (ACM), sin utilizar la palabra inglesa, sería: *pruebas situacionales donde se enfrenta a los candidatos con la resolución práctica de situaciones conflictivas reales del entorno del puesto de trabajo.*

Los *assessment* (así se los menciona cotidianamente) o métodos de casos, consisten, generalmente, en una serie de problemas a resolver en la vida práctica, con escenarios de actuación realistas en los que se brinda a la persona un paquete de informaciones variadas (y no siempre completas o coherentes) que debe "gestionar" hasta llegar a tomar una serie de acciones y decisiones.

Los participantes se enfrentan, de manera real o simulada, a situaciones parecidas en sus características y contenido a aquellas que deberán resolver de forma real en la ejecución de sus tareas en el puesto de trabajo.

Antes de continuar me parece relevante resaltar aspectos importantes de la definición, para despejar ciertas dudas que se plantean sobre qué es un *assessment* como herramienta de evaluación de personas en la temática de Recursos Humanos:

- Un *assessment* es siempre una práctica grupal situacional.
- Los casos que conforman la evaluación siempre se relacionan con el puesto de trabajo.

A modo de ejemplo de situaciones relacionadas con el entorno de trabajo: se podrá aplicar la herramienta *assessment* para evaluar a camareros (meseros, personas que atienden clientes en un restaurante), para lo cual se puede preparar una dinámica que los evaluados deban atender pedidos de clientes supuestos o reales; no se evaluarán conocimientos de la persona sino sus habilidades, actitudes y competencias en el trabajo, como, por ejemplo, la calidad de su atención al cliente.

En la práctica profesional es factible encontrar ciertas pruebas de tipo grupal que no pueden ser consideradas *assessment*, aunque a veces se presen-

6. *The Oxford Spanish Dictionary*. Nueva York, 1994. Página 873.

ten con ese nombre. Se trata de pruebas para las cuales, por ejemplo, se utilizan juegos de mesa, como los de guerra, piratas, el denominado "juego de la oca" y otros similares, que permiten evaluar comportamientos. No se consideran verdaderos ACM porque no son situacionales: un juego no representa una situación laboral relacionada con el entorno de trabajo, aunque permita la evaluación de ciertas conductas. Otras prácticas conocidas son las denominadas de manera genérica "outdoors", donde los participantes "juegan" o realizan "prácticas deportivas" diversas en lugares al aire libre. En uno u otro caso se dan situaciones divertidas y, en ocasiones, es factible observar comportamientos. Sin embargo, no somos muy entusiastas al respecto y nos inclinamos por situaciones donde se recree de la manera más realista posible el lugar de trabajo, se trate de una oficina, una fábrica, un hospital o cualquier otro ambiente laboral.

Breve historia del *assessment* o método de casos

Las primeras aplicaciones del método situacional para la búsqueda de características concretas del comportamiento humano surgen como consecuencia de un planteo originado en el ejército alemán, durante la Primera Guerra Mundial, que en pocas palabras podría resumirse de esta forma: ¿qué factores son los que hacen que oficiales de igual graduación y experiencia en el mando de tropas, que han recibido un proceso de instrucción técnica y práctica idéntico o muy similar, de la misma edad y condiciones físicas, que comparten iguales valores políticos y creencias, muestren, en el campo de batalla, unos resultados tan distintos en cuanto a motivación y enfoque de sus soldados y, en definitiva, en el éxito final de los objetivos que se les asignan?

Sin embargo, fueron los británicos –más específicamente, los responsables del Consejo de Selección de la Oficina de Guerra– quienes, a lo largo de la Segunda Guerra Mundial, abordaron el problema con técnicas más cercanas a lo que hoy consideraríamos un ACM.

El uso de la metodología situacional fue aplicado en organizaciones alrededor de 1969 y 1970. En 1972, AT&T, convencida del poder discriminatorio de la tecnología ACM, hizo analizar a 75.000 de sus empleados en busca de un diagnóstico sobre sus capacidades de dirección. Éstos fueron los comienzos de la aplicación de *assessment* en el ámbito privado.

Cuándo se utiliza un *assessment*

Si bien ya hemos mencionado algunas aplicaciones del *assessment* (ACM) como herramienta de Recursos Humanos, haremos a continuación un listado más amplio en el que, sin embargo, no agotamos todas las posibilidades.

- *En un proceso de selección.* En este caso hay que tener en cuenta que deben ser búsquedas donde el nivel de las postulaciones permita la aplicación de una dinámica grupal. Más allá de que se administre un *assessment* o cualquier otro tipo de entrevista grupal, hay que tener en cuenta que la instancia colectiva de evaluación no siempre es posible de aplicar a personas con una trayectoria laboral importante, niveles gerenciales, o similares.
  Los *assessment* en selección son muy adecuados y aconsejables en casos de búsquedas masivas de jóvenes, ya sean de nivel profesional con alto potencial para ingresar en los denominados *programas de jóvenes profesionales*, o para las posiciones de base, por ejemplo, el personal que atiende al público en diferentes tipos de negocios, como los supermercados.
  Entendemos que esta técnica no puede ser empleada indiscriminadamente en los procesos de selección; será el responsable de realizarla quien deberá decidir cuándo aplicar la herramienta, y cuándo no es conveniente hacerlo.
  De aplicarse un *assessment* en selección para personas con trayectoria laboral, será de vital importancia que cada uno de los participantes sea informado acerca del método antes de presentarse.
  Para los casos que se aplique *assessment* en un proceso de selección, su mayor éxito estará en relación directa con las siguientes circunstancias:
  - Que el método sea aplicado en casos donde su uso sea adecuado. Por ejemplo, se lo recomienda para programas de jóvenes profesionales.
  - Que se dedique tiempo para una correcta planificación y diseño del caso.
  - Que se armen grupos homogéneos.
  - Que los evaluadores sean entrenados.
  - Que participe la línea (cliente interno), que a su vez debe estar entrenada al respecto.

- Que los grupos no excedan los doce participantes, y que el número de participantes por cada evaluador/observador sea de tres a cuatro.
- Que se utilice un entorno físico adecuado.
- Que los evaluadores/observadores tomen notas en formularios diseñados *ad hoc* y que debatan acerca de los resultados inmediatamente después de la finalización de las actividades, o lo antes posible.

- *En un proceso de selección interna (job posting):* en los procesos de selección interna a través de la metodología de autopostulación o *job posting* es imprescindible la administración de un proceso de selección transparente. Si se presentan muchas postulaciones, una herramienta a utilizar puede ser el *assessment* (ACM). En este caso se estaría aplicando a personas de la misma organización que participan de un proceso de selección.

Cuando en una organización se transfiere a ciertas personas a otros puestos, o son promovidas, la situación no es similar a una búsqueda interna o *job posting*; en estos casos, si se desea aplicar un *assessment* será seguramente para la evaluación de competencias. Veamos el punto siguiente.

- *Para evaluar competencias de personas que ya pertenecen a la organización.* Ejemplos (listado no exhaustivo):
  - Cuando se implementa un modelo de gestión por competencias y se desea saber qué nivel de competencias presentan los distintos integrantes de la organización, con el propósito de conocer los *gaps* (brechas) en materia de competencias y desarrollarlas.
  - Frente a cualquier situación en la que se desee evaluar el potencial o las competencias del personal con fines de desarrollo, planes de carrera, planes de sucesión, etcétera.
  - Cuando la organización inicie un proceso de *mentoring* y desee conocer previamente las competencias de los futuros participantes.
  - Otra situación donde la dinámica de *assessment* aplica –y es muy recomendable– es frente a los casos de fusión o compra de empresas. En estas situaciones, habitualmente se evalúan los diferentes activos de la organización, pero en raras ocasiones se analiza también

con qué recursos humanos cuenta, por medio de una evaluación. Esta buena práctica, como hemos dicho, no es frecuente.

- En procesos de reingeniería, *downsizing* o cualquier otro que implique movimiento de personas entre puestos.

En estos casos, cuando se trata de *assessment* aplicado a personas que pertenecen a la organización, a diferencia del punto anterior (*assessment* aplicado a selección), es posible utilizar el método a todos los niveles. Será aconsejable el armado de grupos homogéneos, sobre todo de niveles similares. No es pensable "juntar" en un mismo *assessment* al gerente de finanzas y al cadete; no sólo por una cuestión de nivel, sino por la naturaleza de las dinámicas a emplear y la libertad de sus participantes. Si el *assessment* lo administra un consultor externo, el área de Recursos Humanos u otra de la organización deberá asesorar en el armado de los grupos.

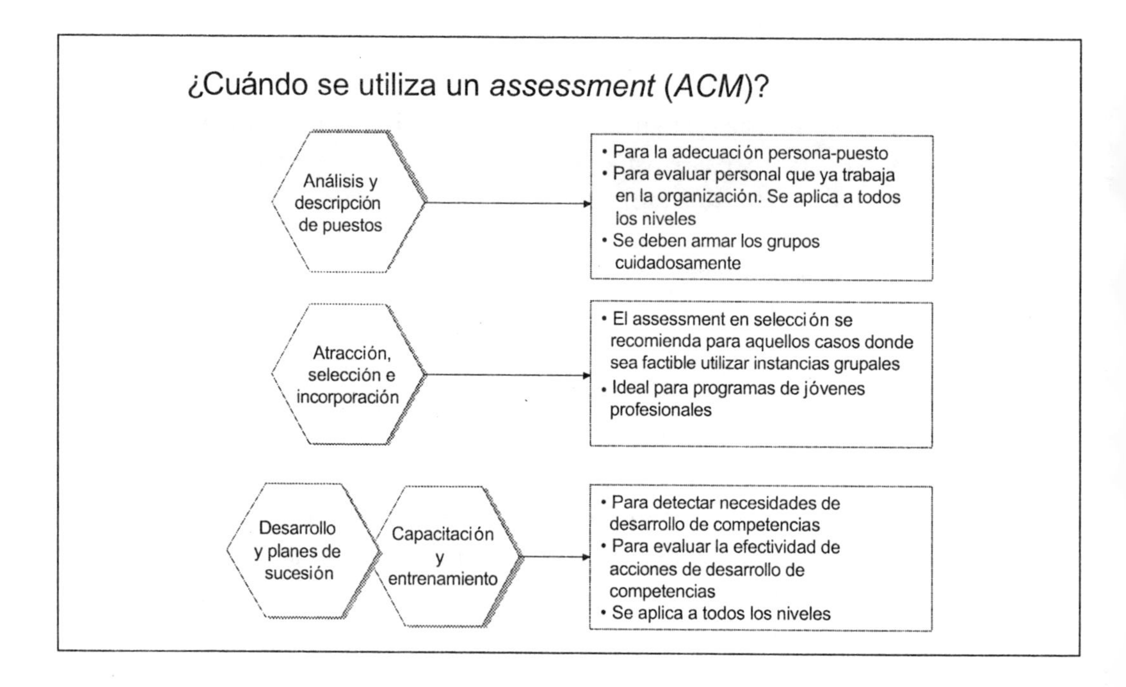

Dónde se ubica un *assessment* en un proceso de selección

Cuando se utiliza la dinámica grupal en un proceso de selección existen variantes.

1. En un proceso de selección masivo, por ejemplo los programas de jóvenes profesionales, donde se manejan postulaciones muy numerosa (en ocasiones de varios miles de personas), se sugiere aplicar en primera instancia algún tipo de "filtro" que permita de manera rápida distinguir entre los candidatos que aplican a la posición y los que no. Ejemplos: un examen de idioma o sobre algún otro conocimiento que sea pertinente. En ocasiones se hacen reuniones iniciales donde se explica el proceso completo, y en ese momento muchos postulantes deciden desistir. Luego, con un número más reducido de postulaciones, se arman los grupos para *assessment*.

En la figura siguiente se muestra, en grandes lineamientos, un esquema para la selección de jóvenes profesionales en casos de postulaciones masivas (habitualmente lo son en este tipo de programas). El proceso se inicia con un reclutamiento y primer filtro de postulaciones a través del ordenador, antes de pasar a las entrevistas propiamente dichas. Lo usual es comenzar con instancias de tipo grupal.

Pasos de un proceso de selección de jóvenes profesionales

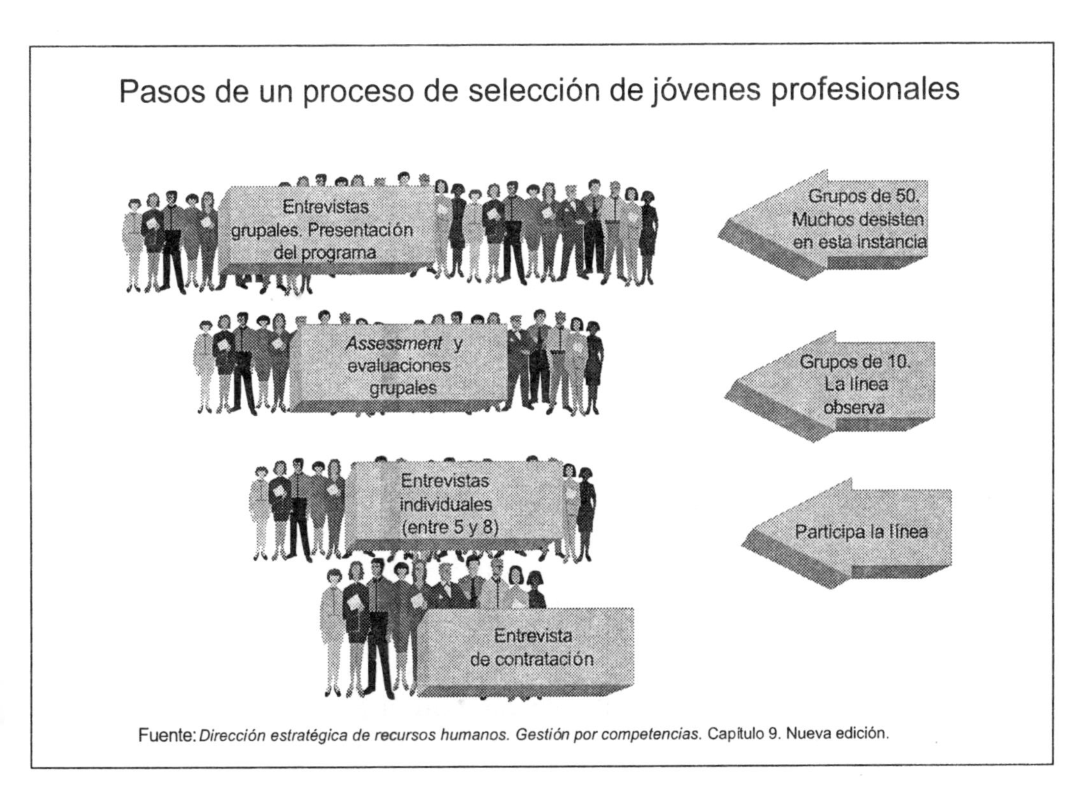

Fuente: *Dirección estratégica de recursos humanos. Gestión por competencias.* Capítulo 9. Nueva edición.

2. En un proceso de selección con características menos masivas que el mencionado en el punto anterior y con el mismo esquema, se puede usar el *assessment* como una primera instancia de evaluación de competencias. La ubicación en el proceso podría ser la siguiente:

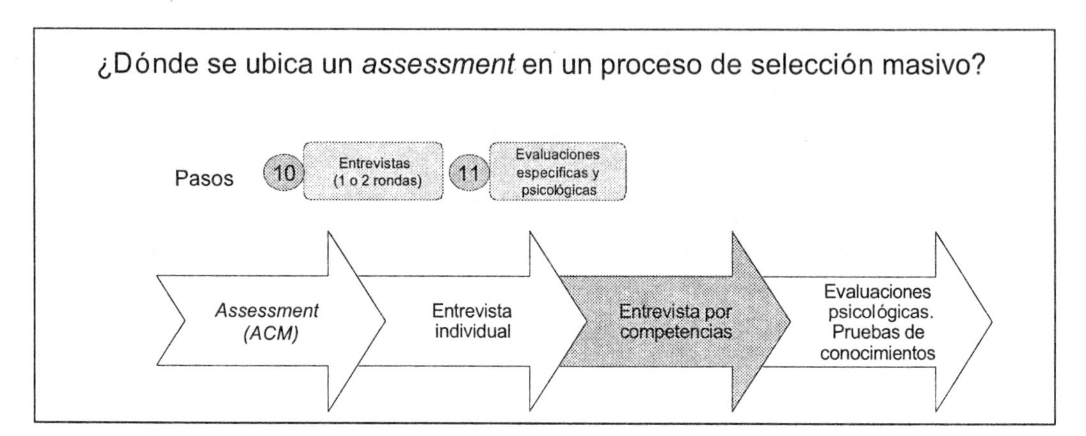

En el gráfico precedente se aplica al *assessment* como primer contacto presencial con los postulantes.

En un proceso de selección es posible utilizar el *assessment* como una instancia de evaluación de competencias, junto con la entrevista por competencias. Veamos el esquema siguiente.

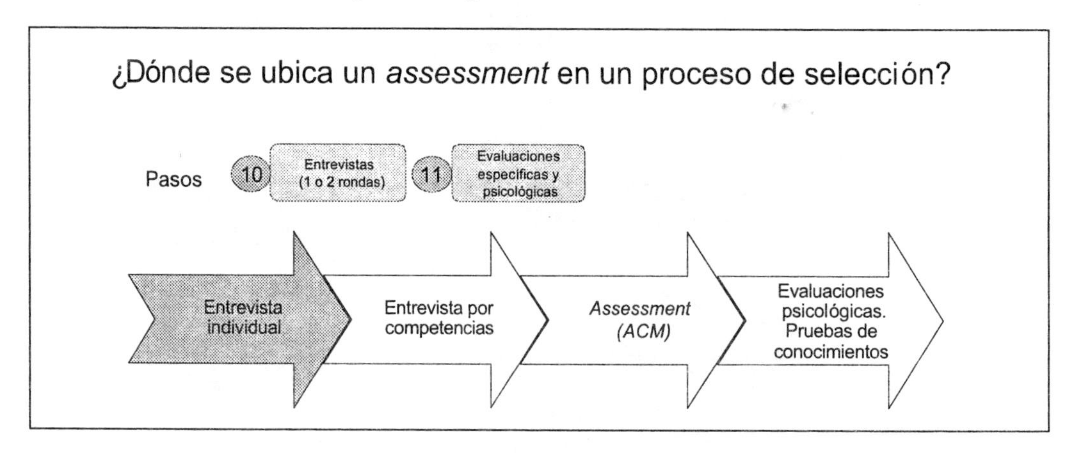

En el gráfico se muestran los distintos pasos; en este caso, la entrevista individual es el primer contacto presencial con el postulante y el *assessment* una instancia posterior para la evaluación de competencias.

Características de un *assessment*

Como se desprende de su propia definición, un *assessment* es una prueba grupal situacional que respeta ciertas características que resumimos a continuación:

- Para construir pruebas situacionales fiables y válidas, no basta con reproducir situaciones de la vida real. Las pruebas deben reunir una determinada estructura y contenidos, responder a ciertas fórmulas y practicarse de manera sistemática, sobre la base de una serie de reglas de *puesta en escena* que conviene cumplir, según indica toda la experiencia acumulada.
- Los *assessment* son grupales. En alguna ocasión se puede administrar un ejercicio de producción individual y a continuación promover la discusión colectiva de las soluciones que cada persona presenta. O bien, combinar el ejercicio individual con otros que necesariamente se deben resolver de manera grupal.
- Involucran hasta doce participantes.
- Se requiere la presencia de un evaluador entrenado cada cuatro participantes. Lo ideal es que uno de los evaluadores sea de la línea.
- Duración: no más de medio día.

Pueden plantearse características diferentes, pero las consignadas deben ser tomadas como guía. Si se dice que el número ideal de participantes es de doce, no significa que todo *assessment* deba ceñirse estrictamente a este número. Se trata de un valor referencial que debe entenderse del siguiente modo: no será apropiado hacer una evaluación grupal con muy pocas personas ni con un número elevado; si sólo hay un grupo de seis personas para evaluar, quizá sea viable su realización, al igual que si son trece los posibles participantes; si el número es mayor, en cambio, será recomendable formar dos grupos separados.

Un *assessment* no puede ser individual, ya que se utiliza para evaluar la puesta en acción de competencias en un entorno grupal. En ocasiones se confunde con el método de casos no situacional, muy utilizado también para evaluar personas, pero orientado a los conocimientos.

Otro punto interesante es la cantidad de observadores y los roles que jugará cada uno. Nuevamente, cuando recomendamos la presencia de un observador cada cuatro personas nos referimos a un valor referencial producto de la experiencia, y así se lo debe considerar. Lo usual es que se asignen roles antes del inicio de la evaluación grupal, para optimizar la observación.

La duración del *assessment* sugerida, de "no más de medio día", es, otra vez, una recomendación producto de la experiencia. El *assessment* debe comprender una extensión de tiempo razonable, que permita mantener un cierto ritmo de la actividad. Téngase en cuenta que quizá 2 horas sean suficientes, según cómo se haya diseñado la dinámica a realizar. No deben quedar tiempos muertos, ya que se pierde el foco en el objetivo. En función del tipo de resultados que se desee obtener pueden combinarse distintas evaluaciones, y la suma de éstas tener una duración más extensa. A modo de ejemplo:

- Reunión grupal inicial para explicar las evaluaciones a realizar, como parte de una selección o de algún programa interno de la organización. Duración: 1 hora.
- Administración de una prueba de conocimientos, cualquiera que sea la necesidad. Duración: 2 horas.
- Administración de un *assessment* para evaluar competencias. Duración: 3 horas.

Puede utilizarse para todas estas evaluaciones una jornada, con intervalos entre una actividad y otra.

En otras circunstancias, por ejemplo, si se ha convocado a empleados de diferentes puntos del país por algún motivo, se puede aprovechar el viaje para resolver en medio día ese tema (explicar un nuevo producto o un nuevo sistema, por ejemplo) y el restante medio día dedicarlo a evaluar competencias (por ejemplo, antes de la implantación de un programa de *mentoring* o cualquier otro proceso interno que requiera este tipo de evaluación).

Como fácilmente puede deducirse, las variantes son infinitas y dependen de cada caso en particular.

Qué se evalúa en un *assessment* (*ACM*)

En un *assessment* se evalúan comportamientos. Si la organización ha definido un modelo de gestión por competencias estos comportamientos serán relacionados con el *Diccionario de comportamientos* para la asignación de grados o niveles. Si no se ha definido un modelo, de todos modos se podrá realizar la evaluación utilizando diccionarios de tipo estándar, ya mencionados.

Cuando se diseña un caso para la realización del *assessment*, se consideran aspectos relacionados con la posición a cubrir. Sin embargo, no se evalúan conocimientos sino los comportamientos de las personas en el momento de resolver los casos o ejercicios planteados. Como se desprende de la misma definición, se evalúan los comportamientos de los participantes cuando se los enfrenta con la resolución práctica de situaciones reales del entorno del puesto de trabajo.

Un ejemplo: al administrar un *assessment* a auditores *seniors*, es decir, con varios años de experiencia profesional, se podrían diseñar casos o ejercicios, como se verá más adelante, referidos a la *circularización* de saldos y algunos problemas relacionados. En este ejemplo los observadores evaluarán los comportamientos, no la solución técnica o los conocimientos puestos en juego ante el problema planteado.

Aplicación de pruebas de conocimientos técnicos y pruebas situacionales

En los procesos de selección se evalúan los conocimientos y las competencias de las personas. Es posible combinar ambas evaluaciones en una misma convocatoria. Por ejemplo:

1. Administrar pruebas de conocimientos, de resolución individual o colectiva.
2. Aplicar *assessment* (ACM).

Ejemplos de cómo combinar las distintas evaluaciones y assessment

El *assessment* permite evaluar competencias y puede combinarse con pruebas de conocimientos en la misma convocatoria de postulantes.

Ejemplo: una organización está seleccionando contadores *juniors* y se ha elegido como metodología de trabajo las instancias grupales, porque, entre otras razones, se prevé un gran número de postulaciones. En ese caso se puede diseñar una actividad grupal en etapas, como la siguiente:

- *Etapa 1.* Introductoria. Explicar acerca de las posiciones a seleccionar, las instancias del proceso, alguna información general sobre la organización.

- *Etapa 2.* Administrar pruebas para evaluar conocimientos: contabilidad, finanzas, matemáticas, sistemas o cualquier otra temática que sea pertinente con respecto al perfil buscado.
  En las etapas 1 y 2 será posible trabajar con grupos numerosos de treinta personas o más.
- *Etapa 3.* Administrar un *assessment* a grupos más pequeños, como se verá más adelante, para evaluar competencias o características de personalidad.

Muchas personas pretenden evaluar conocimientos y personalidad en una misma actividad. No es conveniente. Sí pueden realizarse estas evaluaciones en un mismo día, una a continuación de la otra, pero en etapas distintas, como en el ejemplo precedente. El error puede fundarse en que, muchas veces, los casos o ejercicios que se administran en un *assessment* contienen información relacionada con conocimientos que las personas poseen, pero los objetivos de cada tipo de evaluación son diferentes.

Tipos de pruebas situacionales utilizadas en el *ACM*

Existe una amplia gama de ejercicios usualmente utilizados en *assessment.* El evaluador experto deberá analizar las variantes y armar la actividad con los que en cada caso se consideren más adecuados. Algunas de las alternativas más utilizadas son:

- Juegos de negocios: simulaciones en las que un grupo de participantes compiten entre sí en una situación de toma de decisiones complejas. Se utilizan en general para posiciones gerenciales.
- Discusión en grupos: el grupo de participantes debe resolver diversas situaciones problemáticas; deben discutir entre ellos y llegar a una solución conjunta y/o individual.
- Ejercicios de análisis: se les presentan a los participantes casos para su análisis; por ejemplo, un balance, un cuadro de costos, la situación de una fábrica, etc. Se espera que el grupo identifique una información relevante, la estructure y llegue a una conclusión.
- Ejercicios de presentación: se utilizan en especial para evaluar la comunicación y consisten en que cada participante realiza una presentación de sí mismo. Una variante es que los participantes deban presentar un tema en particular para promover la discusión en grupos.

- *In-baskets* (bandeja de documentos de entrada): consiste en la presentación de una serie de documentaciones en relación con un puesto de trabajo; podrían ser, por ejemplo, reclamos de clientes para su tratamiento por el grupo en evaluación. En este caso el ejercicio puede ser de administración individual dentro del grupo y luego, una vez finalizado, promoverse la discusión grupal acerca de las diferentes soluciones a las cuales arribaron individualmente los participantes.
- Entrevistas simuladas: la evaluación consiste en entrevistas simuladas a postulantes, clientes o proveedores planteando alguna situación problemática.

Qué y cómo se observa en un *assessment*, y quién lo hace

En un *assessment* participan distintas personas que tienen, a su vez, diferentes roles:

1. El administrador
2. El observador asistente
3. El observador pasivo, usualmente el cliente interno
4. Los participantes o evaluados

Cada uno de ellos cumple con un rol específico que veremos a continuación.

El administrador

El rol de administrador de un *assessment* debe ser reservado a profesionales con experiencia en la metodología; usualmente son psicólogos de profesión, pero no es ésta la condición más importante, sino la experiencia en la administración de este tipo de herramientas.

Es la persona que dirige la actividad, que dice las palabras iniciales y las de cierre, y que define temas tales como:

- Duración de la actividad.
- Objetivos.
- Si es una selección, informará cuántas serán las personas contratadas después del proceso y cuáles serán los pasos siguientes.

- Si es un *assessment* para evaluar competencias de personas que ya pertenecen a la organización, los motivos, objetivos y pasos siguientes.
- Dará las consignas generales (cómo ubicarse, materiales disponibles, etc.) y las consignas particulares del caso a desarrollar.
- Hará observaciones a los participantes, de ser necesario.
- Tomará a su cargo cualquier situación imprevista (una persona evaluada que se *desubique* durante la actividad, por ejemplo).
- Dará el cierre a la actividad.

El administrador también observa a los participantes, y luego deberá completar un formulario con sus observaciones. Por lo tanto, su rol es doble: dirige la actividad y observa.

El observador asistente

El observador asistente tendrá la misma formación que el administrador, es decir, debe ser un profesional con experiencia en la metodología; puede ser un psicólogo de profesión, pero no es ésta la condición más importante sino la experiencia adquirida en el manejo de este tipo de herramientas, que podrá ser un poco menor que la del administrador. Deberá, sin embargo, tener un entrenamiento adecuado en la aplicación práctica de *assessment.*

Su rol es "pasivo", es decir, no tiene un papel activo con los participantes, sino de observación. Sin embargo, estará atento a las consignas del administrador, y si éste requiere su apoyo o reemplazo deberá estar en condiciones de responder.

Una vez finalizada la actividad, deberá llenar un formulario de observación por cada participante.

El observador pasivo, usualmente el cliente interno

El rol de observador pasivo está usualmente reservado al cliente interno. Se trata de una participación muy similar a la que hemos denominado "observador asistente". No es relevante qué formación posea, pero debe estar entrenado para cumplir el rol de observador.

La participación del observador "de la línea" enriquece la evaluación si se trata de un futuro jefe de los participantes, por ejemplo, en un proceso de selección, o bien, si ya es el jefe de ellos, en un proceso de evaluación interna.

¿Cómo entrenar al cliente interno? Primero deberá ser informado respecto de todas las instancias de un *assessment* y sus basamentos teóricos; deberá conocer los objetivos de su aplicación en este caso en particular y saber exactamente qué debe observar: no será lo que él o ella crea conveniente considerar en la observación, sino lo que la dinámica prevea en ese caso. En ocasiones, el cliente interno participa en el diseño del caso a presentar a los evaluados para su discusión o análisis. De este modo se puede lograr un ejercicio más adecuado al puesto de trabajo, con mayor verosimilitud o acercamiento a la realidad.

Será de mucha utilidad que antes del inicio de la actividad se le proporcionen al cliente interno las competencias a evaluar, con ejemplos de comportamientos. Por último, el cliente interno podrá agregar comentarios de su propia experiencia, ya que tal vez él conozca mejor a los evaluados y su idiosincrasia; de todos modos, se debe estar atento a que estos comentarios derivados de su experiencia se relacionen con hechos observados y no con juicios previos o suposiciones ajenas al proceso de evaluación.

El rol del cliente interno o persona de la línea como observador es pasivo. Este detalle deberá ser aclarado en todos los casos. Quizá conozca a los participantes, por lo tanto todos deberán tener en claro este aspecto de su participación. Si la distribución física del lugar a utilizar así lo permite, el lugar de observación del cliente interno (observador pasivo) será desde fuera de la escena de evaluación, y si esto no es posible la persona se ubicará en un lugar separado del que ocupan los otros participantes del proceso de *assessment* (el administrador, el observador asistente y los participantes o evaluados).

Los participantes o evaluados

Como se explicó anteriormente, el número de participantes debe ser alrededor de diez o doce.

Si los evaluados participan de un proceso de selección, serán de un perfil similar y ya habrán sido preseleccionados según sus antecedentes.

Si los participante ya integran la organización y son evaluados por cualquiera de los motivos mencionados, será de vital importancia el armado de grupos homogéneos, sobre todo si pertenecen a niveles jerárquicos superiores.

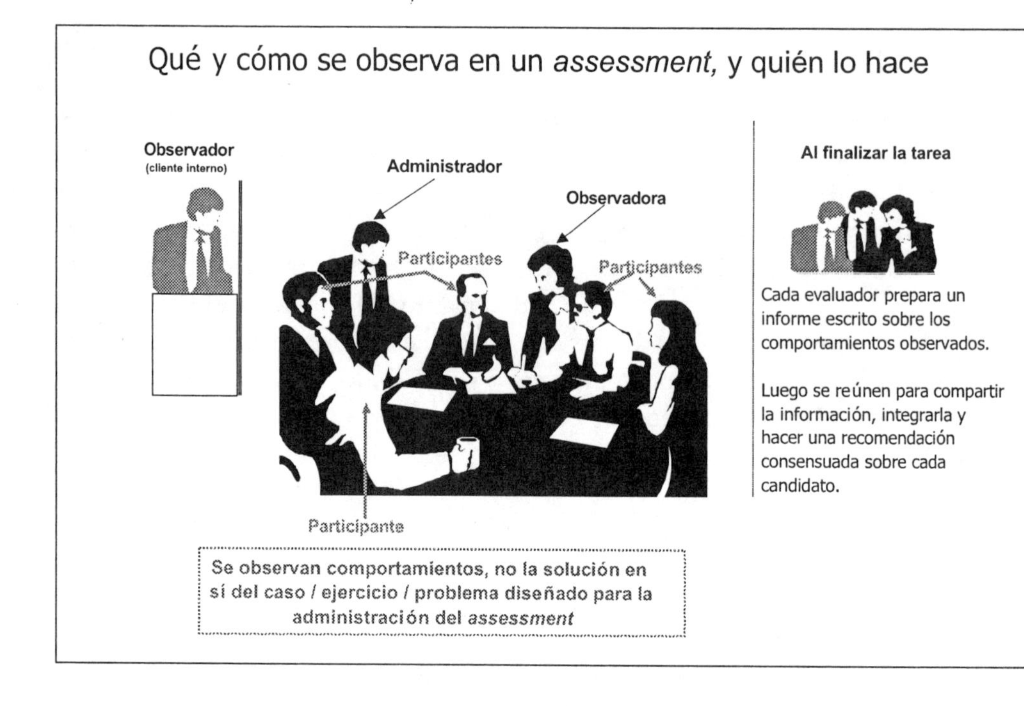

Cómo descubrir competencias a través de un *assessment*

¿Qué competencias se evalúan en un *assessment* y cómo "descubrirlas"?

Si la organización para la cual se realiza la evaluación de personas a través de un *assessment* (*ACM*) trabaja bajo un modelo de Gestión de Recursos Humanos por Competencias, las mismas ya estarán definidas, sólo hará falta determinar cuáles son las más importantes (es decir, las competencias dominantes[7]). Competencias dominantes son aquellas que se consideran imprescindibles para la organización (competencias cardinales) o para el puesto (competencias específicas).

Si la organización no trabaja bajo un modelo de gestión por competencias se puede utilizar del mismo modo el concepto de competencias dominantes, simplemente analizando con el cliente interno cuáles características de personalidad son las más importantes para un puesto de trabajo determinado o la organización en su conjunto.

En estos casos es posible apoyarse en definiciones estándar de competencias, como ya se ha mencionado con anterioridad.

7. Se trató este concepto en capítulos anteriores.

Otro comentario que surge de la práctica profesional: no es factible, y por ello no es recomendable, proponerse evaluar en un *assessment* una gran cantidad de competencias. Se sugiere la evaluación de cuatro a seis de estas; es decir, diseñar las actividades como para que los participantes pongan en juego un número limitado de competencias. De todos modos, es posible (y se da en muchas ocasiones) que en la observación se puedan evaluar otras competencias además de las previstas inicialmente. Por lo tanto, nuestra sugerencia es: tenga a mano todas las competencias que el puesto requiera, determine según las necesidades un grupo de cuatro a seis en las que se hará foco durante toda la actividad, y luego, en el momento de hacer el informe, además de evaluar las competencias definidas como dominantes analice si ha observado comportamientos relacionados con otras competencias requeridas para el puesto, y tome nota de ello.

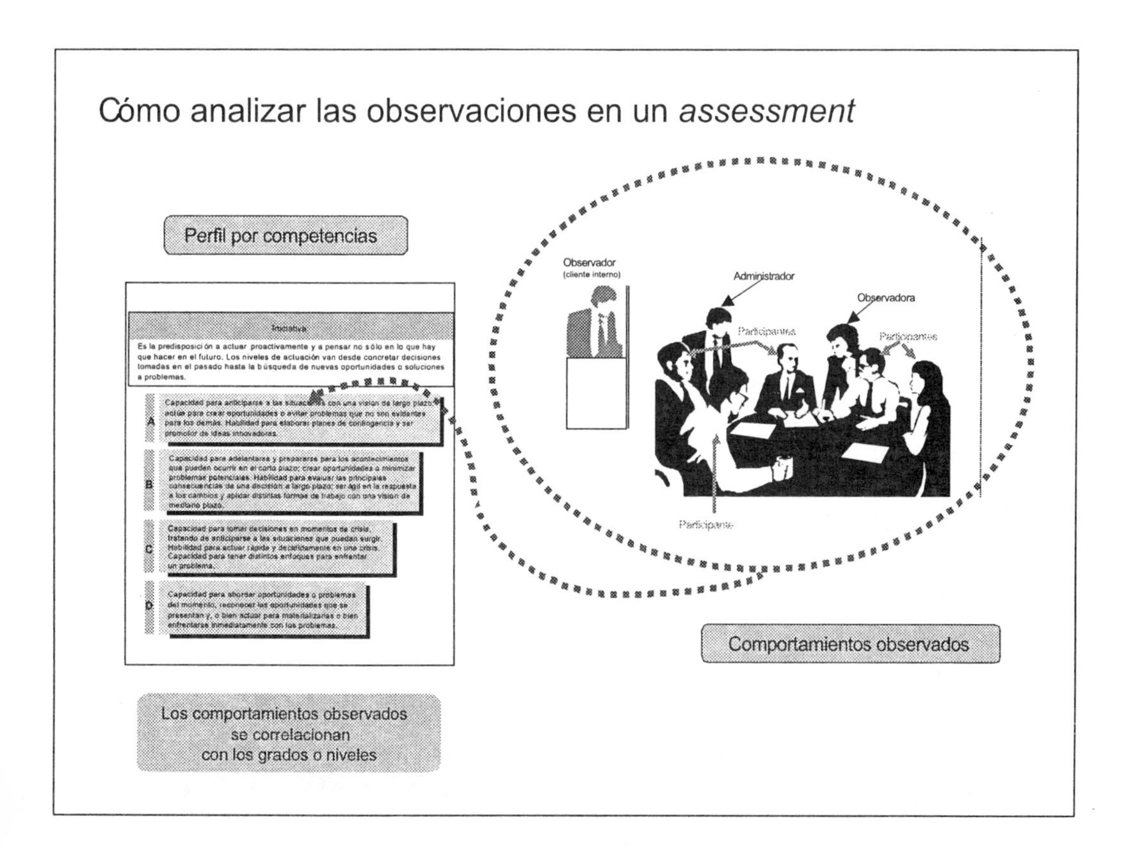

Después de finalizada la evaluación grupal

Cada observador (el administrador, el observador asistente y el observador pasivo –cliente interno–) completará individualmente su formulario de evaluación y luego realizará una comparación de sus observaciones con las de los demás, con el propósito de llegar a un informe final consensuado por todos los observadores.

Por ello adquiere vital importancia la recomendación que hicimos en páginas precedentes, respecto de que cada observador tenga en su poder ejemplos de comportamientos observables. De este modo cada uno tendrá un esquema comparable de observación.

Los tres observadores deberán producir un único informe, por lo cual será de vital importancia que compartan los criterios de evaluación y, frente a la posibilidad de que el juicio no sea compartido, respecto del nivel de desarrollo o no de una competencia en un determinado participante, encuentren un modo de pulir las diferencias y emitir un informe conjunto y consensuado. No existe un rol protagónico del administrador respecto de los otros dos evaluadores; tampoco es el cliente interno el que inclina la balanza hacia un lado u otro: se espera que el informe sea realmente consensuado entre todos los evaluadores.

Claves y consejos útiles para la correcta utilización de la técnica de *assessment*

- Definir claramente el objetivo y qué se espera evaluar en cada oportunidad.
- Diseñar un ejercicio o caso adecuado a las circunstancias y en función del objetivo a lograr. Si es necesario, solicitar la colaboración del cliente interno (jefe o futuro jefe de los evaluados) para que la situación a plantear sea lo más parecida posible a una *situación real del entorno del puesto de trabajo*, de acuerdo con la definición brindada al inicio de este apartado.
- Armar grupos homogéneos de participantes, tanto si se trata de procesos de selección externa, como en la evaluación de personas que ya pertenecen a la organización.
- El administrador, el observador asistente y el observador pasivo deberán observar a todos los participantes. Se sugiere acordar la observación por subgrupos de participantes rotativamente.

- El administrador y los observadores (el observador asistente y el observador pasivo, usualmente el cliente interno) deben estar entrenados en la realización de *assessment.*
- Si el observador pasivo o cliente interno no ha participado antes en este tipo de evaluaciones o bien no se siente seguro respecto de su rol, será de vital importancia el entrenamiento que realice previo al inicio de las evaluaciones (*assessment*).
- Preparar la actividad en todos sus detalles: lugar de realización, horarios, logística en general.
- Hacer una adecuada convocatoria a los participantes explicando claramente los objetivos del *assessment,* su duración, el lugar de realización, etc. Si se trata de un proceso de selección indicar en la citación que la entrevista será de tipo grupal.
- Durante la actividad:
  - Explicar nuevamente el objetivo y los pasos de la actividad.
  - Brindar claramente las consignas sobre el caso a resolver.
- Al finalizar la actividad, explicar con claridad la continuidad del proceso (pasos siguientes).
- Realizar los informes inmediatamente después de cada actividad.

Pruebas de conocimientos técnicos o habilidades específicas en relación con el conocimiento

Esta obra está destinada específicamente a la temática de competencias; por ello, en este capítulo sobre evaluaciones se ha destinado un espacio mayor a las que tienen como objetivo evaluar, precisamente, competencias. No deberá interpretar el lector que por ello se les da una valoración mayor: las pruebas de conocimientos son y serán muy importantes.

Nuestra sugerencia es que todo lo relacionado con conocimientos se evalúe con la mayor anticipación que el proceso en particular permita. Es decir, si fuese posible, evaluarlos en la etapa de preselección. Sin embargo, en algunas situaciones esta evaluación deberá quedar para una instancia posterior.

En esta sección se tratará la evaluación de conocimientos cuando ésta deba ser aplicada en una instancia posterior a las entrevistas iniciales y de evaluación de competencias. En cada caso se deberá analizar el mejor momento para la administración de unas y otras.

Una evaluación de conocimientos tiene por finalidad comprobar las destrezas técnicas y el grado de habilidad de la puesta en práctica de los diferentes conocimientos teóricos y de la experiencia que el candidato posee.

Los medios que se pueden utilizar son:

- Exámenes escritos.
- Exámenes escritos a libro abierto, muy comunes para evaluar a profesionales de diferentes especialidades, por ejemplo, abogados, a quienes se les propone que lleven a cabo la redacción de una demanda de un caso real, con una biblioteca especializada en temas legales a su disposición.
- Exámenes escritos domiciliarios, en los cuales a la persona se le presenta un caso y ésta envía su propuesta de resolución en una fecha a convenir.
- Entrevistas estructuradas, que consisten en preguntas y respuestas.
- Entrevistas abiertas sobre temas técnicos.
- Pruebas de conocimientos específicos (respecto de, por ejemplo, la utilización de un *software* determinado).
- Evaluaciones de idiomas, en distintos niveles: desde la entrevista en el idioma a evaluar realizada por el entrevistador o por la línea, hasta verdaderas evaluaciones efectuadas por traductores matriculados. Estas últimas se presentarán bajo diversas modalidades, según lo que se requiera en función del perfil: escritas (comprensión de texto y redacción propia), orales (comprensión y expresión), referidas a la utilización de términos técnicos específicos en relación con la posición a cubrir, etcétera.

El cliente interno como evaluador de conocimientos

Nos hemos referido a la entrevista con el cliente interno en el capítulo anterior.

Alcanzada esta fase del proceso de selección, los candidatos deben ser entrevistados por el responsable de línea o por el directivo del área o departamento en el que se encuentre encuadrado el puesto a cubrir; la mayoría de las veces, este desea cerciorarse por sí mismo acerca del grado de conocimiento y experiencia del postulante. De esta manera, en la entrevista a cargo de la línea, cliente interno o futuro jefe del nuevo colaborador, en ocasiones son evaluados los conocimientos del candidato. Cuando se realiza la planificación será conveniente dejar en claro qué tipo de evaluación de conocimientos se realizará en cada una de las instancias de evaluación.

En consecuencia, el objetivo fundamental de la entrevista con el cliente interno será comprobar que los conocimientos técnicos y la experiencia del candidato son los requeridos por el puesto a cubrir. Para asegurar que se realiza una indagación completa de dichos aspectos, el cliente interno deberá recibir entrenamiento específico. Los años de experiencia no son suficientes; muchos gerentes se califican a sí mismos como expertos reclutadores, y es posible que así sea; de todos modos, desde la perspectiva de Recursos Humanos, será conveniente que todos los gerentes y supervisores que participen en procesos de selección, tengan o no experiencia, reciban entrenamiento en entrevistas.

Para todas las organizaciones que hayan implementado gestión por competencias será de vital importancia la formación en esta práctica de todos los clientes internos que en algún momento entrevisten nuevos colaboradores, cualquiera sea su nivel dentro de la organización. La sugerencia es la misma para el caso de búsquedas internas.

La temática de evaluaciones de competencias se encuentra tratada y/o se relaciona con las siguientes obras:

Diccionario de preguntas. Gestión por competencias

Elija al mejor. Cómo entrevistar por competencias

Diccionario de comportamientos. Gestión por competencias

Para las evaluaciones de competencias, Martha Alles Capital Humano ha desarrollado una serie de herramentales adicionales a los que denomina "productos", especialmente diseñados para la medición del grado de desarrollo de las competencias en las personas:

- "Fichas de evaluación de competencias". Consiste en un documento donde el evaluado, cuando realiza su propia evaluación (autoevaluación), el jefe o ambos, eligen una serie de comportamientos representativos de su cotidiano accionar. Luego, a través de una fórmula matemática, se determina el grado o nivel de la competencia. Vía Internet es posible realizar el procesamiento *on line* del método de evaluación.
- *"Manuales de Assessment" (Assessment Center Method)* en sus versiones estándar y a medida del modelo de competencias de la organización

SUMARIO. LAS EVALUACIONES

- En un proceso de selección existen numerosas instancias donde se evalúan competencias, personalidad, potencial y conocimientos. Algunas de estas se desarrollan durante los procesos de preselección y selección, y otras son consideradas evaluaciones específicas.
- Cuándo aplicar una *BEI*: a) En la selección de niveles gerenciales. b) En fusiones y adquisiciones, para evaluar competencias de altos ejecutivos, en especial cuando se debe decidir quién es la persona más adecuada para asumir una posición determinada. c) En fusiones y adquisiciones (nuevamente), para determinar el capital intelectual de una organización. d) En el diseño de planes de sucesión, para elegir a aquellas personas que podrán asumir en el futuro posiciones clave.
- La entrevista *BEI*, cuya característica es ser dirigida o estructurada, tiene por objetivo evaluar competencias. Se realiza en cinco pasos y debe ser planificada en detalle. Paso 1: Presentación y explicación del propósito y formato de la entrevista y primera exploración sobre la carrera profesional del entrevistado, su educación (estudios formales) y sus experiencias laborales previas. Paso 2: Responsabilidad en su trabajo actual. Lograr

que el entrevistado describa sus tareas y responsabilidades laborales más importantes. Paso 3: Eventos conductuales. El objetivo central de la BEI es hacer que el entrevistado describa en detalle al menos cuatro y preferentemente seis historias completas de situaciones críticas. A continuación, preguntas específicas para explorar acerca de competencias. Esta sección toma gran parte del tiempo de la entrevista, y aquí el entrevistado debe brindar detalles específicos. Paso 4: Características para desempeñarse en el puesto actual. Este paso tiene dos objetivos: 1) obtener situaciones críticas adicionales sobre temas que se mencionaron o situaciones adicionales sobre temas ya relevados; 2) hacer sentir al entrevistado que se lo valora, al solicitar su opinión. Paso 5: Conclusiones del entrevistado sobre la entrevista. Cerrar la entrevista agradeciendo al entrevistado por su tiempo y la información suministrada. Solicitarle que resuma las situaciones y descubrimientos clave de la entrevista. Se solicita opinión sobre la entrevista, sobre el entrevistador y, en particular, su autoevaluación con relación al paso 4.

- Las evaluaciones psicológicas deben ser administradas por un profesional psicólogo o licenciado en Psicología, y pueden ser individuales o grupales.
- Las evaluaciones psicológicas en un proceso de selección no debieran tener un carácter decisivo, sino ser un elemento de juicio adicional en el conjunto de pruebas y evaluaciones que se realizan durante todo el proceso.
- Un proceso de selección es, fundamentalmente, un proceso iterativo, de muchos pasos; por lo tanto, es un error pensar que la evaluación psicológica es más importante que otros. Si el equipo a cargo de una selección hace su tarea con calidad profesional, el resultado de la evaluación psicológica será una confirmación de lo evaluado en instancias previas. La experiencia indica que las sorpresas son poco frecuentes.
- La evaluación de potencial tiene elementos comunes con la evaluación psicológica. Utiliza técnicas similares y puede administrarse en forma individual y grupal.
- La devolución es el nombre que usualmente se le da a la reunión breve entre el psicólogo que administró una evaluación psicológica y el evaluado.
- Definición de *Assessment Center Method* (ACM): pruebas situacionales donde se enfrenta a los candidatos con situaciones conflictivas verosímiles del entorno del puesto de trabajo, para su resolución.
- En un *assessment* (ACM) se evalúan comportamientos. Los evaluadores son: 1) el administrador, 2) el observador, 3) el cliente interno.

- El *ACM* en un proceso de selección se utiliza para posiciones donde sea posible la aplicación de dinámicas grupales. No es aconsejable su aplicación a personas con una trayectoria laboral importante, niveles gerenciales o similares. En procesos internos y en otras situaciones es factible aplicar la técnica *ACM* sin tener en cuenta el nivel de los evaluados.
- Una evaluación de conocimientos tiene por finalidad comprobar las destrezas técnicas y el grado de habilidad demostrado en la puesta en práctica de los diferentes conocimientos teóricos y de la experiencia que el candidato posee.

PARA PROFESORES

Para cada uno de los capítulos de esta obra hemos preparado:

- Casos prácticos y/o ejercicios para una mejor comprensión de los temas tratados en cada uno de ellos.
- Material de apoyo para el dictado de clases.

Los profesores que hayan adoptado esta obra para sus cursos tanto de grado como de posgrado pueden solicitar de manera gratuita las obras:

Selección por competencias. CASOS
(link: www.marthaalles.com/seleccioncasos)
Selección por competencias. CLASES
(link: www.marthaalles.com/seleccionclases)

Únicamente disponibles en formato digital, en nuestro sitio:
www.marthaalles.com, o bien escribiendo a: profesores@marthaalles.com

Selección por competencias
8
Negociación, oferta e incorporación

Capítulo 8
NEGOCIACIÓN, OFERTA E INCORPORACIÓN

En este capítulo usted verá los siguientes temas:

❖ La negociación en un proceso de selección

❖ La importancia de tener una alternativa

❖ ¿Quién negocia?

❖ La oferta por escrito

❖ Las referencias laborales

❖ Los trámites de admisión

❖ La inducción

❖ La entrevista de salida

Una vez que se han analizado las diferentes postulaciones y que el cliente interno ha tomado una decisión respecto de quién es el candidato elegido para la posición, se inicia lo que usualmente se denomina *los pasos finales*: negociación salarial, la oferta del empleo al postulante elegido, la solicitud de referencias laborales y los trámites finales de admisión. Por último, y no menos importante, la *inducción* a la empresa y a su puesto de trabajo.

Luego de elegido el finalista se deberá informar de ello a los restantes participantes del proceso de selección, aspecto a ser tratado en el capítulo siguiente.

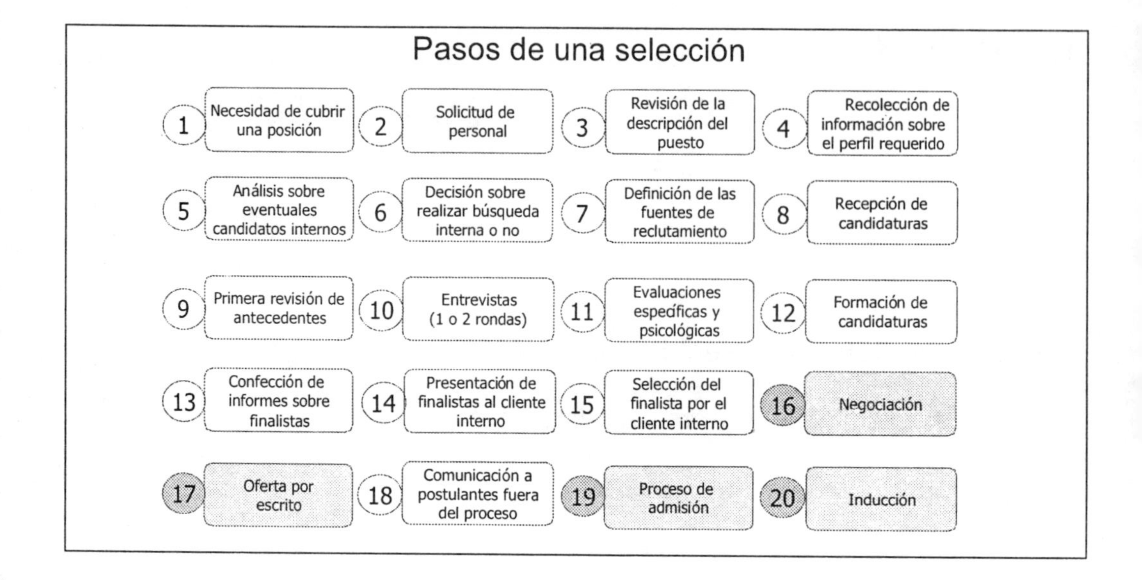

La negociación en un proceso de selección

Negociación[1]. Breve introducción

"El compromiso de la palabra"[2] es el título de un artículo de mi autoría que publicó el matutino *El Cronista Comercial* hace más de diez años, respecto de la temática de la ética en la negociación salarial. El tema ha recrudecido con el paso del tiempo y no se circunscribe a la realidad argentina, por el contrario, se refiere a un fenómeno cada vez más generalizado. Se tratarán los diferentes comportamientos no éticos de los postulantes en el Capítulo 9. Aquí hacemos una breve referencia al tema de la negociación y la oferta por escrito, ya que aquellos que deban manejar estos asuntos deberán estar advertidos de este tipo de comportamientos, lamentablemente frecuentes. Nos referimos a personas que negocian y aceptan un nuevo empleo con el único propósito de, a continuación, negociar una mejora económica en la organización donde actualmente se desempeñan.

1. En un libro en preparación y que será publicado por Ediciones Granica, la autora trata exhaustivamente el tema de la negociación en el ámbito de las organizaciones.
2. *El Cronista*, 24 de enero de 1994. Si bien este artículo tiene más de diez años, la problemática a la que se refiere sigue vigente, e incluso se ha agudizado.

Se hará a continuación una breve introducción al tema de la negociación en general, para referirnos luego a la negociación en el empleo.

Componentes de la negociación

- Las partes que deben negociar: empleado (futuro colaborador) y empleador.
- El objeto de la negociación: lo más frecuente, las condiciones de contratación.
- El lugar de la negociación: usualmente, las oficinas del empleador.
- Los elementos de la negociación: información disponible para cada una de las partes.
- Los modelos a utilizar. Se sugiere un modelo basado en el modelo de Harvard, adaptado a la situación que nos ocupa, la negociación de una oferta de empleo.

En la negociación es esencial la comunicación, desde la verbal en el desarrollo central de la negociación hasta su materialización documental simbolizada en la oferta por escrito, que se desarrollará más adelante. Si bien el objetivo de toda negociación es el acuerdo logrado en función del ingreso de personas a la organización y, eventualmente, de egresos, el objetivo central será un acuerdo satisfactorio para ambas partes. El acuerdo no sólo constituye una finalidad, sino que implica una necesidad.

Esquema de negociación entre una organización y un potencial nuevo colaborador.

El esquema propuesto a continuación se ha elaborado tomando en cuenta los pasos tradicionales para una negociación de tipo ganar-ganar según la diferente bibliografía consultada y nuestra experiencia de más de veinte años en Selección. Los pasos que expondremos deben leerse en relación con una posición gerencial o de relevancia dentro de una organización. En posiciones de menor jerarquía, el espíritu del proceso puede ser similar, pero con menor cantidad de pasos o de manera más sencilla. En ocasiones el proceso de negociación sólo será el ofrecimiento de una remuneración, y el postulante simplemente podrá aceptar o no.

Prenegociación

- Cultivar la relación formal e informalmente. Recordar que desde el rol de Empleos deberá manejarse de modo satisfactorio la relación con el cliente interno y el candidato externo.
- Trabajar en equipo.
- Buscar apoyo dentro de la organización en niveles superiores y en los procedimientos de la compañía.
- Desarrollar alternativas.

En la mesa de negociaciones

- Preparar un temario.
- Fijar la agenda.
- Definir los temas.
- Discutir necesidades e intereses.
- Aclarar los temas.
- Despejar "las fantasías" del candidato y centrarse en las verdaderas pretensiones.
- Buscar la forma de satisfacer sus necesidades.
- Chequear la viabilidad de implementación de lo pactado antes de finalizar la negociación.

Hay una gran cantidad de definiciones dentro de la literatura especializada con respecto al tema de la negociación. Algunos autores dicen que la negociación es simplemente un proceso de comunicación en el cual las partes tratan de ponerse de acuerdo; otros afirman que es un proceso por el cual las partes intentan definir un marco mínimo de concesiones recíprocas, que están dispuestas a realizar para lograr un acuerdo que consideran razonable y satisfactorio. Entre los métodos de negociación que se pueden analizar, observamos el de ganar-ganar (que adopta un estilo cooperativo) *versus* el competitivo, el de ganar-perder en un juego de *suma cero.* El método de ganar-ganar es el que adopta la escuela de Harvard. Fisher, Ury y Patton[3], autores que escriben sobre la temática de la negociación, dicen que lo más importante es fijarse en los intereses, es decir, lo que se está poniendo en juego, y no en la posición inicial que cada uno lleva a la mesa de negociación.

3. Fisher, Roger; Ury, William y Patton, Bruce. *Sí..., de acuerdo! Cómo negociar sin ceder.* Editorial Norma. Bogotá, 1997.

El tema de la negociación, básicamente, tiene que ver con la planificación, con la posibilidad de estar preparado cuando se deba enfrentar una situación que *a priori* se sabe que puede ser conflictiva y en la que se deberá negociar con otro. Hay que conocer quién es el otro, cuáles son sus gustos, cuáles sus preferencias, cuál es su historia, qué es lo que trae detrás, qué ocurre con el poder formal, el real y otros tipos de poder que pueden estar asociados. ¿Cómo puede una persona "hacerse de poder"? Con información; por eso, antes de iniciar una negociación se debe recolectar toda la información necesaria sobre el tema a tratar y también sobre la persona con la que se deberá negociar, esto es, cuáles son las características de personalidad; conocer los propios intereses y los del otro.

"Hacerse de poder" está íntimamente ligado al tema de la información, y muchas veces implica establecer alianzas y recurrir a otros que puedan ayudar en la negociación. En algunas ocasiones resulta conveniente negociar solo, y en otras, realizar alianzas. La única negociación que una persona debe hacer siempre sola es la salarial, ya que se trata de algo muy personal; por ejemplo, no puede delegar en otro la discusión sobre su sueldo o una promoción.

Muchas veces, el recibir una llamada telefónica puede dar origen a una negociación para la cual no siempre se está preparado; en esos casos, lo lógico es no tomar ninguna decisión en el momento, sino dejarla para más adelante. En una negociación telefónica, ambas partes llevan las de perder, porque no se ven, no tienen toda la información disponible, no existe la comunicación no verbal que es tan importante, y las decisiones, en general, no se pueden tomar bajo presión; lo ideal es esperar y luego seguir.

La negociación en el empleo

Resumiendo el punto anterior, las etapas principales de una negociación son: efectuar la prenegociación (planificación, preparación), tener en cuenta todo lo que tiene que ver con la negociación en sí, advertir qué es lo que sucede en la mesa de negociación, generar opciones creativas, escuchar al otro y, finalmente, llevar a cabo la posnegociación, es decir, la evaluación de la propia actuación. Las preguntas más usuales a responder son: *¿En qué fallé, en cuánto me equivoqué o cuánto tuve que ceder en relación con mi objetivo inicial?*

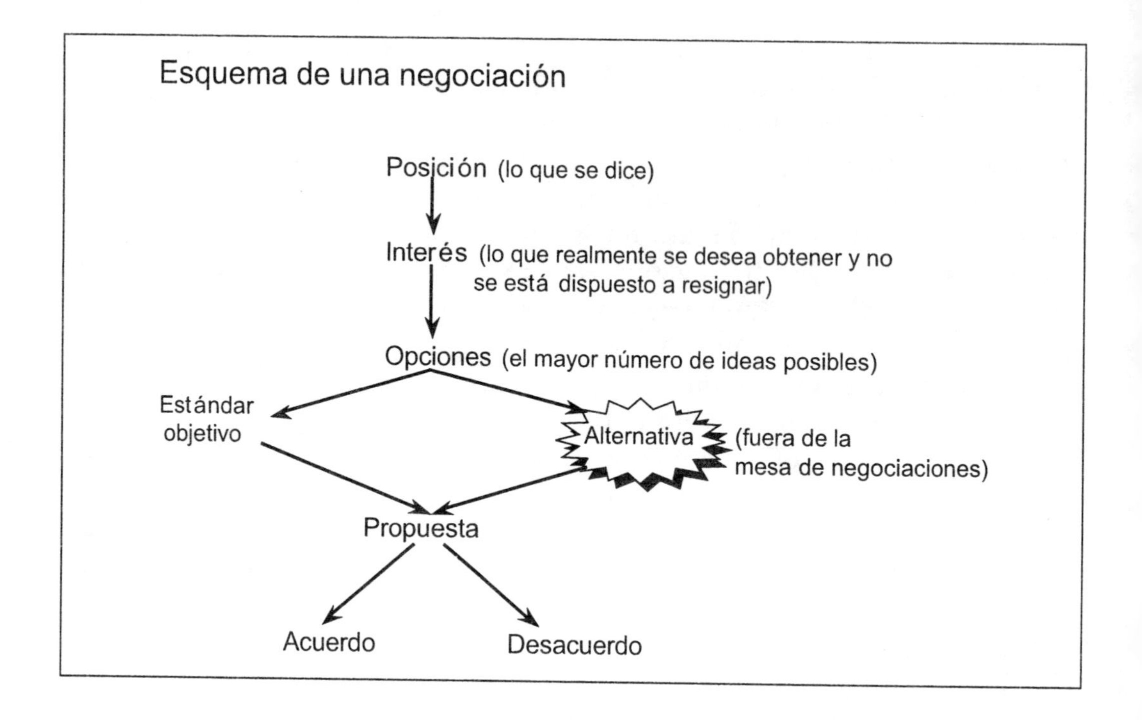

Esquema de una negociación

Aplicando estos conceptos a una búsqueda, es posible esquematizarlos del siguiente modo:

La *posición* es el primer acercamiento a la negociación; el postulante dice lo que él quisiera obtener y la empresa plantea su opción mínima. Por ejemplo, el postulante puede estar dispuesto a percibir algo menos y la empresa puede tener algo más para ofrecer.

El *interés* es aquello que realmente quiere el postulante o el nivel mínimo que está dispuesto a percibir en materia de compensaciones y beneficios. Y desde la empresa, será el nivel que realmente puede ofrecer, por ejemplo, porque no le origina problemas con la estructura salarial.

Las *opciones*, como su nombre lo indica, son las variantes que se exploran para acercar a las partes limando las diferencias.

Estándar objetivo o *criterios objetivos* son aquellos elementos que, al estar fuera de la negociación, pueden aportarle información objetiva. En el caso de negociar en una selección, los estándares objetivos o criterios objetivos pueden ser, por ejemplo, salarios de mercado para esa posición y esa industria en particular, salarios para posiciones similares dentro de la misma empresa, antecedentes de una negociación similar dentro de la empresa, etcétera.

La *alternativa* es una opción fuera de la mesa de negociaciones. Para el postulante será su trabajo actual u otra búsqueda en la cual esté participando, y para la empresa otro candidato igualmente adecuado para cubrir la posición.

Por último se llega a la *propuesta*, sobre la cual habrá o no un *acuerdo*.

Posnegociación

- Asegurarse de que se cumpla con la implementación de todo lo pactado.
- Crear un buen clima de trabajo.
- Anticiparse a posibles renegociaciones por parte del candidato.

¿Cómo medir el éxito de una negociación?

Una forma es formularse y responderse las siguientes preguntas:

¿Se logró el acuerdo?
¿Se respetaron las normas y procedimientos de la compañía?

Si no se logró un acuerdo

Preguntas a formularse o cuestiones a pensar o resolver:

- ¿Qué puedo proponer para reconciliar los intereses mutuos?
- ¿Qué es menos importante para una de las partes que pueda ser muy importante para la otra?
- Pensar estratégicamente imaginando diferentes escenarios.
- Cambiar el juego: introducir otros temas, cambiar a las personas que negocian.
- Llevar el tema a una instancia superior.

La importancia de tener una alternativa

La alternativa en un proceso de selección debe ser vista desde dos ángulos, aun desde la perspectiva del especialista en Recursos Humanos.

1. ¿Qué es una alternativa desde el punto de vista de Empleos? Otra opción o postulante para ocupar la posición, tan bueno como el caso sobre el cual se está realizando la negociación.
2. ¿Qué es una alternativa desde la óptica del postulante? Su trabajo actual o una posición en otra organización, si no tan buena como la que se pretende en esta negociación, al menos aceptable.

Desde ya, para ambas partes de la negociación es importante tener una alternativa, pero aquí nos referiremos solamente al papel que le corresponde al área de Recursos Humanos. Más allá de que existan altos niveles de desempleo o cualquier otra circunstancia externa, los buenos candidatos por lo general tienen posibilidades de participar de otros procesos de selección o están empleados; por lo tanto, tienen una alternativa, aunque, por ejemplo, puedan no estar satisfechos con su trabajo actual.

Es por esto que el responsable de la selección deberá generar una alternativa (otro postulante) tan buena como la que originó la negociación; si no es así, estará negociando en desventaja. Cuanto mejor es el candidato con el cual se está negociando, cuanto más alta es su empleabilidad, se hará más necesario contar con una alternativa adecuada.

¿Quién negocia?

La persona más adecuada en cada caso. Un consultor puede negociar y presentar ofertas. No hay que tener una pauta rígida, e implementar lo más apropiado. Dentro de la empresa, a su vez, puede ser Recursos Humanos o la línea. Las organizaciones, con frecuencia, definen políticas al respecto.

La negociación puede realizarla el área de Recursos Humanos, el jefe directo del puesto a cubrir, un superior de éste o el director del área donde se ubica la posición, según se haya definido. La participación de un consultor en la negociación deberá ser *por mandato*, es decir, no lo hará a título propio sino como una responsabilidad delegada, de modo que cuando se realice la reunión final del candidato con la empresa ya se hayan acordado los términos de la negociación.

El rol de Recursos Humanos en una negociación difícil

En los casos en que el consultor realice la negociación, es necesario que la organización (Recursos Humanos y su cliente interno) esté involucrada en el proceso. Muchos buenos candidatos se pierden en esta etapa, y reemplazarlos por otros se hace muy difícil cuando todos en la organización ya se habían hecho a la idea de cubrir el puesto vacante con ese candidato que finalmente no ingresará.

Además, si el cliente interno está involucrado se evitará que desautorice a Recursos Humanos otorgando un salario mayor al previsto, o que la responsabilice si el candidato no ingresó luego de llegar a las instancias finales por un problema salarial y/o en la negociación.

Si hay diferencias salariales y el proceso de selección lo manejó el área de Recursos Humanos con la participación de una consultora, será una buena idea pedir a esta que colabore en la resolución del tema. El consultor puede acercar a las partes desde un rol neutral. No es cierto que el consultor estará, necesariamente, de parte del postulante.

Es oportuno recordar en este punto que los postulantes, en ocasiones, usan las búsquedas para conseguir aumentos de salario en sus actuales organizaciones, sin un propósito firme de cambio[4]. En ciertas situaciones hay que saber decir que no. ¿Cuándo? En aquellos casos en que se producen idas y vueltas con las ofertas, que suben cada vez más porque el candidato recibe contraofertas económicas en su trabajo actual. Si ello sucede, es preferible dejarlo ir, ya que seguramente repetirá este comportamiento, más adelante, en la nueva organización.

¿Qué hacer cuando los candidatos piden *hiring bonus* (*bonus* de contratación) o primas de pase? Es un tema *peligroso,* y se deberá analizar cada caso en particular.

Veamos las diferentes posibilidades. Si un candidato tiene un *bonus* devengado, es lógico que pretenda no perderlo por pasar a una nueva organización. En ese supuesto, el *hiring bonus* es solamente una compensación de un *bonus* ya ganado por él en otra organización. No obstante, el tema deberá manejarse con cuidado y la respuesta dependerá de la cultura de cada organización. No hay que olvidar que lo que se haga al respecto probablemente se sabrá en el mercado; por lo tanto, la empresa debe analizar la repercusión política del tema, desde el punto de vista de su imagen institucional. Como es fácil advertir, es un tema de una dimensión tal que puede exceder las atribuciones del responsable de selección, y desde ya de un consultor. Por otro lado, si el mercado lo hace y la organización decide que no, es posible que no pueda acceder a los candidatos deseados.

¿Qué hacer con las primas de pase, entendiendo por este concepto valores que excedan la compensación de un *bonus* ya ganado y que incluyan otros intangibles, como el riesgo que se asume en el cambio de una organización a otra, de una grande a una pequeña, de una multinacional a otra que no lo es, etc.? En primera instancia, otorgarlas es una política no aconsejable. Un CEO debería analizar y sopesar con mucho cuidado todas las implicancias de una situación como ésta. En el caso de aceptar pagar una compensación adicional por este motivo, habrá que dejar en claro que se trata de un caso excepcional y que no forma parte de la política de la organización.

Presentación de la oferta. Negociación en esta etapa

Como se mencionó en los párrafos iniciales, se podría llamar a este punto "la hora de la verdad". ¿Por qué? Muchos candidatos participan en

4. Por este motivo se han planteado las preguntas para explorar la motivación. Se ha explicado este tema en el Capítulo 6.

búsquedas para *ver qué pasa en el mercado* o para probarse a sí mismos; llegan hasta el momento de la oferta, y allí desisten. Independientemente de estos casos no tan frecuentes, y aun con postulantes genuinamente interesados en la posición, de todos modos estos se tomarán algún tiempo para pensar.

No se debe desestimar –además– la influencia de la familia en los procesos de cambio de trabajo de una persona; muchas veces un candidato no comenta con su familia que está participando en un proceso de selección mientras éste transcurre y un día, cuando recibe la propuesta final, llega a su casa con la novedad de que recibió la oferta de un nuevo empleo. La esposa o esposo, los padres y, en menor medida, los hijos opinan acerca de si es conveniente o no e influyen en la decisión a último momento. Si la influencia es fuerte, el candidato puede llamar al día siguiente y desistir de su postulación.

La opinión de la familia cobra un rol relevante y definitorio cuando los cambios laborales implican modificaciones de rutina familiar, por ejemplo, viajes frecuentes o un traslado a otra ciudad.

Aspectos a tener en cuenta en el momento de elaborar una oferta

- *La organización.* Hay que considerar si la organización que ofrece la nueva posición es del mismo tipo (o no) que aquella donde la persona trabaja actualmente o trabajó con anterioridad. Desde todo punto de vista: tipo de negocio o tipo de *management.*
- *La nueva posición.* Considerar si es de igual nivel, superior o inferior que la última o actual ocupada por el postulante. En todos los casos, no tener en cuenta sólo el nombre, sino lo que representa.
- *La proyección.* Al igual que en el punto anterior, comparar la proyección profesional en una y otra organización. ¿Existen planes de carrera?
- *Beneficios cuantificables y no cuantificables.* Incluir en este punto desde el prestigio de la organización hasta la experiencia que la persona, eventualmente, pueda adquirir,
- *Aspectos económicos.* Deben ser cuidadosamente analizados:
  1. *Salario inicial.* Las organizaciones se expresan en valores brutos. ¿El postulante se ha expresado en esos mismos términos? Será el momento de verificarlo. En el caso de remuneraciones variables, definir claramente las bases de cálculo.

2. Bonus *o remuneración variable sujeta a resultados.* Este concepto está fuera, en general, del concepto de salario, tanto si se trata de una retribución en dinero como de una opción de compra de acciones. Se deberá definir la frecuencia de estos pagos, ya sea anual, semestral u otra. Se pacta en todos los casos que los *bonus* estarán condicionados a los resultados de la compañía y a la gestión del colaborador. Se suelen utilizar para niveles gerenciales o directamente ligados al negocio.
3. Bonus *de contratación.* Se los explicó en párrafos anteriores. No son de uso frecuente en países de Latinoamérica, entre ellos la Argentina; sin embargo, la tendencia a su aplicación es creciente. ¿Cuándo está realmente justificado? Cuando una persona tiene devengado total o parcialmente un *bonus* y en ese momento se le ofrece un cambio laboral. En esos casos, es razonable que una persona solicite un *bonus* en compensación del que ha perdido. En otras situaciones se trataría de "primas de pase", es decir que para pasar de una organización a otra una persona pide un valor monetario para compensar el riesgo que se asume en cualquier cambio de trabajo. El "*bonus* de contratación" con este enfoque es menos frecuente y suele darse en casos muy especiales.
4. *Beneficios de salud.* Definir claramente si la oferta incluye planes de cobertura médica adicional a lo fijado por las leyes vigentes de cada país.
5. *Otros beneficios económicos no monetarios.* Muchas empresas ofrecen paquetes de beneficios económicos en ocasiones muy importantes, además del salario. Dentro de estos beneficios económicos no monetarios pueden encontrarse:
   a) un vehículo de la compañía con todos los gastos pagos (beneficio habitual para niveles gerenciales o para aquellos que lo requieran por su trabajo específico, como, por ejemplo, los vendedores);
   b) los gastos de automóvil particular;
   c) los seguros de retiro o jubilación privada;
   d) los seguros de vida;
   e) la vivienda en el caso de personas trasladadas a una ciudad diferente de su habitual lugar de residencia;
   f) el comedor en planta (beneficio frecuente cuando la empresa está radicada en lugares alejados);

g) el transporte de la empresa (en el mismo caso que el anterior);
h) los vales de comida, de compra, de combustible;
i) los seguros y mutualidades médicas, ya mencionados.

6. *Gastos de mudanza.* Es frecuente que este concepto se incluya en la oferta cuando se efectivicen traslados a otra ciudad, ya sea dentro o fuera del mismo país.

- *Las previsiones respecto de una futura ruptura laboral.* Es un punto infrecuente y aparece en las negociaciones cuando la organización plantea algún tipo de riesgo para el nuevo colaborador.

Los ítems expuestos son sólo una guía, desde la perspectiva de la organización, sobre los aspectos a tener en cuenta en el momento de preparar la oferta, por escrito o no.

La oferta por escrito

La oferta por escrito consiste en una carta donde la organización registra las condiciones de la oferta de empleo. Es una buena sugerencia, aunque su uso no está generalizado. En muchos países de Latinoamérica, entre ellos la Argentina, no es frecuente aplicar esta modalidad, pero existe una tendencia creciente a utilizar la palabra escrita para hacer la oferta final de contratación en el momento de ingreso de una persona en la organización.

Los pasos serían los siguientes:

- Acordar con el interesado –en forma verbal– las condiciones de contratación, responsabilidades, tareas, personal a cargo y remuneración, que incluye el salario y otros beneficios, y cuando se llega a un acuerdo, expresarlo por escrito. Para ello:
- Presentar una oferta por escrito donde se detalle la oferta económica, la posición a ocupar y la fecha de inicio de las actividades.
- La oferta debe estar firmada por una persona autorizada a tales efectos por la organización.
- Por último, aceptada por el ingresante, este la devuelve firmada a la organización.

Cuando se llega a un acuerdo, es una buena práctica volcarlo en un papel. La palabra escrita tiene un valor particular, sobre todo en relación con derechos y obligaciones, ya que en algunos países incluso otorga fuerza de contrato a lo que sería un acuerdo informal.

La oferta por escrito tiene innumerables ventajas: deja estructurada en forma clara el ofrecimiento evita las discusiones futuras –*yo dije... yo entendí que...*–; protege al ingresante ante un eventual cambio de responsable en la empresa, y a la empresa contratante de un eventual arrepentimiento del ingresante (por ejemplo, cuando este recibe una contraoferta de su actual empleador en el momento de la renuncia). En resumen:

- Puede ser aplicada a toda la nómina.
- Obliga a las partes.
- En la Argentina y otros países latinoamericanos, no tiene fuerza legal. La aceptación de la oferta por escrito no obliga al futuro colaborador, que aun habiendo firmado puede desistir del ingreso.

Las referencias laborales

Cada organización debe tener fijada una política al respecto, es decir, una rutina sobre cómo se piden las referencias laborales. Un requisito básico es que antes de comenzar el proceso de solicitud de referencias se debe informar al candidato que se comienza esa etapa del proceso. Usualmente se solicitan referencias sólo del candidato finalista. Si se solicitan referencias de varios finalistas, será adecuado informar de ello a cada uno de los involucrados.

Nuestra sugerencia es no sólo avisar al postulante que se inicia el pedido de referencias, sino consensuar con él a qué personas llamar en cada caso. Si la persona está trabajando no será posible llamar a su trabajo actual, excepto que ya haya renunciado o que su jefe esté al tanto de su búsqueda laboral. De todos modos, aun en este último caso será recomendable informar al postulante para que, si lo desea, él mismo advierta a su jefe sobre el llamado a recibir solicitándole referencias.

En todos los casos será de vital importancia el cuidado de los postulantes en esta instancia; por ejemplo, se deben arbitrar todos los medios para salvaguardar la confidencialidad del pedido de referencias laborales. Sugerencias al respecto: que la información la manejen un número reducido de personas; al realizar los llamados no dejar el nombre de la persona sobre la cual se pide referencias a otra persona que no sea aquella que nos debe brindar la información; no dar ninguna información que no sea la estrictamente necesaria; entre otros cuidados a tener en cuenta

Al solicitar referencias sobre una persona, ya sea a un ex jefe o a cualquier otro individuo vinculado con la trayectoria profesional de un postulante, se estará divulgando de alguna manera que este se encuentra en un proceso de selección, y esto puede no ser bueno para él. Por ello, antes de iniciar esta etapa se le sugiere repasar los siguientes puntos, para estar seguro de que no omitió ningún paso previo:

- Revisar los objetivos de la posición a cubrir.
- Controlar los requisitos del perfil y datos básicos del postulante.
- Tener en cuenta si las pretensiones salariales del postulante se correlacionan con las posibilidades en materia de remuneración previstas para el puesto.
- Evaluar cómo era el anterior ocupante del cargo respecto del postulante.

- Establecer relaciones entre las razones por las cuales el candidato dejó anteriores empleos y cómo es la nueva posición.
- Considerar el potencial del postulante en relación con las reales posibilidades de carrera que se prevén para la nueva posición.
- Si éste es "el candidato", ¡adelante!

Existen dos tipos de referencias, las que se gestionan a través de las oficinas de personal y las que se consiguen a través de los jefes directos de cada postulante.

Las primeras brindan, por lo general, datos concretos respecto de una persona y las otorga, en general, la oficina de personal del lugar donde el candidato trabajó antes. La información más usual es acerca de si la persona trabajó allí, fechas de entrada y salida, y cargos al ingresar y al desvincularse. Otro tipo de referencias, de naturaleza análoga, son las que pueden ser obtenidas a través de diferentes fuentes; por ejemplo, si la persona tiene juicios pendientes, inhabilitaciones para operar con bancos, si fue despedida, etcétera.

¿Quién puede aportar información sobre otros temas importantes como el desempeño, la modalidad de trabajo, la relación con pares, jefes y subordinados, etc.? Este tipo de información sólo se consigue por algún canal directo, es decir, si es factible ubicar al jefe de la persona en cuestión. En general este tipo de referencias no son suministradas por escrito. Si se accede a ello –muchas veces esto no ocurre–, será sólo en forma oral. Este pedido de referencias debe realizarlo aquel que puede poseer un mejor canal de comunicación con la fuente; usualmente será el consultor interviniente o el área de Recursos Humanos. Si se diese el caso de que la persona más indicada para requerir esta información es el cliente interno, habrá que ver de qué manera manejará la situación, preservando la confidencialidad sobre el postulante. La mejor forma de hacerlo es planear con el candidato la forma de efectuar el pedido de referencia, con quién hablar, qué decir en cada caso, etcétera.

Los canales directos para la solicitud de referencias laborales no sólo los constituyen los jefes o jefes del jefe. Pueden ser también buenas fuentes de referencia, si fuese pertinente, otras personas que conozcan su desempeño, por ejemplo: oficiales de cuentas de bancos con los que opera, proveedores, clientes, agencias de publicidad, auditores, consultores, etcétera.

¿Cómo repartir los pedidos de referencias entre la empresa y la consultora? Una buena idea es solicitar a la consultora que realice el pedido de referencias a los canales directos, y desde la empresa solicitar las referencias a las oficinas de personal e instituciones que brindan informes de diverso tipo. ¿Por qué? Si el consultor es de prestigio tendrá, probablemente, muy buenos accesos para conseguir información importante –en este caso, la más cercana a la realidad posible–, y tendrá la ventaja adicional de no dejarse influir por otras personas, ya que no necesita informar para quién está haciendo el pedido de referencias; el consultor puede decir: "estamos verificando antecedentes porque el señor o la señora X es finalista de un proceso de selección de mi firma". Si el pedido de referencia lo realiza la organización que demanda la posición, dejará en evidencia quién será el futuro empleador si la persona resulta seleccionada.

Muchas personas, al ser consultadas por un pedido de referencias, podrán decir sólo: "correcto desempeño; se retiró por renuncia", o cualquier otra frase similar, sin aportar mayor riqueza a la información.

Dado que esta obra se relaciona con gestión por competencias y se ha tratado el tema en varios capítulos, es importante introducir el tema en el pedido de referencias laborales. Así como en el Capítulo 6 hemos visto cómo se formulan las preguntas para obtener comportamientos y no opiniones o percepciones sobre las personas, el procedimiento en el pedido de referencias es análogo. Las referencias serán más informativas y de valor si proveen información acerca de los comportamientos de la persona.

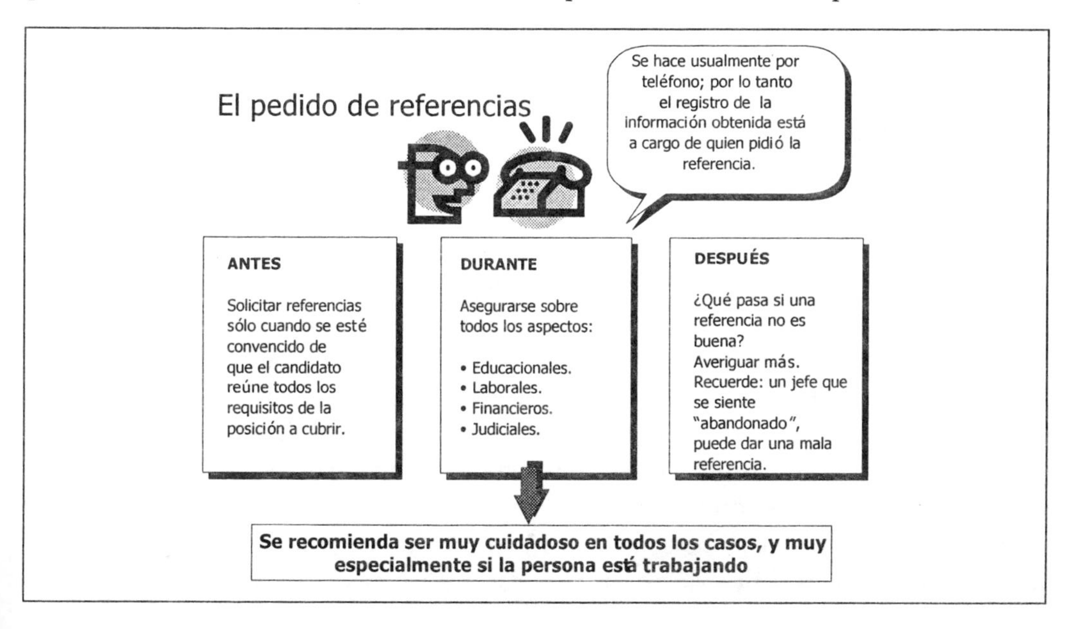

¿Qué hacer cuando hay una "referencia mala"? El responsable del proceso de selección deberá solicitar nuevas referencias, de modo de confirmar la referencia no positiva, como mínimo, con otra que la respalde. Se podrá dar el caso de que la referencia negativa no sea veraz: un ejemplo frecuente es cuando un jefe resentido con su subordinado, por cualquier motivo, brinda una mala referencia de este, un buen empleado, quizá porque simplemente renunció y prefirió trabajar para otro empleador. Por otra parte, un jefe "amigo" puede dar una buena referencia de un mal empleado.

Se deberá tener en cuenta, además, cuál es el motivo que dio origen al comentario negativo, ya que quizá ese tipo de comportamiento no sea importante en la nueva posición.

En el caso de obtenerse una mala referencia, una buena sugerencia es decirle al interesado que han dado sobre él una referencia negativa. En especial si las opiniones no favorables se confirman por más de una fuente, en lo que en lenguaje cotidiano se denomina "cruzar referencias". Es importante tener en cuenta que el postulante puede tener una explicación de lo sucedido que modifique la información recibida; si no es así, se le habrá dado a la persona la oportunidad de dar su propia versión de los hechos.

Si bien el comentario que vamos a hacer a continuación se relaciona con la etapa que usualmente se denomina *admisión*, queremos subrayar aquí la importancia de cotejar todos los datos de la persona a incorporar, sin dejar nada librado al azar. En una época en la que se han presentado casos de médicos sin diploma, abogados que no eran tales, fiscales que no eran abogados y diputados que eran reemplazados por otros a la hora de votar una ley, no deje de pedir los títulos originales, certificados de materias, etc. Tenga en cuenta que la falsificación de documentos es bastante sencilla con las modernas técnicas de copiado.

Y un último comentario sobre el pedido de referencias: dada su relevancia, nuestra sugerencia es que sean solicitadas por el responsable del proceso de selección; no es una buena idea delegar esta tarea en un ayudante, ya que es un tema muy delicado que requiere entrenamiento y experiencia.

Otra buena sugerencia es realizar las mismas verificaciones para todos los finalistas o futuros colaboradores de la organización; en países con normativas en relación con discriminación se podrá considerar como un factor negativo realizar pedidos de referencias sobre unos y no acerca de otros.

Las malas referencias y las actitudes de los candidatos

Expondremos dos casos reales para explicar este punto, situaciones distintas de un mismo problema: postulantes con antecedentes judiciales. Los candidatos –que a la sazón participaban en búsquedas diferentes– tenían legajo en nuestra consultora desde un tiempo atrás. Uno de ellos no dijo nada cuando se le avisó que se solicitarían referencias sobre juicios pendientes. Cuando la persona responsable de la selección le preguntó por qué no había comentado algo al respecto, con una fría sonrisa respondió: "Usted sabe, si quisiera lo arreglo con 3.000 dólares y me limpian los antecedentes; además, en 6 meses prescriben". El segundo postulante, en la primera entrevista a la que fue convocado le dijo al entrevistador que tenía un proceso judicial por un tema relacionado con un empleo anterior: había sido director de una empresa que tuvo problemas, el juicio estaba en curso y el dueño de la empresa estaba fugado del país.

Como fácilmente se puede apreciar, ambos tenían antecedentes de tipo judicial y muy diferentes actitudes. No todos los casos son iguales.

Un último aspecto para reflexionar antes de comenzar con los trámites de ingreso o admisión es la instancia referida al cuidado del capital intelectual. Las organizaciones suelen tomar recaudos frente a despidos, pero no es muy usual que lo hagan en otras circunstancias.

Si una persona se retira de una empresa y se lleva consigo los conocimientos que tenía al ingresar más los que adquirió en sus años de trabajo en la compañía, se podrá discutir de quién es la propiedad intelectual de éstos, y probablemente se llegue a una solución salomónica: de ambos. Lo mismo puede analizarse en materia de desarrollo de competencias; pero en este caso surge que pertenecen indubitablemente al individuo y no a la organización. En cambio, en relación con los conocimientos, se podría hacer una disquisición según el tipo de conocimiento de que se trate: si fuese un procedimiento interno, será discutible, ya que puede ser propiedad intelectual de la organización que lo desarrolló o pagó por él.

Afinando más el análisis, ¿qué pasa cuando una persona tiene en su poder una fórmula o un secreto específico, y es de su creación? ¿Qué pasa si esa información es estratégica para el negocio? ¿Es lícito que le entregue esa información a la competencia? Claramente, no lo es. Si bien es un tema muy extenso para analizarlo aquí en todos sus detalles, creo importante dejar planteado el tema.

Cómo debe actuar una compañía para proteger su capital intelectual

- Hacer firmar acuerdos de confidencialidad.
- Asegurarse de que los que se retiran devuelvan todo el material que puedan tener a su cargo.
- Realizar entrevistas de desvinculación, despejando los temas confidenciales; es ideal que lo hagan en forma conjunta un representante del área de Recursos Humanos y el jefe directo de la persona involucrada.

En el contexto actual las organizaciones desean captar a aquellos ejecutivos que poseen conocimientos específicos y, en especial, a aquellos que por esa razón poseen "la llave" de un negocio en particular. Por ello es una buena práctica tomar los recaudos necesarios.

Los trámites de admisión

La admisión es la etapa final del proceso de selección de un nuevo integrante de la organización, y es en ella donde se deben cubrir ciertos aspectos formales de la relación que, usualmente, estarán a cargo del área de Administración de Personal. Entre los pasos más frecuentes se pueden mencionar: formulario o ficha de ingreso, pruebas o exámenes adicionales como revisiones médicas, estudios ambientales[5], y pedidos de antecedentes (bancarios, judiciales, etc.). Es nuestra recomendación implementar una política uniforme a todos los ingresantes; de este modo no se podrá acusar a la organización de un uso discrecional de las diferentes prácticas usuales en cada país, evitando eventuales problemas futuros.

Dessler[6] trata el tema y da razones a favor de que el examen médico se realice antes de la incorporación del candidato. El análisis puede ser utilizado para determinar que el aspirante califica para los requerimientos físicos de la posición y para descubrir si existe alguna limitación médica que deba tenerse en cuenta. El examen, al identificar problemas de salud, puede ade-

5. Bajo el nombre de estudios ambientales se realizan una serie de entrevistas que en algunos países podrían ser consideradas discriminatorias y son muy frecuentes en otros. Consisten en averiguar y conocer dónde vive la persona a contratar o ingresante, con quién vive, cuáles son sus hábitos de vida más comunes, etc. En algunos casos estos estudios incluyen averiguar sobre el legajo judicial de una persona, y si tiene antecedentes por algún tipo de delito, ya sea menor o no; también sobre su situación patrimonial, deudas vencidas, etcétera.
6. Dessler, Gary. *Administración de personal.* Prentice-Hall Hispanoamericana. México, 1996, cap. 5.

más reducir el ausentismo y los accidentes, y detectar enfermedades transmisibles que incluso podrían ser desconocidas por el aspirante.

Con frecuencia, en las organizaciones con muchos empleados existen departamentos médicos internos que realizan este tipo de exámenes; otras más pequeñas contratan el servicio de médicos externos.

La inducción

La inducción es un proceso formal, tendiente a familiarizar a los nuevos empleados con la organización, sus tareas y su unidad de trabajo. Usualmente se realiza después del ingreso de la persona a la organización. El tiempo invertido en la inducción de un nuevo empleado es una pieza fundamental de la relación futura, y la inducción debería fijarse como un procedimiento habitual. Cada organización puede hacerlo en forma diferente, a "su" estilo, pero debe existir de un modo u otro.

Las empresas recurren a diferentes métodos, en ocasiones combinando unos con otros para un mejor resultado. Los mencionados a continuación son los más frecuentes y pueden ser utilizados de manera complementaria:

- Una carpeta o *brochure* de tipo explicativo
- Un curso
- Un video
- Un CD
- Una sección en la intranet de la compañía.

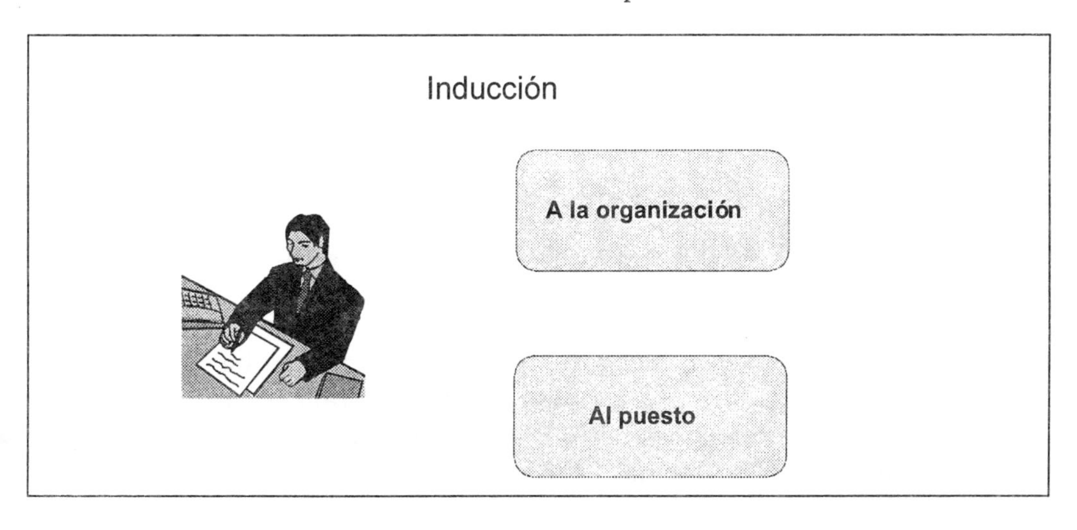

La inducción debe realizarse con todos los colaboradores de la organización sin tener en cuenta su nivel. Deberán participar de algún modo tanto el área de Recursos Humanos como el jefe directo de la persona que ingresa.

La inducción consta de dos partes conceptualmente diferentes:

1. Inducción a la organización
2. Inducción al puesto de trabajo

1. *Inducción a la organización:* se refiere al conocimiento que la persona que ingresa debe adquirir respecto de la historia de la organización, su estructura, mercado y esquema comercial; políticas de la empresa con respecto al personal, higiene y seguridad, medio ambiente; programas de salud laboral, calidad; cultura, misión, valores... En síntesis, la inducción a la organización tiene por objeto desarrollar una serie de unidades temáticas básicas referidas al negocio, a la cultura y al desarrollo del personal, que todo nuevo empleado debe conocer. Todos estos temas pueden ser resumidos en una carpeta para su entrega al nuevo empleado.
   Contenidos mínimos de la inducción:

   - Información sobre la empresa: historia; visión y misión; organigrama; productos, volúmenes u otra información relevante; localización geográfica; mercados abastecidos, domésticos e internacionales.
   - En el caso que se haya implementado gestión por competencias, informar, como mínimo, acerca de las competencias cardinales.
   - Políticas, normas internas, beneficios, sistemas.
   - Comunicaciones y costumbres de la compañía, como, por ejemplo: horarios, feriados especiales, etcétera.
   - Listado de prestaciones y beneficios.
   - Procedimientos de emergencia y prevención de accidentes.
   - Información vinculada al mercado, competencia, productos.
   - Otras informaciones que sean de importancia para la organización y el empleado que ingresa.

2. *Inducción al puesto de trabajo:* tiene por objeto desarrollar una serie de conocimientos sobre funciones y actividades relacionadas con la posición. Es importante describir las tareas, explicar al ingresante qué se espera de él en términos de resultados y comportamientos, y cla-

rificar sus expectativas acerca de la organización y del responsable a cargo. Igualmente, explicar cómo funciona el equipo de trabajo en cuanto a tareas, estándares laborales, reuniones usuales de trabajo y sus objetivos, etcétera.
No olvidar los pequeños detalles que hacen a la convivencia diaria, como los usos y costumbres en relación con el refrigerio o el café, y temas de mayor relevancia, como alternativas de capacitación y entrenamiento.
En la inducción, el nuevo colaborador deberá familiarizarse respecto de los métodos de trabajo y los procedimientos más habituales que lo involucran.
Sugerencia: entregar al nuevo colaborador el *descriptivo del puesto.*

La entrevista de seguimiento dentro de la inducción

Si bien no es usual que figure por escrito en los programas de inducción, es una buena práctica acompañar a los nuevos empleados por medio de un plan a cargo del área de Recursos Humanos, para el seguimiento de su integración a la organización. Cada "x" semanas primero, cada "x" meses luego, averiguar cómo se siente, si se han cumplido o no sus expectativas al ingresar en la empresa, etcétera.

La entrevista de salida

Esta obra no trata el tema específico de la desvinculación de personas; sin embargo, me parece importante hacer una breve mención sobre este asunto en particular.

Si bien es fundamental la inducción de una persona al momento de su ingreso, es muy importante que las organizaciones adopten como procedimiento habitual la entrevista de salida.

Toda persona que se retire de una organización, cualquiera sea su nivel y sin importar el motivo de su desvinculación, debiera ser entrevistada antes de su partida. La entrevista de salida debe estar a cargo de una persona del área de Recursos Humanos con el nivel suficiente como para detectar mensajes ocultos o temas profundos que requieran experiencia para ser desentrañados.

En ciertos casos críticos, y por el nivel de la persona involucrada, será imprescindible que la entrevista de salida la realice el número uno del área de Recursos Humanos. No olvidar, además, lo que se comentó en este mismo capítulo, sobre el resguardo del capital intelectual.

Por último, la entrevista de salida podría brindar información útil para nuevos procesos de selección.

SUMARIO. NEGOCIACIÓN, OFERTA E INCORPORACIÓN

- La negociación la puede realizar el área de Recursos Humanos, el jefe directo del puesto a cubrir, un superior de este o el director del área.Se sugiere fijar políticas al respecto. La participación de un consultor en la negociación deberá ser *por mandato,* es decir, no a título propio sino como una responsabilidad delegada, de modo que cuando se realice la reunión final del candidato con la empresa ya se hayan acordado los términos de la negociación.
- Entre los métodos de negociación posibles se encuentra el de *ganar-ganar,* que adopta un estilo cooperativo, *versus* el competitivo, el de *ganar-perder* en un juego de *suma cero.* El método *ganar-ganar* es el que adopta la escuela de Harvard.
- En algunas ocasiones resulta conveniente negociar solo y, en otras, realizar alianzas. La negociación relacionada con temas de Recursos Humanos es la única que una persona debe hacer sola. Se trata de una temática personal; cuando una persona va a discutir su sueldo, o una promoción, o situaciones similares, no puede delegar estas cuestiones en otro.
- Una negociación se divide en: prenegociación, negociación propiamente dicha y posnegociación.
- El responsable de la selección deberá generar una alternativa tan buena (postulante) como la que originó la negociación; si no es así, estará negociando en desventaja.
- La oferta por escrito. Pasos: 1) Acordar con el interesado las condiciones de contratación. 2) Presentar un escrito donde se detalle la oferta económica, la posición a ocupar y la fecha de inicio de las actividades. 3) La oferta debe estar firmada por una persona autorizada. 4) Debe ser aceptada (y firmada) por el ingresante.
- Existen dos tipos de referencias: las que se gestionan a través de las oficinas de personal y las que se consiguen a través de los jefes directos de ca-

da postulante. Las primeras aportan datos concretos respecto de una persona, fechas, puestos ocupados, etc. Las referencias del jefe directo permiten conocer acerca del desempeño, modalidades de trabajo, relación con pares, jefes y subordinados, etc. Ambas son muy importantes.

- Referencias laborales por competencias: se deben formular las preguntas de modo de obtener comportamientos y no opiniones o percepciones sobre las personas; de este modo las referencias serán más informativas y de valor para la organización.
- Sugerencias para proteger el capital intelectual de la organización: 1) Hacer firmar acuerdos de confidencialidad. 2) Asegurarse de que los que se retiran devuelvan todo el material que tengan a su cargo. 3) Realizar entrevistas de desvinculación acordando con la persona en cuestión acerca de los temas confidenciales.
- La inducción es un proceso formal, tendiente a familiarizar a los nuevos empleados con la organización, sus tareas y su unidad de trabajo.
- La entrevista de salida podría brindar información útil para nuevos procesos de selección.

PARA PROFESORES

Para cada uno de los capítulos de esta obra hemos preparado:

- Casos prácticos y/o ejercicios para una mejor comprensión de los temas tratados en cada uno de ellos.
- Material de apoyo para el dictado de clases.

Los profesores que hayan adoptado esta obra para sus cursos tanto de grado como de posgrado pueden solicitar de manera gratuita las obras:

Selección por competencias. CASOS
(link: www.marthaalles.com/seleccioncasos)
Selección por competencias. CLASES
(link: www.marthaalles.com/seleccionclases)

Únicamente disponibles en formato digital, en nuestro sitio: www.marthaalles.com, o bien escribiendo a: profesores@marthaalles.com

Selección por competencias
9
Comunicación y ética

Capítulo 9

COMUNICACIÓN Y ÉTICA DURANTE UN PROCESO DE SELECCIÓN

En este capítulo usted verá los siguientes temas:

- Situación de un postulante en un proceso de selección. Cómo tratar al desempleado
- Relación con consultoras: quién comunica en cada caso
- Relación con los postulantes que no ingresaron. Cartas y otros medios alternativos
- La ética en la selección de personas
- Anexo I. Carta deontológica de la Confederación Francesa de Consultores en Reclutamiento y Selección
- Anexo II. Preguntas personales reñidas con el buen gusto
- Anexo III. Ejemplos sobre cómo comunicar

La comunicación es un tema de suma importancia en la función de Recursos Humanos. Con relación al proceso de selección, la organización deberá fijar claras políticas al respecto. Asimismo, deberá diseñar procedimientos y, en algunos casos, lineamientos concretos sobre qué decir; por ejemplo, escribir un parlamento explicativo con situaciones y respuestas sugeridas en cada caso.

Ejemplos de situaciones en relación con la selección de personas:

1. Comunicaciones con postulantes en el inicio del proceso
   - Contenido de anuncios y estilo de comunicación.
   - Consultas sobre datos del currículum vitae o información adicional.
   - Citaciones a entrevistas.
2. Comunicaciones durante el proceso de selección
   - Cuando el postulante llama para conocer su situación dentro del proceso de selección.
   - Si el postulante no llama, ¿cuándo hay que comunicarse con él?
   - Cuando llaman terceros no involucrados directamente en el proceso de selección.
3. Relación con consultoras, quién comunica en cada caso.
4. Cartas y otros medios alternativos para comunicarse con postulantes que no ingresaron.

No es nuestro propósito referirnos a la comunicación en el ámbito de las organizaciones[1] ni a las mejores técnicas[2] al respecto, sólo se hará una breve referencia a la comunicación en un proceso de selección de personas: a quién comunicar y cómo en cada una de las distintas etapas que *a priori* puedan implicar alguna dificultad.

Los temas listados en el primero de los ítems mencionados más arriba, "Comunicaciones con postulantes en el inicio del proceso" los hemos tratado en los capítulos 5 y 6 de esta obra. Se verán en este capítulo los temas de comunicación referidos a las etapas restantes del proceso de selección.

Situación de un postulante en un proceso de selección. Cómo tratar al desempleado

Los aspectos relacionados con la comunicación en un proceso de selección, los eventuales cambios de perfil y la real situación de cada postulante

1. La autora, en un libro en preparación y que será publicado por Ediciones Granica, trata exhaustivamente el tema de la comunicación en el ámbito de las organizaciones.
2. Si el lector está interesado en conocer cómo se desarrolla o mejora la competencia "Comunicación" le sugerimos escribir a *info@xcompetencias.com* para informarse sobre las técnicas de desarrollo y codesarrollo de la mencionada competencia.

deberían ser (no siempre lo son) un tema de permanente preocupación para todos aquellos que se desempeñan en Recursos Humanos o tienen alguna relación con personas en un proceso de incorporación. No es un tema menor, y debe dársele importancia. La trascendencia de la comunicación no sólo tiene relevancia en los pasos finales del proceso, sino en todo el transcurso de la selección.

Hemos destinado un capítulo a la problemática de la selección en contextos de desempleo, y hemos visto cómo la comunicación debe ser especialmente considerada en esa situación. Al respecto, haremos un primer desdoblamiento del tema:

1. Cómo y qué comunicar cuando el postulante llama para interiorizarse por el proceso de selección, en cualquiera de sus instancias.
2. Cómo proceder cuando la organización desea comunicar algo al postulante: que debe asistir a una nueva entrevista, que ha sido seleccionado, que no lo ha sido, que se ha producido una demora en el proceso, y cualquier otra información que el postulante deba conocer.
3. Por último, y con relación a una situación menos frecuente, cómo actuar cuando terceras personas se comunican para conocer acerca del proceso de selección o el posicionamiento en él de una persona en particular. Entre estas personas pueden encontrarse funcionarios de la misma organización pero de áreas diferentes a la interesada en la posición a cubrir, o bien personas ajenas a la organización que por algún motivo están al tanto de la situación y desean conocer, por ejemplo, las posibilidades de un determinado postulante.

Cuando el postulante llama

En todos los casos será imprescindible capacitar a aquellos colaboradores que, aun eventualmente, atiendan el teléfono o estén a cargo de responder el correo electrónico acerca de cómo tratar con una persona que llama o se comunica de algún modo para averiguar sobre el proceso de selección al que se postula.

Algunos conceptos básicos: ser siempre amable, no decir aquello que no corresponda, no asumir compromisos que luego no podrá cumplir, tales como "llámeme esta tarde que le diré cómo está usted posicionado en el proceso de esta selección...".

Una consigna básica es no *hacerse cargo* de los problemas del otro, pero considerar que la persona que llama puede tener un problema.

Cuando ya se sabe que la persona que se comunica tiene pocas posibilidades de ser seleccionada para la posición, porque la búsqueda ya tiene un finalista o porque otro postulante cubre mejor los requerimientos del perfil, será ideal no cerrar el tema diciéndole categóricamente que la selección está resuelta, pero sí se puede anticipar que "hay un caso (un postulante) que está más avanzado que el suyo". ¿Por qué le damos esta sugerencia? Frecuentemente, y esto lo conocen muy bien quienes se dedican con exclusividad al tema de selección, ciertas postulaciones que en un principio parecen ser "casos no", son convertidos luego en "casos sí", por algún motivo derivado de cambios en el perfil o simplemente porque un candidato finalista desiste y se contrata al segundo en la "terna" de selección, entre otras razones más o menos similares.

Si bien se debe ser amable en todos los casos, hay que tener en cuenta que el desempleado que recibe una respuesta no favorable puede sentirse afectado y tener algún tipo de reacción negativa, desde enojo hasta depresión. Por ello es conveniente que la información la comunique el responsable de la selección, que será quien tenga más elementos sobre el proceso completo. Si por algún motivo lo hace otra persona, deberá estar informada y entrenada para ello.

Si el postulante no llama, ¿cuándo hay que comunicarse con él?

¿En qué instancias deberá comunicar la organización que realiza la selección el posicionamiento de una persona en el proceso de selección, si esta no llama o se comunica de alguna forma?

Se deberá tener en cuenta el grado de involucramiento del postulante en el proceso de selección. Ejemplos:

- Una persona envía un CV o deja la información de su perfil en la base de datos para búsquedas laborales, aplicando a una posición en particular, y no resulta preseleccionada; en este caso se le puede enviar un aviso de recepción.

- Una persona participa del proceso de selección concurriendo a una o más entrevistas o evaluaciones de cualquier índole; en este caso se sugiere informarle del resultado al finalizar la selección respectiva.

Al final del capítulo incluimos algunos ejemplos de comunicación basados en el formato tradicional de una carta. Textos similares podrán enviarse por correo electrónico.

Cuando llaman terceros no involucrados directamente en el proceso de selección

Cuando otras personas se interesan en el grado de avance de un proceso de selección –desde parientes ansiosos que recomiendan postulantes, hasta amigos o ex jefes–, es aconsejable escuchar y no decir nada en especial. Tenga en cuenta que la participación en una selección es un tema personal y que no es de incumbencia de ninguna otra persona, sea esta el padre o el cónyuge del postulante, y mucho menos un conocido.

Es probable que el responsable de una selección reciba llamados de personas que sutilmente tratarán de influir en la consideración de un determinado postulante; incluso puede darse el caso de que quienes llamen sean personas con mayor nivel dentro de la organización. En todos los casos se deberá ser cuidadoso e informar con cautela.

Hasta dónde llega la responsabilidad del área de Recursos Humanos

El responsable de un proceso de selección deberá asegurarse de llevar a cabo todos los pasos necesarios con profesionalidad. Como se verá en el capítulo siguiente, la tarea debe realizarse con calidad, y esto implica comparar los perfiles de los postulantes con el perfil buscado para la posición. Por lo tanto, más allá de la sensibilidad que cada uno tenga en relación con el desempleo y las personas que han perdido su trabajo, la responsabilidad de esta función implica poseer la capacidad de evaluar todos los casos sin caer en discriminación por ningún concepto, no sólo por la situación de desempleo de alguno de los participantes. No es función de persona alguna a cargo de un proceso de selección el "dar empleo": sólo deberá realizar su trabajo con calidad.

En un contexto donde se discrimina a las personas por causas diversas, no hacerlo en el proceso de selección será responsabilidad de todos los que de un modo u otro participan en él. La tarea implica evaluar y seleccionar, pero la selección deberá hacerse en todos los casos como resultado de comparar las capacidades de las personas con los requisitos del perfil buscado.

Relación con consultoras: quién comunica en cada caso

Cuando una selección se realiza con la intervención de una consultora, debe clarificarse expresamente quién comunica en cada instancia del proceso de selección, incluyendo el momento final. En esta última instancia, las comunicaciones deben realizarse tanto al candidato elegido como a los postulantes que no ingresaron.

En general, todos están deseosos de dar la buena noticia al elegido: el cliente interno, los integrantes del área de Recursos Humanos que participaron en el proceso y los consultores. En contraste con esto, comunicar el resultado de la selección a los postulantes que no ingresaron es menos agradable, y en ocasiones la comunicación no se realiza.

Con respecto al elegido, puede hacerlo uno u otro, no hay una regla fija. En nuestra opinión, es una buena idea que comunique el resultado aquel que haya participado en el proceso de negociación, idealmente el futuro jefe. De todos modos "alguien" lo dirá.

Con respecto a las personas que han quedo fuera de la selección, también puede hacerlo uno u otro, pero luego ambos, consultora y empresa requirente, deberán estar absolutamente seguros de que la comunicación se hizo. Ante la duda, se sugiere no asumir riesgos: es preferible comunicar dos veces que no hacerlo.

Cuando quien se comunica con las personas que no han sido seleccionadas no es un integrante del área de Recursos Humanos o Capital Humano, por ejemplo, el cliente interno, será necesario asegurarse sobre qué dirá y cómo expresará el mensaje. En ocasiones se dicen frases tales como "no fue seleccionado porque no salió bien el psicotécnico", o comentarios similares que si bien pueden tener alguna conexión con la realidad, dicho de ese modo será, con seguridad, dañino para quien lo escucha y no aportará información útil. Si existiese efectivamente un problema de esa naturaleza, deberá ser comunicado por el profesional que administró la evaluación.

Si una persona no cubre ciertos aspectos del perfil esto se puede comunicar, en la medida en que se conozca bien al postulante y el perfil buscado. También se puede decir, simplemente, que otra persona se ajustó más a lo requerido. En síntesis, no mentir pero, por otro lado, no dar información inadecuada.

Si la consultora asume el compromiso de comunicar el resultado a las personas no seleccionadas, la empresa requirente deberá, en todos los casos, hacer un seguimiento al respecto; por ejemplo, luego de dos semanas realizar un llamado para cerciorarse de que las comunicaciones se hicieron efectivamente. Lo mismo deberá hacer la consultora si la empresa contratante asumió la responsabilidad por la comunicación. No importa el nivel de la posición buscada, debe hacerse en todos los casos. Siempre que la comunicación fue delegada a otros, debe realizarse un seguimiento.

Otra sugerencia es que la empresa realice las comunicaciones dirigidos a las personas que integraron la carpeta de finalistas y que la consultora se comunique con los demás postulantes.

Relación con los postulantes que no ingresaron: cartas y otros medios alternativos

No importa el método elegido: lo esencial es comunicar. El medio más usual en nuestros días es el correo electrónico. Se sugiere tener respuestas estándar para las situaciones más frecuentes. La ventaja de tenerlas preparadas es que de esa manera se encuentran insertas en una rutina o procedimiento de trabajo.

Si bien ya se mencionó, nos parece importante remarcarlo: el finalista de la selección puede no aceptar la propuesta económica o desistir de su postulación por algún otro motivo. En este caso es frecuente que se ofrezca la posición vacante a otro candidato de la misma carpeta de finalistas; y sería muy desagradable tener que negociar con el segundo candidato después de haberlo rechazado de una manera poco cuidadosa.

En síntesis, no importa el medio elegido, pero las personas deben ser informadas del resultado de la búsqueda, en especial aquellas que participaron activamente del proceso de selección asistiendo a entrevistas y evaluaciones.

La ética en la selección de personas[3]

Como inicio del tema quisiéramos citar a Adela Cortina[4], quien al enumerar lo necesario para diseñar una ética de las organizaciones dice: (paso 3) *indagar qué* hábitos *han de ir adquiriendo la organización en su conjunto y los miembros que la componen para incorporar esos* valores *e ir forjándose un* carácter *que les permita deliberar y tomar decisiones acertadas en relación con la meta.* Las cuestiones éticas en Recursos Humanos se relacionan con todas las cuestiones que, pese a no estar específicamente reguladas por el marco legal, integran lo que los especialistas denominamos *los subsistemas de Recursos Humanos.*

Más adelante dice Cortina: *Una ética aplicada a las organizaciones tiene que tener en cuenta la moral cívica de la sociedad en la que se desarrolla, y que ya reconoce determinados valores y derechos como compartidos por ella.*

A continuación nos referiremos a algunos aspectos relevantes en relación con los recursos humanos y la selección de personas.

La privacidad

El de la privacidad es un tema al que algunos no brindan atención y otros tratan de manera inadecuada. En diversos textos se hace referencia a algunas prácticas invasoras de la privacidad, que pueden ser vistas de distinta manera según el contexto.

Nuestro análisis se hará desde el marco de las organizaciones, sin incluir algunas de tipo específico, como pueden ser las fuerzas de seguridad, donde, en la práctica, se utilizan algunas herramientas diferentes.

Un aspecto interesante, al menos para ser mencionado como un caso extremo, es el uso de polígrafos o detectores de mentiras. Éstos no se aplican en procesos de selección; sin embargo, figuran en algunos textos de la especialidad y se utilizan, en algunos países, en ciertas dependencias relacionadas con la seguridad nacional. George G. Brenkert[5] –dentro de una serie

3. Algunos de los párrafos en relación con la ética en la selección de personas fueron tomados de un trabajo presentado por la autora en el marco del Doctorado en Administración de la Universidad de Buenos Aires (2004). Podrá ver el texto completo en la sección "Papers" del sitio *www.marthaalles.com.*
4. Cortina, Adela. *Ética en la empresa.* Madrid. Editorial Trotta, 1994. Página 24 y siguientes.
5. Iannone, A. P. (ed.). *Contemporary moral controversies in business.* Nueva York. Oxford University Press, 1989; página 196 y siguientes.

de artículos compilados por A. Pablo Iannone bajo el título "Privacidad, polígrafos y trabajo"– hace referencia a la utilización de los polígrafos o detectores de mentiras en la selección de personal. Brenkert argumenta algo que hoy, en pleno siglo XXI, parece un poco fuera de contexto pero que generó amplios debates no hace muchos años. La utilización de polígrafos afecta la privacidad de las personas. Y esto sucedía en una medida aun mayor cuando este método se aplicaba con una serie de preguntas que de cualquier modo eran invasoras de la intimidad personal.

Sherman[6] dice que el polígrafo o detector de mentiras culminó en los Estados Unidos con la aprobación de la Ley Federal de Protección al Polígrafo para Empleados de 1988. Sin embargo, esta ley plantea excepciones tales como gobiernos federales, estatales y locales, y en relación con la seguridad nacional. Respecto de la actividad privada, se permitiría el uso del detector de mentiras en el caso de robos o fraude. Otra curiosa excepción se relaciona con la industria farmacéutica. Resulta interesante que el autor mencionado no emita juicio alguno al respecto; sólo menciona que no está permitido.

Igualdad de oportunidades

La ética en relación con los Recursos Humanos nos lleva inevitablemente a tratar la discriminación y la igualdad de oportunidades en el trabajo.

Sherman[7] dice que el tema de las preguntas pre-contratación es complejo, que no hay una ley específica que mencione "preguntas prohibidas". Sin embargo, el Consejo de Igualdad de Oportunidades en el Empleo observa de manera desfavorable las preguntas directas o indirectas relativas a raza, color, edad, religión, sexo u origen nacional. Algunos estados norteamericanos tienen legislaciones más restrictivas al respecto que la ley federal.

En los Estados Unidos las organizaciones tienen en cuenta las preguntas que pueden formularse en un proceso de selección, y las que no. Kador[8] presenta las "preguntas personales aceptables" y a continuación las "preguntas personales inaceptables".

---

6. Sherman, Bohlander y Snell. *Administración de Recursos Humanos.* Thomson Editores. México, 11ª edición traducida al español, 1999. Páginas 138 y 139.
7. Sherman, Bohlander y Snell, *ibídem.* Páginas 154 y 155.
8. Kador, John. *The manager's books of questions.* McGraw-Hill. EE.UU., 1997. Páginas 185 y siguientes, y páginas 192 y siguientes.

La temática referida a las preguntas que deben hacerse en una entrevista de selección es extensamente tratada por la bibliografía norteamericana, y no abundaremos en su mención. En una publicación anterior[9] se presentan *40 preguntas personales reñidas con el buen gusto* (ver Anexo II del presenta capítulo). Muchas veces no existe una ley que prohíba este tipo de preguntas, pero "las buenas costumbres" indican que su formulación es inadecuada en el contexto de una entrevista laboral. En nuestra opinión, las preguntas reñidas con el buen gusto incluyen temas religiosos, políticos, de planificación familiar, etcétera.

Según Laundreau[10], en Francia la consultoría en selección se conoce desde la posguerra, y es en los años setenta cuando se crea la primera agrupación sindical que da reconocimiento a la actividad.

Luego de varios antecedentes previos, en 1991 la Confederación Francesa de Consultores en Reclutamiento publicó su Estatuto, del cual hemos extraído el código de ética de la institución, registrado bajo la denominación de "Carta deontológica"[11] –imagino que en referencia a su adhesión a la tradición kantiana–. La vocación de este nuevo instituto no es sustituir a las asociaciones existentes sino "unir los esfuerzos, defender, promover y organizar la profesión del consultor en reclutamiento".

Un dato interesante, en relación con las costumbres de los diferentes países, es la diversa presentación de los antecedentes en los currículum vitae. En los Estados Unidos[12] no es usual consignar ningún dato personal; en cambio, en Francia[13], España[14] y la Argentina, por ejemplo, se estila informar sobre la edad y el estado civil.

Si bien los códigos de ética indican la no intromisión en la vida privada, no hay pautas concretas sobre este aspecto, y son "permitidas" preguntas, por ejemplo, sobre el estado civil de las personas, según surge de un artículo de Hubert L'Hoste[15].

---

9. Alles, Martha. *Elija al mejor. Cómo entrevistar por competencias.* Ediciones Granica, Buenos Aires, 2005. Capítulo 15, páginas 87 a 89.
10. Landreau, Jacques. "Les conseils en recruitement". Capítulo 9 de la obra *10 Outils clés du recruteur.* GO Editions. París, 1998.
11. Se incluye al final de este trabajo como Anexo I.
12. *The Adams Resume Almana.* Adams Publishing. Massachusetts, 1994.
13. Vermès, Jean-Paul. *Le guide du CV 1998.* Les presses du management. París, 1998.
14. Piccardo, Nicoletta. *Estrategias para hacer carrera.* Editorial De Vecchi. Barcelona, 1992.
15. L'Hoste, Hubert. "L'entretien de Sélection". Capítulo 4 de la obra *10 Outils clés du recruteur.* GO Editions. París, 1998. Página 93.

El mayor número de casos observados en materia de discriminación, afecta a mujeres y minorías étnicas. Mary Coussey y Hilary Jackson[16] presentan una serie de casos de discriminación, llevados a juicio en el Reino Unido, revelando que no sólo se relacionan con la selección de nuevos empleados sino que incluyen la discriminación en el acceso a promociones y entrenamientos que, eventualmente, puede finalizar en un despido.

Coussey y Jackson citan los aspectos más comunes de la discriminación por parte de empleadores, presentando casos legales como ejemplos de cada uno de ellos:

- Aplicar criterios subjetivos, inconsistentes o desorganizados.
- Asumir usuales estereotipos o prejuicios.
- Aplicar o aceptar criterios de selección basados en la raza o el sexo.

Por último, y dentro de los problemas éticos en relación con Recursos Humanos, se debe incluir el *mobbing*[17] o acoso moral. Ignorado en Francia hasta fines de los años noventa, Marie-France Hirigoyen[18] dice respecto de este problema: *El acoso moral en el trabajo se define como toda conducta abusiva (gesto, palabra, comportamiento, actitud...) que atenta, por su repetición y sistematización, contra la dignidad o la integridad física de una persona, poniendo en peligro su empleo o degradando el ambiente de trabajo. Es una violencia en pequeñas dosis, que no se advierte y que, sin embargo, es muy destructiva. En los sectores de producción la violencia es más directa, verbal o física. Cuanto más arriba, más sofisticadas, perversas y difíciles de advertir son las agresiones.* Casi "fuera" de la temática se puede mencionar el *glass ceiling* (techo de cristal)[19].

Situaciones relacionadas con las problemáticas de *mobbing* y *glass ceiling*, explicadas en párrafos precedentes, pueden presentarse, especialmente, en

---

16. Coussey, Mary y Jackson, Hilary. *Making equal opportunities work*. Pitman Publishing. Londres, 1991. Página 185 y siguientes.
17. *Mobbing* deriva del término *mob*, turba. Según el diccionario, *mob* es *turba que puede transformarse en violenta o causar problemas*. La idea se refuerza con un ejemplo, dando la idea de que *mob* se relaciona con un grupo que se reúne alrededor del otro y lo ataca. (*Oxford Advanced Learner's Dictionary*, Nueva York, 2000, página 818.)
18. Hirigoyen, Marie-France. *El acoso moral en el trabajo*. Paidós, Buenos Aires, 2001. Página 19.
19. La expresión "techo de cristal" devenida del inglés *glass ceiling*, hace referencia a la barrera invisible que no permite a una mujer crecer en su carrera profesional. Esta barrera invisible o techo de cristal puede darse a través de ciertos hábitos como fijar reuniones a última hora del día, cenas de trabajo y otras circunstancias similares en la creencia de que la mujer tiene mayores problemas con sus horarios por la multiplicidad de roles que debe cumplir, en especial el cuidado de los niños cuando son pequeños y las tareas del hogar.

relación con selecciones internas, ya sea por promoción desde el área de Recursos Humanos o por autopostulación (*job posting*).

En síntesis, las cuestiones éticas de Recursos Humanos deben ser consideradas más allá del encuadre legal de cada país y aun de las mismas políticas de la propia organización. Debemos asegurar el comportamiento ético de todos sus integrantes, dada la naturaleza de los factores intervinientes: el *management* y los empleados.

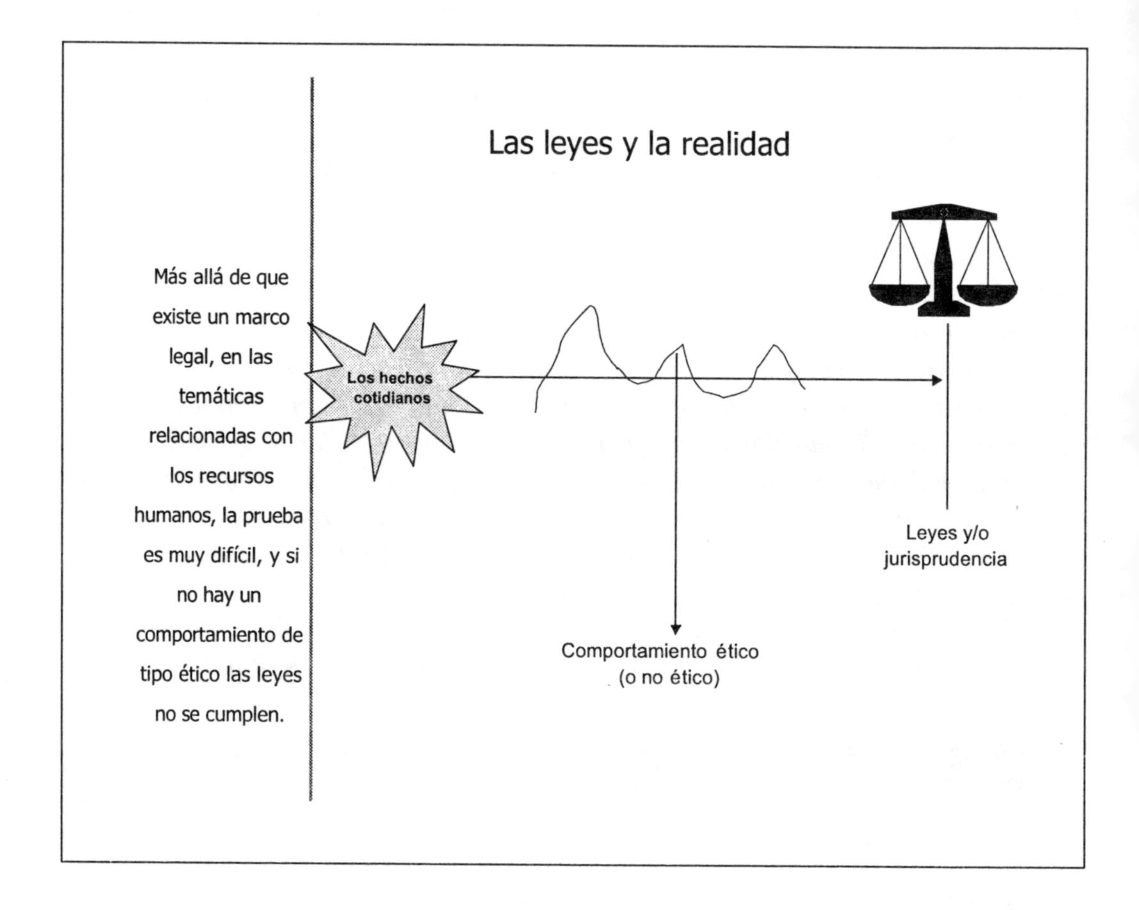

La ética en los procesos de selección

Las cuestiones éticas mencionadas hasta aquí se relacionan en una gran medida con temas discriminatorios, y éstos son los que tienen mayor presencia en los procesos de selección.

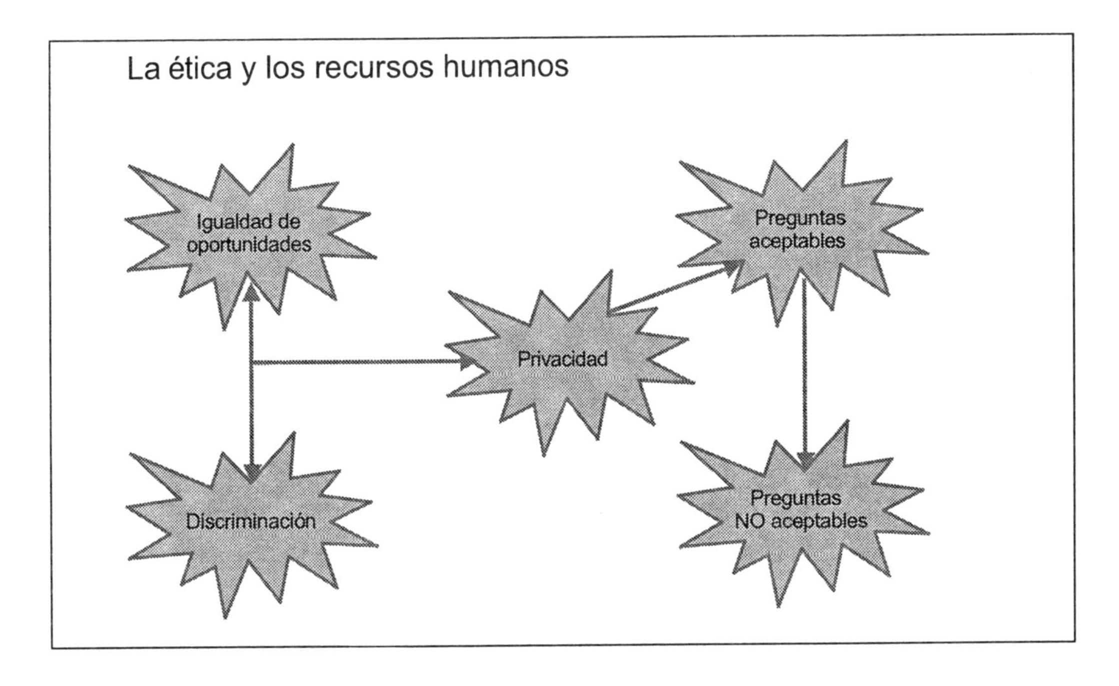

Las organizaciones, aun las que han redactado sus códigos de ética, no tienen muy en claro cómo "debe ser" la relación con las personas que no pertenecen a ella pero que al participar en un proceso de selección toman contacto directo con los procedimientos internos.

Para abordar este tema desde todas sus aristas será analizado en función de los distintos actores que intervienen en un proceso de selección, a saber:

- Empleador. Este ítem –eventualmente– se abre en varias partes actuantes:
  - El cliente interno
  - El área de Recursos Humanos
- Consultor externo o agencia (según el nivel de la búsqueda a realizar)
- Postulante

En ocasiones pueden existir otros actores intervinientes (médicos o asistentes sociales, por ejemplo), que realicen diferentes evaluaciones sobre los candidatos –generalmente, finalistas–. A los psicólogos u otros evaluadores, como los de idiomas, los asimilamos a la categoría de "consultores externos".

Relacionando los actores intervinientes y los pasos de un proceso de selección vistos en capítulos anteriores, se va a hacer referencia a los principales puntos de quiebre de principios éticos por parte de todos los participantes mencionados anteriormente. Existe la creencia de que los comportamientos no éticos son exclusivos de los empleadores, y esto no es así. En materia de ética de los comportamientos todos los actores del proceso tienen responsabilidad, aunque la del empleador pueda juzgarse mayor.

Cuándo los requisitos se relacionan con el perfil y cuándo no

En muchas ocasiones, bajo la excusa de "requisito" de un perfil (tema tratado en el Capítulo 4) se plantean conceptos de índole discriminatoria. La mayoría de estos se vinculan con la falta de igualdad de oportunidades. Los más frecuentes en esta instancia se relacionan con las mujeres y la edad de los participantes. En alguna circunstancia puede existir algún motivo que "justifique" la inclusión de este requisito, pero en el mayor número de casos no es así.

Aun en compañías de origen norteamericano, donde un documento como la *descripción de puestos* puede ser auditado de algún modo desde las respectivas casas matrices, por lo cual no figura en ellos ningún tipo de información que pueda ser considerada discriminatoria, a la hora de definir el perfil –y de manera expresa o no– pueden sugerirse o fijarse ciertos requisitos *adicionales* que de un modo u otro limitan la igualdad de oportunidades (Capítulo 4). De este modo no se respetan las políticas de la organización que, además, figuran en sus códigos de ética.

Dejando de lado la discriminación, es posible encontrar en los perfiles requisitos que no son necesarios en función del puesto a cubrir –por ejemplo, manejo de idioma inglés si no será utilizado en la función–. Son maneras encubiertas de discriminación, en algunos casos, y en otros reflejan la incapacidad de los funcionarios al solicitar requisitos que no son necesarios –ni lo serán más adelante– y revelan, en nuestra opinión, un comportamiento no ético.

Comportamientos éticos y no éticos por parte de los diferentes actores en un proceso de selección

Las consultoras

Si bien las consultoras y las agencias de personal temporario actúan "por orden y cuenta" del empleador, suelen tener un comportamiento autónomo de este y serán tratadas como un actor separado dentro del proceso de selección de personas.

Las empresas consultoras en sus diferentes variantes (consultoras de Recursos Humanos, agencias de personal temporario o *head hunters,* con sus particularidades y diferencias) incurren en mayor o menor medida en similares comportamientos no éticos. Algunos ejemplos más frecuentes:

- La calidad de atención a los postulantes. Si estos *son llamados* para participar en una búsqueda el trato es de una manera, y si la persona se postula espontáneamente, es de otra. Desde ya, menos amable en esta segunda variante.
- El tipo de pruebas o entrevistas que realizan.
- La escasa –o deficiente– formación profesional de los evaluadores.
- La presentación de candidatos "de relleno" al armar una carpeta de finalistas sin comunicárselo al postulante, que cree estar participando con alguna *chance* en un proceso de selección.
- La nula o deficiente comunicación con el candidato participante en el proceso de selección, respecto del estado del proceso.

Existen otros tipos de comportamientos no éticos por parte de las empresas de Recursos Humanos. En la Argentina, por ejemplo, no está permitido cobrar al postulante por el servicio de selección, pero existen algunas compañías que bajo el rótulo de "consultoras" ofrecen algunos servicios pagos a personas que buscan empleo[20].

Las consultoras también incurren en algunas prácticas no éticas en relación con el mercado, y que repercuten en otras personas: por ejemplo, aceptar lo que se denomina "búsqueda compartida", donde el consultor trabaja de manera simultánea y no coordinada con otros colegas y "a riesgo" –es decir, sólo cobra honorarios si ingresa un candidato–. Esta mala práctica trae aparejado que un mismo candidato pueda ser presentado por más de un consultor y –además– que sea el propio candidato quien deba dilucidar quién lo presentó primero, en el caso que sea seleccionado, participando de manera involuntaria –y muchas veces consciente– en la disputa de honorarios entre colegas, respecto de quién "cubrió" la búsqueda.

20. No nos referimos a la práctica conocida como *outplacement,* brindada seriamente por muchas consultoras y profesionales de plaza ni tampoco a los servicios serios en materia de planeamiento de carrera. Sino a algunos denominados "servicios de envío de currículum a diferentes *mailings*", para lo cual se cobra un honorario, quizá pequeño para algunos pero que puede ser importante para un desempleado, obteniendo a cambio un servicio malo e improductivo.

Los empleadores

Los empleadores, y dentro de estos las oficinas de Recursos Humanos o Empleos, incurren en un sinfín de actos no éticos a lo largo de todo el proceso de selección. Veamos a continuación algunos de los más frecuentes.

- La discriminación en diferentes grados. En algunos casos la discriminación se produce de manera evidente, como cuando se dejan de lado postulaciones de personas que profesan algún tipo de religión o viven en un determinado lugar; en otros, como se comentó en el punto anterior, la situación está disimulada bajo el paraguas de fijar requisitos discriminatorios en los perfiles: imponer límites de edad injustificados, no incorporar mujeres, no aceptar personas casadas, o cualquier variante similar.
- El pedido de foto junto con la presentación del currículum (en el momento de la postulación). Cuando esta solicitud se realiza de manera anticipada a conocer al postulante, se puede inferir que se tomará algún tipo de decisión –a favor o en contra del postulante– según el aspecto de la persona. Si bien es cierto que en la entrevista se puede discriminar por este concepto, hacerlo previamente significa no brindar a la persona la oportunidad de dar una buena impresión más allá de su imagen exterior.
- Pero los comportamientos no éticos no terminan allí; algunos otros se pueden observar en las oficinas de Personal en diferentes momentos, con relación a, por ejemplo, cómo se recibe a las personas que se acercan a dejar sus antecedentes, cómo se atiende el teléfono, cómo se informa –o no se informa– acerca de un proceso de búsqueda, etcétera.
- La elección de las fuentes de reclutamiento siempre transita por un delgado límite: entre elegir la fuente más adecuada –que brinde el mayor número de candidatos que respondan al perfil– o aquella que dará cierta *clase* de postulantes. Un ejemplo de este punto: anunciar en una determinada institución educativa al presumir que así se obtendrán postulaciones de una determinada clase social.
- El comportamiento no ético se verifica, además, cuando en los departamentos de Empleos se asignan búsquedas a personas que no tienen capacidad para llevarlas a cabo. A diferencia de lo que sucede con otras funciones de una organización, donde el perjuicio de designar a un mal empleado sólo afecta a la propia empresa, en este caso se

afecta a otras personas –ajenas a la organización– en algo tan sensible como es la búsqueda de un nuevo empleo.

- Dentro de este aspecto se pueden señalar, además, las prácticas inadecuadas en materia de invasión de la privacidad de las personas. En la Argentina, si bien no se utiliza el polígrafo, como se analizó al inicio de este trabajo, lamentablemente son usuales las preguntas violatorias de la intimidad, desde sutiles a directamente groseras –estas últimas dirigidas, en especial, a mujeres jóvenes–.
- Algunas organizaciones, bajo la forma de "buenas prácticas", incurren en procedimientos no éticos o que pueden implicar una cierta discriminación; por ejemplo, los *programas de referidos*[21], cuya implementación no permite la igualdad de oportunidades. Asimismo, podríamos señalar el caso de empresas que definen como únicas fuentes de reclutamiento la selección de egresados de determinadas universidades bajo el lema, verbalizado o no, de seleccionar "gente como uno".
- Entre los *empleadores* que intervienen en un proceso de selección se cuentan, además de las oficinas de Personal o Recursos Humanos, el "cliente interno" o el futuro jefe. El más frecuente de los comportamientos no éticos se presenta cuando estos –por su cuenta– piden referencias al mercado antes de haber realizado la oferta de empleo. Si la persona está trabajando esto le puede acarrear problemas con su actual empleador. En esta mala práctica también pueden incurrir los especialistas, pero es menos frecuente.

Los postulantes

Si bien existe una tendencia a enumerar los comportamientos no éticos por parte de los empleadores, no son estos los únicos que pueden tenerlos. Algunos clásicos comportamientos no éticos por parte de los postulantes tienen que ver con la asunción de compromisos que luego no cumplen. En la Argentina, como en muchos otros, los procesos de selección están basados en compromisos no escritos. Esto, como es obvio, puede traer consecuencias negativas a todos los participantes, pero en este punto me voy a referir sólo a la relación con el postulante, por representar la situación más frecuente. Mu-

---

21. Procedimientos mediante los cuales se establecen premios, generalmente de tipo económico, para aquellos empleados que recomienden personas que *a posteriori* sean efectivamente seleccionadas y permanezcan en la organización un tiempo determinado (por ejemplo, un año).

chas veces, personas que aceptan un nuevo empleo con todas sus cláusulas –luego de un proceso de negociación– y que acuerdan un día y hora para el comienzo de la relación, llegado el momento no se presentan, por razones diversas: han aceptado otra posición, han renegociado con su actual empleador, han repensado la situación por cualquier motivo sin reconocer que habían aceptado una propuesta y asumido un compromiso... Lo más grave de todo esto es que en muchos casos estas personas no son conscientes de que han obrado mal. Estas situaciones no sólo revelan que la persona "no posee buenos hábitos de comportamiento", sino que acarrean al futuro empleador concretos perjuicios económicos, derivados de la pérdida de tiempo y de la necesidad de reabrir un proceso de selección que se consideraba finiquitado. El lector podrá decir que esto también lo puede hacer un empleador. Es cierto. Pero en más de veinticinco años de profesión me pasó una sola vez que un empleador no cumplió un compromiso asumido, y centenares de veces –quizás más– lo han hecho postulantes, todos ellos de nivel profesional.

Situaciones análogas se presentan cuando una persona, habiendo iniciado la relación laboral, renuncia a los pocos días porque se concretó otra búsqueda en la que estaba participando y que, por ejemplo, satisface en grado más alto sus requerimientos económicos.

A esta falta de seriedad se suman muchas otras inconductas, como personas que conciertan una entrevista, no se presentan y no avisan, que mienten en la información que brindan, que dicen saber lo que no saben, y muchas otras actitudes que en la cultura argentina se inscriben en el fenómeno denominado "viveza criolla". Cuando las realiza un postulante, estas prácticas no reciben sanción de ningún tipo e incluso, en muchas ocasiones, como la relatada en el párrafo anterior, generan admiración entre pares. Situaciones con características similares se observan también en otros países de la región.

Antes de plantear nuestras conclusiones en relación con la ética en la selección de personas, y a modo de cierre de los comentarios previos, nos parece interesante citar el trabajo de Gabriel Kessler "Algunas implicancias de la experiencia de desocupación para el individuo y su familia" –incluido en la obra *Sin trabajo*[22]–, donde comenta, entre otras cosas, el resultado de una investigación realizada. Dice allí este autor: *En un contexto de alto desem-*

22. Beccaría, Luis y López, Néstor (compiladores). *Sin trabajo. Las características del desempleo y sus efectos en la sociedad argentina.* UNICEF/Losada. Buenos Aires, 1997. Página 128 y siguientes.

pleo las medidas tradicionales de búsqueda de trabajo ya no dan resultado. En consecuencia, una importante labor del desempleado argentino es ingeniárselas por sí mismo para encontrar las formas de buscar trabajo, tanto en relación de dependencia como por cuenta propia. Para expresar más adelante: *La acción misma de buscar trabajo describe largas colas, horas de espera, situaciones de maltrato, ofertas de trabajos de muy mala calidad...* Para describir más adelante la entrevista de trabajo, que caracteriza *como inquisitiva, en la que* (los postulantes) *son interrogados sobre aspectos de la esfera personal que no son de incumbencia para el empleador, como convicciones políticas, religiosas, situación afectiva, gustos diversos, decisiones a tomar ante situaciones complejas del ámbito privado, etcétera.*

Otro aspecto que introduce Kessler en su análisis es la asimetría en cuanto a la información: aumentan los datos requeridos al postulante y disminuye la información que se le brinda.

Conclusiones sobre la ética en el proceso de selección

Más allá de las normativas vigentes, los empresarios o directivos de las organizaciones, tanto públicas como privadas, deberían observar y hacer observar una serie de comportamientos en relación con la interacción de las personas que las integran, sin tener en cuenta solamente el hecho eventual de un posible juicio. ¿Por qué decimos eventual? Porque muchas personas, antes de verse sometidas a una situación de reexaminación, donde muchas veces se analiza a la víctima y no al victimario, ante la dificultad de la prueba o ante la falta de confianza en la Justicia, optan por no denunciar un caso de discriminación o acoso, de cualquier tipo. Por lo tanto, y más allá de los "códigos de ética", que sólo representan un discurso que muchas veces –y de antemano– se sabe que no se va a llevar a la práctica, se sugieren otras buenas prácticas para incorporar la ética en el funcionamiento mismo de las organizaciones, como un valor compartido por todos, no como una obligación más a cumplir. La implementación de lo que se denomina "las buenas prácticas de Recursos Humanos" sería un *antídoto* para los comportamientos no éticos en las organizaciones.

¿Cómo lograr aplicar estas buenas prácticas? Incluyendo dentro de las competencias cardinales comportamientos éticos, tanto para los directivos como para los restantes integrantes de la organización. Si dentro de esta desempeña funciones personal contratado, también debería ser incluido en el esquema que representamos en el siguiente gráfico.

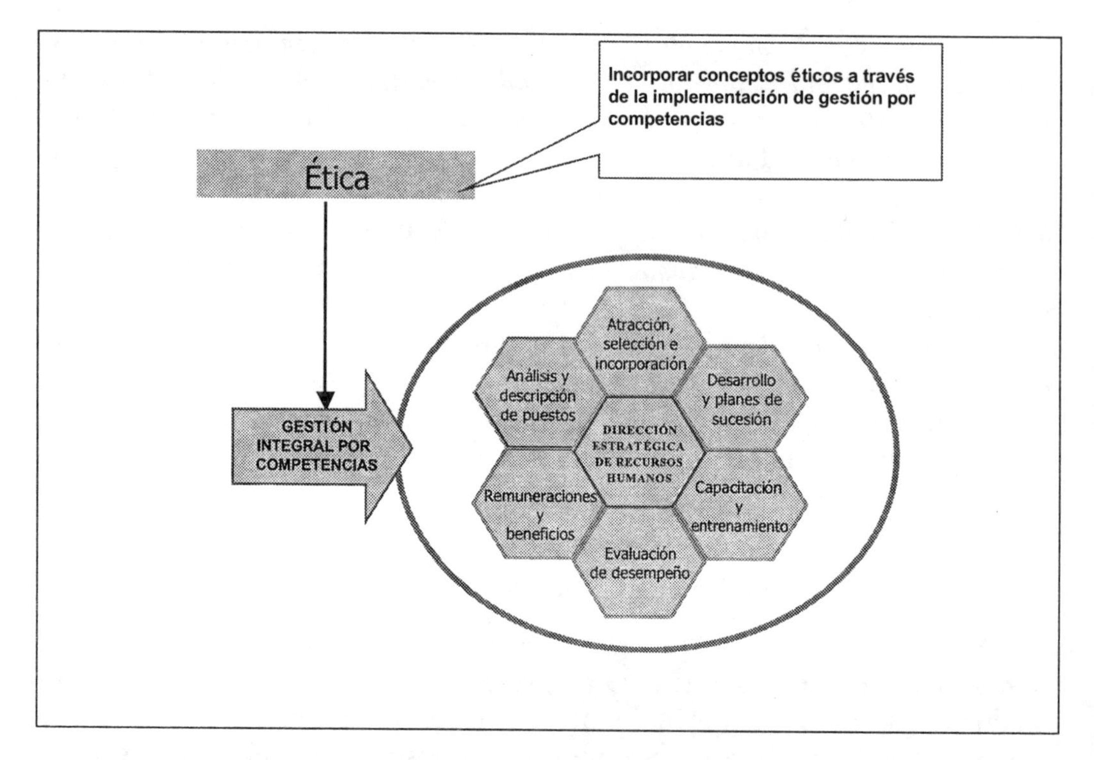

De este modo las personas serán seleccionadas, evaluadas y desarrolladas tomando en consideración los comportamientos éticos definidos como deseables para esa organización.

En cuanto a las consultoras, sugiero seguir un comportamiento como el propuesto por la Confederación francesa (ver Anexo I), donde se propone el cuidado de las personas que buscan empleo y, además, un comportamiento ético en relación con los clientes y colegas.

Por último, y con relación a los postulantes, a riesgo de parecer ingenua imagino que si desde las organizaciones –incluyendo las escuelas, universidades, empresas, organismos de gobierno, etc.–, y desde la sociedad en sí, se verificara un comportamiento ético, esto influiría en los candidatos a puestos de trabajo, que en otros ámbitos son empleados, estudiantes o profesores, y que en el momento en que devienen postulantes creen disponer de libertad absoluta para asumir formas inadecuadas de comportamiento.

ANEXO I

Carta deontológica de la Confederación Francesa de Consultores en Reclutamiento y Selección[23]

Los consultores en reclutamiento buscan personas para futuras responsabilidades y pueden también aconsejar a estas en su desarrollo y a las empresas en cuanto a mejorar su eficacia.

1. Ejercer la profesión en el respeto de los derechos fundamentales de la persona humana. En particular respetar la vida privada y no practicar ninguna discriminación étnica, social, sindical, sexual, política o religiosa.
2. Obligarse a transmitir el intercambio de información completa y sincera entre las partes implicadas. Esclarecer la reflexión de sus interlocutores y favorecer la expresión de una elección libre y responsable.
3. Comprometerse a las exigencias del secreto profesional y la prohibición de utilizar las informaciones recibidas para otros fines que el éxito de su misión.
4. No recibir ninguna retribución de parte de los candidatos, actuales o potenciales.
5. No aceptar más que trabajos de selección que estime, en conciencia, corresponden a su formación y aptitudes.
6. Intervenir solamente sobre la base de una proposición escrita que defina con precisión el contenido y las modalidades de la tarea a realizar, necesariamente exclusiva, que le es confiada.
7. Poner en acción los métodos válidos fundamentales y tener la inquietud constante de mejorar la calidad de sus técnicas y la competencia profesional de sus consultores.
8. Formular apreciaciones limitadas a las perspectivas profesionales de la misión que se le ha encargado.
9. Tener regularmente informados a sus interlocutores, empresa y candidatos, de la evolución de la tarea encargada. Aconsejar a estos últimos, si ellos lo desean, sobre el desarrollo de sus carreras.
10. Observar las reglas de una competencia leal con respecto a sus colegas.

---

23. Landreau, Jacques. "Les conseils en recruitement". Capítulo 9 de la obra *10 Outils clés du recruteur.* GO Editions. París, 1998.

ANEXO II

Preguntas personales reñidas con el buen gusto[24]

Todos aquellos que deban realizar entrevistas fuera de su país, o en la sucursal local de alguna empresa extranjera, deberán conocer con precisión la legislación nacional y la política interna de la organización en materia de discriminación, y averiguar sobre las preguntas que se consideran aceptables e inaceptables.

En general, y en cualquier parte del mundo, hay aspectos de la vida, la historia personal y la conducta que son íntimos, y el simple respeto por el otro impide formular preguntas al respecto.

A modo de ejemplo, a continuación se transcriben algunas preguntas que podrían violar el derecho a la intimidad de una persona, y que consideramos que deben evitarse en una entrevista de selección. Cada organización podrá incorporar otras según su propia política.

Si por algún motivo relacionado con el puesto de trabajo fuese importante informarse sobre algunos de los aspectos mencionados a continuación, se deberá ser muy cuidadoso al formular las preguntas e interrogar de la mejor manera posible.

Como criterio general es importante recordar que todas las preguntas de la entrevista deben relacionarse con el puesto que la persona entrevistada aspira a ocupar.

Las preguntas que no deben hacerse

1. ¿Le molesta trabajar con un jefe más joven que usted?
2. ¿Alguna vez lo condenaron por un delito?
3. ¿Alguna vez lo arrestaron?
4. ¿Tiene discapacidades físicas?
5. ¿Tiene, o ha tenido, problemas con el alcohol o las drogas?
6. ¿Tiene HIV/SIDA?
7. ¿Cuáles son sus problemas de salud?
8. ¿Es usted saludable y fuerte físicamente?
9. ¿Tiene buen oído?
10. ¿Puede leer letras pequeñas?
11. ¿Tiene problemas de espalda?

24. Fuente: *Elija al mejor. Cómo entrevistar por competencias. Op. cit.* Capítulo 15.

12. ¿Alguna vez le negaron el seguro médico?
13. ¿Cuándo fue la última vez que lo hospitalizaron?
14. ¿Algún miembro de su familia es discapacitado?
15. ¿Alguna vez solicitó licencia por enfermedad?
16. ¿Visita al médico con frecuencia?
17. ¿Toma a diario muchos medicamentos?
18. Esta es una compañía cristiana (o judía, o musulmana). ¿Considera que sería feliz trabajando aquí?
19. ¿Es un problema para usted trabajar con personas de otra raza (o religión, ideología, etc.)?
20. ¿Piensa casarse pronto?
21. ¿Es usted un padre (o madre) soltero/a?
22. ¿Qué hace para controlar la natalidad?
23. ¿Cuáles son sus planes en materia de familia? ¿Proyecta tener más hijos?
24. ¿Su apellido es judío (o cualquier otro origen)?
25. ¿Hay algún día de la semana que no pueda trabajar (en referencia a razones religiosas)?
26. ¿Es miembro de alguna iglesia?
27. ¿Sus hijos asisten a catequesis?
28. ¿Qué hace los domingos?
29. ¿Asiste a la iglesia?
30. ¿Es miembro de algún grupo religioso?
31. ¿Cuál es su orientación sexual?
32. ¿Es miembro de algún grupo de gays o lesbianas?
33. ¿Es usted heterosexual?
34. ¿Hace citas con miembros del sexo opuesto, o del mismo sexo?
35. ¿Quién pagó su educación formal?
36. ¿Tiene deudas?
37. ¿Cuánto vale su red de contactos?
38. ¿Pertenece a organizaciones gremiales?
39. ¿Está afiliado a algún partido político?
40. ¿Por quién votó en la última elección?

ANEXO III

Ejemplos sobre cómo comunicar

A continuación incluimos modelos de cartas que enviamos desde nuestra consultora, relacionadas con el desarrollo de procesos de selección.

Ejemplo 1: Comunicación de búsqueda suspendida

Buenos Aires, 12 de marzo de 2006
Señor
Javier Bullrich
Charcas 1060
Ciudad de Buenos Aires

De nuestra consideración:

Nos dirigimos a Ud. para comunicarle, en referencia al tema que motivó su interés, que nuestro cliente suspendió momentáneamente la búsqueda. Queremos hacerle presente que retomaremos el contacto ante una reapertura de la misma, o bien en la primera ocasión que otra similar lo permita.

Agradecemos su valiosa colaboración y lo saludamos muy atentamente.

Martha Alicia Alles
Presidenta

Ejemplo 2: Comunicación a postulante no seleccionado

Buenos Aires, 12 de marzo de 2006
Licenciado Omar Pose
Av. del Libertador 222
Lomas de Zamora

De nuestra consideración:

Nos dirigimos a Ud. para comunicarle, en referencia a la búsqueda que motivó su interés, que nuestro cliente tomó decisión por otro de los candidatos presentados. Queremos hacerle presente que retomaremos el contacto en la primera ocasión que otra búsqueda similar lo permita.

Agradecemos su valiosa colaboración y lo saludamos muy atentamente.

Martha Alicia Alles
Presidenta

Ejemplo 3: Comunicación de búsqueda cancelada sin expresar el motivo

Buenos Aires, 12 de marzo de 2006
Licenciada María Paz
Colón 1313
Ciudad de Buenos Aires

De nuestra consideración:

Nos dirigimos a Ud. para comunicarle, en referencia a la búsqueda que motivó su interés, que nuestro cliente no tomó decisión por ninguno de los candidatos presentados. Queremos hacerle presente que retomaremos el contacto en la primera ocasión que otra búsqueda similar lo permita.

Agradecemos su valiosa colaboración y la saludamos muy atentamente.

Martha Alicia Alles
Presidenta

Ejemplo 4: Comunicación de búsqueda cancelada expresando el motivo

Buenos Aires, 12 de marzo de 2006
Licenciada María Paz
Colón 1313
Ciudad de Buenos Aires

De nuestra consideración:

Nos dirigimos a Ud. para comunicarle, en referencia a la búsqueda que motivó su interés, que nuestro cliente canceló la misma por .... (explicar brevemente el motivo).
Queremos hacerle presente que retomaremos el contacto en la primera ocasión que otra búsqueda similar lo permita.

Agradecemos su valiosa colaboración y la saludamos muy atentamente.

Martha Alicia Alles
Presidenta

SUMARIO. COMUNICACIÓN Y ÉTICA DURANTE UN PROCESO DE SELECCIÓN

- La comunicación es un tema de suma importancia en la función de Recursos Humanos. Con relación al proceso de selección, la organización deberá fijar claras políticas al respecto. Asimismo, deberá diseñar procedimientos y, en algunos casos, lineamientos concretos sobre qué decir; por ejemplo, escribir un parlamento explicativo con situaciones y respuestas sugeridas en cada caso.
- Los aspectos relacionados con la comunicación en un proceso de selección, los eventuales cambios de perfil y la real situación de cada postulante deberían ser (no siempre lo son) un tema de permanente preocupación para todos aquellos que se desempeñan en Recursos Humanos o tienen alguna relación con personas en un proceso de incorporación.
- Cuando el postulante llama, hay que ser siempre amable, no decir aquello que no corresponda y no asumir compromisos con los que luego no se podrá cumplir.
- Si el postulante no llama, hay que tener en cuenta su grado de involucramiento en el proceso: 1) si una persona envía un CV o deja su información en la base de datos aplicando a una posición en particular, y no resulta preseleccionada, se le puede enviar un aviso de recepción; 2) si una persona participa del proceso de selección concurriendo a una o más entrevistas o evaluaciones de cualquier índole, se sugiere informarle acerca del resultado, al finalizar la selección.
- Cuando una selección se realiza con la intervención de una consultora, debe clarificarse expresamente quién comunica en cada instancia del proceso de selección, incluyendo el momento final. Las comunicaciones deben realizarse tanto al candidato elegido como a los candidatos postulantes que no ingresaron.
- No importa el método elegido, lo esencial es comunicar el resultado de la búsqueda. Lo usual en nuestros días es utilizar para ello el correo electrónico.
- Las organizaciones, aun las que han redactado sus códigos de ética, no tienen muy claro cómo "debe ser" la relación con las personas que no pertenecen a la empresa, pero que al participar en un proceso de selección toman contacto directo con sus procedimientos internos.

- La ética en un proceso de selección debe ser analizada a partir de todos los que intervienen en él: 1) el empleador (que –eventualmente– se abre en distintas partes actuantes: a) el cliente interno, y b) el área de Recursos Humanos); 2) el consultor externo o agencia (según el nivel de la búsqueda a realizar), y 3) el postulante.
- Más allá de las normativas vigentes, los empresarios o directivos de las organizaciones, tanto públicas como privadas, deberían observar y hacer observar una serie de comportamientos en relación con la interacción de las personas que las integran.
- La implementación de lo que se denomina "las buenas prácticas de Recursos Humanos" sería un *antídoto* frente a los comportamientos no éticos en las organizaciones.
- Nuestra sugerencia: incluir dentro de las competencias cardinales comportamientos éticos, tanto para los directivos como para los restantes integrantes de la organización. Si dentro de esta desempeña funciones personal contratado, también debería ser incluido en el esquema general definido por la organización.

PARA PROFESORES

Para cada uno de los capítulos de esta obra hemos preparado:

- Casos prácticos y/o ejercicios para una mejor comprensión de los temas tratados en cada uno de ellos.
- Material de apoyo para el dictado de clases.

Los profesores que hayan adoptado esta obra para sus cursos tanto de grado como de posgrado pueden solicitar de manera gratuita las obras:

Selección por competencias. CASOS
(link: www.marthaalles.com/seleccioncasos)
Selección por competencias. CLASES
(link: www.marthaalles.com/seleccionclases)

Únicamente disponibles en formato digital, en nuestro sitio: www.marthaalles.com, o bien escribiendo a: profesores@marthaalles.com

Selección por competencias
10
Índices de
control de gesti ón

Capítulo 10

APLICACIÓN DE ÍNDICES DE CONTROL DE GESTIÓN EN UN PROCESO DE SELECCIÓN

En este capítulo usted verá los siguientes temas:

- El rol del especialista en Empleos o Selección en relación con el enfoque estratégico
- Qué lugar debe ocupar el área de Selección o Empleos en la estructura del sector de Recursos Humanos
- Un enfoque de costos
- Por qué y para qué los indicadores de gestión
- Índices de control de gestión aplicables al área de Selección o Empleos
- Una reflexión final sobre indicadores
- Anexo. Indicadores utilizados en el ámbito de las organizaciones en relación con los procesos de selección

El rol del especialista en Empleos o Selección en relación con el enfoque estratégico

Las principales funciones del área de Empleos o Selección de Recursos Humanos o Capital Humano

Antes de comenzar a abordar el tema de los índices de control de gestión aplicables a la función del área de Empleos o Selección nos parece relevante analizar cuál es el rol de un profesional o especialista de Recursos Humanos o Capital Humano.

Muchas organizaciones tienen un área de Personal, incluso bajo el nombre de *Área de Recursos Humanos*, que no cubre todas las funciones que, según nuestro criterio, debería atender en relación con el personal, y que no cumple, además, un rol estratégico dentro de la organización. Veamos cuáles son estas funciones. El área de Recursos Humanos o de Capital Humano –como las últimas tendencias sugieren denominarla– tiene un doble grupo de responsabilidades. Por un lado, las que devienen del mero cumplimiento de la normativa vigente, que podríamos denominar la parte *dura o hard* de las responsabilidades, incluyendo entre estas las vinculadas con la relación entre la organización y los sindicatos. El otro gran grupo de tareas o responsabilidades se relaciona exclusivamente con las *buenas prácticas*; a estas últimas se las denomina de tipo *soft* o *blandas*.

No entienda el lector que estamos valorando como más importantes unas tareas respecto de otras, simplemente se hace una agrupación para su mejor comprensión, en especial para los no especialistas. Para una mejor visualización de la idea presentamos el esquema de la página siguiente.

En el gráfico hemos agrupado bajo la denominación *Oficina de Personal* todas las tareas vinculadas con lo administrativo y con el cuidado de la relación con gremios y sindicatos (*Relaciones industriales*). Bajo un gran título de *Área de Capital Humano* hemos agrupado el "resto" de las tareas: las funciones que realmente se consideran *soft* o *blandas* de la especialidad, que presentamos en tres grandes grupos: *Desarrollo de personas* –temática sobre la cual hemos publicado un libro específico–, *Empleos* –cuya temática se aborda en esta obra– y *Compensaciones*. En un recuadro adicional hemos indicado otras funciones igualmente relevantes que muchas veces se encuentran incluidas; entre otras, nos referimos a las *Comunicaciones internas* y a un aspecto que en las grandes organizaciones suele tener un sector por separado

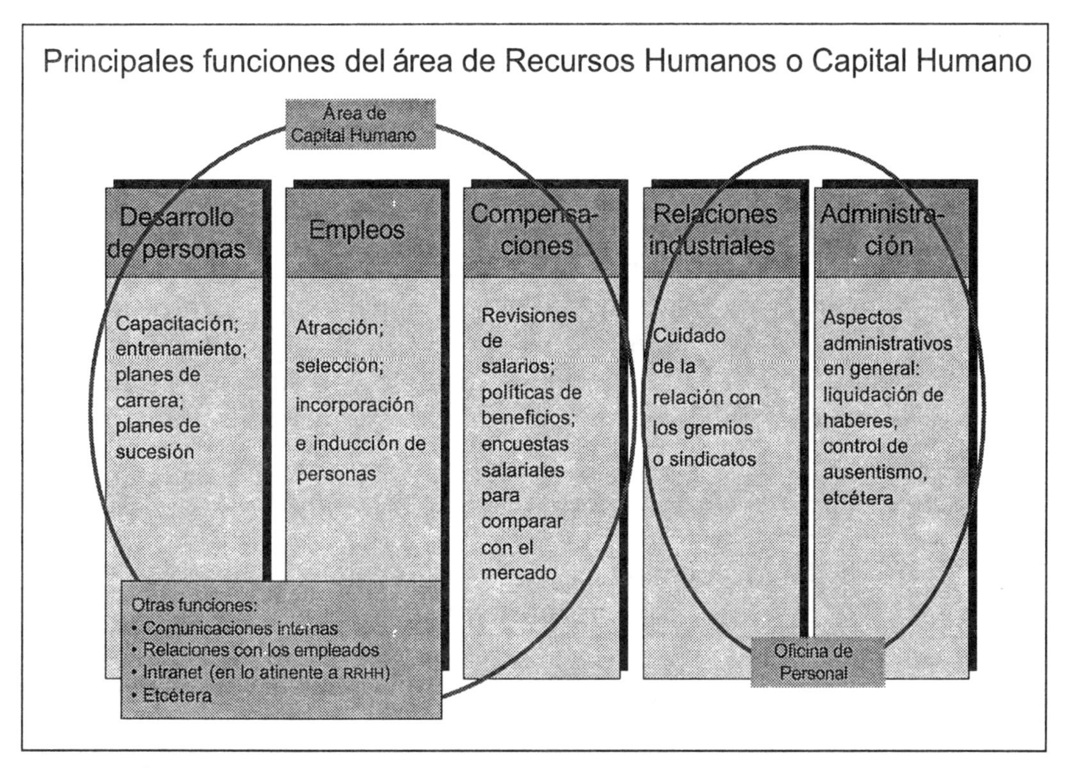

y que ninguna empresa, aun pequeña, debiera olvidar: las *Relaciones con los empleados.* En la actualidad se requiere otra función, en adición a las anteriores: el manejo de la intranet, en especial en lo que concierne al personal. En ocasiones el área maneja toda la intranet, aun con relación a temas que no le atañen directamente.

En lo que respecta a las organizaciones medianas y pequeñas, debe tenerse en cuenta que se mencionan *funciones,* no áreas o secciones, por lo cual todas pueden ser llevadas adelante por una sola persona, si la estructura de la organización es pequeña, o por un grupo de profesionales, si es de gran tamaño. Nuestro objetivo no es referirnos a la estructura en sí, sino recalcar las funciones que deben estar cubiertas. En el caso de que una empresa decida hacer *outsourcing* del área de Recursos Humanos o Capital Humano, siempre es aconsejable mantener dentro de la nómina de la organización como mínimo una posición que realice la función de enlace, velando, a su vez, por la cultura y el cumplimiento de las políticas organizacionales.

El área –o la función– de *Empleos* o *Selección* es usualmente responsable de la *atracción, selección e incorporación* de personas; por lo tanto, los procesos de *inducción* estarán a su cargo. En ocasiones puede incluir algunos temas de índole más administrativa, como control de ausentismo y otras tareas similares en relación con la nómina.

Si analizamos específicamente el rol del director del área de Recursos Humanos o Capital Humano, podemos observar que entre las funciones de esta posición se encuentra una que es –según mi opinión– muy importante, y se refiere a cuidar el equilibrio de dos "fuerzas" contrapuestas: maximizar el capital humano, y por ende el capital intelectual de la organización, *versus* minimizar los "costos" del personal. En este dilema se debate la gestión cotidiana de cualquier conductor de un área que se ocupa de los temas relacionados con el personal, más allá del nombre más o menos pomposo que se le haya adjudicado.

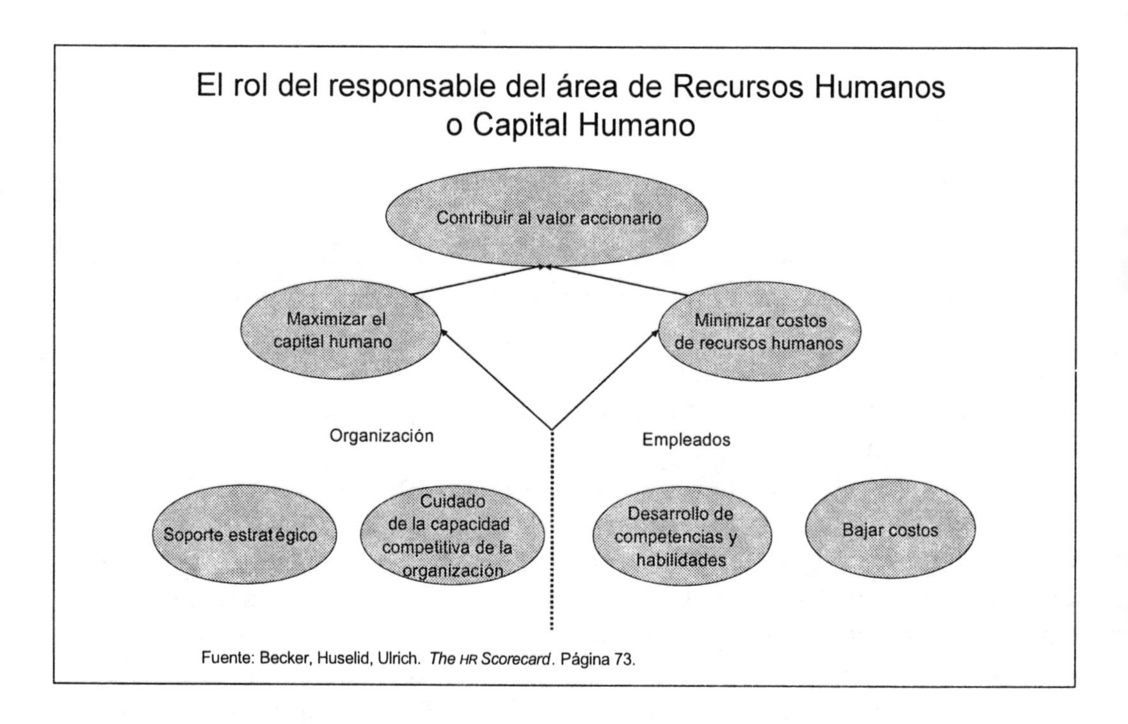

El rol del responsable del área de Recursos Humanos o Capital Humano

Fuente: Becker, Huselid, Ulrich. *The HR Scorecard*. Página 73.

En el gráfico precedente se muestra solamente la mitad del contenido que se presenta en *The HR Scorecard*[1]. Hemos tomado sólo esta parte para se-

1. Becker, Brian E.; Huselid, Mark A. y Ulrich, Dave. *The HR Scorecard. Linking People, Strategy, and Performance.* Harvard Business School Press, 2001.

ñalar dos aspectos importantes del rol del responsable del área de Recursos Humanos o Capital Humano: por un lado, accionar sobre aspectos organizacionales a partir de brindar soporte estratégico y cuidado de la capacidad competitiva de la organización, maximizando por medio de estas dos acciones centrales el valor del capital humano (CH) y, de ese modo, contribuyendo al valor accionario de la empresa. Por otro lado, también podrá contribuir al valor accionario a través de una disminución de los costos. De esta manera se observa la doble faceta del rol de responsable de Recursos Humanos: maximizar el CH, y minimizar los costos del área. Esta parte de su gestión hará foco en los empleados, cuidando y desarrollando sus competencias y habilidades, y al mismo tiempo controlando sus costos.

El gráfico de Becker, Huselid y Ulrich contempla otros aspectos igualmente importantes, pero creemos que con estos dos elementos dejamos en claro nuestro aporte a este tema.

Qué lugar debe ocupar el área de Selección o Empleos en la estructura del sector de Recursos Humanos

No es propósito de esta obra hacer un análisis histórico de la función de Recursos Humanos, pero sólo con el propósito de darle un marco se hará un breve resumen al respecto.

La evolución de la función de Recursos Humanos parte de las tareas de la "oficina de personal", que liquidaba sueldos y realizaba el control de las licencias de ley, y llega hasta la dirección estratégica de los recursos humanos como la concebimos en la actualidad.

Jean Fombonne[2] nos aporta su visión de esta temática desde la perspectiva europea en general y francesa en particular, refiriéndose a la historia de la función de Personal desde los años setenta hasta la actualidad. Nos parece interesante hacer una alusión al respecto. Este autor sitúa sobre fines de la década del sesenta algunos hitos importantes en relación con nuestra temática, después del *Mayo Francés* de 1968, cuando se plantearon nuevas prácticas de lucha laboral. Con posterioridad a junio de ese año comenzaron a verse

2. Fombonne, Jean. "Historia de la función del personal", en Weiss, Dimitri y colaboradores: *La función de los recursos humanos*. Ciencias de la Dirección. Madrid, 1992. Tomo I, páginas 47 a 69.

anuncios solicitando responsables de la función de Personal, ubicándola en un nivel superior al que tenía reservado hasta ese momento.

No estaban, de todos modos, muy claras sus funciones, ni su nivel. Es recién después de los años ochenta cuando se comienza a hablar de los *recursos humanos estratégicos.*

Nuevos conceptos ocupan a los directivos de empresas; la turbulencia de los mercados internacionales y otras variables derivan en cambios necesarios en las políticas de personal; entre ellas, las referidas a la movilidad de las personas.

Desde una perspectiva latinoamericana, y particularmente haciendo una referencia a la Argentina, fue también en la década de 1960 cuando comenzó el cambio de paradigma en la función. Por aquel entonces, escasas empresas tenían una Gerencia de Personal, y no era usual aún el término “recursos humanos”; lo habitual en compañías grandes era la existencia de un Departamento de Personal a cargo de un funcionario de mucha experiencia, con conocimiento de leyes laborales, pero sin estudios universitarios. Ése era el perfil más común de la persona que manejaba el área por aquel entonces. Cuando empezaron los conflictos gremiales de la década del setenta, la figura tornó de un hombre que administraba las leyes laborales a otro que tenía fluida relación con los sindicatos. El perfil del número uno de Personal por aquellos años, ya con la guerrilla tomando fábricas y con sindicatos fuertes, era el de un varón, generalmente abogado y hábil negociador.

Pasados los años ochenta comienza a tomarse conciencia de la necesidad de otro manejo del área y cobra primacía el desarrollo de los recursos humanos. Desde ya, la historia argentina se relaciona con la de otros países latinoamericanos con similares problemas políticos, y con la de otros más distantes a partir de la globalización de la economía.

Se ha relatado aquí, en muy pocas palabras, la evolución del área de Recursos Humanos en la Argentina, la cual no es muy diferente a la observada en otros países de la región.

Situándonos ya en pleno siglo XXI, en nuestra opinión la ubicación del área de Recursos Humanos en un organigrama sería hoy, aproximadamente, la siguiente (el dibujo presenta un organigrama teórico de una empresa industrial):

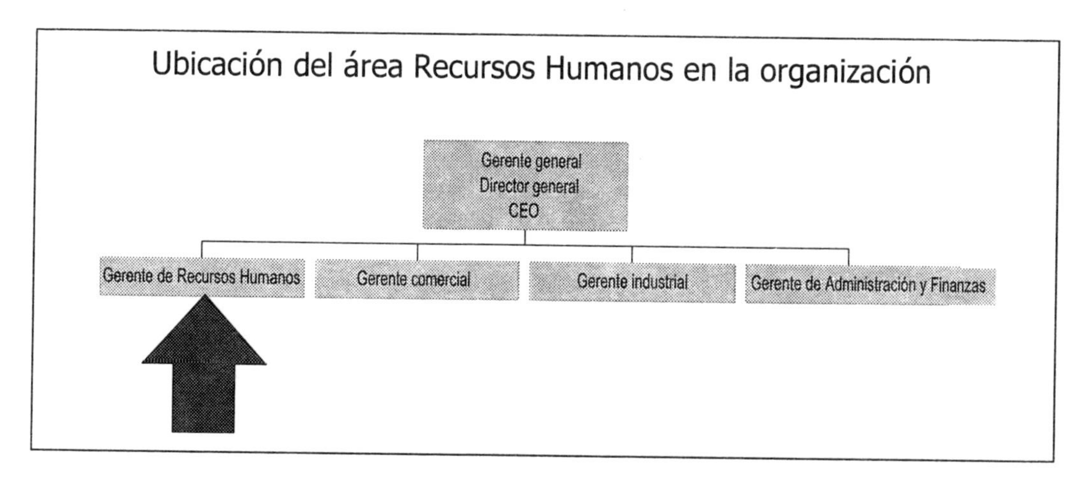

Dentro de la Gerencia de Recursos Humanos o Capital Humano se pueden ubicar los sectores (o funciones) que ya se detallaron en párrafos anteriores.

Gary Dessler[3] hace referencia a la ubicación del área de Recursos Humanos en el organigrama de una empresa, relacionándola con las funciones de línea y de *staff* de la misma. Los aspectos de línea y de *staff* en la administración de Recursos Humanos son los siguientes:

- *¿Qué es línea?* El gerente de Recursos Humanos está autorizado a supervisar el trabajo de sus subordinados y es responsable del cumplimiento de los objetivos de la organización.
- *¿Qué es staff?* El gerente de Recursos Humanos asiste y asesora a los gerentes de línea.

Desde este punto de vista, el área de Recursos Humanos es, en un sentido, línea, y en otro, *staff*. A su vez, todos los otros gerentes de una empresa desarrollan una función de Recursos Humanos, porque deben seleccionar a su gente, entrenarla, capacitarla y evaluarla.

En síntesis, y volviendo al tema central, el área de Recursos Humanos es línea dentro de su sector –en relación con su propio equipo de gente– y es *staff* respecto de las otras gerencias de la empresa –sus clientes internos–.

Si bien estos organigramas debieran ser los habituales, aún quedan organizaciones con *oficinas de personal* donde solamente se liquidan sueldos y, en ocasiones, se llevan los legajos del personal más o menos actualizados.

---

3. Dessler, Gary. *Administración de personal.* Prentice-Hall Hispanoamericana. México, 1996, capítulo 1.

En las empresas medianas o pequeñas no se justifica que el área tenga una gran estructura, pero será muy importante que exista por lo menos una persona dedicada a implementar los modernos conceptos del manejo de recursos humanos.

Un enfoque de costos

No se hará un detalle del esquema de *Balanced scorecard* ni utilizaremos esta tecnología para el tratamiento de la temática relacionada con indicadores de gestión, que se verá más adelante en este mismo capítulo. Sin embargo, me parece pertinente hacer una mención al respecto, ya que sus autores, desde otra perspectiva, focalizan en temas similares. En la obra *El cuadro de mando de Recursos Humanos*[4] se menciona la necesidad de entender la diferencia entre los costos fijos y variables de la empresa. Los costos fijos incluyen conceptos tales como edificios, maquinarias, *software*, diseño y mantenimiento de sitios en Internet, seguros, personal de departamentos contables, financieros, jurídicos, áreas de Relaciones Institucionales y Recursos Humanos, entre otros. Los costos variables dependen de los sectores. En cualquier caso, sin importar el análisis a realizar, no se debe olvidar la existencia de los primeros. Se preguntan Becker y los otros autores del libro mencionado: *¿Por qué es importante para los profesionales de Recursos Humanos entender las convenciones contables básicas si quieren realizar un análisis efectivo de costo-beneficio? La respuesta es que realmente hay que saber si una práctica o una intervención concreta tiene sentido desde la perspectiva económica.*

Con la aplicación de indicadores –como se verá más adelante–, o sin ellos, el responsable de Selección debe, por sobre todas las cosas, utilizar su sentido común. Es decir que, por ejemplo, no se puede llevar a cabo un proceso sumamente costoso para seleccionar un puesto de base.

Un proceso de selección debe ser iterativo, por aproximaciones sucesivas. Si se realizan más pasos el proceso será más "seguro", pero la cantidad de pasos deberá tener alguna correlación con la complejidad de la posición a cubrir.

En el gráfico de la página siguiente se muestran los diferentes pasos de un proceso de selección. El responsable del proceso debe saber que cada

4. Becker, Brian E.; Huselid, Mark A. y Ulrich, Dave. *El cuadro de mando de Recursos Humanos.* Gestión 2000. Barcelona, 2002. Página 115 y siguientes.

paso implica un costo, una cierta inversión para la organización. En ocasiones, cuando se utilizan recursos propios (empleados de Recursos Humanos, traductores públicos de idiomas para administrar pruebas específicas o evaluadores internos, equipos o cualquier otro activo de la organización), se considera que, como de todas maneras "están disponibles" y no originan una erogación especial o puntual, se los utiliza como si no tuviesen un costo. Esto es un error de apreciación que se encuentra muy difundido, en especial cuando los profesionales de Recursos Humanos no tienen una formación adicional en temas de administración y finanzas.

En síntesis, se debe lograr establecer un equilibrio adecuado entre la cantidad de pasos a realizar (y recursos a utilizar) y la complejidad de la búsqueda, de modo de asegurarse la calidad del proceso de selección sin incurrir en gastos injustificados.

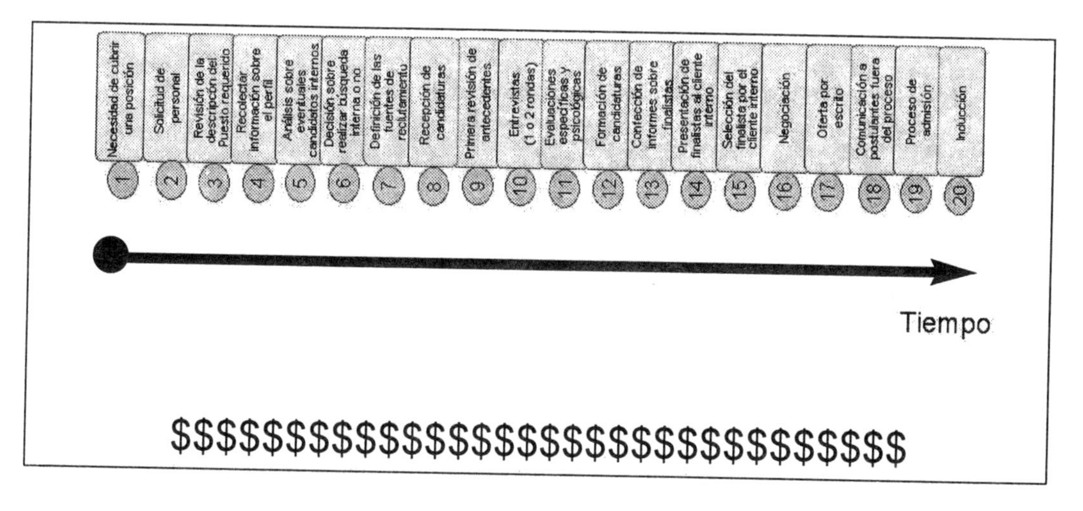

Es probable que aquellos que estén preocupados por la calidad de los procesos de selección no compartan la idea que intenta representar el gráfico precedente. Sin embargo, si se desea situar al responsable de Selección dentro de un enfoque como el que se ha descrito en la primera parte de este capítulo, no se deberá dejar de lado los aspectos relacionados con los costos de aquello que se realiza. Existe la creencia –muy generalizada– de que sólo representa costo aquello que se contrata especialmente (en el caso que nos ocupa, y a modo de ejemplo, una firma consultora para la realización de una selección); pero no es así. Los costos internos de una selección suelen ser muy altos; y lo son más aún los costos ocultos de los malos procesos de selección, ya sean realizados por consultores externos o por el propio equipo de Recursos Humanos de la organización.

George Milkovich y John Boudreau[5] introducen el tema de los costos de la selección en relación con la eficiencia: *Las actividades de selección pueden costar millones de dólares cuando se aplican a grandes cantidades de empleados. Sin embargo, como estos empleados se afectan a los resultados de la organización durante muchos años, un solo esfuerzo de selección cuidadosa puede producir rendimientos extraordinarios sobre la inversión.*

Por qué y para qué los indicadores de gestión

Un área de gestión, cualquiera sea su especialidad, es factible de ser medida. En el caso particular del área de Recursos Humanos, existen una serie de indicadores referidos a la totalidad del sector.

¿Para qué sirve aplicar indicadores de gestión? En especial, para:

a) planificar la tarea del sector;
b) preparar el presupuesto;
c) proyectar tendencias;
d) detectar problemas, fortalezas y debilidades, y actuar sobre ellos;
e) compararse con otras empresas;
f) reducir costos;
g) y para cualquier análisis que derive de esta información.

Los indicadores de gestión interesan –fundamentalmente– al director de Recursos Humanos y a su jefe directo. No obstante, también pueden ser utilizados por otras áreas –por ejemplo, algunos de ellos podrían ser de interés del cliente interno que solicitó una selección–.

La gestión de Empleos o Selección es factible de ser medida con las mismas pautas de control de gestión aplicables a otras actividades de la empresa y al área de Recursos Humanos.

Se ha sostenido en diferentes partes de esta obra la necesidad de conectar la actividad de Recursos Humanos en general y de Empleos en particular a los resultados de la organización, y darle a toda la gestión un fuerte perfil de negocios.

5. Milkovich, George y Boudreau, John. *Administración de Recursos Humanos. Un enfoque de estrategia.* Addison-Wesley Iberoamericana. México, 1994, cap. 7.

Se ha dicho –además– que la especialidad de Recursos Humanos debe estar relacionada con la estrategia de la organización. Para realizar el control de gestión es necesario recurrir a la cuantificación numérica: cantidad de vacantes, de posiciones abiertas y cubiertas, tiempos de los procesos, número de personas que son desvinculadas por decisión propia o de la empresa en los primeros seis meses y en el primer año de incorporadas en la compañía, etcétera.

En este capítulo se analizarán cuáles son los indicadores que miden la gestión del área de Empleos o Selección. Sin embargo, es preciso destacar que no es una buena idea aplicar "todos los indicadores", sino aquellos que brinden información útil según la organización y su problemática específica.

La medición de la eficacia de un área de Selección es una de las más difíciles, ya que su *performance* está relacionada con la decisión de personas ajenas al sector: el o los postulantes, y el o los clientes internos. Los que se dedican a esta especialidad saben –seguramente por haberlo experimentado– que muchas veces el candidato finalista no ingresa por algún factor externo a la búsqueda. En esos casos se podrá decir que el problema debió ser previsto o detectado en algún momento del proceso de selección, y a veces se podrá responder que sí pudo haberse hecho, y a veces no.

Cuando no ingresa un postulante después de haber recibido la oferta, es decir, en el último minuto, lo más probable es que el cliente no quiera volver sobre un caso anterior y debamos comenzar la búsqueda "de cero". En estas condiciones de aleatoriedad es muy difícil implementar indicadores de gestión y seguirlos "al pie de la letra".

Entonces, ¿para qué dedicarle una sección de la obra a los índices de control de gestión? Es muy sencillo: si bien creo que no siempre es pertinente medir la gestión sólo con indicadores, toda persona responsable de procesos de selección debe tener muy claros los conceptos que se miden a través de los indicadores.

El selector debe saber cómo medir su gestión y la de la gente involucrada en las diferentes partes del proceso; saber cómo encarar una búsqueda de manera eficaz cuidando costos, tiempos, calidad. Un profesional de Recursos Humanos debe saber –como se vio en el Capítulo 5– que planificar la selección de una forma u otra implicará mayores o menores costos, calidad, satisfacción del cliente y/o postulante, etc. No es necesario calcular un índice para conocer y sentir cómo se está dirigiendo un área de Empleos o Selección. De todos modos, confeccionar índices permitirá presentar la información de manera más profesional y estructurada a otras personas.

Índices de control de gestión aplicables al área de Selección o Empleos

En un anexo ubicado al final de este capítulo, se presenta un listado completo de *Indicadores utilizados en el ámbito de las organizaciones en relación con los procesos de selección.*

Costo por empleado

Es el indicador más simple que se puede poner en uso en materia de selección. Mide la relación entre el costo del departamento y la cantidad de empleados contratados en un determinado período.

El responsable del área de Empleos o Selección puede solicitar al sector contable de la organización que le suministre el costo total del departamento, y al dividirlo por la cantidad de empleados contratados o ingresados en el mismo período podrá determinar el costo por empleado.

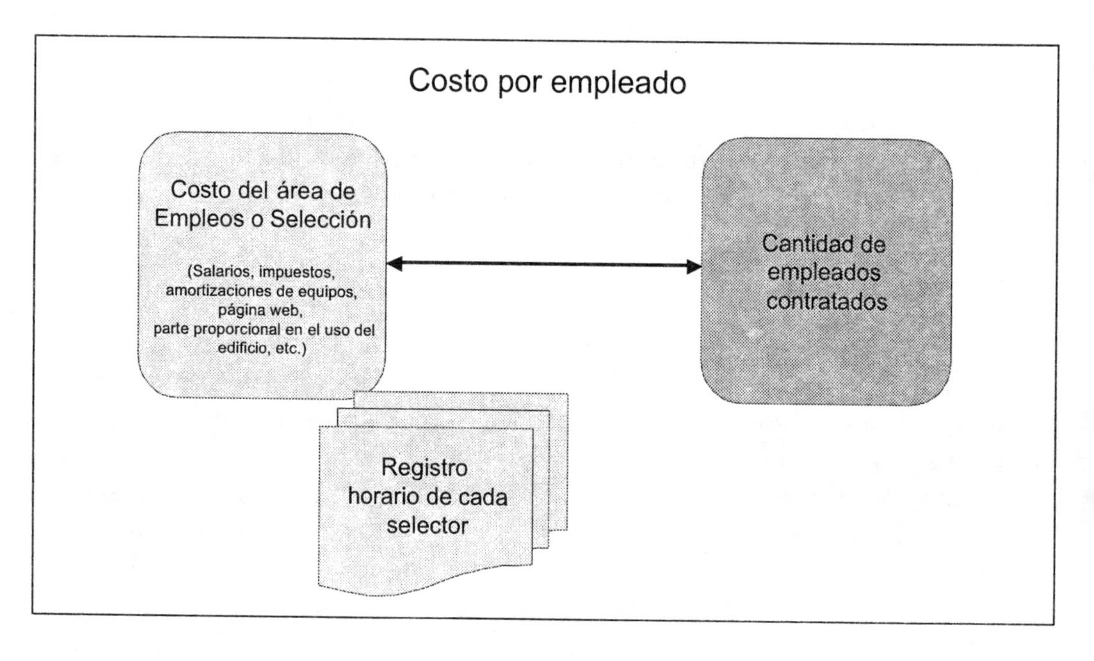

Este indicador, sumamente sencillo, permitirá tener una primera evaluación del funcionamiento del departamento de Selección, en especial si se tiene información de tipo estadística; por ejemplo, comparar un año con otro, un país con otro, etcétera.

Si se desea establecer indicadores más detallados, se deberá solicitar a cada selector que lleve un registro de su trabajo. Usualmente los registros horarios se realizan por fracciones de 15 minutos o media hora, según el grado de precisión buscado. El registro horario será imprescindible cuando el selector realice otras tareas; por ejemplo, asignaciones a otros proyectos o personas que realicen una función compartida (entre Selección y Capacitación u otra combinación).

Costo por empleado en el caso que se haya incurrido en gastos directos específicos

En muchas ocasiones, a la tarea del selector se adiciona la utilización de fuentes de reclutamiento que tienen un costo (por ejemplo, anuncios o consultores). En ese caso, al costo mencionado en el punto anterior deberán sumársele los costos específicos de la función de selección. En algunas organizaciones los costos de anuncios y/o consultores se imputan directamente al área que solicitó la selección (cliente interno); en ese caso, el esquema a utilizar es el del ítem anterior.

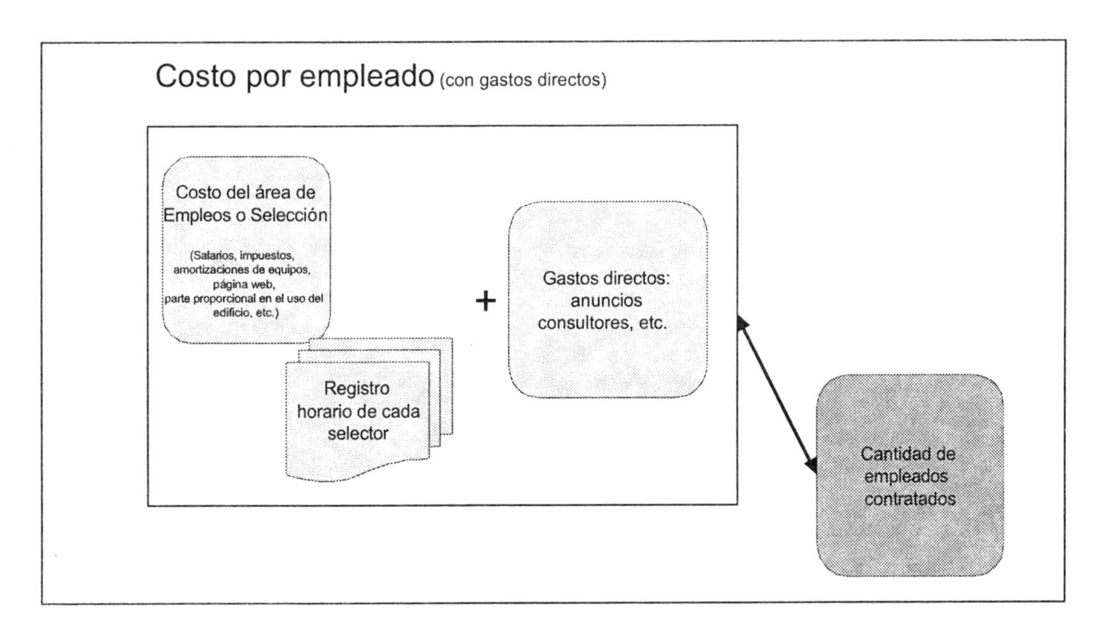

Costo por fuente

Como se vio en el Capítulo 5, las fuentes de reclutamiento son diversas, y en cada organización varía el uso que se hace de ellas.

Diseñar un indicador de costos por fuente tiene sentido en el caso que se utilice más de una fuente, para comparar la efectividad de una respecto de las demás. Igualmente, tendrá sentido utilizar indicadores de costo por fuente si su utilización es frecuente.

Este indicador podría desglosarse según los niveles de las personas a contratar –por ejemplo, ejecutivos, mandos medios y personal en general, o cualquier otra variante que corresponda aplicar–.

El costo por fuente es sencillo de obtener, usualmente su valor estará en una factura de honorarios del consultor o del medio de comunicación utilizado, por ejemplo, para la publicación de anuncios.

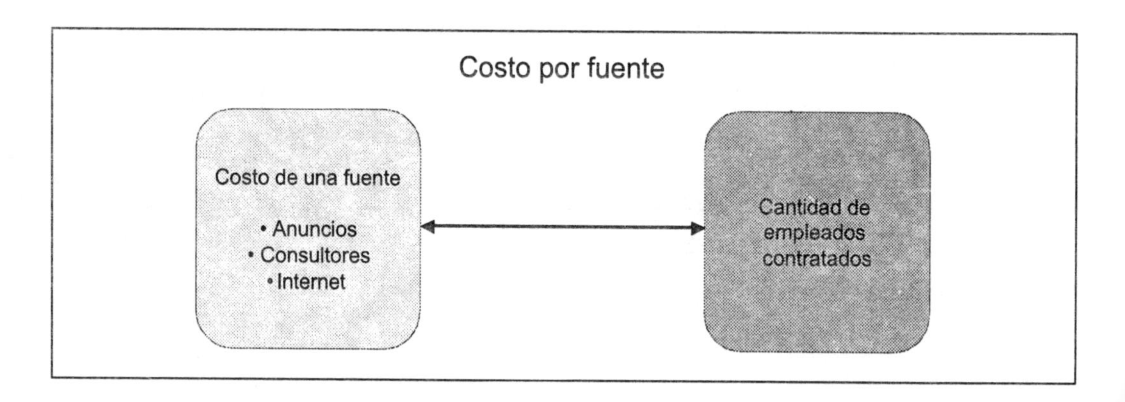

Como se aprecia en el gráfico precedente, hemos incluido Internet como una fuente de reclutamiento. Aquí se pueden presentar dos opciones: el sitio web de la organización –y en él una sección destinada a la selección de personas–, y la utilización de sitios web laborales externos (que se puede asimilar a la colocación de un anuncio).

Para analizar el primero de los casos, el sitio web de la organización, se deberá obtener información del costo relacionado con la sección destinada a la búsqueda de nuevos colaboradores. Esta información deberá ser solicitada al departamento contable y/o al área de tecnología informática. Los costos relacionados serán: diseño, mantenimiento y localización del sitio web (*hosting*).

Indicadores de tiempo

Para tratar cuestiones relacionadas con el tiempo destinado a la resolución de los diferentes procesos de selección de personas, se han identificado tres indicadores:

1. Tiempo de respuesta.
2. Tiempo para cubrir el puesto.
3. Tiempo para comenzar.

Tiempo de respuesta

Este indicador tiene mucha importancia con relación al cliente interno (o externo, en el caso de una firma consultora en selección), ya que permite medir la velocidad de respuesta cuando se solicita la búsqueda de una persona para cubrir un puesto (básicamente, cuántos días se requieren para presentar el primer candidato calificado para esa posición).

De los tres índices en relación con el tiempo que vamos a tratar, éste es el que depende en mayor medida del selector.

El tiempo de respuesta se calcula desde el día en que se recibe la solicitud (firmada y aprobada) para cubrir un puesto, hasta la fecha en que se envía el informe al cliente interno con al menos un candidato calificado en condiciones de ser entrevistado por él.

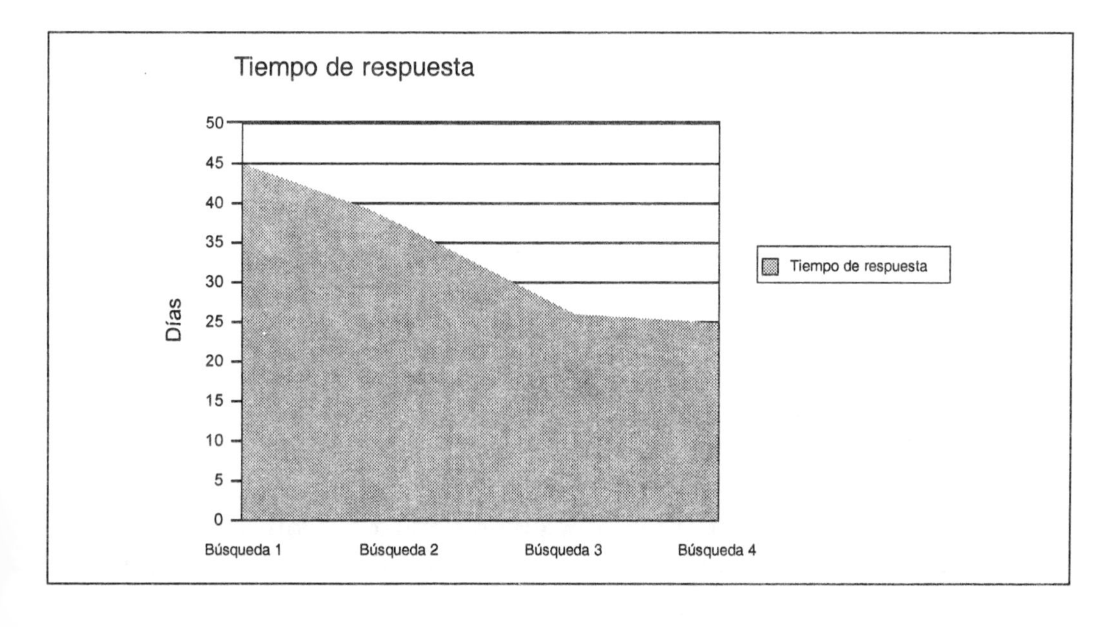

Todos los que hacemos selección habitualmente y desde hace mucho tiempo sabemos qué frecuente y poco deseable es la situación que se presenta cuando un cliente interno (o externo, si se es un consultor) da una serie de excusas (falta de tiempo, entre otras) para justificar que no entrevista a los candidatos calificados que se le han enviado. Para cuando el cliente se decide a hacerlo, los candidatos han encontrado trabajo en otra parte. En ese caso el proceso de selección debe volver a empezar desde el principio. El resultado: los puestos permanecen vacantes durante un tiempo prolongado y, muchas veces, el área de Recursos Humanos queda como responsable.

Tiempo para cubrir el puesto

Este indicador mide el número total de días entre la entrega de una solicitud aprobada y firmada y la fecha en que el postulante acepta la oferta de empleo.

En el gráfico siguiente hemos superpuesto dos gráficas: tiempo de respuesta y tiempo para cubrir el puesto (en el segundo caso sólo se ve la diferencia entre las dos fechas).

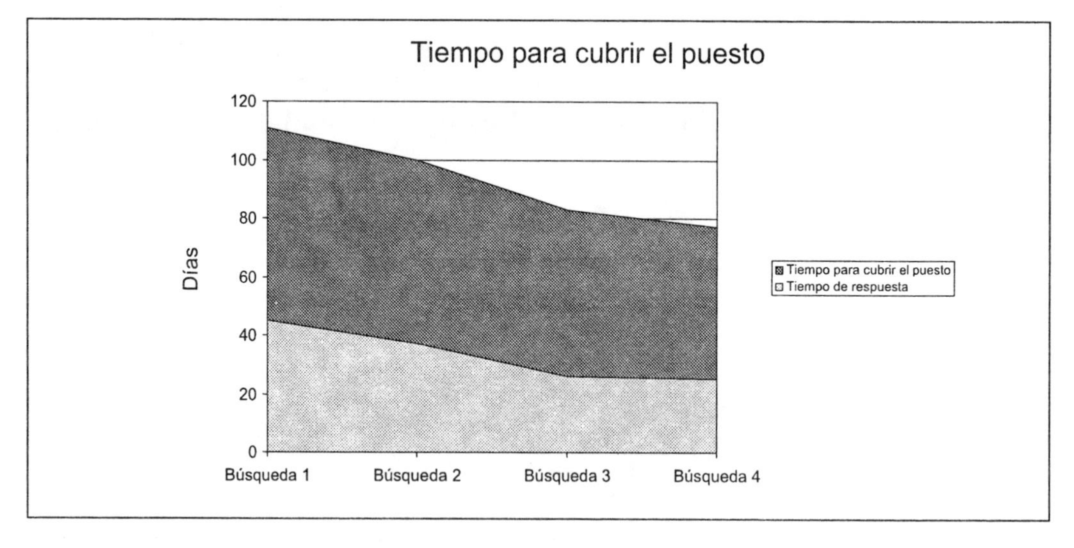

Tiempo para comenzar

Este indicador es similar al anterior, con la diferencia que se adiciona el tiempo transcurrido entre la aceptación y la incorporación. La fecha de incorporación se refiere al día en que la persona contratada se presenta a trabajar.

En el gráfico siguiente hemos superpuesto las tres gráficas: tiempo de respuesta, tiempo para cubrir el puesto y tiempo para comenzar. En las dos últimas, sólo se registran las diferencias entre las distintas fechas.

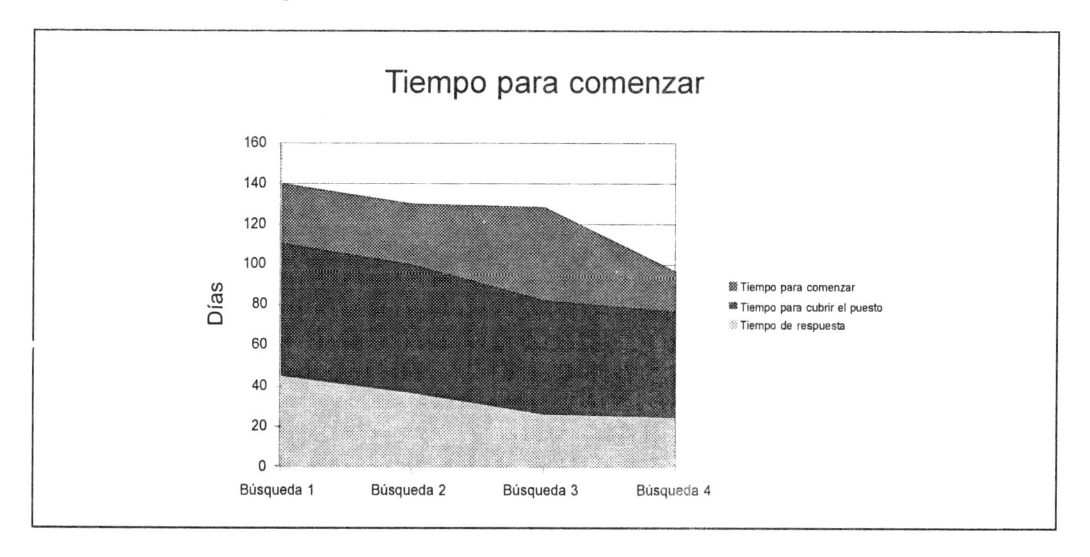

El responsable de un equipo de selectores, preocupado por mejorar el tiempo para cubrir un puesto o el tiempo para comenzar, podrá ver rápidamente sus puntos fuertes y débiles a través de este tipo de análisis, que, por otra parte, son simples: sólo se requiere llevar un registro de fechas.

Los indicadores de tiempo son de mucha utilidad para aquellas organizaciones que realizan muchos procesos de selección durante el año y para firmas consultoras especializadas en selección de personas, de todos los niveles.

Como se vio en capítulos anteriores, hemos dividido el proceso de selección en veinte pasos. Un registro de fechas por grandes etapas permitirá realizar un análisis de eventuales problemas o demoras; por ejemplo, tiempos excesivos en:

- la selección (responsabilidad de Recursos Humanos);
- el proceso de evaluación de candidatos finalistas por el cliente interno, o
- el proceso de admisión (responsabilidad de Recursos Humanos –puede ser una persona diferente que el selector–).

Desde ya, puede realizarse una apertura diferente de “momentos” a analizar; en el ejemplo planteado se seleccionaron tres.

Con un análisis como el antedicho se podrán detectar oportunidades de mejora en materia de plazos y, eventualmente, asignación de responsabilidades.

Grado de aceptación de ofertas

El indicador que mide el grado de aceptación de ofertas se recomienda para organizaciones que realizan muchos procesos de selección, o selecciones masivas, o para firmas consultoras especialistas en selección, cualquiera sea el nivel de las búsquedas que realizan.

El índice se calcula relacionando las ofertas de empleo aceptadas o cantidad de empleados efectivamente contratados, por un lado, y el número de ofertas realizadas, en un período determinado de tiempo.

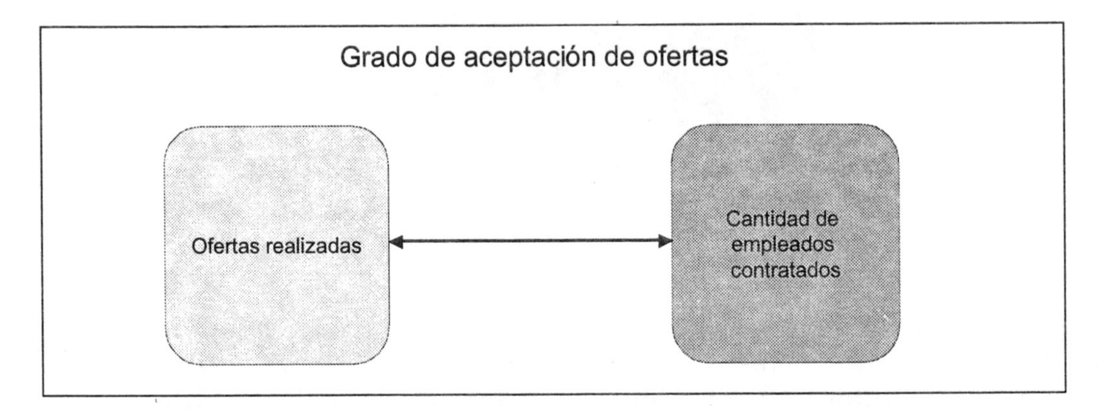

Cada negocio o actividad debería calcular cuál es un índice adecuado de aceptación de ofertas (aciertos). En algunas organizaciones un resultado de 71 por ciento de aciertos puede ser muy bajo y sería deseable un porcentaje mayor. Un ratio razonable podría ser 80 por ciento o más.

Los factores a tener en cuenta para analizar este ratio son diversos. La no aceptación de una oferta puede depender de un sinfín de razones.

Una selección bien hecha, siguiendo los 20 pasos propuestos en esta obra y, en especial, trabajando profundamente con las preguntas que hemos denominado *para explorar la motivación* (Capítulo 6), serán los aspectos a tener en cuenta para mejorar este ratio.

Grado de satisfacción del cliente interno (o externo)

La medición de la satisfacción del cliente es el último indicador que hemos seleccionado. Si bien la satisfacción no siempre se relaciona con la calidad, creo que sería importante medir ambos conceptos con una muy simple encuesta al cliente interno (o externo, en el caso de una firma consultora en selección). A modo de ejemplo, se propone consultar el grado de satisfacción obtenido respecto de ítems relacionados con el servicio en sí (rapidez de respuesta, calidad de atención, coordinación de entrevistas, etc.), y acerca de la adecuación al puesto de la/s persona/s seleccionada/s.

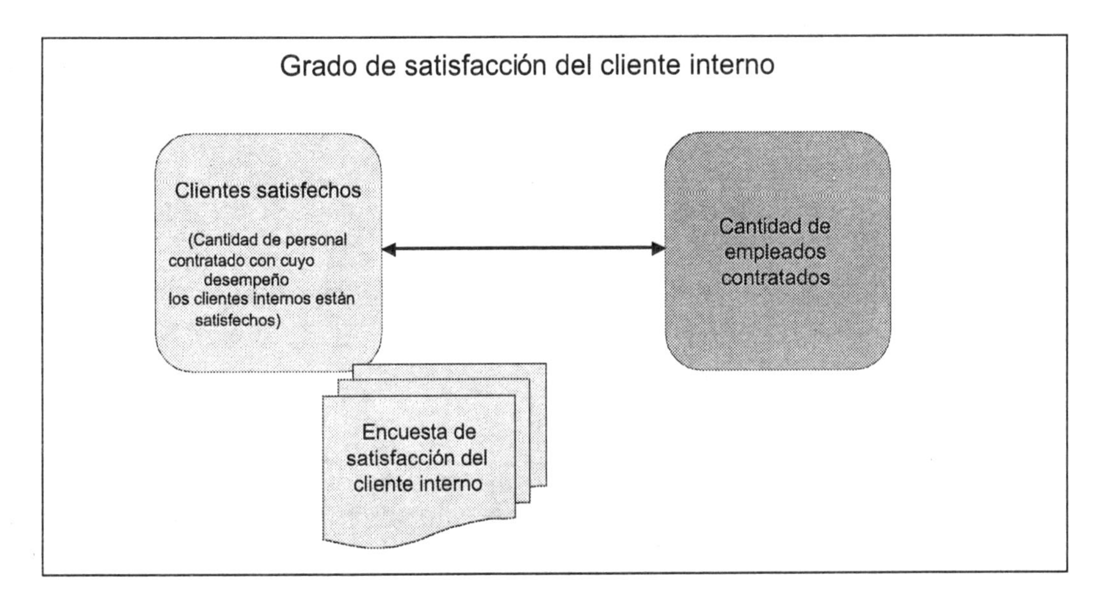

El indicador a confeccionar podrá ser general –es decir, la relación entre clientes satisfechos y el número de candidatos contratados en un período determinado–, o dividir la opinión del cliente en *factores,* para la confección de un índice abierto en conceptos específicos que se deseen medir.

Se puede fijar un nivel deseado de satisfacción –por ejemplo, que el 90% de los clientes internos esté satisfecho–. Si se dividiese el indicador –por ejemplo, en dos conceptos–, se podrían determinar diversos niveles de satisfacción del cliente, como los siguientes:

- Adecuación de la persona al puesto: *100%, 90%, 80%.*
- Servicio del área de Empleos/Selección: *Excelente, Muy bueno, Bueno, Debe mejorar.*

La opción de dividir el índice de satisfacción del cliente interno de la manera expuesta permite medir diversos conceptos (en el ejemplo dado: calidad de servicio del área de Recursos Humanos y calidad de la contratación efectuada).

A modo de síntesis sobre los indicadores de control de gestión en el área de Empleo o Selección

Como hemos podido ver, es factible medir la *performance* del área de Empleos o Selección a través de indicadores sencillos, fáciles de poner en práctica y que aporten información útil para quien deba conducir el área y para los que deban controlarla –es decir, jefes de los responsables de Recursos Humanos o áreas de Auditoría–.

Una reflexión final sobre indicadores

Es oportuno aclarar que se justifica implementar este tipo de indicadores para empresas con nóminas superiores a las 500 personas y que –a su vez– realicen un importante número de búsquedas cada año. O bien organizaciones en las cuales el tema de la selección de personal tenga algún punto de interés particular.

¿Cómo utilizar los indicadores de gestión? Mi sugerencia, después de muchos años de experiencia, es analizar los principales aspectos que la dirección de la organización desea controlar en función de la estrategia empresaria global. De nada vale que al especialista de Recursos Humanos le parezca importante un determinado indicador si éste no representa un concepto relevante en relación con los objetivos organizacionales.

Una vez que se determinó cuáles son los conceptos relevantes (algunos pocos), será de gran utilidad tomar un período de prueba que sea representativo de la actividad –por ejemplo, los últimos seis meses–, y calcular los indicadores seleccionados en base a ese lapso.

Un buen director de Recursos Humanos, conocedor de los procesos de selección, seguramente sabrá darse cuenta de si eligió bien los indicadores y si son lógicos los resultados obtenidos.

Si por alguna razón no se siente seguro para hacer este ejercicio, quizá pueda recurrir a un asesoramiento externo para que lo ayude a establecer cuáles son los indicadores más apropiados con respecto al tamaño de la organización y al segmento de la economía al que pertenece.

En ningún caso se aconseja aplicar todos los indicadores; recuerde que sólo mencionamos los más importantes en nuestra opinión. Igualmente, hay que tener en cuenta que algunos son más sencillos de aplicar que otros.

ANEXO

Indicadores utilizados en el ámbito de las organizaciones en relación con los procesos de selección

A continuación se enumera una serie de indicadores que pueden ser aplicados en relación con la función de Empleos o Selección. Los expondremos agrupados de la siguiente manera: 1) indicadores de tipo general, es decir, que miden el proceso de selección en su conjunto; y 2) indicadores parciales por etapas dentro del proceso de selección. Estos últimos, si bien son más complejos, pueden ser de utilidad en situaciones específicas.

Indicadores generales

Los indicadores generales se relacionan con la función de Empleos en su conjunto. Además de los indicadores expuestos, existen otros de amplia difusión y que brindan información en relación con la *performance* del área.

- Promedio de búsquedas mensuales.
- Cantidad de personas entrevistadas por búsquedas.
- Cantidad de búsquedas por selector.
- Días promedio por búsquedas.
- Cantidad de búsquedas por los diferentes niveles.
- Costo por búsqueda.
- Índice de rotación.

Indicadores parciales por etapas del proceso de selección

Otro enfoque para la confección de indicadores puede ser separar el proceso de selección en sus principales etapas: reclutamiento, preselección, selección e inducción.

Los indicadores pueden elaborarse no sólo por etapa, sino también, dentro de cada etapa, por fuente. De este modo los indicadores más importantes serían:

Etapa de reclutamiento

- Productividad
  - Tipo de búsqueda por fuente.

  - Candidatos entrevistados por fuente.
  - Candidatos seleccionados por fuente.
  - Cantidad de anuncios publicados.
- Costos
  - Costo por candidato por fuente.
- Tiempo
  - Tiempo por búsqueda por períodos (puede haber épocas de mayor eficiencia).
  - Tiempo transcurrido desde que la búsqueda es encargada hasta que el candidato es seleccionado.
- Calidad
  - *Performance* o desempeño del empleado por fuente, a los seis meses de su incorporación, al año, etcétera.
  - Índice de permanencia por fuente.
- Servicio/satisfacción del cliente interno
  - Índice de satisfacción de los candidatos por fuente.
  - Evaluación por parte de los clientes respecto del servicio del área de Recursos Humanos involucrado en el reclutamiento.
  - Satisfacción de los clientes internos por fuente.

Etapa de selección/incorporación

Esta etapa abarca desde que el candidato es seleccionado hasta que es efectivamente incorporado.

- Productividad
  - Cantidad de búsquedas cubiertas en relación con el total de búsquedas.
  - Cantidad de entrevistas realizadas.
  - Cantidad de evaluaciones realizadas: psicológicas, técnicas, de idioma, etcétera.
  - Cantidad de exámenes médicos realizados.
  - Cantidad de postulantes rechazados en las instancias finales de un proceso.
- Costos
  - Costo total de selección por cada nuevo empleado contratado.
  - Costo de una etapa especial del proceso (por ejemplo, *assessment*).
- Tiempo
  - Tiempo desde que se arma la carpeta de finalistas hasta el momento de la efectiva incorporación.
  - Tiempo desde que se llega a definir el finalista hasta que este acepta la oferta.

- Calidad
  - Cantidad de candidatos contratados en relación con la cantidad de finalistas.
  - Cantidad de empleados que se desvinculan por causas derivadas del proceso de selección (por ejemplo: alguna información errónea). Esto se puede extraer de la entrevista de salida.
- Servicio/satisfacción del cliente.

  Pueden aplicarse los mismos indicadores que en la etapa anterior.

Etapa de inducción

- Costos
  - Costo total del proceso de inducción por empleado.
- Tiempo
  - Tiempo total para que un empleado complete el proceso de inducción.
  - Tiempo total para que un empleado alcance un nivel mínimo de integración a la función.
- Calidad
  - De la etapa de inducción según los participantes y según los jefes de ellos.

Como ya se ha dicho, no se sugiere poner en práctica una gran cantidad de indicadores.

SUMARIO. APLICACIÓN DE ÍNDICES DE CONTROL DE GESTIÓN EN UN PROCESO DE SELECCIÓN

- El área de Recursos Humanos o Capital Humano tiene un doble grupo de responsabilidades. Por un lado, las que devienen del mero cumplimiento de la normativa vigente, que podríamos denominar la parte *dura* o *hard* de las responsabilidades, incluyendo entre estas las que se refieren a la relación entre la organización y los sindicatos. El otro gran grupo de tareas o responsabilidades se relaciona exclusivamente con las *buenas prácticas*; a estas últimas se las denomina de tipo *soft* o *blandas.*
- El área –o la función– de Empleos o Selección es usualmente responsable de la *atracción, selección e incorporación* de personas; por lo tanto, los procesos de *inducción* estarán a su cargo.

- Un enfoque de costos: un proceso de selección es un proceso iterativo, por aproximaciones sucesivas; si realizan más pasos el proceso será más "seguro", pero la cantidad de pasos deberá tener alguna correlación con la complejidad de la posición a cubrir.
- La gestión de Empleos o Selección es factible de ser medida con las mismas pautas de control de gestión aplicadas a otras actividades de la empresa y al área de Recursos Humanos.
- Costo por empleado: es la relación entre el costo del departamento y la cantidad de empleados en un determinado período. Es el indicador más simple de implementar.
- Costo por empleado en el caso que se haya incurrido en gastos directos específicos: al cálculo del costo mencionado en el punto anterior deberán sumársele los costos específicos de selección.
- Costo por fuente: diseñar un indicador de costo por fuente tiene sentido si se utiliza más de una fuente, para comparar la efectividad de una respecto de las demás. Este indicador podría desglosarse según los niveles de las personas a contratar –por ejemplo, ejecutivos, mandos medios y personal en general, o cualquier otra agrupación que pueda corresponder–.
- Indicadores de tiempo. Son tres: 1) Tiempo de respuesta: este indicador permite medir la velocidad de respuesta frente a la solicitud del cliente interno de una persona para cubrir una posición; es decir, cuántos días se requieren para presentar el primer candidato calificado para el puesto a cubrir. 2) Tiempo para cubrir el puesto: este indicador mide el número total de días entre la entrega de una solicitud aprobada y firmada y la fecha en que el postulante acepta la oferta de empleo. 3) Tiempo para comenzar: este indicador es similar al anterior, con la diferencia que se adiciona el tiempo transcurrido entre la aceptación y la incorporación.
- Grado de aceptación de ofertas: relaciona las ofertas ofrecidas y las aceptadas. Se recomienda para organizaciones que realizan muchos procesos de selección, o selecciones masivas, o para firmas consultoras especialistas en selección, cualquiera sea el nivel de las búsquedas que realice.
- Grado de satisfacción del cliente interno (o externo): relaciona el grado de satisfacción con los empleados contratados luego de un proceso de selección. Permite medir (entre otros) dos conceptos: calidad de servicio del área de Recursos Humanos y calidad de la contratación efectuada.

- Para determinar qué indicadores utilizar se sugiere analizar los principales aspectos que la dirección de la organización desea controlar en función de la estrategia empresaria global.
- Será de gran utilidad tomar un período de prueba que sea representativo de la actividad de selección (por ejemplo, los últimos seis meses), y calcular los indicadores elegidos en ese lapso.
- Un buen director de Recursos Humanos sabrá darse cuenta de si eligió bien los indicadores y si son lógicos los resultados obtenidos. También se puede requerir un asesoramiento externo para que lo ayude a establecer cuáles son los indicadores más apropiados con respecto al tamaño de la organización y al segmento de la economía al que pertenece.
- En ningún caso se aconseja aplicar todos los indicadores simultáneamente.

Bibliografía

Alles, Martha. *Cinco pasos para transformar una oficina de personal en un área de Recursos Humanos.* Ediciones Granica. Buenos Aires, 2005.

Alles, Martha. *Desarrollo del talento humano. Basado en competencias.* Ediciones Granica. Buenos Aires, 2005.

Alles, Martha. *Desempeño por competencias. Evaluación de 360°.* Ediciones Granica. Buenos Aires, 2002, 2004 y 2005.

Alles, Martha. *Diccionario de comportamientos. Gestión por competencias.* Ediciones Granica. Buenos Aires, 2004 y 2005.

Alles, Martha. *Diccionario de preguntas. Gestión por competencias.* Ediciones Granica. Buenos Aires, 2003 y 2005.

Alles, Martha. *Dirección estratégica de Recursos Humanos. Casos.* Ediciones Granica, 2000, 2004, 2005, 2006.

Alles, Martha. *Dirección estratégica de Recursos Humanos. Gestión por competencias.* Ediciones Granica, 2000, 2002, 2003, 2004, 2005, 2006.

Alles, Martha. *Elija al mejor. Cómo entrevistar por competencias.* Ediciones Granica. Buenos Aires, primera edición de 1999; última versión revisada y ampliada: 2003 y 2005.

Alles, Martha. *Gestión por competencias. El Diccionario.* Ediciones Granica. Buenos Aires, 2002, 2003, 2004; nueva edición revisada: 2005.

Alles, Martha. *Empleo. Discriminación, teletrabajo y otras temáticas.* Ediciones Macchi. Buenos Aires, 1999.

Alles, Martha. *Manual de assessment.* Editado por Martha Alles S.A. Buenos Aires, 2004.

Almeida, Walnice. *Captação e Seleção de talentos. Repensando a Teoria e a Prática.* Editorial Atlas. San Pablo, 2004.

Armstrong, Michael. *Using the HR consultant. Achieving results, adding value.* Institute of Personnel Management. Londres, 1994.

Arthur, Diane. *Selección efectiva de personal.* Grupo Editorial Norma. Bogotá, 1992.

Barkley, Nella y Sandburg, Eric. *Taking charge of your career.* Workman Publishing. Nueva York, 1995.

Barret, Gerald V. y Depinet Robert L. *A reconsideration of testing for competence rather than for intelligence.* American Psychologist, 1991.

Beccaría, Luis. *Empleo e integración social.* Fondo de Cultura Económica. Buenos Aires, 2001.

Beccaría, Luis y López, Néstor (compiladores). *Sin trabajo. Las características del desempleo y sus efectos en la sociedad argentina.* UNICEF / Losada. Buenos Aires, 1997.

Beccaría, Luis y López, Néstor. "El comportamiento del mercado de trabajo urbano". Artículo publicado en una obra compilada por ellos mismos: *Sin trabajo. Las características del desempleo y sus efectos en la sociedad argentina.* UNICEF/Losada. Buenos Aires, 1997.

Becker, Brian E.; Huselid, Mark A. y Ulrich, Dave. *El cuadro de mando de Recursos Humanos.* Gestión 2000. Barcelona, 2003.

Becker, Brian E.; Huselid, Mark A. y Ulrich, Dave. *The HR Scorecard. Linking People, Strategy, and Performance.* Harvard Business School Press. EE.UU., 2001.

Benarrosh, Yolande. "Tri des chômeurs: la nécessaire consensus des acteurs de l'emploi". *Travail et Emploi* N° 81. París. Enero 2000.

Blanchard, Ken; Carlos, John P. y Randolph, Alan. *El empowerment.* Ediciones Deusto. Bilbao, 1996.

Bleger, José. *Temas de psicología (entrevistas y grupos).* Nueva Visión. Buenos Aires, 1985.

Bonani, Gian Paolo. *La sfida del capitale intellettuale. Principi e strumenti di Knowledge Management per organizzazioni intellige.* Editor Franco Angeli. Milán, 2002.

Brooking, Annie. *El capital intelectual.* Paidós. Buenos Aires, 1997.

Burnod, Guillaume y Cheng, Alain. "Employés qualifiés et non qualifiés: une proposition d'aménagement de la nomenclature des catégories socioprofessionnelles". *Travail et Emploi* N° 86. París. Abril 2001.

Byrne, John. *La búsqueda de grandes ejecutivos. Un negocio muy lucrativo.* Planeta. Barcelona, 1988.

Caldwell, David F y O'Reilly III. "Measuring person – job fit with a profile – comparison process". *Journal of Applied Psychology*, 1990.

Carbó Ponce, Esteve. *Manual de psicología aplicada a la empresa.* Ediciones Granica. Barcelona, 2000.

Carretta, Antonio; Dalziel, Murray M. y Mitrani, Alain. *Dalle Risorse Umane alle Competenze.* Franco Angeli Azienda Moderna. Milán, 1992.

Chalmers, Alan F. *¿Qué es esa cosa llamada ciencia?* Siglo XXI de tina Editores. Buenos Aires, 2002.

Chapman, Elwood. *Human relations in small business.* Crips Publications. EE.UU., 1994.

Colardyn, Danielle. *La gestion des compétences. Perspectives internationales.* Presses Universitaires de France. París, 1996.

Cole, Gerald. *Organisational Behaviour.* DP Publications. London, 1995.

Cole, Gerald. *Personnel Management.* Letts Educational Aldine Place. Londres, 1997.

Cooper, Dominic y Robertson, Ivan. *The psychology of personnel selection, a quality approach.* Clive Fletcher Editor. Londres, 1995.

Corcodilos, Nick. *Ask the headhunter.* Plume. Nueva York, 1997.

Cortina, Adela. *Ética en la empresa.* Madrid. Editorial Trotta, 1994.

Courtis, John. *Recruitment advertising. Right first time.* Institute of Personnel and Development. Londres, 1994.

Coussey, Mary y Jackson, Hilary. *Making equal opportunities work.* Pitman Publishing. Londres, 1991.

De Ansorena Cao, Alvaro. *15 pasos para la selección de personal con éxito.* Paidós. Barcelona, 1996.

Grassano de Piccolo, Elsa. *Indicadores psicopatológicos en técnicas proyectivas.* Nueva Visión. Buenos Aires, 1977.

Del Río, Enrique; Jover, Daniel y Riesco, Lola. *Formación y empleo. Estrategias posibles.* Paidós. Barcelona, 1991.

Demazière, Didier. *Le chômage de longue durée.* Presses Universitaires de France. París, 1995.

Dessler, Gary. *Administración de personal.* Prentice-Hall Hispanoamericana. México, 1996.

Divay, Sophie. "L'aide à la recherche d'emploi: une activité en voie de professionnalisation?". *Travail et Emploi* N° 81. París. Enero 2000.

Dolto, Françoise. *La causa de los adolescentes.* Seix Barral. Barcelona, 1988.

Doury, Jean Pierre. *Cómo conducir una entrevista de selección de personal.* El Ateneo. Buenos Aires, 1995.

Du Crest, Arnaud. "Le paradoxe persistant des dificultés de recrutement en période de chômage". *Travail et Emploi* N° 79. París. Febrero 1999.

Eubanks, James L.; Marshall, Julie B. y O'Driscoll, Michael P. "A competency model of OD practitioners". *Training and Development Journal*, 1990.

Evers, Frederick T.; Rush, James C. y Berdrow, Iris. *The Bases of Competence. Skills for lifelong learning and Employability.* Jossey-Bass Publishers. San Francisco, 1998.

Fear, Richard y Chiaron, Robert. *The evaluation interview.* McGraw-Hill. EE.UU., 1990.

Fear, Richard. *La entrevista de evaluación.* Paidós. Buenos Aires, 1979.

Fernández Loureiro de Pérez, Emma. *Fuzzy Sets. Intervalos de confianza.* Ediciones Cooperativas. Buenos Aires, 2001.

Fisher, Roger; Ury, William y Patton, Bruce. *Sí..., de acuerdo! Cómo negociar sin ceder.* Editorial Norma. Bogotá, 1997.

Fitz-enz, Jac. *Cómo medir la gestión de Recursos Humanos.* Ediciones Deusto. Bilbao, 1999.

Forrester, Viviane. *El horror económico.* Fondo de Cultura Económica. Buenos Aires, 1997.

Frederick, Robert E. *La ética en los negocios.* Oxford Press. México, 2001.

Fry, Ron. *101 great answers to the toughest interview questions.* Career Press. EE.UU., 1996.

Galli, Vicente y Malfe, Ricardo. "Desocupación, identidad y salud". Artículo publicado en la obra compilada por Beccaría, Luis y López, Néstor: *Sin trabajo. Las características del desempleo y sus efectos en la sociedad argentina.* UNICEF/Losada. Buenos Aires, 1997.

Gautié, Jérôme. *Les politiques de l'emploi. Les marges étroites de la lutte contre le chômage.* Librairie Vuibert. París, 1993.

Gil Aluja, Jaime. *La gestión interactiva de los Recursos Humanos en la incertidumbre.* Editorial Centro de Estudios Ramón Aredes. Madrid, 1996.

Gillen, Terry. *The Appraisal Discussion.* Institute of Personnel and Development. Londres, 1995.

Goleman, Daniel. *La inteligencia emocional en la empresa.* Javier Vergara Editor. Buenos Aires, 1999.

Goleman, Daniel. *La inteligencia emocional.* Javier Vergara Editor. Buenos Aires, 1996.

Gordon, Judith. *Comportamiento organizacional.* Prentice Hall, México, 1997.

Gore, Ernesto. *La educación en la empresa.* Ediciones Granica. Buenos Aires, 1996.

Gorgeu, Armelle y Mathieu, René. "Compétence et sélectivité du recrutement: l'exemple des usines de la filière automobile". *Travail et Emploi* N° 84. París. Octubre 2000.

Grados, Jaime. *Centros de Evaluación (Assessment Center).* Editorial El Manual Moderno. México, 2000.

Gratton, Lynda. *Estrategias de capital humano.* Prentice Hall, Pearson Educación. Madrid, 2001.

Hackett, Penny. *The Selection Interview.* Institute of Personnel and Development. Londres, 1995.

Handy, Charles. "La organización virtual. Cómo confiar en la gente que no vemos", revista *Gestión,* Vol. 1, N° 2. Buenos Aires, 1996.

Handy, Charles. *El futuro del trabajo humano.* Ariel. Barcelona, 1986.

Handy, Charles. *The hungry spirit.* Broadway Books. Nueva York, 1998.

Harris, Michael M. "Reconsidering the employment interview: a review of recent literature and suggestions for future research". *Personnel Psychology.* 1989.

Heene Aimé Sanchez, Ron (editores). *Competence Based. Strategic Management.* John Wiley & Sons. Inglaterra, 1997.

Hirigoyen, Marie-France. *El acoso moral en el trabajo.* Paidós. Buenos Aires, 2001.

Holdeman, John B.; Aldridge, Jeffrey y Jackson, David. "How to hire Ms. / Mr. right". *Journal of accountancy,* 1996.

Hugues, Bertrand. "Réduire la durée légale du travail pour créer des emplois: à quelles conditions?". *Travail et Emploi,* N° 66. París, 1996.

Hyatt, Carole. *Woman's new selling game.* McGraw-Hill. Nueva York, 1998.

Iacocca, Lee. *Autobiografía de un triunfador.* Grijalbo. Buenos Aires, 1985.

Iannone, A. P. (ed.). *Contemporary moral controversies in business.* Oxford University Press. Nueva York, 1989.

Jacobs, Ruth L. y McClelland, David C. "Moving up the corporate ladder: a longitudinal study of the leadership motive pattern and managerial success in women and men". *Consulting Psychology Journal,* 1994.

Jaques, Elliot y Cason, Kathryn. *Human Capability.* Cason Hall & Co. Publishers Ltda. Falls Church, 1994.

Jaques, Elliott. *La organización requerida.* Ediciones Granica. Buenos Aires, 2000.
Jarratt, Jennifer y Coates, Joseph. *Employees, careers and job creation.* Manuel London Editor. EE.UU., 1995.
Jenks, James. Personnel *forms book, hiring, firing and everything in between.* Round Lake Publishing. Connecticut, 1992.
Jericó, Pilar. *Gestión del talento.* Prentice Hall, Pearson Educación. Madrid, 2001.
Jolis, Nadine. *Compétences et Compétitivité.* Les éditions d'organisation. París, 1998.
Kador, John. *The manager's books of questions.* McGraw-Hill. EE.UU., 1997.
Kaplan, Robert S. y Norton, David P. *Cuadro de mando integral (The Balance Scorecard).* Ediciones Gestión 2000. Barcelona, 1997.
Kelly, Charles M. *The interrelationship of ethics and power in today's organizations.* Organizational Dynamics, 1987.
Kessler, Gabriel. "Algunas implicancias de la experiencia de desocupación para el individuo y su familia". Artículo publicado en la obra compilada por Beccaría, Luis y López, Néstor: *Sin trabajo. Las características del desempleo y sus efectos en la sociedad argentina.* UNICEF / Losada. Buenos Aires, 1997.
Klinvex, Kevin C.; O'Connell, Matthew S. y Klinvex, Christopher P. *Hiring great people.* McGraw Hill. Nueva York, 1999.
Krannich, Ronald y Krannich, Caryl Rae. *Dynamite salary negotiations.* Impact Publications. EE.UU., 1998.
L'Hoste, Hubert. "L'entretien de Sélection". Capítulo 4 de la obra *10 Outils clés du recruteur.* GO Editions. París, 1998.
Landreau, Jacques. "Les conseils en recruitement". Capítulo 9 de la obra *10 Outils clés du recruteur.* GO Editions. París, 1998.
Lazzari, Luisa L.; Machado, Emilio A. M. y Pérez, Rodolfo H. *Matemática borrosa. Técnicas de gestión para el tratamiento de la incertidumbre.* Universidad de Buenos Aires, 1998.
Lazzari, Luisa L., Machado, Emilio A. M. y Pérez, Rodolfo H. *Teoría de la Decisión Fuzzy.* Ediciones Macchi. Buenos Aires, 1998.
Lesourne, Jacques. *Vérités et mensonges sur le chômage.* Editions Odile Jacob. París, 1995.
Levy-Leboyer, Claude. *La gestion des compétences.* Les éditions d'organisation. París, 1992. Versión en español: *Gestión de las competencias,* Ediciones Gestión 2000, Barcelona, 1997.
Lizé, Laurence. "Politiques de recrutement des entreprises et aides à l'emploi: quel role pour l'ANPE?". *Travail et Emploi* N° 83. París. Julio 2000.
Lucia, Anntoinette y D. Lepsinger, Richard. *The art and science of Competency models.* Jossey-Bass/Pfeiffer. San Francisco, 1999.
Marchal, Emmanuelle. "Les compétences du recruteur dans l'exercice du jugement des candidates". *Travail et Emploi* N° 78. París. Enero 1999.
Mathis, Robert L. y Jackson, John H. *Human Resource Management.* South-Western College Publishing, a division of Thompson Learning. Cincinatti, 2000.
Mays, June. *Women's guide to financial self-defense.* Warner Books. Nueva York, 1997.
McClelland, David C. "Intelligence is not the best predictor of job performance". *Current Directions in Psychological Science,* 1993.
McClelland, David C. y Boyatzis, Richard E. "Opportunities for counselors from the Competency Assessment Movement". *The Personnel and Guidance Journal,* 1980.
McClelland, David C. y Burnham, David H. "Power is the great motivator". *Harvard Business Review,* 1976.
McClelland, David C. y Franz, Carol E. "Motivational and other sources of work accomplishments in mid-life: a longitudinal study". *Journal of Personality,* 1992.

McClelland, David C. y Teague, Gregory. "Predicting risk preferences among power-related tasks". *Journal of Personality*, 1975.

McClelland, David C. y Watson, Robert Jr. "Power motivation and risk-taking behavior". *Journal of Personality*, 1973.

McClelland, David C. "How motives, skills, and values determine what pleople do?". *American Psychologist*, 1985.

McClelland, David C. "Identifying competencies with Behavioral-event interviews". *Psychological Science*, 1998.

McClelland, David C. "Motivational factors in health and disease". *American Psychologist*, 1989, 44(4), 675:83.

McClelland, David C. "The knowledge – testing – educational complex strikes back". *American Psychologist*, 1994.

McClelland, David C.; Koestner, Richard y Weinberger, Joel. "How do self-attributed and implicit motives differ?". *Psychological Review*, 1989.

McClelland, David C. *Human Motivation*. Cambridge University Press. Cambridge, 1999 (obra original de 1987).

Milkovich, George y Boudreau, John. *Dirección y administración de recursos humanos. Un enfoque de estrategia*. Addison-Wesley Iberoamericana S.A. México, 1994.

Mintzberg, Henry; Ahlstrand, Bruce y Joseph, Lampel. *Safari a la estrategia*. Ediciones Granica. Barcelona, 1999.

Mochon, Francisco y Beker, Victor A. *Economía. Principios y aplicaciones*. McGraw-Hill. Madrid, 1995.

Nicholson, Nigel. "El análisis de la personalidad puede ser un arma poderosa", *El Cronista, Management*, Nº 28, junio de 1996.

OIT. "Igualdad en el empleo y la ocupación". Conferencia Internacional del Trabajo, Nº 83, 1996.

Ordóñez Ordóñez, Miguel. *La nueva gestión de los recursos humanos*. Ediciones Gestión 2000. Barcelona, 1995.

Orpen, Christopher. "Patterned behavior description interviews versus unstructured interviews: A comparative validity study". *Journal of Applied Psychology*, 1985.

Parra, Rodrigo; Rama, Germán; Rivero Herrera, José y Tedesco, Juan Carlos. La educación popular en América Latina. UNESCO/CEPAL/PNUD, Kapelusz. Buenos Aires, 1984.

Peretti, Jean-Marie. *Gestion des ressources humaines*. Librairie Vuibert. París, 1998.

Pérez, Rodolfo H. *Cómo decidir*. Editorial Cangallo. Buenos Aires, 1981.

Pérez, Rodolfo H. *Epistemología de la Incertidumbre*. Discurso de ingreso a la Real Academia de Ciencias Económicas y Financieras. Barcelona, 1999.

Perilleux, Thomas. *Les tensions de la flexibilité. L'épreuve du travail contemporain*. Desclée de Brouwer. París, 2001.

Perkins, Graham. *Cómo seducir a los cazatalentos*. Paraninfo. Madrid, 1991.

Piccardo, Nicoletta. *Estrategias para hacer carrera*. Editorial De Vecchi. Barcelona, 1992.

Pichon, Alain. "La précarisation du travail des cadres, techniciens et ingénieurs: de l'homogénéisation à la différenciation sociale". *Travail et Emploi* N° 80. París. Septiembre 1999.

Pierre-Pascal Gaudet; Estier, Marylene y Riera, Elisabeth. *La búsqueda de empleo. Guía planificación para pequeñas empresas*. Cuadernos Granica. Barcelona, 1993.

Plassard, Jean-Michel y Plunchard, Thierry. "Méthodologie pour une prospective d'emploi et de qualification". *Travail et Emploi* Nº 71. París. Febrero 1997.

Pochard, Marcel. *L'emploi et ses problèmes.* Presses Universitaires de France. París, 1996.

Probst, Gilbert; Raub, Steffen y Romhardt, Kai. *Administre el conocimiento.* Pearson Educación. México, 2001.

Rae, Leslie. *The skills of interviewing, a guide for managers and trainers.* Gower. Inglaterra, 1988.

Regan, Tom (editor). *Just business.* Random House. Nueva York, 1984.

Renckly, Richard. *Human resources.* Barron's Educational Series. EE.UU., 1997.

Rifkin, Jeremy. *El fin del trabajo.* Paidós, Estado y Sociedad. Buenos Aires, 1996.

Sachs, Randi Toler. *How to become a skillful interviewer.* AMACOM. Nueva York, 1994.

Sainz, Francisco Javier y Gorospe, Lourdes. *El test de Rorschach y su aplicación en la psicología de las organizaciones.* Paidós. Ginebra, 1994.

Schein, Edgar. *Psicología de la organización.* Prentice-Hall Hispanoamericana. México, 1982.

Scholtes, Peter; Joiner, Brian y Streibel, Barbara. *The team handbook.* Joiner. Madison, 1996.

Sculley, John y Byrne, John, *De Pepsi a Apple.* Emecé Editores. Buenos Aires, 1989.

Senge, Peter y otros. *La quinta disciplina en la práctica.* Ediciones Granica. Barcelona, 1998.

Senge, Peter. *La quinta disciplina.* Ediciones Granica. Barcelona, 1998.

Sherman, Bohlander y Snell. *Administración de Recursos Humanos.* Thomson Editores. México, 1999.

Simon, Mary. *Negotiate your job offer.* John Wiley & Sons Inc. Nueva York, 1998.

Sorell, Tom y Hendry, John. *Business Ethics.* Oxford. Butterworth Heinemann. 1996.

Sorman, Guy. *La singularidad francesa.* Andrés Bello. Santiago de Chile, 1996.

Sparrow, John. *Knowledge in organizations.* Sage Publications. London, 1998.

Spencer, Lyle M. y Spencer, Signe M. *Competence at work, models for superior performance.* John Wiley & Sons, Inc. Nueva York, 1993.

Stewart, Thomas A. *La nueva riqueza de las organizaciones: el capital intelectual.* Ediciones Granica. Buenos Aires, 1998.

Tissen, René; Andriessen, Daniel y Lekanne Deprez, Frank. *El valor del conocimiento. Para aumentar el rendimiento en las empresas.* Prentice Hall. Madrid, 2000.

Ulrich, David. *Recursos Humanos Champions.* Ediciones Granica. Buenos Aires, 1997.

Vermès, Jean-Paul. *Le guide du CV 1998.* Les presses du management. París, 1998.

Villareal, Juan. *La exclusión social.* Grupo Editorial Norma. Buenos Aires, 1996.

Vimont, Claude. *Le diplôme et l'emploi. Enjeu économique, Ambition culturelle, Défi social.* Editorial Económica. París, 1995.

Weiss, Dimitri y colaboradores. *La función de los recursos humanos.* CDN Ciencias de la Dirección. Madrid, 1992.

Wilson, Robert. *Conducting better job interviews.* Barron's Educational Series. Nueva York, 1997.

Winter, David. "The contributions of David McClelland to personality assessment". *Journal of Personality Assessment,* 1998.

Yate, Martin. *Hiring the best.* Adams Media Corporation. Massachusetts, 1994.

Zimmermann, Bénédicte. "Logiques de compétences et dialogue social". *Travail et Emploi* N° 84. París. Octubre 2000.

CÓMO UTILIZAR LOS DICCIONARIOS EN GESTIÓN DE RECURSOS HUMANOS POR COMPETENCIAS

- DICCIONARIO DE COMPETENCIAS
- DICCIONARIO DE PREGUNTAS
- DICCIONARIO DE COMPORTAMIENTOS

Una empresa define en primera instancia un *Diccionario de competencias* o catálogo de competencias en base al análisis de la misión, la visión, los valores, etc. de su organización, juntamente con su plan estratégico. La utilización de un diccionario estándar de competencias ayuda a acortar los tiempos de armado del modelo. Usualmente las competencias están divididas en cuatro grados o niveles.

Diccionario de competencias

Fuente: *Gestión por competencias. El diccionario*, pág. 176.

176 GESTIÓN POR COMPETENCIAS. EL DICCIONARIO

Iniciativa (II)

Es la predisposición a actuar proactivamente y a pensar no sólo en lo que hay que hacer en el futuro. Los niveles de actuación van desde concretar decisiones tomadas en el pasado hasta la búsqueda de nuevas oportunidades o soluciones a problemas.

Capacidad para anticiparse a las situaciones con una visión de largo plazo; crear oportunidades o evitar problemas que no son evidentes para los demás. Habilidad para elaborar planes de contingencia y ser promotor de ideas innovadoras.

Capacidad para adelantarse y prepararse para los acontecimientos que puedan ocurrir en el corto plazo; crear oportunidades o minimizar problemas potenciales. Habilidad para evaluar las principales consecuencias de una decisión a largo plazo; ser ágil en la respuesta a los cambios y aplicar distintas formas de trabajo con una visión de mediano plazo.

Capacidad para tomar decisiones en momentos de crisis, tratando de anticiparse a las situaciones que puedan surgir. Habilidad para actuar rápida y decididamente en una crisis, cuando lo normal sería esperar, analizar y ver si se resuelve sola. Capacidad para tener distintos enfoques para enfrentar un problema.

Capacidad para abordar oportunidades o problemas del momento, reconocer las oportunidades que se presentan y, o bien actuar para materializarlas, o bien enfrentarse inmediatamente con los problemas.

Nota: en este rango, el GRADO D no indica ausencia de la competencia, sino que está desarrollada en el nivel mínimo.

Para seleccionar personal se deben evaluar las competencias de los postulantes; para ello la metodología propone diferentes preguntas referidas a las competencias sobre las cuales se desea investigar. El *Diccionario de preguntas* presenta cuatro preguntas por competencia, formuladas según los niveles de la posición (ejecutivos, intermedios, etc.).

Diccionario de preguntas

Fuente: *Diccionario de preguntas. Gestión por competencias*, pág. 130.

Preguntas por competencias para niveles intermedios

130 DICCIONARIO DE PREGUNTAS. GESTIÓN POR COMPETENCIAS

Definición de la competencia	Preguntas sugeridas
Iniciativa Predisposición a emprender acciones, crear oportunidades y mejorar resultados sin necesidad de un requerimiento externo que lo empuje. **Iniciativa (II)** Predisposición a actuar proactivamente y a pensar no sólo en lo que hay que hacer en el futuro. Los niveles de actuación van desde concretar decisiones tomadas en el pasado hasta la búsqueda de nuevas oportunidades o soluciones a problemas.	1. *Cuénteme los problemas del día a día propios de su sector y cómo impactan sobre su desempeño. ¿Qué hace desde su posición para resolverlos?* 2. *¿Qué hace cuando tiene dificultades para resolver un problema?* 3. *¿Qué nuevos objetivos se ha establecido recientemente y qué ha hecho para alcanzarlos?* 4. *¿Ha realizado algún tipo de plan de carrera? ¿Cuáles son sus objetivos profesionales? ¿Qué espera obtener de su carrera? ¿En qué plazos?*

Para tener en cuenta

Usted puede intercalar estas preguntas con las usuales en cualquier entrevista.

La trilogía se completa con el *Diccionario de comportamientos*, donde por cada grado de cada competencia se presentan ejemplos de comportamientos o conductas que lo representan. Tiene como principal objetivo brindar ejemplos, ya que sería casi imposible describir todos los comportamientos probables con relación a las distintas competencias y grados.

Diccionario de comportamientos

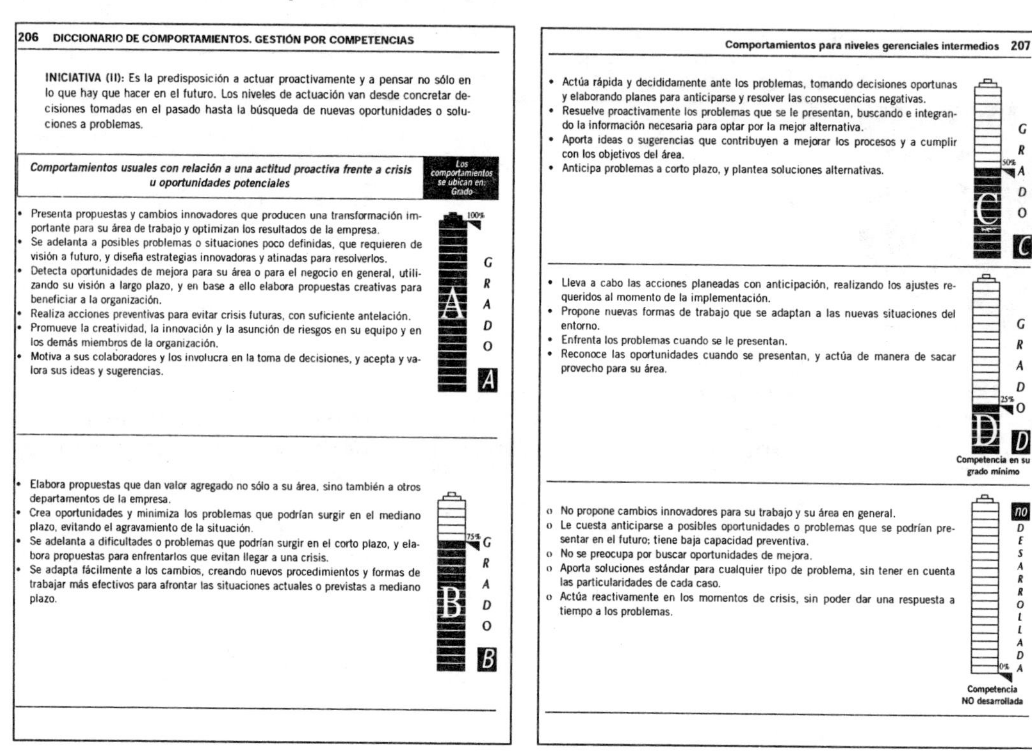

206 DICCIONARIO DE COMPORTAMIENTOS. GESTIÓN POR COMPETENCIAS

INICIATIVA (II): Es la predisposición a actuar proactivamente y a pensar no sólo en lo que hay que hacer en el futuro. Los niveles de actuación van desde concretar decisiones tomadas en el pasado hasta la búsqueda de nuevas oportunidades o soluciones a problemas.

Comportamientos usuales con relación a una actitud proactiva frente a crisis u oportunidades potenciales — *Los comportamientos se ubican en: Grado*

GRADO A (100%)

- Presenta propuestas y cambios innovadores que producen una transformación importante para su área de trabajo y optimizan los resultados de la empresa.
- Se adelanta a posibles problemas o situaciones poco definidas, que requieren de visión a futuro, y diseña estrategias innovadoras y atinadas para resolverlos.
- Detecta oportunidades de mejora para su área o para el negocio en general, utilizando su visión a largo plazo, y en base a ello elabora propuestas creativas para beneficiar a la organización.
- Realiza acciones preventivas para evitar crisis futuras, con suficiente antelación.
- Promueve la creatividad, la innovación y la asunción de riesgos en su equipo y en los demás miembros de la organización.
- Motiva a sus colaboradores y los involucra en la toma de decisiones, y acepta y valora sus ideas y sugerencias.

GRADO B (75%)

- Elabora propuestas que dan valor agregado no sólo a su área, sino también a otros departamentos de la empresa.
- Crea oportunidades y minimiza los problemas que podrían surgir en el mediano plazo, evitando el agravamiento de la situación.
- Se adelanta a dificultades o problemas que podrían surgir en el corto plazo, y elabora propuestas para enfrentarlos que evitan llegar a una crisis.
- Se adapta fácilmente a los cambios, creando nuevos procedimientos y formas de trabajar más efectivos para afrontar las situaciones actuales o previstas a mediano plazo.

Comportamientos para niveles gerenciales intermedios 207

GRADO C (50%)

- Actúa rápida y decididamente ante los problemas, tomando decisiones oportunas y elaborando planes para anticiparse y resolver las consecuencias negativas.
- Resuelve proactivamente los problemas que se le presentan, buscando e integrando la información necesaria para optar por la mejor alternativa.
- Aporta ideas o sugerencias que contribuyen a mejorar los procesos y a cumplir con los objetivos del área.
- Anticipa problemas a corto plazo, y plantea soluciones alternativas.

GRADO D (25%) — Competencia en su grado mínimo

- Lleva a cabo las acciones planeadas con anticipación, realizando los ajustes requeridos al momento de la implementación.
- Propone nuevas formas de trabajo que se adaptan a las nuevas situaciones del entorno.
- Enfrenta los problemas cuando se le presentan.
- Reconoce las oportunidades cuando se presentan, y actúa de manera de sacar provecho para su área.

NO DESARROLLADA (0%) — Competencia NO desarrollada

- No propone cambios innovadores para su trabajo y su área en general.
- Le cuesta anticiparse a posibles oportunidades o problemas que se podrían presentar en el futuro; tiene baja capacidad preventiva.
- No se preocupa por buscar oportunidades de mejora.
- Aporta soluciones estándar para cualquier tipo de problema, sin tener en cuenta las particularidades de cada caso.
- Actúa reactivamente en los momentos de crisis, sin poder dar una respuesta a tiempo a los problemas.

Fuente: *Diccionario de comportamientos. Gestión por competencias*, págs. 206/207.

En **gestión por competencias** se utilizan los conceptos "conducta" o "comportamientos" por igual. Según el *Diccionario de la lengua española* éstos son sus significados:

Conducta: manera o forma de conducirse o comportarse

Comportamiento: conducta, manera de comportarse, conjunto de reacciones particulares de un individuo frente a una situación dada.

¿Cómo utilizar un **Diccionario de Comportamientos**?

Tiene diferentes aplicaciones.

✓ *Para entrenamiento* tanto de los especialistas en Recursos Humanos como de los integrantes de la línea en general que deben aprender a identificar comportamientos.

✓ *Para los procesos de selección:* una vez que se seleccionaron las preguntas con relación a las competencias que se indagarán y los entrevistados dieron sus respectivas respuestas, el *Diccionario de comportamientos* será de utilidad para poder identificar con qué grado de la competencia se identifica el comportamiento o conducta del entrevistado.

✓ *En los procesos de evaluación de desempeño por competencias y en procesos de evaluación de 360 grados.*

Aquí la utilización es doble:

➲ En los procesos de entrenamiento a los evaluadores previo a la puesta en marcha.

➲ En la preparación de instructivos.

A CONTINUACIÓN LE PRESENTAMOS CÓMO UTILIZAR LOS DICCIONARIOS EN GESTIÓN DE RECURSOS HUMANOS POR COMPETENCIAS EN RELACIÓN CON LOS DISTINTOS SUBSISTEMAS Y PRÁCTICAS DE RECURSOS HUMANOS

Los diccionarios de competencias son imprescindibles para una correcta definición y utilización de la gestión de recursos humanos por competencias.

El orden en el cual se confeccionan es:

1. *Diccionario de competencias* (o catálogo).
2. *Diccionario de comportamientos* (conductas observables).
3. *Diccionario de preguntas.*

En cuanto a su utilización, el orden es el siguiente:

LOS DICCIONARIOS EN GESTIÓN POR COMPETENCIAS

DICCIONARIO DE COMPETENCIAS
A partir del *Diccionario de competencias* se define el modelo de éxito para cada organización

DICCIONARIO DE PREGUNTAS
El *Diccionario de preguntas* facilita la implementación de los procesos de selección y evaluación de las personas

DICCIONARIO DE COMPORTAMIENTOS
El *Diccionario de comportamientos* brinda ejemplos de comportamientos que permiten la correcta aplicación de todos los subsistemas involucrados

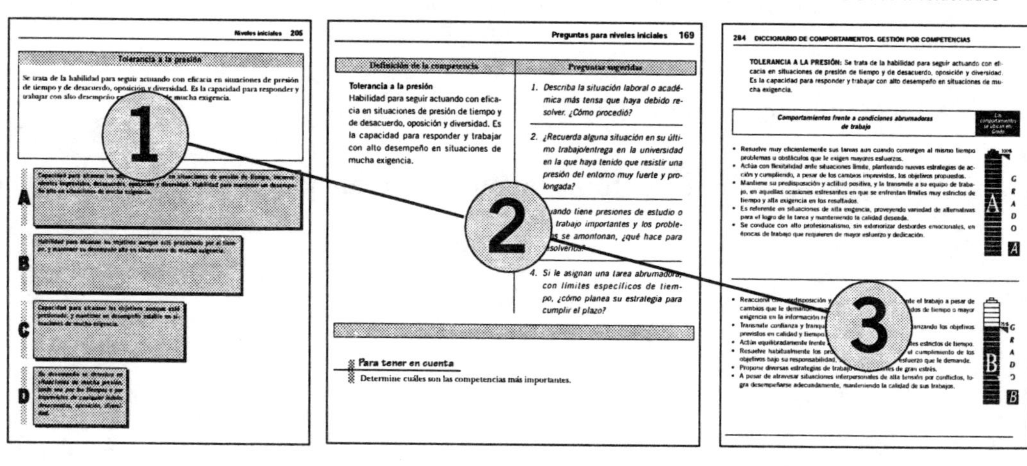

SELECCIÓN DE PERSONAS

En la selección de personas se utiliza la entrevista por competencias y otra, más profunda, que se denomina BEI (*Behavioral Event Interview*, o entrevista por incidentes críticos). En cualquiera de los dos casos el mecanismo es el que se describe a continuación:

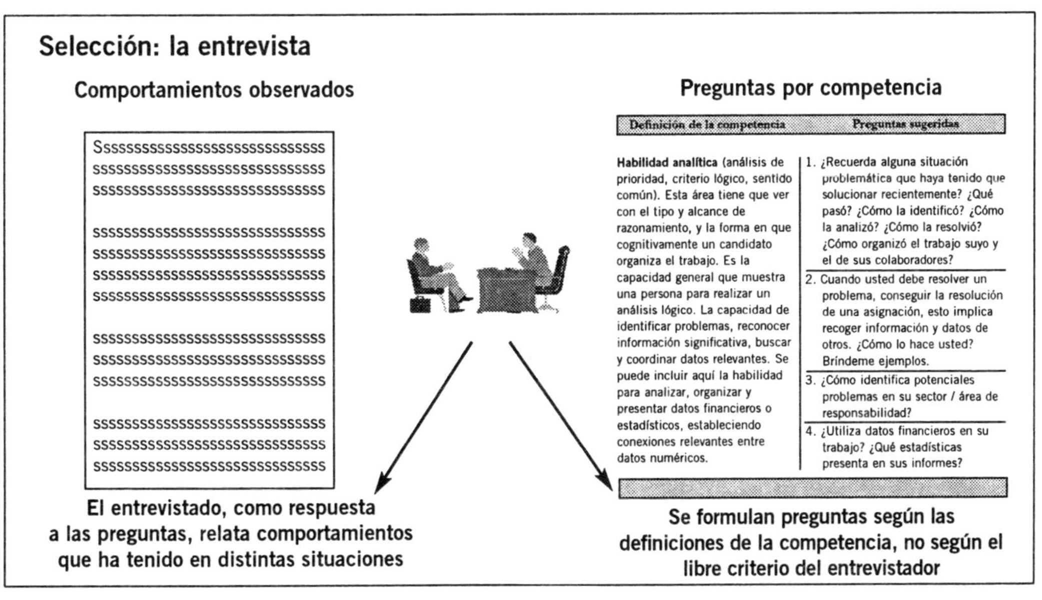

El análisis de la entrevista se realiza del siguiente modo:

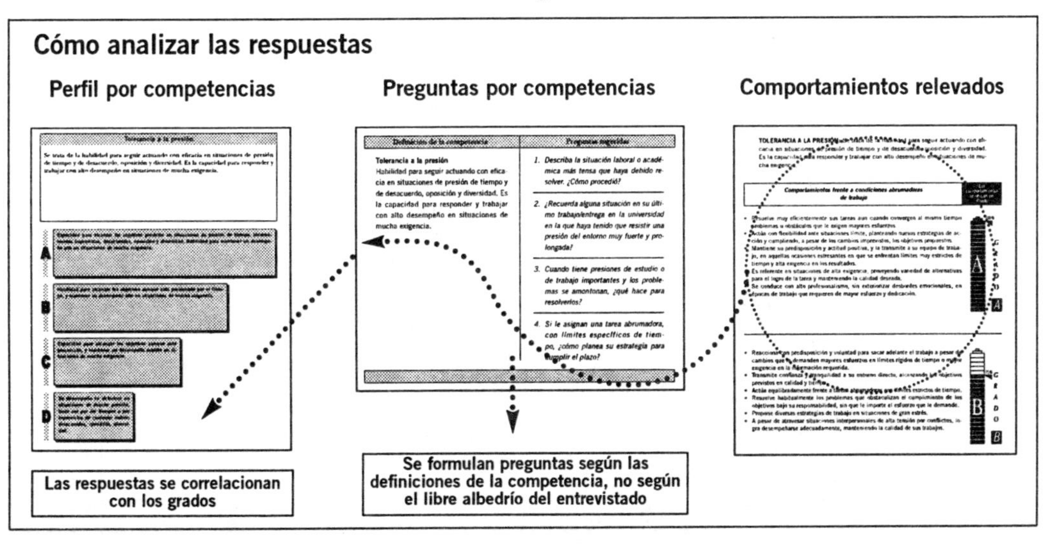

LOS *ASSESSMENT* (ACM)

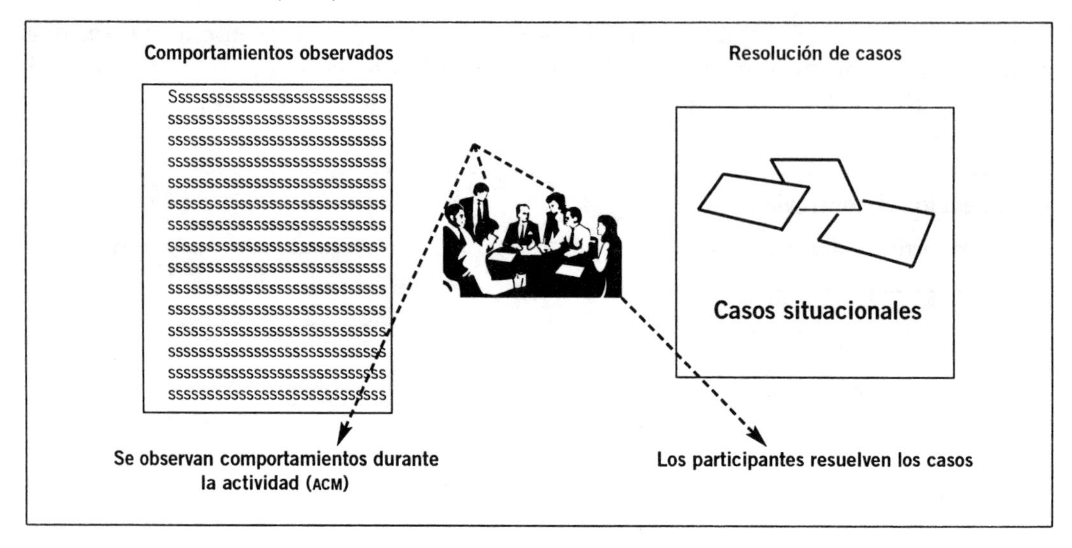

Los *assessment* son conocidos por su utilización en procesos de selección. Sin embargo se aplican en muchas otras situaciones, y son una herramienta muy valiosa. Se sugiere analizar el siguiente gráfico explicativo:

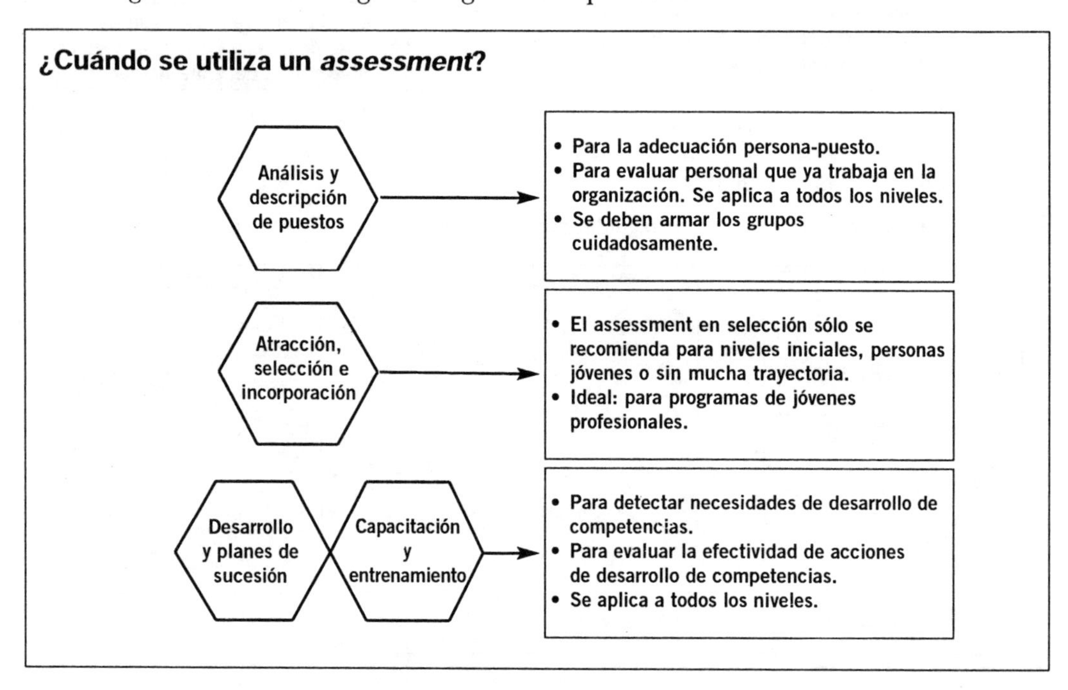

En cualquiera de los casos mencionados, los resultados de un assessment se analizan del siguiente modo:

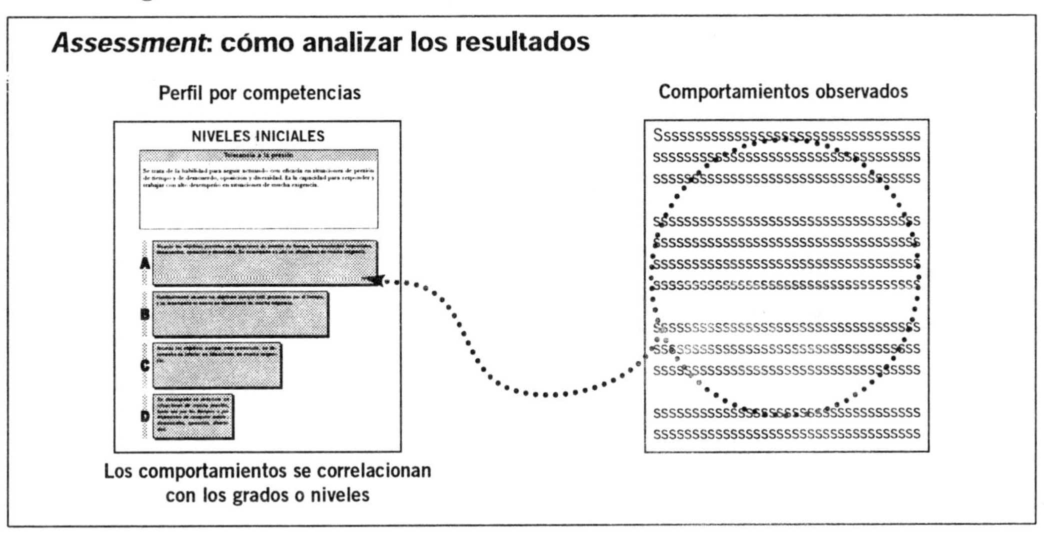

DESEMPEÑO. EVALUACIONES DE DESEMPEÑO Y EVALUACIONES DE 360 GRADOS

Usualmente las evaluaciones combinan objetivos y competencias. Para estas últimas se deben observar comportamientos, dentro del período o ejercicio en evaluación, según puede verse en el siguiente gráfico.

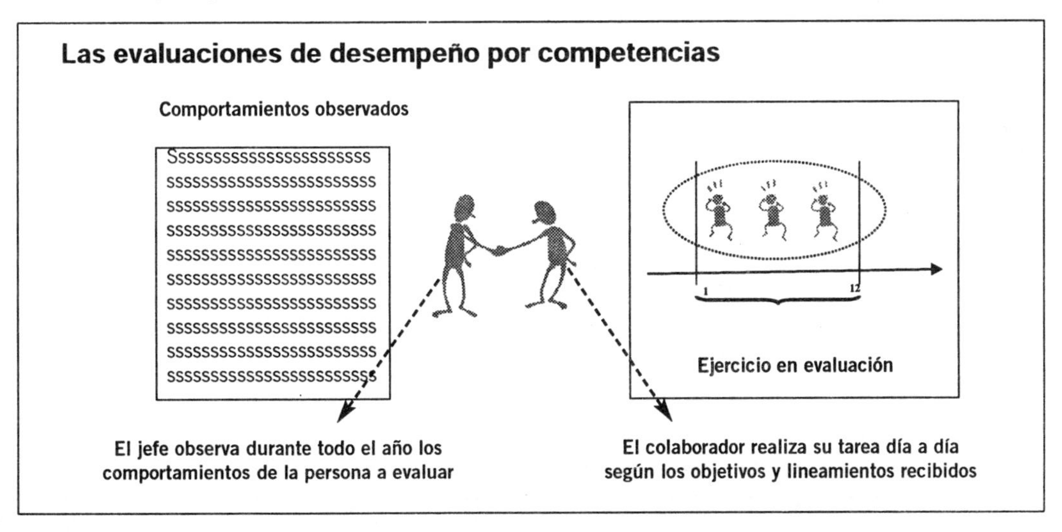

El análisis de las competencias se realiza del siguiente modo:

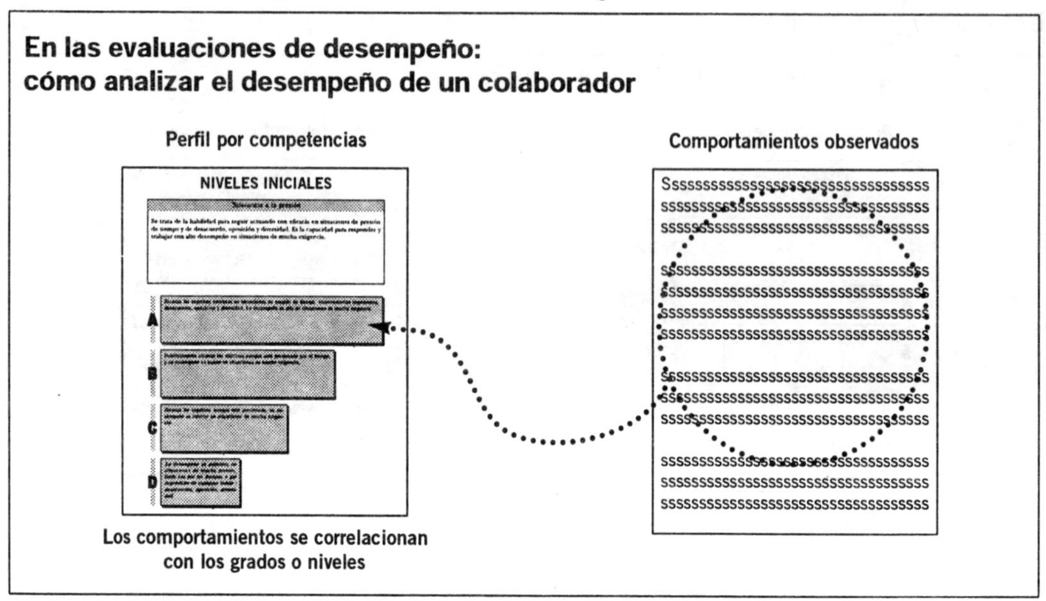

Los comportamientos observados se relacionan con las competencias asignadas al puesto de trabajo.
En las evaluaciones de 360 grados (y en las de 180 grados) se evalúan competencias para su desarrollo.

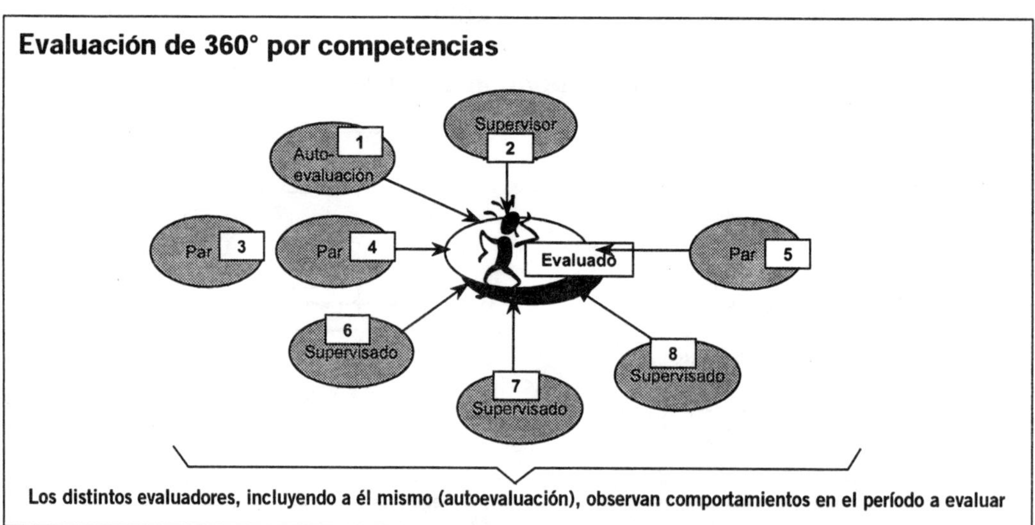

En las evaluaciones de 360 grados se observan comportamientos.

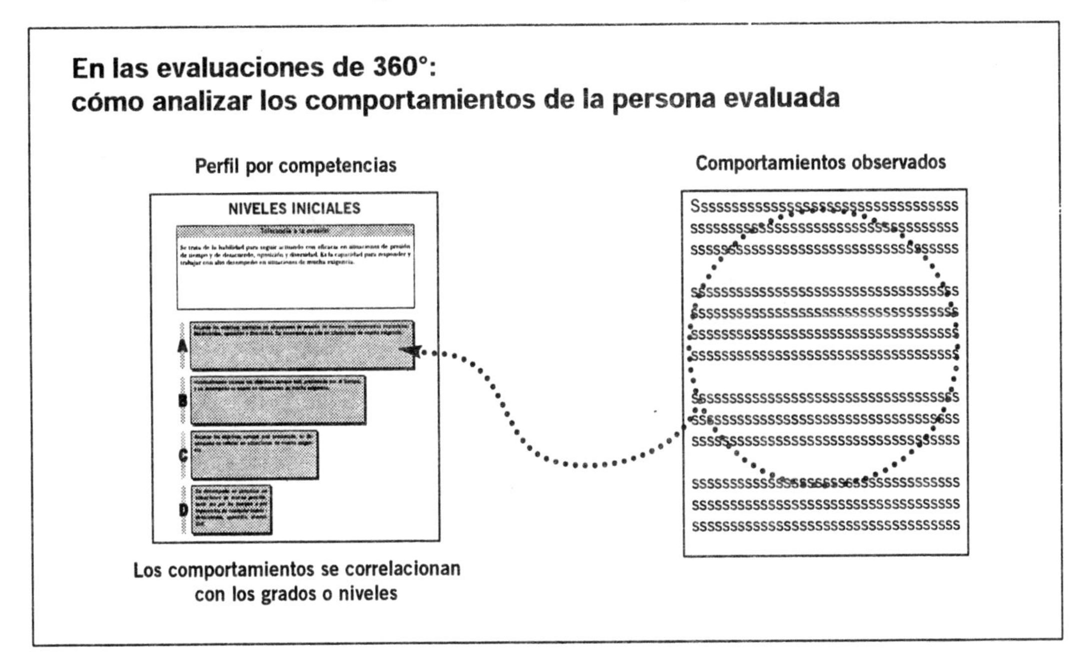

Como ya se dijo, existen otras aplicaciones de los diccionarios que conforman **la trilogía**:

- En actividades de formación en los distintos subsistemas de Recursos Humanos.
- En actividades de desarrollo de competencias.
- En evaluaciones de competencias a través de otras herramientas, como por ejemplo, las Fichas de Evaluación.

En síntesis, las aplicaciones prácticas de los tres diccionarios que conforman la trilogía son muchas y variadas; aquí sólo hemos presentado las más habituales.

Libros de la serie Recursos Humanos de Martha Alles

Publicados por Ediciones Granica

Guía de lecturas: secuencia sugerida

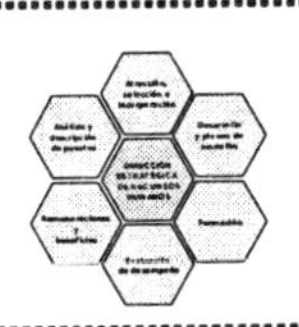

• Comportamiento organizacional

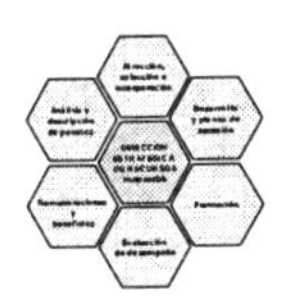

• 5 pasos para transformar una oficina de personal en un área de Recursos Humanos

• Dirección estratégica de RRHH. Gestión por Competencias
• Dirección estratégica de RRHH. Gestión por Competencias. CASOS

Trilogía:

• Diccionario de competencias. La Trilogía. Tomo I
• Diccionario de comportamientos. La Trilogía. Tomo II
• Diccionario de preguntas. La Trilogía. Tomo III

Libros complementarios de la **Serie Management Personal**

• Mitos y verdades en la búsqueda laboral
• 200 modelos de currículum

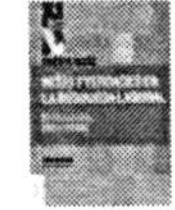

• Selección por competencias
• Elija al mejor. Cómo entrevistar por competencias

• Desempeño por competencias. Evaluación de 360º

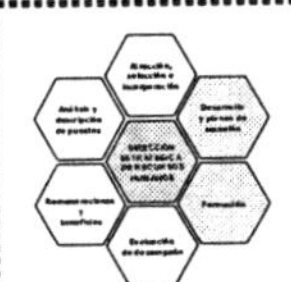

• Desarrollo del talento humano. Basado en competencias

• Construyendo talento

• Codesarrollo. Una nueva forma de aprendizaje

Libros de la serie Liderazgo de Martha Alles

Publicados por Ediciones Granica

Guía de lecturas: secuencia sugerida

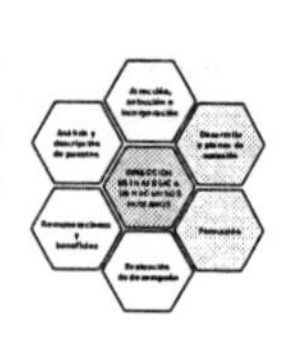

• Rol del jefe. Cómo ser un buen jefe

• Cómo ser un buen jefe en 12 pasos

• Cómo llevarme bien con mi jefe y con mis compañeros de trabajo

• Conciliar vida profesional y personal

• Cómo transformarse en un jefe entrenador en 12 pasos

• Cómo delegar efectivamente en 12 pasos

Unas palabras sobre la autora

Martha Alicia Alles es Doctora por la Universidad de Buenos Aires, área Administración. Su tesis doctoral se presentó bajo el título *La incidencia de las competencias en la empleabilidad de profesionales*. Su primer título de grado es Contadora Pública Nacional (UBA). Posee una amplia experiencia como docente universitaria, en diversos posgrados tanto de la Argentina como del exterior. Con más de treinta títulos publicados hasta el presente, es la autora argentina que ha escrito la mayor cantidad de obras sobre su especialidad. Cuenta con colecciones de libros de texto sobre Recursos Humanos, Liderazgo y Management Personal, que se comercializan en toda Hispanoamérica.

De su colección sobre **Recursos Humanos** ha publicado:

- Temas generales de Recursos Humanos y Comportamiento Organizacional:
  - *Dirección Estratégica de Recursos Humanos. Gestión por competencias* (nueva edición revisada, 2006).
  - *Dirección Estratégica de Recursos Humanos. Gestión por competencias. Casos* (nueva edición revisada, 2006).
  - *5 pasos para transformar una Oficina de Personal en un Área de Recursos Humanos* (2005).
  - *Comportamiento Organizacional* (2007).

- Específicos sobre modelos de competencias:
  - *Gestión por competencias. El diccionario* (2002, y 2ª edición revisada, 2005).
  - *Diccionario de comportamientos. Gestión por competencias* (2004).
  - *Diccionario de preguntas. Gestión por competencias* (2005).

- Nuevas obras preparadas sobre la base de un enfoque diferente de la metodología en Gestión por competencias:
  - *Diccionario de competencias. La Trilogía. Tomo I* (2009).
  - *Diccionario de comportamientos. La Trilogía. Tomo II* (2009).
  - *Diccionario de preguntas. La Trilogía. Tomo III* (2010).

- Sobre selección:
  - *Empleo: el proceso de selección* (1998 y nueva edición revisada, 2001).
  - *Empleo: discriminación, teletrabajo y otras temáticas* (1999).
  - *Elija al mejor. Cómo entrevistar por competencias* (1999, y nueva edición revisada y ampliada, 2003).
  - *Selección por competencias* (2006).

- Sobre desempeño:
  - *Desempeño por competencias. Evaluación de 360°* (2004, y nueva edición revisada y ampliada, 2008).

- Sobre desarrollo de personas:
  - *Desarrollo del talento humano. Basado en competencias* (2005, y nueva edición revisada y ampliada, 2008).
  - *Codesarrollo. Una nueva forma de aprendizaje* (2009).
  - *Construyendo talento* (2009).

De los siguientes títulos están disponibles solo en Internet (**www.xcompetencias.com**), para profesores, una edición *Casos* y otra edición *Clases: Comportamiento organizacional, Codesarrollo, Construyendo talento, Dirección estratégica de Recursos Humanos. Desempeño por competencias, Desarrollo del talento humano. Selección por competencias, La Trilogía (Diccionario de competencias. La Trilogía. Tomo I; Diccionario de comportamientos. La Trilogía. Tomo II* y *Diccionario de preguntas. La Trilogía. Tomo III), 200 modelos de currículum* y *Mitos y verdades en la búsqueda laboral.*

- De la serie **Liderazgo** podemos mencionar:
  - *Rol del jefe* (2008).
  - *Cómo ser un buen jefe en 12 pasos* (2008).
  - *Conciliar vida profesional y personal* (2010).
  - *Cómo transformarse en jefe entrenador en 12 pasos* (2010).
  - *Cómo delegar efectivamente en 12 pasos* (en prensa).

- Su colección de libros destinados al **Management Personal** está compuesta por:
  - *Las puertas del trabajo* (1995).
  - *Mitos y verdades en la búsqueda laboral* (1997, y nueva edición revisada y ampliada, 2008).
  - *200 modelos de currículum* (1997, y nueva edición revisada y ampliada, 2008).
  - *Su primer currículum* (1997).
  - *Cómo manejar su carrera* (1998).
  - *La entrevista laboral* (1999).
  - *Mujeres, trabajo y autoempleo* (2000).

- En la colección de **bolsillo** se publicaron:
  - *La entrevista exitosa* (2005 y 2009).
  - *La mujer y el trabajo* (2005).
  - *Mi carrera* (2005 y 2009).
  - *Autoempleo* (2005).
  - *Mi búsqueda laboral* (2009).
  - *Mi currículum* (2009).
  - *Cómo llevarme bien con mi jefe y con mis compañeros de trabajo* (2009).
  - *Cómo buscar trabajo a través de Internet* (2009).

Martha Alles es habitual colaboradora en revistas y periódicos de negocios, programas radiales y televisivos de la Argentina y de otros países hispanoparlantes, y conferencista invitada por diferentes organizaciones empresariales y educativas, tanto locales como internacionales. En los últimos dos años ha dictado conferencias y seminarios en Costa Rica, Venezuela, Colombia, Bolivia, Uruguay, Paraguay, Chile, México, Guatemala, Perú, El Salvador, Ecuador, Panamá y Nicaragua, entre otros, además de numerosos seminarios en su país, Argentina.

Es consultora internacional en Gestión por competencias y presidenta de Martha Alles Capital Humano, firma regional que opera en toda América Latina, lo que le permite unir sus amplios conocimientos técnicos con su práctica profesional diaria. Cuenta con una experiencia profesional de más de veinticinco años en su especialidad.

Es casada, tiene tres hijos y dos nietas.

Martha Alles SA
Talcahuano 833 (Talcahuano Plaza), piso 2
Buenos Aires, Argentina
Teléfono: (54-11) 4815 4852
Twitter: marthaalles

Para Conocer más sobre la obra de Martha Alles

Martha Alles capital humano

www.marthaalles.com

Para contactarse,
puede escribir por e-mail a
alles@marthaalles.com

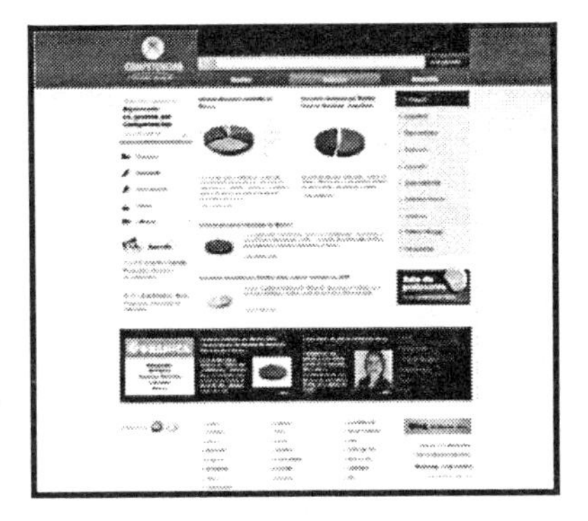

Revista Técnica Virtual

www.xcompetencias.com

Para contactarse,
puede escribir por e-mail a
info@xcompetencias.com

ENCUENTRENOS EN LA SOCIAL MEDIA

Martha Alles capital humano

Siga a Martha Alles en
Linkedin 'Martha Alicia Alles'.

Siga a Martha Alles en
Twitter. Usuario 'marthaalles'.

Este libro se terminó de imprimir en el mes de septiembre de 2012,
en ***Artes Gráficas Color Efe***, Paso 192, Avellaneda,
Buenos Aires, República Argentina.